Franz Schubert, Gustav Nottebohm

Thematisches Verzeichniss der im Druck erschienenen Werke

Franz Schubert, Gustav Nottebohm

Thematisches Verzeichniss der im Druck erschienenen Werke

ISBN/EAN: 9783742894045

Hergestellt in Europa, USA, Kanada, Australien, Japan

Cover: Foto ©berggeist007 / pixelio.de

Manufactured and distributed by brebook publishing software
(www.brebook.com)

Franz Schubert, Gustav Nottebohm

Thematisches Verzeichniss der im Druck erschienenen Werke

THEMATISCHES

VERZEICHNISS

DER

IM DRUCK ERSCHIENENEN WERKE

VON

FRANZ SCHUBERT.

HERAUSGEGEBEN

VON

G. NOTTEBOHM.

WIEN,

FRIEDRICH SCHREIBER,

k. k. Hof-Kunst- u. Musikalienhandlung.

(Vormals C. A. Spina.)

Filiale: Pressburg.

Medaille I. Cl. der Pariser Welt-Ind.-Ausstellung 1855. ✠ Verdienstmedaille der Wiener Welt-Ausstellung 1873.

—◦ Déposé. ◦—

1871.

VORWORT.

Aufgenommen sind in diesem Verzeichniss alle Compositionen Franz Schubert's, welche gegenwärtig im deutschen Musikalienhandel zu haben sind. Ausgeschlossen sind, ausser den unveröffentlichten Compositionen, mehrere Stücke, welche nur in vergriffenen Ausgaben enthalten und als Beilagen zu Büchern erschienen sind.

Die thematische Aufnahme der von Schubert selbst herausgegebenen Compositionen ist durchgehends nach den ältesten, ersten Drucken erfolgt. Wo in späteren Ausgaben wesentliche Aenderungen vorgenommen sind, ist es in den »Anmerkungen« bemerkt.

Die »Anmerkungen« sind zur Aufnahme der in chronologischer und bibliographischer Hinsicht wichtigen Notizen bestimmt. Ihr nächster Zweck ist: Angabe der Zeit der Composition und der Veröffentlichung eines Stücks, Bezeichnung der Original-Manuscripte und der ältesten Original-Ausgaben. In ein oder anderer Hinsicht mussten und konnten sie lückenhaft bleiben. Bei manchen Werken liess sich kein Autograph angeben. Am wenigsten haben sich Autographe vorgefunden zu den bei Joseph Czerny in Wien herausgekommenen und, auffallender Weise, zu denjenigen nachgelassenen Werken, die bei der Herausgabe wesentlich geändert wurden und an deren Ausgaben zum Theil sich Zweifel knüpfen, die am besten das Autograph lösen kann. Dies ist z. B. der Fall bei den Ossian-Gesängen »Die Nacht« und »Loda's Gespenst«. Bei einigen Werken, z. B. bei der Cantate Op. 158, konnten Abschriften Aufschluss über die ursprüngliche Beschaffenheit geben. Die Autographe geben meistens eine Compositionszeit an. Jedoch sind sie darin nicht immer mafsgebend. Schubert hat Stücke wiederholt abgeschrieben (z. B. den Trauerwalzer), und wenn er dann ein Datum beigefügt hat, so ist das ein Datum der Abschrift, nicht der Composition. Der Mangel autographischer Daten war in vielen Fällen durch Hülfe der zu gleichem Zweck auch von Andern gebrauchten Witteczek'schen Sammlung zu ersetzen.*) Man kann aber, wenn man die Sammlung nicht mit einiger Vorsicht gebraucht, auch zu unrichtigen Angaben verleitet werden. Witteczek hat zu verschiedener Zeit wenigstens vier Kataloge verschiedener Art, aber alle mit chronologischen Angaben, angefertigt oder anfertigen lassen. Bei deren Anfertigung ist es geschehen, dass Lieder, welche gleiche oder ähnliche Ueberschriften haben, miteinander verwechselt worden sind, so dass ein Lied ein Datum bekommen hat, das einem andern zukommt u. s. w.**) Nur bei einer Vergleichung der Kataloge, verbunden

*) J. W. von Witteczek, dem Op. 80 gewidmet ist, hatte es sich zur Aufgabe gemacht, alle Lieder und zum Theil auch andere Compositionen Schubert's zu sammeln. Er hat die Sammlung bis kurz vor seinem Tode (1859) fortgeführt und in der Zeit Gelegenheit gehabt, von vielen Compositionen, deren Autographe verschwunden sind, Kenntniss und Abschrift zu nehmen. Die Sammlung wird im Archiv der Gesellschaft der Musikfreunde in Wien aufbewahrt.

**) So ist z. B. das von Kosegarten gedichtete Lied »Erinnerung«, Op. 108 No. 3, an einem Orte mit dem Datum »7. Juli 1815«, an einem andern Orte mit dem Datum »April 1814« eingetragen. Bei letzterer Eintragung ist es mit dem ungedruckten, von Matthisson gedichteten Liede »Erinnerung« (richtiger: Todtenopfer) verwechselt worden. Andere Verwechslungen kommen vor bei den 2 Compositionen des Salve regina Op. 47 und 153, bei den zum Theil ungedruckten Compositionen von Stellen aus Schillers »Elysium«, bei den »Sehnsucht« überschriebenen Liedern u. s. w.

mit einem Zurückgehen auf die ersten Aufzeichnungen und Abschriften, konnte es in mehreren Fällen gelingen, ein nicht zu bezweifelndes Datum zu gewinnen. Wo dennoch ein der Sammlung entnommenes Datum zweifelhaft blieb, ist ein Fragezeichen beigesetzt oder das Wort »angeblich« gebraucht. Dasselbe ist bei Daten geschehen, die eine andere Quelle haben. Die Angabe bei mehreren Liedern, deren Text von Goethe ist (z. B. bei der ersten Bearbeitung des Erlkönigs), sie seien wahrscheinlich im Jahre 1815 componirt, gründet sich auf eine in der königl. Bibliothek zu Berlin befindliche autographe Sammlung von 16 Liedern. Erwiesen ist, dass einige von den darin enthaltenen Liedern im Jahre 1815 (genauer: zwischen 1814 und 1816) componirt wurden, und so lässt sich dasselbe mit Wahrscheinlichkeit auch von den übrigen sagen. Wo keine Compositionszeit angegeben ist, war keine zu ermitteln. Die Angaben bei Op. 52 und 54, Honorarzahlungen an Schubert betreffend, sind einem aufbewahrten Ausgabebuch des Verlegers M. Artaria entnommen. Die Titel der von Schubert selbst herausgegebenen und der bald nach seinem Tode herausgekommenen Werke sind wortgetreu und mit allen vorkommenden Druckfehlern angegeben; nur ist hier und da gekürzt worden, und sind die weggelassenen Stellen durch Punkte bezeichnet. Die Zeit der Veröffentlichung ist meistens nach der Wiener Zeitung bestimmt. Bei den längere Zeit nach Schubert's Tode herausgekommenen Werken erschien eine genaue Anführung des Titels und eine genaue Angabe der Zeit der Veröffentlichung überflüssig. Erste Aufführungen sind meistens nur erwähnt worden, wenn sie vor der Veröffentlichung stattfanden. Wo bei Aufführungen u. dgl. kein Ort angegeben ist, ist Wien gemeint.

Bei vielen Gesangstücken sind in den Ausgaben falsche oder keine Dichternamen angegeben. In dieser Beziehung musste eine Berichtigung und Ergänzung vorgenommen, wenigstens versucht werden. Wo die Angaben des thematischen Verzeichnisses mit denen der Musikdrucke im Widerspruch stehen, kann für die Richtigkeit der ersteren eingestanden werden. Ungefähr 30 Gedichte jedoch mussten namenlos ausgehen. Berichtigungen und Aenderungen anderer Art bedürfen keiner Erklärung.

Die »Ausgaben« und »Uebertragungen« sind von den Herren *Erler*, *Lundberg*, *Thomas* und *Fritzsche* theils zusammengestellt, theils geordnet worden. Der jetzige Besitzer der Original-Ausgabe ist über den thematischen Auszügen angegeben. Bei Werken, von denen es nur eine Ausgabe, nämlich die des Original-Verlegers giebt, ist eine nochmalige Anführung derselben unter der Rubrik »Ausgaben« unterblieben. Sammlungen, wie die bei Peters in Leipzig erschienenen 6 Albums für Gesang, konnten in den »Ausgaben« nicht berücksichtigt werden. Sie sind im Anhang angeführt. Einige unter Schubert's Namen erschienene Compositionen, für deren Echtheit äussere Beweise nicht beizubringen waren und die, nach des Herausgebers Ansicht, nicht von Schubert componirt sein können, sind im Anhang als zweifelhafte Werke angeführt worden.

Das beigegebene Verzeichniss der unveröffentlichten Compositionen kann keinen Anspruch auf Vollständigkeit machen. Ausser eigenen Aufzeichnungen sind dabei hauptsächlich die Mittheilungen Ferdinand Schubert's in der Neuen Zeitschrift für Musik vom April und Mai 1839 benutzt worden.

Es mag noch bemerkt werden, dass Stücke unter dem Namen »Franz Schubert« gedruckt sind (z. B. die Lieder »Mein Frieden«, »La pauvre mère«), die nicht unsern Franz Schubert, sondern einen Dresdener Componisten gleichen Namens zum Urheber haben.

G. N.

INHALT.

I.

Werke mit Opuszahl.

Op. 1 bis Op. 173.

SCHUBERT'S WERKE.

Op. 1. Erlkönig
(Ballade von Goethe)
für eine Singstimme mit Begleitung des Pianoforte.
Wien, bei Schreiber. 15 Ngr.

Anmerkung. Autograph ohne Datum im Besitz von Frau Clara Schumann. Eine frühere, von der gedruckten Form abweichende und wahrscheinlich aus dem Jahre 1815 stammende Bearbeitung befindet sich autograph in der königl. Bibliothek zu Berlin. Oeffentlich gesungen wurde der Erlkönig zum ersten Mal am 25. Januar 1821 von August von Gymnich in einer musikalischen Abendunterhaltung der Gesellschaft der Musikfreunde, dann am 7. März 1821 von Michael Vogl in einer Akademie im Kärnthnerthor-Theater. Titel der in der Wiener Zeitung vom 2. April 1821 als erschienen angezeigten Ausgabe: »Erlkönig Ballade von Göthe, in Musik gesetzt und Seiner Exzellenz dem hochgebohrnen Herrn Herrn Moritz Grafen von Dietrichstein in tiefer Ehrfurcht gewidmet von Franz Schubert. 1tes Werk. Wien in Comifsion bey Cappi und Diabelli«. (Querformat. Ohne Verlagsnummer.)

Ausgaben. Arnold, Elberfeld, 5 Ngr. Böhme, Hamburg, 10 Ngr. Breitkopf u. Härtel, Leipzig. 4 $1/_2$ Ngr. n. A. Cranz, Hamburg, 10 Ngr. Forberg, Leipzig, (deutsch u. franz.) 6 Ngr. Litolff, Braunschweig, 10 Ngr. W. Müller, Berlin, (1. Bearbeitung. Original-Manuscript in Photolithogr.) 20 Ngr. n. Nagel, Hannover, 8 $3/_4$ Ngr. Päz, Berlin, 10 Ngr. Schloss, Cöln, 10 Ngr. Schott, Mainz, (deutsch, franz. u. ital.) 10 Ngr. Schreiber, Wien, 15 Ngr. Senff, Leipzig, 2 Ngr. Siegel, Leipzig, 12 $1/_2$ Ngr. Táborszky u. Parsch, Pest, (deutsch und ungarisch) 10 Ngr. — Für Sopran (od. Tenor): W. Müller, Berlin, 1 Ngr. n. Schlesinger, Berlin, 2 $1/_2$ Ngr. n. Schloss, Cöln, 10 Ngr. Weinholtz, Braunschweig, 4 Ngr. n. — Für Mezzosopran (od. Bariton): W. Müller, Berlin, 1 Ngr. n. Schreiber, Wien, (deutsch u. franz.) 15 Ngr. Weinholtz, Braunschweig, 4 Ngr. n. — Für Alt (od. Bass): W. Müller, Berlin, 1 Ngr. n. Schlesinger, Berlin, 2 $1/_2$ Ngr. n. Weinholtz, Braunschweig, 4 Ngr. n. — Für Bass: Schreiber, Wien, 15 Ngr.

Uebertragungen.

Für eine Singstimme mit Guitarre. Schreiber, Wien, 10 Ngr.

Für eine Singstimme mit kl. Orchester von *Fr. Liszt.* (4 Lieder. No. 4.) Forberg, Leipzig. Partitur: 22 $1/_2$ Ngr. Orchesterstimmen: 1 Thlr. 2 $1/_2$ Ngr.

Für Violine u. Pianoforte von *M. Hauser.* (Melod. No. 25.) Siegel, Leipzig, 12 $1/_2$ Ngr. Ebenso von *G. Scheller.* (Op. 41. No. 1.) Cranz, Hamburg, 12 $1/_2$ Ngr.

Für Violine allein von *B. v. Hunyadi.* Schreiber, Wien, 10 Ngr. Ebenso von *A. Möser.* Päz, Berlin, 10 Ngr.

Für Violoncell u. Pianoforte von *F. A. Kummer.* (Op. 117. No. 20.) Cranz, Hamburg, 22 $1/_2$ Ngr.

Für Pianoforte zu 4 Händen von *Brissler.* Bote u. Bock, Berlin, 25 Ngr. Ebenso von *A. Diabelli.* (Lieder im leichten Styl. No. 9.) Schreiber, Wien, 12 $1/_2$ Ngr. Ebenso von *A. Diabelli.* Wiener Lieblingsstücke. No. 32. [auch 2hdg.]) Schreiber, Wien, 20 Ngr. Ebenso von *L. Köhler.* (Lieder ohne Worte. Abth. II. 12.) Schreiber, Wien. 20 Ngr. Ebenso von *L. Winkler.* (Chansons. No. 1.) Cranz, Hamburg, 17½ Ngr.

Für Pianoforte zu 2 Händen von *C. Decker.* Bote u. Bock, Berlin, 10 Ngr. Ebenso von *A. Diabelli.* (Lieder im leichten Styl. No. 9.) Schreiber, Wien, 10 Ngr. Ebenso von *A. Diabelli.* (Wiener Lieblingsst. No. 32. [auch 4hdg.]) Schreiber, Wien, 20 Ngr. Ebenso von *V. Felix.* Peters, Leipzig, 5 Ngr. n. Ebenso von *W. Graf.* (Lieder No. 6.) Wetzler, Prag, 15 Ngr. Ebenso von *R. Hasert.* (Im leichten Styl.) Simrock, Berlin. Ebenso von *St. Heller.* (30 Lieder. No. 15. Schloss, Cöln, 15 Ngr. Ebenso von *L. Köhler.* (Op. 161. No. 12.) Schreiber, Wien, 10 Ngr. Ebenso von *D. Krug.* (Op. 27. No. 5.) Schuberth u. Comp., Leipzig, 10 Ngr. Ebenso von *W. Kuhe.* Op. 139. No. 7.) Siegel, Leipzig, 17½ Ngr. Ebenso von *G. Lange.* Op. 90. No. 10.) Challier u. Comp., Berlin, 15 Ngr. Ebenso von *F. Liszt.* (Lieder. No. 4.) Schreiber, Wien, 20 Ngr. Ebenso von *W. G. Michalek.* Schott, Mainz, 15 Ngr. Ebenso von *H. Nürnberg.* Op. 72.) Timm, Berlin. 10 Ngr. Ebenso von *Th. Oesten.* Op. 41.) Schreiber, Wien, 15 Ngr. Ebenso von *C. E. Pax.* Bahn, Berlin. Schreiber, Wien. à 15 Ngr. Ebenso von *G. Poor.* (Op. 12. No. 53.) Rózsavölgyi u. Comp., Pest, 6 Ngr. Ebenso von *S. Smith.* Táborszky u. Parsch, Pest, 16 Ngr. Ebenso von *F. Spindler.* Op. 183. No. 3.) Siegel, Leipzig, 18 Ngr. Ebenso von *G. Trehde.* (Op. 100.) Bote u. Bock, Berlin, 20 Ngr. Ebenso von *C. Voss.* Op. 248.) Schreiber, Wien, 15 Ngr. Ebenso von *E. D. Wagner.* Op. 40. No. 7 [in leichtem Styl].) Schlesinger, Berlin, 10 Ngr.

Für Physharmonika und Pianoforte (oder 2 Pianoforte) von *C. G. Lickl.* (Op. 51. Heft 3.) Schreiber, Wien, 1 Thlr. 10 Ngr.

Op. 2. Gretchen am Spinnrade

(aus Goethe's Faust)

für eine Singstimme mit Begleitung des Pianoforte.

Wien, bei Schreiber, 15 Ngr.

Anmerkung. Nach dem Autograph im Besitz von N. Dumba in Wien componirt am 19. October 1814. Titel der am 30. April 1821 erschienenen Ausgabe: »Gretchen am Spinnrade aus Göthe's »Faust« in Musik gesetzt und dem Hochgebohrnen Herrn Herrn Moritz Reichsgrafen von Fries, Ritter . . . . ehrfurchtsvoll gewidmet von Franz Schubert. 2tes Werk. Wien in Comiſsion bey Cappi und Diabelli«. (Querformat. Ohne Verlagsnummer.)

Ausgaben. Arnold, Elberfeld, 5 Ngr. Breitkopf u. Härtel, Leipzig, 3 Ngr. n. Forberg, Leipzig, (deutsch u. franz. 5 Ngr. Holle, Wolfenbüttel, deutsch, franz. u. ital.) 1 Ngr. n. W. Müller, Berlin, 1 Ngr. n. Schott, Mainz, (deutsch, franz. u. ital.) 10 Ngr. Schreiber, Wien, 15 Ngr. Neue Ausgabe. 10 Ngr. Senff, Leipzig, 2 Ngr. Siegel, Leipzig, 12½ Ngr. — Für Sopran (od. Tenor): Schlesinger, Berlin, 2½ Ngr. n. Weinholtz, Braunschweig, 4 Ngr. n. — Für Mezzosopran (od. Bariton): Schreiber, Wien, (deutsch u. franz.) 15 Ngr. Weinholtz, Braunschweig, 4 Ngr. n. — Für Alt: Schlesinger, Berlin, 2½ Ngr. n. Weinholtz, Braunschweig, 4 Ngr. n. — Für Contra-Alt (od. Bass): Holle, Wolfenbüttel, [mit Op. 3 u. 4] deutsch u. franz.) 5 Ngr. n. Schreiber, Wien, 15 Ngr.

Uebertragungen.

Für eine Singstimme mit kl. Orchester von *F. Liszt.* (4 Lieder. No. 2.) Forberg, Leipzig. Partitur: 22½ Ngr. Orchesterstimmen: 1 Thlr. 2½ Ngr.

Für Violine u. Pianoforte von *M. Hauser.* Melod. No. 15. Siegel, Leipzig. $12^1/_2$ Ngr.
Für Pianoforte zu 4 Händen von *L. Winkler.* (Chansons. No. 12.) Cranz, Hamburg, $12^1/_2$ Ngr.
Für Pianoforte zu 2 Händen von *W. Graf.* (Lieder. No. 5.) Wetzler, Prag. 15 Ngr. Ebenso von *St. Heller.* (30 Lieder. No. 13.) Schloss, Cöln, 15 Ngr. Ebenso von *F. Liszt.* (Lieder. No. 8.) Schreiber, Wien. 20 Ngr. Ebenso von *F. Spindler.* (Op. 183. No. 17.) Siegel, Leipzig. 16 Ngr.
Für Physharmonika u. Pianoforte (od. 2 Pianoforte) von *C. G. Lickl.* (Op. 51. Heft 21.) Schreiber, Wien, 1 Thlr. 10 Ngr.

Op. 3. Schäfers Klagelied, Meeres-Stille, Heidenröslein, Jägers Abendlied

(Gedichte von Goethe)

für eine Singstimme mit Begleitung des Pianoforte.

Wien, bei Schreiber. 15 Ngr.

Anmerkung. Componirt Nr. 1 wahrscheinlich im J. 1815; Nr. 2 am 21. Juni 1815; Nr. 3 im J. 1815; Nr. 4 im J. 1816. Die Original-Manuscripte sämmtlicher vier Lieder sind in der königl. Bibliothek zu Berlin. Nr. 1 kommt auch autograph mit einem Vorspiel von 4 Takten und in einer andern Tonart (E-moll) vor. Nr. 1 wurde zum erstenmal öffentlich gesungen am 28. Februar 1819 von Franz Jäger in einem Concert im Gasthof »zum römischen Kaiser«. Vgl. Leipz. allg. musik. Zeitung, Bd. 21, S. 200. Titel der am 29. Mai 1821 in der Wiener Zeitung angekündigten Ausgabe: »Schäfers Klagelied. Heidenröslein. Jägers Abendlied. Meeres Stille von Goethe. Für eine Singstimme mit Begleitung des Piano-Forte in Musik gesetzt, und dem Wohlgebohrnen Herrn Herrn Ignaz Edlen von Mosel k: k: wirkl: Hofrath . . . . hochachtungsvoll gewidmet von Franz Schubert. 3tes Werk. Wien, in Comifsion bey Cappi und Diabelli«. (Querformat. Verlagsnummer: 768.)

Ausgaben. Holle, Wolfenbüttel, (deutsch u. franz. 2 Ngr. n. Schreiber, Wien. 15 Ngr. — Für Contra-Alt (od. Bass): Holle, Wolfenbüttel, (deutsch u. franz. Mit Op. 2 u. 4.) 5 Ngr. n.

Einzeln:

No. 1. Arnold, Elberfeld, 5 Ngr. Breitkopf u. Härtel, Leipzig, 3 Ngr. n. W. Müller, Berlin, 1 Ngr. n. Senff, Leipzig, 2 Ngr. Siegel, Leipzig, $7^1/_2$ Ngr. — Für Mezzosopran: Schreiber, Wien, (deutsch u. franz.) $7^1/_2$ Ngr. — Für Contra-Alt od. Bass: Schreiber, Wien, 10 Ngr.

No. 2. Arnold, Elberfeld, 5 Ngr. Breitkopf u. Härtel, Leipzig, $1^1/_2$ Ngr. n. Senff, Leipzig, 2 Ngr. — Für Mezzosopran (od. Bariton): Schreiber, Wien, (deutsch u. franz.) 5 Ngr.

No. 3. Arnold, Elberfeld, 5 Ngr. Breitkopf u. Härtel, Leipzig, $1^1/_2$ Ngr. n. Senff, Leipzig, 2 Ngr. Siegel, Leipzig, 5 Ngr. — Für Sopran (od. Tenor): Schlesinger, Berlin, $2^1/_2$ Ngr. n. Schreiber, Wien, (deutsch u. franz.) 5 Ngr. Weinholtz, Berlin, 5 Ngr. Weinholtz, Braunschweig, 2 Ngr. n. — Für Mezzosopran (od. Bariton): W. Müller, Berlin, 1 Ngr. n. Schreiber, Wien, (deutsch u. franz.) $7^1/_2$ Ngr. Weinholtz, Braunschweig, 2 Ngr. n. — Für Alt (od. Bariton): Schlesinger, Berlin, $2^1/_2$ Ngr. n. Schreiber, Wien, 5 Ngr. Weinholtz, Braunschweig, 2 Ngr. n. — Für Contra-Alt (od. Bass): Schreiber, Wien, $7^1/_2$ Ngr.

No. 4. Arnold, Elberfeld, 5 Ngr. Breitkopf u. Härtel, Leipzig, $1^1/_2$ Ngr. n. — Für Mezzosopran (od. Bariton): Schreiber, Wien, (deutsch u. franz.) $7^1/_2$ Ngr. — Für Contra-Alt (od. Bass): Schreiber, Wien, 7 Ngr.

Uebertragungen.

No. 1.

Für eine Singstimme mit Guitarre. Schreiber, Wien, $7^1/_2$ Ngr.
Für Violine u. Pianoforte von *M. Hauser.* (Melod. No. 13.) Siegel, Leipzig, 10 Ngr.
Für Zither von *P. Renk.* (8 Lieder.) Schlesinger, Berlin, 15 Ngr.
Für Pianoforte zu 2 Händen von *C. Czerny.* (Lieder. No. 7.) Schreiber, Wien, 7 Ngr. Ebenso von *F. Spindler.* (Op. 183. No. 33.) Siegel, Leipzig, $12^1/_2$ Ngr.

No. 2.

Für Violine u. Pianoforte von *M. Hauser.* (Melod. No. 21.) Siegel, Leipzig, $7^1/_2$ Ngr.
Für Pianoforte zu 2 Händen von *C. Czerny.* (Lieder. No. 5.) Schreiber, Wien, 10 Ngr. Ebenso von *Fr. Liszt.* (Lieder. No. 5.) Schreiber, Wien, 10 Ngr. Ebenso von *Th. Oesten.* (Op. 369. No. 9.) Siegel, Leipzig, 5 Ngr. Ebenso von *F. Spindler.* (Op. 183. No. 49.) Siegel, Leipzig, 10 Ngr.
Für Harmonium von *Bial.* (Sammlung beliebter Gesänge. Heft 3.) Bote u. Bock, Berlin, $17^1/_2$ Ngr.

No. 3.

Für Violine u. Pianoforte von *M. Hauser.* (Melod. No. 22.) Siegel, Leipzig, $7^1/_2$ Ngr.
Für Zither von *P. Renk.* (8 Lieder.) Schlesinger, Berlin, 15 Ngr.
Für Pianoforte zu 4 Händen von *C. Burchard.* (Lieder. Heft 1.) Heinrichshofen, Magdeburg, 15 Ngr.
Für Pianoforte zu 2 Händen von *C. Arend.* Peters, Leipzig, 5 Ngr. n. Ebenso von *A. Jungmann.* (Op. 220. No. 1.) André, Offenbach, 10 Ngr. Ebenso von *A. Jungmann.* (Lieder. 2. Abth. No. 7.) Schreiber, Wien, 5 Ngr. Ebenso von *J. Löw.* (Op. 111. No. 4.) Hientzsch, Breslau, 10 Ngr. Ebenso von *Th. Oesten.* (Op. 369. No. 15.) Siegel, Leipzig, 15 Ngr. Ebenso von *J. O'Kelly.* (12 Mélodies. Suite 2.) Schott, Mainz, 20 Ngr. Ebenso von *F. Spindler.* (Op. 183. No. 13.) Siegel, Leipzig, 14 Ngr. Ebenso von *E. D. Wagner.* (Op. 10. [in leichtem Styl.]) Schlesinger, Berlin, $7^1/_2$ Ngr.
Für Harmonium von *C. Henning.* (Lieder u. Gesänge. Heft 3.) Stoll, Leipzig, 15 Ngr.
Für Sopran, Alt, Tenor u. Bass von *Fr. Abt.* (12 Gesänge. Heft 1.) André, Offenbach, Partitur u. Stimmen: 25 Ngr. Ebenso von *G. W. Teschner.* (36 Lieder. Heft 3.) Siegel, Leipzig, Partitur u. Stimmen: 25 Ngr.

No. 4.

Für Pianoforte zu 2 Händen von *C. Czerny.* (Lieder. No. 8.) Schreiber, Wien, 10 Ngr. Ebenso von *F. Spindler.* (Op. 183. No. 39.) Siegel, Leipzig, 10 Ngr.

Op. 1. Der Wanderer,

(Gedicht von Schmidt von Lübeck)

Morgenlied, Wanderers Nachtlied

(Gedicht von Werner) (Gedicht von Goethe)

für eine Singstimme mit Begleitung des Pianoforte.

Wien, bei Schreiber. 15 Ngr.

Anmerkung. Nr. 1 wurde (nach dem Autograph im Besitz von Johannes Brahms) componirt im October 1816. Nr. 3 wurde wahrscheinlich 1815 componirt und befindet sich autograph in der königl. Bibliothek zu Berlin. Titel der am 29. Mai 1821 in der Wiener Zeitung angekündigten Ausgabe: »Der Wanderer von Schmidt v: Lübeck. Morgenlied von Werner. — Wandrers Nachtlied von Goethe, für eine Singstimme mit Begleitung des Piano-Forte, in Musik gesetzt, und Sr Excellenz dem hochgebornen und hochwürdigsten Herrn Herrn Johann Ladislav Pyrker v. Felsö-Eör, Patriarchen von Venedig, ... in tiefer Ehrfurcht gewidmet von Franz Schubert. 1tes Werk. Wien, in Comifsion bey Cappi und Diabelli«. (Querformat. Verlagsnummer: 773.)

Ausgaben. Holle, Wolfenbüttel, (deutsch u. franz.) 2 Ngr. n. Schreiber, Wien, 15 Ngr. — Für Contra-Alt (od. Bass): Holle, Wolfenbüttel, (deutsch u. franz. Mit Op. 2 u. 3. 5 Ngr. n.

Einzeln:

No. 1. Arnold, Elberfeld, 5 Ngr. Breitkopf u. Härtel, Leipzig, 3 Ngr. n. Duncker, Berlin, [Illustr. von Gräfin St. Genois-Stolberg. (Deutsches Lied in Ton u. Bild. Lief. 3.)] 1 Thlr. n. Forberg, Leipzig, (deutsch u. franz.) 1 Ngr. Fürstner, Berlin, 3 Ngr. Schloss, Cöln, 7½ Ngr. Schott, Mainz, (deutsch, franz. u. ital. 5 Ngr. Senff, Leipzig, 2 Ngr. Siegel, Leipzig, 7½ Ngr. Táborszky u. Parsch, Pest, (deutsch u. ungarisch) 10 Ngr. — Für Sopran (od. Tenor): W. Müller, Berlin, 1 Ngr. n. Nagel, Hannover, 7½ Ngr. Schlesinger, Berlin, 2½ Ngr. n. Schreiber, Wien, 10 Ngr. Weinholtz, Braunschweig, 3 Ngr. n. — Für Mezzosopran (od. Bariton): W. Müller, Berlin, 1 Ngr. n. Schreiber, Wien, (deutsch u. franz.) 7½ Ngr. Weinholtz, Braunschweig, 3 Ngr. n. — Für Alt: W. Müller, Berlin, 1 Ngr. n. Schlesinger, Berlin, 2½ Ngr. n. Weinholtz, Braunschweig, 3 Ngr. n. — Für Contra-Alt (od. Bass): Schreiber, Wien, 10 Ngr.

No. 2. Breitkopf u. Härtel, Leipzig, 3 Ngr. n. Forberg, Leipzig, (deutsch u. franz.) 5 Ngr. Senff, Leipzig. 2 Ngr. — Für Mezzosopran (od. Bariton): Schreiber, Wien, (deutsch u. franz.) 10 Ngr. — Für Contra-Alt (od. Bass): Schreiber, Wien, 10 Ngr.

No. 3. Breitkopf u. Härtel, Leipzig, 1½ Ngr. n. Senff, Leipzig. 2 Ngr. — Für Sopran (od. Tenor): Weinholtz, Braunschweig, 2 Ngr. n. — Für Mezzosopran (od. Bariton): Schreiber, Wien, (deutsch u. franz.) 5 Ngr. Weinholtz, Braunschweig, 2 Ngr. n. — Für Alt: Weinholtz, Braunschweig, 2 Ngr. n. — Für Contra-Alt (od. Bass): Schreiber, Wien, 8 Ngr.

Uebertragungen.

No. 1.

Für eine Singstimme mit Guitarre. Nagel, Hannover, 5 Ngr. Schreiber, Wien, 10 Ngr.
Für Violine u. Pianoforte von *A. Diabelli.* (Concordance. H. 45. Wien, Schreiber, 25 Ngr. Ebenso von *M. Hauser.* (Melod. No. 13.) Siegel, Leipzig, 10 Ngr. Ebenso von *G. Scheller.* (Op. 11. No. 2.) Cranz, Hamburg, 10 Ngr.
Für Violoncell u. Pianoforte von *F. A. Kummer.* (Op. 117. No. 4.) Cranz, Hamburg, 10 Ngr.
Für Flöte u. Pianoforte von *A. Diabelli.* (Productionen. Heft 56. Schreiber, Wien, 25 Ngr. Ebenso von *F. A. Kummer.* Op. 117ᵇ. No. 4. Cranz, Hamburg, 10 Ngr.
Für Cornet à piston mit Pianoforte von *Schreiber.* (4 Transcrpt.) Schuberth u. Comp., Leipzig, 25 Ngr.
Für Pianoforte zu 4 Händen von *C. Burchard.* (Lieder. Heft 1.) Heinrichshofen, Magdeburg, 15 Ngr. Ebenso von *A. Diabelli.* (Lieder im leichten Styl. No. 1.) Schreiber, Wien, 7½ Ngr. Ebenso von *A. Diabelli.* (Wiener Lieblingsstücke. No. 3. [auch 2hdg.]) Schreiber, Wien, 14 Ngr. Ebenso von *L. Köhler.* (Lieder ohne Worte. Abth. II.) Schreiber, Wien, 12½ Ngr. Ebenso von *L. Winkler.* (Chansons. No. 6.) Cranz, Hamburg, 12½ Ngr.
Für Pianoforte zu 2 Händen: Haslinger, Wien, (Schubert, Lieder. Heft 6.) 15 Ngr. Ebenso von *A. Diabelli.* (Wiener Lieblingsst. No. 3. [auch 4hdg.] Schreiber, Wien, 14 Ngr. Ebenso von *A. Diabelli.* (Lieder im leichten Styl. No. 1.) Schreiber, Wien, 7½ Ngr. Ebenso von *W. Graf.* (Lieder. No. 8.) Wetzler, Prag, 12½ Ngr. Ebenso von *St. Heller.* (30 Lieder. No. 23.) Schloss, Cöln, 12½ Ngr. Ebenso von *L. Köhler.* (Op. 161. No. 11.) Schreiber, Wien, 5 Ngr. Ebenso von *D. Krug.* (Modebiblioth. No. 38.) Schuberth u. Comp., Leipzig, 10 Ngr. Ebenso von *W. Kuhe.* Op. 139. No. 1.) Siegel, Leipzig, 12½ Ngr. Ebenso von *G. Lange.* (Op. 90. No. 7. Challier u. Comp., Berlin, 15 Ngr. Ebenso von *F. Liszt.* (Lieder. No. 11.) Schreiber, Wien, 15 Ngr. Ebenso von *Ch. Miller.* (Lieder. No. 1.) Schuberth. Hamburg, 10 Ngr. Ebenso von *G. Poor.* (Op. 12. No. 51.) Rózsavölgyi u. Comp., 6 Ngr. Ebenso von *Th. Oesten.* (Op. 369. No. 6.) Siegel, Leipzig, 15 Ngr. Ebenso von *F. Spindler.* (Op. 183. No. 4.) Siegel, Leipzig, 15 Ngr. Ebenso von *E. D. Wagner.* (Op. 40. No. 1. [in leichtem Styl.] Schlesinger, Berlin, 7½ Ngr.
Für Harmonium (od. Pianoforte von *K. Hennig.* (Lieder u. Gesänge. Heft 2.) Stoll, Leipzig, 15 Ngr.
Für Physharmonika u. Pianoforte (od. 2 Pianoforte) von *C. G. Lickl.* (Op. 51. Heft 3.) Schreiber, Wien, 1 Thlr. 10 Ngr.
Für Physharmonika von *C. G. Lickl.* (Cäcilia. Heft 19. Schreiber, Wien, 1 Thlr.

No. 2.

Für eine Singstimme mit Guitarre. Schreiber, Wien, 10 Ngr.
Für Violoncell u. Pianoforte von *G. Paque.* (12 Mélod. transcr. Suite 2.) Schott, Mainz, 20 Ngr.
Für Zither von *L. Montlerrin.* (Lieder. No. 7. Schreiber, Wien, 12½ Ngr.

No. 3.

Für Violine u. Pianoforte von *A. Diabelli.* (Concordance. Heft 45.) Schreiber, Wien, 25 Ngr. Ebenso von *M. Hauser.* (Melod. No. 40.) Siegel, Leipzig, 7½ Ngr.
Für Violoncell u. Pianoforte von *F. A. Kummer.* (Op. 117. No. 11.) Cranz, Hamburg, 12½ Ngr.

Für Flöte u. Pianoforte von *A. Diabelli.* (Op. 129. Heft 56.) Schreiber, Wien, 25 Ngr.
Ebenso von *F. A. Kummer.* (Op. 117[b]. No. 11.) Cranz, Hamburg, 12 1/2 Ngr.
Für Pianoforte zu 4 Händen von *C. Burchard.* (Lieder. Heft 1.) Heinrichshofen, Magdeburg, 15 Ngr.
Für Pianoforte zu 2 Händen von *F. Spindler.* (Op. 183. No. 27. Siegel, Leipzig, 10 Ngr.
Für Sopran, Alt, Tenor u. Bass von *Fr. Abt.* (12 Gesänge. Heft 2.) André, Offenbach, Partitur u. Stimmen: 25 Ngr. Ebenso von *G. W. Teschner.* (36 Lieder. Heft 1.) Siegel, Leipzig. Partitur u. Stimmen: 25 Ngr.
Für 3 Frauenstimmen mit Pianoforte von *Fr. Abt.* (Op. 186. Heft 3.) André, Offenbach, Klavier-Auszug u. Stimmen: 1 Thlr. 10 Ngr.

Op. 5. Rastlose Liebe, Nähe des Geliebten, Der Fischer, Erster Verlust, Der König in Thule

(Gedichte von Goethe)

für eine Singstimme mit Begleitung des Pianoforte.

Wien, bei Schreiber. 25 Ngr.

№ 5. Der König in Thule.

Anmerkung. Nr. 1 und 3 wahrscheinlich componirt im Jahre 1815, Nr. 2 componirt (nach dem Autograph bei Professor Wagener in Marburg) am 27. Februar 1815, Nr. 4 am 5. Juli 1815, Nr. 5 im Jahre 1816. Alle 5 Lieder befinden sich autograph ohne Datum in der königl. Bibliothek zu Berlin. Titel der am 9. Juli 1821 erschienenen Ausgabe: »Rastlose Liebe, Nähe des Geliebten, Der Fischer, Erster Verlust, und Der König in Thule. Gedichte von Goethe. Für eine Singstimme mit Begleitung des Piano-Forte in Musik gesetzt, und dem Wohlgebohrnen Herrn Anton Salieri k. k. ersten Hofkapellmeister . . . . hochachtungsvoll gewidmet von Franz Schubert. 5tes Werk. Wien, in Comifsion bey Cappi und Diabelli«. (Querformat. Verlagsnummer: 789.)

Ausgaben. Holle, Wolfenbüttel, (deutsch u. franz.) 3 Ngr. n. Schreiber, Wien, 25 Ngr. — Für Contra-Alt (od. Bass) No. 2—5: Holle, Wolfenbüttel, (deutsch u. franz. Mit Op. 6, No. 3, Op. 7, No. 1. 2, Op. 8.) 6 Ngr. n.

Einzeln:

No. 1. Arnold, Elberfeld, 5 Ngr. Breitkopf u. Härtel, Leipzig, 3 Ngr. n. Senff, Leipzig, 2 Ngr. Siegel, Leipzig, 7½ Ngr. — Für Sopran (od. Tenor): W. Müller, Berlin, 1 Ngr. n. Schlesinger, Berlin, 2½ Ngr. n. Weinholtz, Braunschweig, 3 Ngr. n. — Für Mezzosopran (od. Bariton): W. Müller, Berlin, 1 Ngr. n. Schreiber, Wien, (deutsch u. franz.) 10 Ngr. Weinholtz, Braunschweig, 3 Ngr. n. — Für Alt: W. Müller, Berlin, 1 Ngr. n. Schlesinger, Berlin, 2½ Ngr. n. Schreiber, Wien, 7 Ngr. Weinholtz, Braunschweig, 3 Ngr. n. — Für Contra-Alt (od. Bass): Schreiber, Wien, 10 Ngr.

No. 2. Breitkopf u. Härtel, Leipzig, 1½ Ngr. n. Senff, Leipzig, 2 Ngr. Siegel, Leipzig, 7½ Ngr. — Für Sopran: W. Müller, Berlin, 1 Ngr. n. — Für Mezzosopran (od. Bariton): W. Müller, Berlin, 1 Ngr. n. Schreiber, Wien, (deutsch u. franz.) 7½ Ngr. — Für Alt (od. Bariton): W. Müller, Berlin, 1 Ngr. n. Schreiber, Wien, 7 Ngr. — Für Contra-Alt (od. Bass): Schreiber, Wien, 7 Ngr.

No. 3. Arnold, Elberfeld, 5 Ngr. Breitkopf u. Härtel, Leipzig, 1½ Ngr. n. Senff, Leipzig, 2 Ngr. — Für Mezzosopran (od. Bariton): W. Müller, Berlin, 1 Ngr. n. Schreiber, Wien, (deutsch u. franz.) 10 Ngr. — Für Contra-Alt (od. Bass): Schreiber, Wien, 7½ Ngr.

No. 4. Arnold, Elberfeld, 5 Ngr. Breitkopf u. Härtel, Leipzig, 1½ Ngr. n. Senff, Leipzig, 2 Ngr. — Für Mezzosopran (od. Bariton): Schreiber, Wien, (deutsch u. franz.) 5 Ngr. — Für Contra-Alt (od. Bass): Schreiber, Wien, 5 Ngr.

No. 5. Arnold, Elberfeld, 5 Ngr. Breitkopf u. Härtel, Leipzig, 1½ Ngr. n. Senff, Leipzig, 2 Ngr. — Für Sopran (od. Tenor): Weinholtz, Braunschweig, 2 Ngr. n. — Für Mezzosopran (od. Bariton): Schreiber, Wien, (deutsch u. franz.) 7½ Ngr. Weinholtz, Braunschweig, 2 Ngr. n. — Für Alt: Weinholtz, Braunschweig, 2 Ngr. n. — Für Contra-Alt (od. Bass): Schreiber, Wien, 7 Ngr.

Uebertragungen.

No. 1.

Für Violine u. Pianoforte von *M. Hauser*. (Melod. No. 30.) Siegel, Leipzig, 10 Ngr.

Für Pianoforte zu 2 Händen von *F. Liszt*. (Lieder. No. 10.) Schreiber, Wien, 10 Ngr. Ebenso von *F. Spindler*. (Op. 183. No. 21.) Siegel, Leipzig, 14 Ngr. Ebenso von *E. D. Wagner*. (Op. 40. No. 21. [in leichtem Styl.]) Schlesinger, Berlin, 7½ Ngr.

Für Physharmonika u. Pianoforte (od. 2 Pianoforte) von *C. G. Lickl.* (Op. 21. Heft 24.) Schreiber, Wien, 1 Thlr. 10 Ngr.

No. 2.

Für Violine u. Pianoforte von *M. Hauser.* (Melod. No. 19.) Siegel, Leipzig, 10 Ngr.
Für Pianoforte zu 2 Händen von *J. O'Kelly.* (12 Mélodies. Suite 2.) Schott, Mainz, 20 Ngr.

No. 3.

Für Zither von *L. Montlevrin.* (Lieder. No. 1.) Schreiber, Wien, 7½ Ngr.
Für Pianoforte zu 2 Händen von *St. Heller.* (30 Lieder. No. 26.) Schloss, Cöln, 12½ Ngr.
Für Sopran, Alt, Tenor u. Bass von *G. W. Teschner.* (26 Lieder. Heft 4.) Siegel, Leipzig, Partitur u. Stimmen: 25 Ngr.

No. 4.

Für Violine u. Pianoforte von *M. Hauser.* (Melod. No. 47.) Siegel, Leipzig, 10 Ngr.
Für Pianoforte zu 2 Händen von *C. Czerny.* (Lieder. No. 10.) Schreiber, Wien, 10 Ngr.
Für Physharmonika u. Pianoforte (od. 2 Pianoforte) von *C. G. Lickl.* (Op. 51. Heft 24.) Schreiber, Wien, 1 Thlr. 10 Ngr.
Für gemischten Chor von *G. W. Teschner.* (12 Lieder. Heft 2.) Breitkopf u. Härtel, Leipzig, 1 Thlr.

No. 5.

Für Violine u. Pianoforte von *M. Hauser.* (Melod. No. 37.) Siegel, Leipzig, 10 Ngr.
Für Pianoforte zu 2 Händen von *Th. Oesten.* (Op. 369. No. 21.) Siegel, Leipzig, 15 Ngr.
Ebenso von *F. Spindler.* (Op. 183. No. 20.) Siegel, Leipzig, 14 Ngr.
Für gemischten Chor von *G. W. Teschner.* (12 Lieder. Heft 1.) Breitkopf u. Härtel, Leipzig, 1 Thlr.

Op. 6. Memnon, Antigone und Oedip,

(Gedichte von Mayrhofer)

Am Grabe Anselmo's

(Gedicht von Claudius)

für eine Singstimme mit Begleitung des Pianoforte.

Wien, bei Schreiber. 20 Ngr.

№ 1. Memnon.

№ 2. Antigone und Oedip.

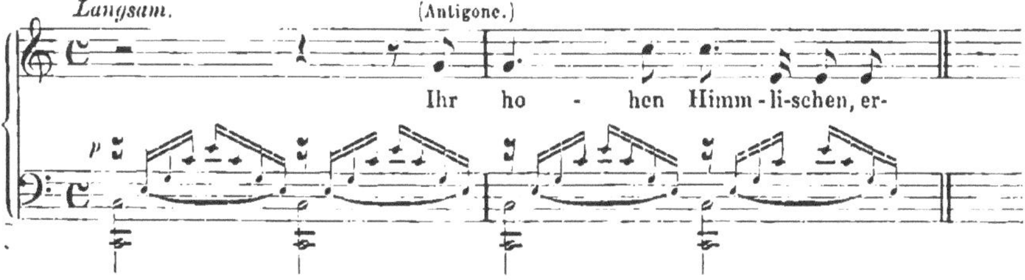

№ 3. Am Grabe Anselmo's.

Anmerkung. Nr. 1 und 2 wurden componirt im März 1817, Nr. 3 am 4. November 1816. Das Autograph von Nr. 1 war früher im Besitz von G. Petter in Wien. Titel der am 23. August 1821 in der Wiener Zeitung angekündigten Ausgabe: »Memnon, Antigone und Oedip, von J. Mayrhofer, und Am Grabe Anselmo's, von Claudius. Für eine Singstimme, mit Begleitung des Piano-Forte in Musik gesetzt, und dem Wohlgebohrnen Herrn Michael Vogl, Mitglied und Regifseur des k. k. Hofoperntheaters hochachtungsvoll gewidmet von Franz Schubert. 6tes Werk. Wien, in Commifsion bey Cappi und Diabelli«. (Querformat. Verlagsnummer: 790.)

Ausgaben. Holle, Wolfenbüttel (deutsch u. franz.), 3 Ngr. Schreiber, Wien, 20 Ngr. n.

Einzeln:

No. 1. Breitkopf u. Härtel, Leipzig. 3 Ngr. n. Senff, Leipzig, 2 Ngr. — Für Mezzosopran (od. Bariton): Schreiber, Wien, (deutsch u. franz.) 10 Ngr.

No. 2. Senff, Leipzig, 2 Ngr. — Für Mezzosopran (od. Bariton): Schreiber, Wien, (deutsch u. franz.) 10 Ngr.

No. 3. Arnold, Elberfeld, 5 Ngr. Breitkopf u. Härtel, Leipzig, $1\frac{1}{2}$ Ngr. n. Senff, Leipzig, 2 Ngr. — Für Sopran (od. Tenor): Weinholtz, Braunschweig. 2 Ngr. n. — Für Mezzosopran (od. Bariton): Weinholtz, Braunschweig. 2 Ngr. n. Schreiber, Wien, (deutsch u. franz.) $7\frac{1}{2}$ Ngr. — Für Alt: Weinholtz, Braunschweig, 2 Ngr. n. — Für Contra-Alt (od. Bass): Holle, Wolfenbüttel, (deutsch u. franz. Mit Op. 5, No. 2—5, Op. 7, No. 1. 2 u. Op. 8.) 6 Ngr. n. Schreiber, Wien, 7 Ngr.

Uebertragung.

No. 3. Für Sopran, Alt, Tenor u. Bass von *G. W. Teschner*. (36 Lieder. Heft 7.) Siegel, Leipzig, Partitur u. Stimmen: 25 Ngr.

Op. 7. Die abgeblühte Linde, Der Flug der Zeit,

(Gedichte von Graf Széchényi)

Der Tod und das Mädchen

(Gedicht von Claudius)

für eine Singstimme mit Begleitung des Pianoforte.

Wien, bei Schreiber. 15 Ngr.

№ 1. Die abgeblühte Linde.

№ 2. Der Flug der Zeit.

№ 3. Der Tod und das Mädchen.

Anmerkung. Titel der in der Wiener Zeitung vom 27. November 1821 als erschienen angezeigten Ausgabe: »Die abgeblühte Linde, Der Flug der Zeit, vom Grafen Ludwig von Széchényi. Der Tod und das Mädchen, von Claudius, für eine Singstimme mit Begleitung des Piano-Forte in Musik gesetzt, und dem hochgebohrnen Herrn Herrn Grafen Ludwig Széchényi von Sarvári-Felsö-Vidék S[r] k. k. Majestät wirklichen Kämmerer & hochachtungsvoll gewidmet von Franz Schubert. 7tes Werk. Wien, in Commiſsion bey Cappi und Diabelli«. (Querformat. Verlagsnummer: 855.)

Ausgaben. Holle, Wolfenbüttel, (deutsch u. franz.) 2 Ngr. n. Schreiber, Wien, 15 Ngr. — Für Contra-Alt (od. Bass) No. 1. 2: Holle, Wolfenbüttel, (deutsch u. franz. Mit Op. 5. No. 2—4. Op. 6, No. 3. Op. 8.) 6 Ngr. n.

Einzeln:

No. 1. Breitkopf u. Härtel, Leipzig, 3 Ngr. n. Senff, Leipzig, 2 Ngr. — Für Mezzosopran (od. Bariton): Schreiber, Wien, (deutsch u. franz.) 10 Ngr. — Für Contra-Alt (od. Bass): Schreiber, Wien, 10 Ngr.

No. 2. Breitkopf u. Härtel, Leipzig, 1½ Ngr. n. Senff, Leipzig, 2 Ngr. — Für Mezzosopran od. Bariton: Schreiber, Wien, (deutsch u. franz.) 7½ Ngr. — Für Contra-Alt: Schreiber, Wien, 7½ Ngr.

No. 3. Arnold, Elberfeld, 5 Ngr. Breitkopf u. Härtel, Leipzig, 1½ Ngr. n. Senff, Leipzig, 2 Ngr. — Für Mezzosopran (od. Bariton): Schreiber, Wien, (deutsch u. franz.) 5 Ngr.

Uebertragungen.

No. 2. Für Pianoforte zu 2 Händen von *J. O'Kelly.* (12 Mélodies. Suite 1.) Schott, Mainz, 20 Ngr.

No. 3. Für Pianoforte zu 2 Händen von *St. Heller.* (30 Lieder. No. 4.) Schloss, Cöln, 12½ Ngr. Ebenso von *F. v. Osten.* (Lieder. Cah. 2.) Schuberth, Hamburg, 10 Ngr.

Op. 8. Der Jüngling auf dem Hügel,

(Gedicht von Heinr. Hüttenbrenner)

Sehnsucht, Erlafsee, Am Strome

(Gedichte von Mayrhofer)

für eine Singstimme mit Begleitung des Pianoforte.

Wien, bei Schreiber. 25 Ngr.

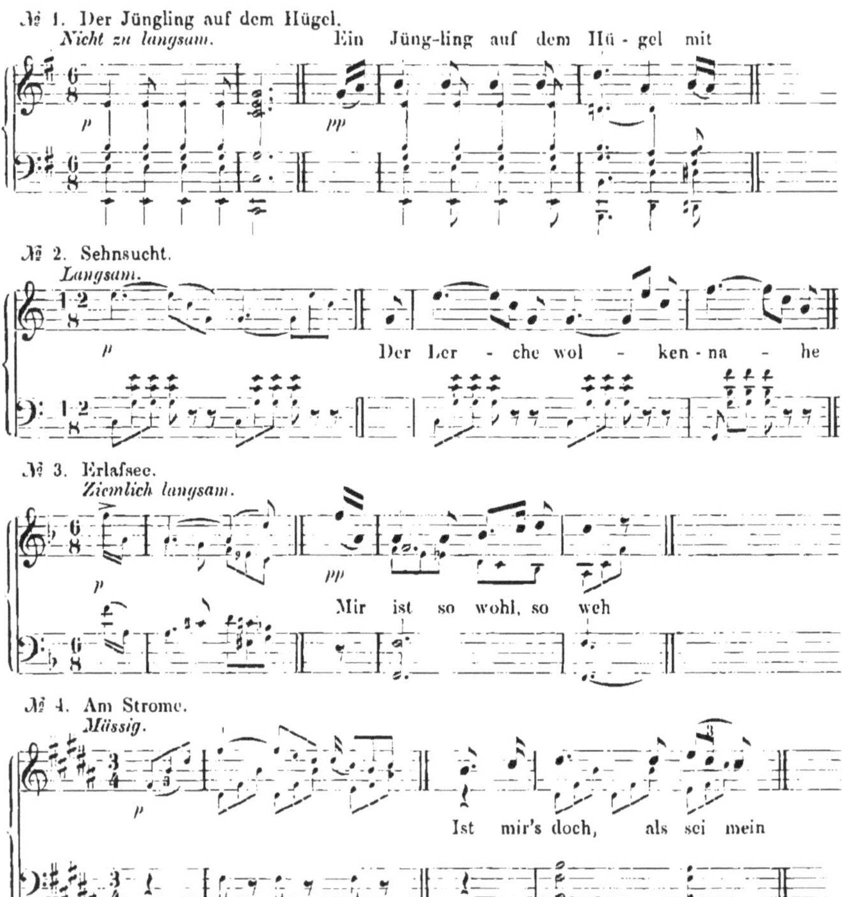

Anmerkung. Nr. 1 wurde (nach dem im Archiv der Gesellschaft der Musikfreunde in Wien befindlichen Autograph) componirt im November 1820, Nr. 2 wurde componirt angeblich im J. 1824 (?), Nr. 3 im September 1817, Nr. 4 im März 1817. Nr. 3 erschien im Jahr 1818 als Beilage zu Sartori's malerischem Taschenbuch für Freunde interessanter Gegenden (Wien bei Doll, 6. Jahrgang). Titel der am 9. Mai 1822 erschienenen Ausgabe: »Der Jüngling auf dem Hügel von Heinrich Hüttenbrenner. Sehnſucht, Erlafſee und am Strome von Mayrhofer. Für eine Singſtimme mit Begleitung des Piano-Forte in Musik gesetzt, und dem hochgebohrnen Herrn Joh. Carl Grafen Esterhàzy von Galantha k. k. wirklichen Kämmerer & ehrfurchtsvoll gewidmet von Franz Schubert. 8tes Werk. Eigenthum der Verleger. Wien bey Cappi und Diabelli«. (Querformat. Verlagsnummer 872.)

Ausgaben. Holle, Wolfenbüttel, (deutsch u. franz.) 3 Ngr. n. Schreiber, Wien, 25 Ngr. — Für Contra-Alt (od. Bass) No. 2—4: Holle, Wolfenbüttel, (deutsch u. franz. Mit Op. 5, No. 2—4. Op. 6, No. 3. Op. 7, No. 1. 2.) 6 Ngr. n.

Einzeln:

No. 1. Breitkopf u. Härtel, Leipzig, 3 Ngr. n. Senff, Leipzig, 2 Ngr. — Für Mezzosopran (od. Bariton): Schreiber, Wien, (deutsch u. franz.) 12 Ngr. — Für Contra-Alt (od. Bass): Schreiber, Wien, 10 Ngr.

No. 2. Senff, Leipzig, 2 Ngr. — Für Mezzosopran (od. Bariton): Schreiber, Wien, (deutsch u. franz.) 7½ Ngr. — Für Contra-Alt (od. Bass): Schreiber, Wien, 10 Ngr.

No. 3. Senff, Leipzig, 2 Ngr. — Für Mezzosopran (od. Bariton): Schreiber, Wien, (deutsch u. franz.) 8½ Ngr. — Für Contra-Alt (od. Bass): Schreiber, Wien, 10 Ngr.

No. 4. Senff, Leipzig, 3 Ngr. — Für Mezzosopran (od. Bariton): Schreiber, Wien, (deutsch u. franz.) 7½ Ngr. — Für Contra-Alt (od. Bass): Schreiber, Wien, 7½ Ngr.

Uebertragung.

No. 3. Für Violoncell u. Pianoforte von *G. Paque.* (12 Mélod. Suite 3.) Schott, Mainz. 20 Ngr.

Op. 9. Original-Tänze

(Erste Walzer)

für Pianoforte. (2 Hefte.)

Wien, bei Schreiber. à 15 Ngr.

№ 13.
№ 14.
№ 15.
№ 16.
№ 17.
№ 18.
Heft 2.
№ 19.
№ 20.
№ 21.
№ 22.
№ 23.
№ 24.
№ 25.
№ 26.
№ 27.
№ 28.
№ 29.
№ 30.
№ 31.
№ 32.
№ 33.
№ 34.
bis

Anmerkung. Nr. 2 wurde componirt im Jahre 1816. Schubert hat das Stück wiederholt abgeschrieben; in einer Abschrift vom 14. März 1818 ist es überschrieben: »Deutscher von Franz Schubert«. Nr. 5 bis 13 stehen in anderer Folge (Nr. 6, 7, 8, 9, 13, 10, 5, 11, 12) in einem im Archiv der Gesellschaft der Musikfreunde in Wien befindlichen Original-Manuscript, welches die Ueberschrift hat: »Deutsche. 12. Novbr. 1819«. Nr. 29 bis 31 kommen mit andern Tänzen vor in einem Johannes Brahms gehörenden Original-Manuscript, welches überschrieben ist: »Atzenbrucker Deutsche. July 1821«. Nr. 32 bis 36, sämmtlich in Fis-dur stehend, befinden sich autograph mit dem Datum »8. März 1821« bei Prof. Wagener in Marburg. Titel der am 29. November 1821 in zwei Heften erschienenen Ausgabe: »Original Tänze für das Piano-Forte, componirt von Franz Schubert. 9tes Werk. No. Wien, bey Cappi und Diabelli«. (Querformat. Verlagsnummern: 873, 874.)

Ausgaben. Breitkopf u. Härtel, Leipzig, (2 Hefte) à 6 Ngr. n. Holle, Wolfenbüttel, 4 Ngr. n. Litolff, Braunschweig, 4 Ngr. n. Schreiber, Wien, (2 Hefte) à 15 Ngr. — Daraus No. 2. Wiener Trauerwalzer. Schreiber, Wien, 5 Ngr.

Uebertragungen.

Für Pianoforte zu vier Händen von *J. F. K. Dietrich.* Präger u. Meier, Bremen, 2 Hefte, à 17½ Ngr.

Nr. 2. Wiener Trauerwalzer. Für Pianoforte zu vier Händen. Holle, Wolfenbüttel, 1½ Ngr. n. Schreiber, Wien, 5 Ngr.

Für Physharmonika von *C. G. Lickl.* (Op. 54. Heft 16.) Schreiber, Wien, 15 Ngr.

Für eine Contra-Alt- oder Bassstimme mit Pianoforte. Unterlegtes Gedicht von *Fr. von Matthisson.* (Naturgenuss; Im Abendschimmer wallt der Quell.) Holle, Wolfenbüttel. (Mit Op. 12. Op. 13, No. 2. 3. Op. 14, No. 2.) 6 Ngr. n. Schreiber, Wien, 7½ Ngr.

Op. 10. Variationen (E moll)

über ein französisches Lied

für Pianoforte zu 4 Händen.

Wien, bei Schreiber. 1 Thlr. 5 Ngr.

Thema.

Anmerkung. Wahrscheinlich componirt im Jahre 1821. Titel der am 19. April 1822 in der Wiener Zeitung angezeigten Ausgabe: »Variationen über ein französisches Lied für das Piano-Forte auf vier Hände verfasst und dem Hrn Ludwig van Beethoven Zugeeignet von seinem Verehrer und Bewunderer Franz Schubert. 10tes Werk. Eigenthum der Verleger. Wien bey Cappi und Diabelli«. (Querformat. Verlagsnummer: 996.)

Ausgaben. Breitkopf u. Härtel, Leipzig, 15 Ngr. n. Holle, Wolfenbüttel, 6 Ngr. n. Litolff, Braunschweig, 5 Ngr. n. Schott, Mainz, 23½ Ngr. Schreiber, Wien, 1 Thlr. 5 Ngr.

Uebertragung.

Für Pianoforte zu 2 Händen von *J. F. K. Dietrich.* Präger u. Meier, Bremen, 25 Ngr.

Op. 11. Das Dörfchen, Die Nachtigall, Geist der Liebe

(Gedicht von Bürger) (Gedicht von Unger) (Gedicht von Matthisson)

für 4 Männerstimmen mit Begleitung des Pianoforte oder der Guitarre.

Wien, bei Schreiber. à 20 Ngr.

Anmerkung. Nr. 3 wurde nach dem im Archiv der Gesellschaft der Musikfreunde in Wien befindlichen Original-Manuscript componirt im Januar 1822. Aufgeführt wurde Nr. 1 am 7. März 1821 und Nr. 2 am 22. April 1821 in Concerten im Kärnthnerthor-Theater, Nr. 3 am 3. März 1822 in einem Concert der Gesellschaft der Musikfreunde. Titel der am 12. Juni 1822 in Stimmen erschienenen Ausgabe: »Das Dörfchen. von Bürger Die Nachtigall. von Unger und Geist der Liebe. von Matthisson. für 4 Männerstimmen mit Begleitung des Pianoforte oder der Guitarre in Mufik gefetzt, und dem Hrn Joseph Barth k. k. Hoffänger gewidmet von feinem Freunde Franz Schubert. 11tes Werk. No. . . Eigenthum der Verleger. Wien bey Cappi und Diabelli«. (Verlagsnummern: 1017, 1018, 1019.)

Ausgaben. No. 1. Schreiber, Wien, 20 Ngr. Neue von *J. Herbeck* revid. Ausgabe. (Mit Pianoforte ad lib.) Ebendaselbst. Partitur u. Stimmen: 22½ Ngr.

No. 2. Heuser, Neuwied, Partitur: 5 Ngr. n. Schreiber, Wien. Neue von *J. Herbeck* revid. Ausgabe. (Mit Pianoforte ad lib.) Ebendaselbst. Partitur u. Stimmen: 22½ Ngr.

No. 3. Heuser, Neuwied, Partitur u. Stimmen: 3 Ngr. n. Schreiber, Wien, 20 Ngr.

Uebertragung.

No. 2. Für Zither solo von *L. Montlerrin.* (Lieder. No. 10.) Schreiber, Wien, 15 Ngr.

Op. 12. Gesänge des Harfners

(aus Wilhelm Meister von Goethe)
für eine Singstimme mit Begleitung des Pianoforte.

Wien, bei Schreiber. 15 Ngr.

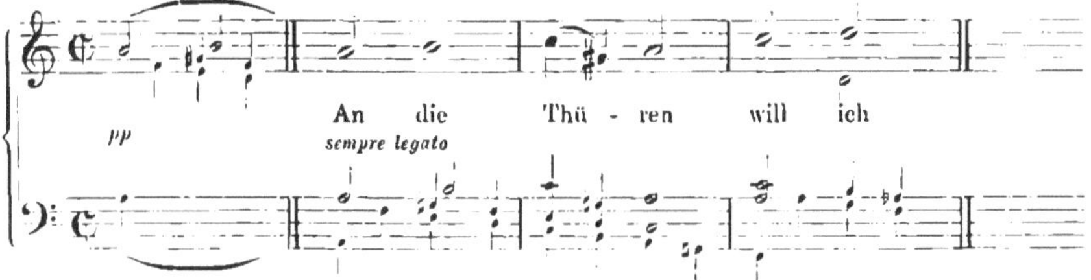

Anmerkung. Componirt im September 1816 und im Druck erschienen am 13. December 1822 unter dem Titel: »Gesänge des Harfners aus Wilhelm Meister, von Goethe, für eine Singstimme mit Begleitung des Pianoforte, in Musik gesetzt, und Seiner bischöflichen Gnaden, dem Herrn Joh: Nep: Ritter von Dankesreither, Bischof zu St: Pölten, ... in tiefer Ehrfurcht gewidmet von Franz Schubert. 12tes Werk. Wien, bey Cappi und Diabelli«. Querformat. Verlagsnummer: 1161.)

Ausgaben. Holle, Wolfenbüttel, (deutsch u. franz.) 2 Ngr. n. Schreiber, Wien, 15 Ngr. — Für Contra-Alt (od. Bass): Holle, Wolfenbüttel, deutsch u. franz. Mit Op. 13, No. 2. Op. 14, No. 2. Op. 16a.) 6 Ngr. n.

Einzeln:

No. 1. Arnold, Elberfeld, 5 Ngr. Breitkopf u. Härtel, Leipzig, 3 Ngr. n. Senff, Leipzig, 2 Ngr. — Für Sopran (od. Tenor): Schlesinger, Berlin, $2^1/_2$ Ngr. n. — Für Mezzosopran (od. Bariton): Schreiber, Wien, (deutsch u. franz.) $7^1/_2$ Ngr. — Für Alt: Schlesinger, Berlin, $2^1/_2$ Ngr. n. — Für Contra-Alt (od. Bass): Schreiber, Wien, $7^1/_2$ Ngr.

No. 2. Arnold, Elberfeld, 5 Ngr. Breitkopf u. Härtel, Leipzig, 3 Ngr. n. Senff, Leipzig, 2 Ngr. — Für Sopran (od. Tenor): Schlesinger, Berlin, $2^1/_2$ Ngr. n. Weinholtz, Braunschweig, 3 Ngr. n. — Für Mezzosopran (od. Bariton): Schreiber, Wien, (deutsch u. franz.) $7^1/_2$ Ngr. Weinholtz, Braunschweig, 3 Ngr. n. — Für Alt: Schlesinger, Berlin, $2^1/_2$ Ngr. n. Weinholtz, Braunschweig, 3 Ngr. n. — Für Contra-Alt (od. Bass): Schreiber, Wien, 10 Ngr.

No. 3. Arnold, Elberfeld, 5 Ngr. Breitkopf u. Härtel, Leipzig, $1^1/_2$ Ngr. n. Senff, Leipzig, 2 Ngr. — Für Sopran (od. Tenor): Schlesinger, Berlin, $2^1/_2$ Ngr. n. — Für Mezzosopran (od. Bariton): Schreiber, Wien, deutsch u. franz. 5 Ngr. — Für Alt: Schlesinger, Berlin, $2^1/_2$ Ngr. n. — Für Contra-Alt (od. Bass): Schreiber, Wien, 5 Ngr.

Uebertragung.

No. 3. Für Zither von *L. Montlerrin*. Schreiber, Wien, 10 Ngr.

Op. 13. Der Schäfer und der Reiter,

(Gedicht von Friedr. B. de la Motte Fouqué)

Lob der Thränen, Der Alpenjäger

(Gedicht von A. W. Schlegel) (Gedicht von Joh. Mayrhofer)

für eine Singstimme mit Begleitung des Pianoforte.

Wien, bei Schreiber. 20 Ngr.

№ 1. Der Schäfer und der Reiter.

№ 2. Lob der Thränen.

№ 3. Der Alpenjäger.

Anmerkung. Componirt Nr. 1 im Jahre 1817, Nr. 2 angeblich im Jahre 1821 (1817?), Nr. 3 im Januar 1817. Erschienen am 13. December 1822 unter dem Titel: »Der Schäfer u: der Reiter, von Friedr: B: de la Motte Fouquè. Lob der Thränen, von A: W: von Schlegel. und Der Alpenjäger, von Joh: Mayerhofer. Für eine Singstimme mit Begleitung des Piano-Forte in Musik gesetzt, und seinem Freunde Jos: Edlen von Spaun k: k: Bankal-Afsefsor gewidmet von Franz Schubert. 13tes Werk. Wien, bey Cappi und Diabelli«. (Querformat. Verlagsnummer: 1162.)

Ausgaben. Holle, Wolfenbüttel, (deutsch u. franz.) 3 Ngr. n. Schreiber, Wien, 20 Ngr. — Für Contra-Alt (od. Bass No. 2. 3): Holle, Wolfenbüttel, deutsch u. franz. Mit Op. 12. Op. 14, No. 2. Op. 16a.) 6 Ngr. n.

Einzeln:

No. 1. Senff, Leipzig, 2 Ngr. — Für Mezzosopran (od. Bariton): Schreiber, Wien, (deutsch u. franz.) 10 Ngr.

No. 2. Arnold, Elberfeld, 5 Ngr. Breitkopf u. Härtel, Leipzig, 1½ Ngr. n. Forberg, Leipzig, (deutsch u. franz.) 1 Ngr. Schott, Mainz, (deutsch, franz. u. ital.) 7 Ngr. Senff, Leipzig, 2 Ngr. Siegel, Leipzig, 7½ Ngr. — Für Sopran (od. Tenor): W. Müller, Berlin, 1 Ngr. n. Schlesinger, Berlin, 2½ Ngr. n. Schreiber, Wien, (deutsch u. franz.) 5 Ngr. Weinholtz, Braunschweig, 3 Ngr. n. — Für Mezzosopran (od. Bariton): W. Müller, Berlin, 1 Ngr. n. Schreiber, Wien, (deutsch u. franz.) 5 Ngr. Weinholtz, Braunschweig, 3 Ngr. n. — Für Alt: W. Müller, Berlin, 1 Ngr. n. Schlesinger, Berlin, 2½ Ngr. n. Schreiber, Wien, (deutsch u. franz.) 5 Ngr. Weinholtz, Braunschweig, 3 Ngr. n. — Für Contra-Alt (od. Bass): Schreiber, Wien, 10 Ngr.

No. 3. Forberg, Leipzig, 1 Ngr. Senff, Leipzig, 2 Ngr. Siegel, Leipzig, 7½ Ngr. — Für Mezzosopran (od. Bariton): Schreiber, Wien, (deutsch u. franz.) 7½ Ngr. — Für Contra-Alt (od. Bass): Schreiber, Wien, 10 Ngr.

Uebertragungen.

No. 2.

Für eine Singstimme mit Guitarre. Schreiber, Wien, 7 Ngr.

Für Harmonie und türkische Musik von *P. Streck.* (Op. 348.) Hofmeister, Leipzig (München), 2 Thlr. 23½ Ngr.

Für Violine, Violoncell, Orgel u. Pianoforte von *F. G. Haine.* Fürstner, Berlin (Paris), 25 Ngr.

Für Violine u. Pianoforte von *A. Diabelli.* (Concordance, Heft 15.) Schreiber, Wien, 25 Ngr. Ebenso von *M. Hauser.* (Melod. No. 1.) Siegel, Leipzig, 7½ Ngr. Ebenso von *G. Scheller.* (Op. 41. No. 6.) Cranz, Hamburg, 7½ Ngr.

Für Violoncell u. Pianoforte von *F. A. Kummer.* (Op. 117. No. 5.) Cranz, Hamburg, 10 Ngr. Ebenso von *J. Stransky.* (Op. 26. No. 3.) Schreiber, Wien, 10 Ngr.

Für Flöte u. Pianoforte von *A. Diabelli.* Productionen. Heft 56. Schreiber, Wien, 25 Ngr. Ebenso von *F. A. Kummer.* (Op. 117b. No. 5.) Cranz, Hamburg, 10 Ngr.

Für Zither von *K. Weingartner.* Transcript. No. 5. Schreiber, Wien, 7½ Ngr.

Für Guitarre von *J. K. Mertz.* (6 Lieder. No. 1.) Haslinger, Wien, 20 Ngr.

Für Pianoforte, Violoncell u. Orgue Melodium von *F. Lux.* Melod. No. 2. Schott, Mainz, 17 Ngr.

Für Pianoforte zu 4 Händen von *A. Diabelli.* (Wiener Lieblingsstücke. No. 26. [auch 2hdg.]) Schreiber, Wien, 10 Ngr. Ebenso von *A. Diabelli.* Lieder im leichten Style. No. 5. Schreiber, Wien, 7½ Ngr. Ebenso von *L. Winkler.* (Chansons. No. 3.) Cranz, Hamburg, 12½ Ngr.

Für Pianoforte zu 2 Händen. Haslinger, Wien. (Schubert, Lieder. Heft 6.) 15 Ngr. Ebenso von *C. d'Arenel.* Peters, Leipzig, 5 Ngr. Ebenso von *A. Diabelli.* (Lieder im leichten Styl. No. 5.) Schreiber, Wien, 5 Ngr. Ebenso von *A. Diabelli.* (Wiener Lieblingsstücke. No. 26. [auch 4hdg.]) Schreiber, Wien, 10 Ngr. Ebenso von *J. H. Doppler.* (Op. 309. No. 2.) Cranz, Hamburg, 7½ Ngr. Ebenso von *F. Felix.* Peters, Leipzig, 5 Ngr. n. Ebenso von *W. Graf.* (Lieder. No. 10.) Wetzler, Prag, 12½ Ngr. Ebenso von *St. Heller.* (30 Lieder. No. 11.) Schloss, Cöln, 12½ Ngr. Ebenso von *Fr. Hünten.* Op. 179. No. 2. Schott, Mainz, 10 Ngr. Ebenso von *D. Krug.* (Modebibl. Cah. 8.) Schuberth u. Comp., Leipzig, 10 Ngr. Ebenso von *W. Kuhe.* (Op. 139. No. 5.) Siegel, Leipzig, 15 Ngr. Ebenso von *F. Liszt.* (Lieder. No. 25.) Haslinger, Wien, 10 Ngr. Ebenso von *J. Löw.* Op. 111. No. 18.) Hientzsch, Breslau, 10 Ngr. Ebenso von *Ch. Miller.* (Lieder. No. 6.) Schuberth, Hamburg, 10 Ngr. Ebenso von *Th. Oesten.* (Op. 369. No. 5.) Siegel, Leipzig, 15 Ngr. Ebenso von *C. E. Pax.* (6 Lieder. No. 4.) Schreiber, Wien, 7½ Ngr. Ebenso von *F. Spindler.* (Op. 183. No. 1.) Siegel,

Leipzig, 11 Ngr. Ebenso von *E. D. Wagner*. (Op. 10 No. 5. [in leichtem Styl.]) Schlesinger, Berlin, 7½ Ngr.
Für Harfe von *Ch. Oberthür*. Op. 89., Schreiber, Wien, 15 Ngr.
Für Physharmonika u. Pianoforte od. 2 Pianoforte) von *C. G. Lickl*. (Op. 51. Heft 8.) Schreiber, Wien, 1 Thlr. 25 Ngr
Für Harmonium von *Bial*. (Samml. beliebter Ges. Heft 1.) Bote u. Bock, Berlin, 20 Ngr.
Für Harmonium (od. Pianoforte) von *K. Hennig*. (6 der schönsten Lieder.) Stoll, Leipzig, 15 Ngr.

No. 3.

Für eine Singstimme mit Guitarre. Schreiber, Wien, 7 Ngr.
Für Violine u. Pianoforte von *A. Diabelli*. (Concordance. Heft 15.) Schreiber, Wien, 25 Ngr.
Für Violoncell u. Pianoforte von *J. Stransky*. (Op. 26. No. 2.) Schreiber, Wien, 10 Ngr.
Für Flöte u. Pianoforte von *A. Diabelli*. (Productionen. Heft 56.) Schreiber, Wien, 25 Ngr.
Für Zither von *L. Montlerrin*. Lieder. No. 6.) Schreiber, Wien, 12½ Ngr.
Für Pianoforte zu 4 Händen von *A. Diabelli*. (Lieder im leichten Styl. No. 6.) Schreiber, Wien, 10 Ngr. Ebenso von *A. Diabelli*. (Wiener Lieblingsstücke. No. 27. [auch 2hdg.]) Schreiber, Wien, 15 Ngr.
Für Pianoforte zu 2 Händen von *A. Diabelli*. Wiener Lieblingsstücke. No. 27. [auch 4hdg.]) Schreiber, Wien, 15 Ngr. Ebenso von *A. Diabelli*. Lieder im leichten Styl. No. 6.) Schreiber, Wien, 7½ Ngr. Ebenso von *St. Heller*. (30 Lieder. No. 16.) Schloss, Cöln, 10 Ngr. Ebenso von *F. Spindler*. (Op. 183. No. 48.) Siegel, Leipzig, 11 Ngr.

Op. 14. Suleika, Geheimes

(aus dem westöstlichen Divan von Goethe)

für eine Singstimme mit Begleitung des Pianoforte.

Wien, bei Schreiber. 20 Ngr.

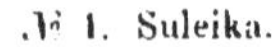

№ 2. Geheimes.

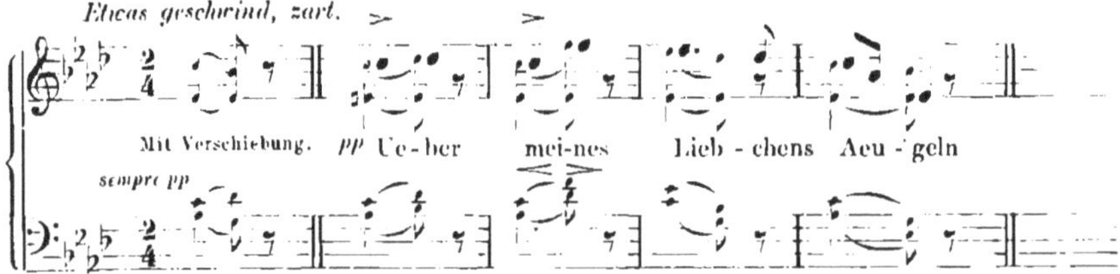

Anmerkung. Componirt Nr. 1 im Jahre 1821, Nr. 2 im März 1821. Erschienen am 13. December unter dem Titel: »Suleika und Geheimes aus dem westöstlichen Divan von Goethe, für eine Singstimme mit Begleitung des Pianoforte in Musik gesetzt, und seinem Freunde Franz Ritter von Schober gewidmet von Franz Schubert. 14tes Werk. Wien, bey Cappi und Diabelli«. (Querformat. Verlagsnummer: 1163.)

Ausgaben. Holle, Wolfenbüttel, deutsch u. franz. 3 Ngr. n. Schreiber, Wien, 20 Ngr. — Für Contra-Alt od. Bass: Holle, Wolfenbüttel (deutsch u. franz. Mit Op. 12. Op. 13, No. 2. 3. Op. 16ᵃ. 6 Ngr. n.

Einzeln:

No. 1. Breitkopf u. Härtel, Leipzig, 1½ Ngr. n. Senff, Leipzig, 2 Ngr. — Für Mezzosopran (od. Bariton): Schreiber, Wien, deutsch u. franz. 15 Ngr.

No. 2. Arnold, Elberfeld, 5 Ngr. Breitkopf u. Härtel, Leipzig, 1½ Ngr. n. Senff, Leipzig, 2 Ngr. — Für Sopran od. Tenor): Schlesinger, Berlin, 2½ Ngr. n. Schreiber, Wien, 5 Ngr. — Für Mezzosopran od. Bariton): Schreiber, Wien, deutsch u. franz. 7½ Ngr. — Für Alt: Schlesinger, Berlin, 2½ Ngr. Schreiber, Wien, 7 Ngr. — Für Contra-Alt (od. Bass): Schreiber, Wien, 7½ Ngr.

Op. 15. Phantasie (Cdur)

für Pianoforte.

Wien, bei Schreiber. 1 Thlr. 10 Ngr.

Anmerkung. Angeblich componirt um 1820. Zum Thema des Adagios ist eine Stelle aus dem Liede »Der Wanderer« (Op. 4, Nr. 1 benutzt. Titel der am 21. Februar 1823 in der Wiener Zeitung angezeigten Ausgabe: »Fantaisie pour le Piano-Forte composée et dediée à Monsieur Em: Noble de Liebenberg de Zittin par François Schubert. Oeuvre 15. Propriété des Editeurs. Vienne, chez Cappi et Diabelli«. Querformat. Verlagsnummer: 1174.)

Ausgaben. Bote u. Bock, Berlin, 10½ Ngr. Breitkopf u. Härtel, Leipzig, 21 Ngr. n. Cotta, Stuttgart, 27 Ngr. n. Fürstner, Berlin, (Rev. von *F. Kroll.* 20 Ngr. Holle, Wolfenbüttel, 7 Ngr. n. Litolff, Braunschweig, 7 Ngr. n. Peters, Leipzig, 5 Ngr. n. Schott, Mainz, 20 Ngr. Schreiber, Wien, 1 Thlr. 10 Ngr.

Uebertragungen.

Für Pianoforte u. Orchester, symphonisch bearb. von *F. Liszt.* Partitur: Schreiber, Wien, 3 Thlr. 20 Ngr.

Für 2 Pianoforte, symphonisch bearb. von *F. Liszt.* Schreiber, Wien, 2 Thlr. 10 Ngr.

Für Pianoforte zu vier Händen. Schreiber, Wien, 2 Thlr. Ebenso von *J. F. C. Dietrich.* Präger u. Meier, Bremen, 2 Thlr.

Op. 16. Frühlingslied (Frühlingsgesang), Naturgenuss

(Gedicht von Fr. von Schober) (Gedicht von Matthisson.)

für 4 Männerstimmen mit willkürl. Begleitung des Pianoforte oder der Guitarre.

Wien, bei Schreiber. 1 Thlr. 15 Ngr.

№ 1. Frühlingslied.

Etwas geschwind.

Ten. I. Ten. II. *pp* Schmücket die Lo - cken mit

Bass I. Bass II.

№ 2. Naturgenuss.

Anmerkung. Nr. 2 componirt im Mai 1816. Titel der am 9. October 1823 in Stimmen erschienenen Ausgabe: »Frühlingslied von Fr: von Schober. Naturgenufs von Mathifson. für vier Männerstimmen mit willkührlicher Begleitung des Pianoforte oder der Guitarre. In Musik gesetzt von Franz Schubert. 16tes Werk. Eigenthum der Verleger. Wien, bey Cappi und Diabelli«. (Verlagnummer 1175.)

Ausgaben. Heuser, Neuwied, Partitur No. 1, 2. à 5 Ngr. n. Schreiber, Wien, 1 Thlr. 15 Ngr.

Op. 17. Vier Gesänge

für 4 Männerstimmen.

Wien, bei Schreiber. 20 Ngr.

№ 1. Jünglingswonne. (Gedicht von Matthisson.)

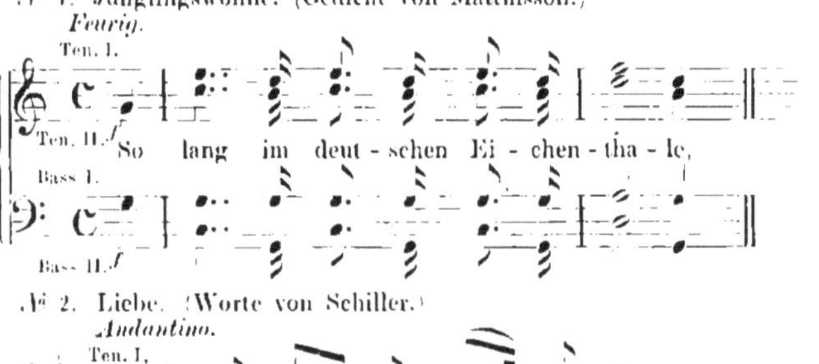

№ 2. Liebe. (Worte von Schiller.)

Andantino.

Ten. I. Ten. II. *pp* Lie - be rauscht der Sil - ber - bach,

Bass I. Bass II. *pp*

№ 3. Zum Rundtanz. (Gedicht von Salis.)

№ 4. Die Nacht.

Anmerkung. Titel der am 9. October 1823 angezeigten und in Stimmen erschienenen Ausgabe: »Vier Gesänge für 4 Männerstimmen ohne Begleitung In Musik gesetzt von Franz Schubert 17tes Werk. Eigenthum der Verleger. Wien, bey Cappi und Diabelli«. (Verlagsnummer: 1176.)

Op. 18. Walzer, Ländler und Ecossaisen

für Pianoforte.

Wien, bei Schreiber. In 2 Abtheilungen à 15 Ngr.

I. Abtheilung.

№ 10.
pp
№ 11.
p
№ 12.
f
fz
Ecossaisen. № 1.
p
№ 2.
p
№ 3.
p
№ 4.
f
№ 5.
f
№ 6.
mf
II. Abtheilung.
Ländler. № 1.
p
№ 2.
p
№ 3.
p
№ 4.
p
№ 5.
dolce
№ 6.
p
№ 7.
fp
№ 8.
f
№ 9.

Anmerkung. Die Walzer Nr. 1, 2 und 3 stehen mit den Tänzen Op. 9 Nr. 29 bis 31 in einem Manuscript, welches überschrieben ist: »Atzenbrucker Deutsche. July 1821«. Vgl. Anm. zu Op. 9. Nr. 2 befindet sich auch autograph mit dem Datum »8. März 1821« bei Prof. Wagener in Marburg. Von den Ecossaisen in der 1. Abtheilung ist Nr. 5, nach einem Autograph im Archiv der Gesellschaft der Musikfreunde in Wien, componirt im Mai 1816; Nr. 6, nach einem Manuscript im Besitz von Johannes Brahms, im Mai 1820. Original-Handschriften der Ecossaisen Nr. 2 und 3 in der 1. Abtheilung und der Ländler Nr. 1 bis 8, 10, 11 und 13 bis 17 (in der 2. Abth.) sind im Besitz von Joh. Brahms. Von den erwähnten Stücken haben einige in der Handschrift eine andere Tonart, als im Druck. Titel der am 5. Februar 1823 angekündigten, in 2 Heften oder Abtheilungen erschienenen Ausgabe: »Walzer, Ländler und Ecossoisen für das Piano-Forte componirt von Franz Schubert. 18tes Werk, 1te Abtheilung. Eigenthum der Verleger. Wien, bey Cappi und Diabelli«. (Querformat. Verlagsnummern: 1216, 1217.)

Ausgaben. Breitkopf u. Härtel, Leipzig, Heft I. 9 Ngr. n. Heft II. 6 Ngr. n. Holle, Wolfenbüttel, 4 Ngr. n. Litolff, Braunschweig, 4 Ngr. n. Schreiber, Wien, (2 Hefte) à 15 Ngr.

Uebertragung.

Für Pianoforte zu 4 Händen von *J. F. K. Dietrich.* Präger u. Meier, Bremen, Heft I. $22\frac{1}{2}$ Ngr. Heft II. $17\frac{1}{2}$ Ngr.

Op. 19. An Schwager Kronos, An Mignon, Ganymed

(Gedichte von Goethe)

für eine Singstimme mit Begleitung des Pianoforte.

Wien, bei Schreiber. 1 Thlr.

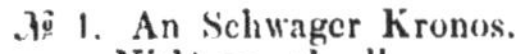

№ 2. An Mignon.
Etwas geschwind.

№ 3. Ganymed.
Etwas langsam.

Anmerkung. Nr. 1 componirt im Jahre 1816, Nr. 2 (nach dem Autograph bei Prof. Wagener in Marburg) am 27. Februar 1815, Nr. 3 im März 1817. Autographe von Nr. 2 auch bei A. W. Thayer in Triest und in einer andern Tonart (Gis-moll) in der königl. Bibliothek zu Berlin. Titel der im Jahre 1823 erschienenen Ausgabe: »An Schwager Kronos. An Mignon. Ganymed. Gedichte von Goethe. In Musik gesetzt für eine Singstimme mit Begleitung des Pianoforte und dem Dichter Verehrungsvoll gewidmet von Franz Schubert 19tes Werk. Eigenthum der Verleger. Wien, bey Ant. Diabelli & Comp.« (Querformat. Verlagsnummer: 1800.)

Ausgaben. Holle, Wolfenbüttel, (deutsch u. franz.) 3 Ngr. n. Schreiber, Wien, 1 Thlr.

Einzeln:

No. 1. Breitkopf u. Härtel, Leipzig, 3 Ngr. n. Senff, Leipzig, 2 Ngr. — Für Mezzosopran (od. Bariton): Schreiber, Wien, (deutsch u. franz.) 12½ Ngr.

No. 2. Breitkopf u. Härtel, Leipzig, 1½ Ngr. n. Senff, Leipzig, 2 Ngr. — Für Mezzosopran (od. Bariton): Schreiber, Wien, (deutsch u. franz.) 10 Ngr.

No. 3. Breitkopf u. Härtel, Leipzig, 3 Ngr. n. Senff, Leipzig, 2 Ngr. — Für Mezzosopran (od. Bariton): Schreiber, Wien, (deutsch u. franz.) 12½ Ngr. — Für Contra-Alt (od. Bass): Holle, Wolfenbüttel, (deutsch u. franz. Mit Op. 20. 21.) 6 Ngr. n. Schreiber, Wien, 10 Ngr.

Uebertragung.

No. 1. Für Pianoforte zu 2 Händen von *C. Czerny*. (Lieder. No. 13.) Schreiber, Wien, 15 Ngr.

Op. 20. Sei mir gegrüsst,

(aus den östlichen Rosen von Rückert)

Frühlingsglaube, Hänflings Liebeswerbung

(Gedicht von Uhland) (Gedicht von Fr. Kind

für eine Singstimme mit Begleitung des Pianoforte.

Wien, bei Schreiber, 20 Ngr.

Anmerkung. Nr. 1 componirt im Jahre 1821, Nr. 2 im November 1822, Nr. 3 im April 1817. Das Autograph von Nr. 2 in einer etwas abweichenden und in B-dur stehenden Bearbeitung aus dem Jahre 1820 befindet sich in der königl. Bibliothek zu Berlin. Titel der am 10. April 1823 angezeigten Ausgabe: »Drey Lieder in Musik gesetzt für eine Singſtimme mit Begleitung des Piano-Forte und gewidmet der Wohlgebohrnen Frau Justina Edlen von Bruchmann von Franz Schubert 20tes Werk enthält: 1. Sey mir gegrüſst aus den oestlichen Rosen von Rückert. 2. Frühlingsglaube von Uhland. 3. Hänflings Liebeswerbung von Fr. Kind. Eigenthum der Verleger. Wien, Sauer & Leidesdorf«. (Querformat. Verlagsnummer: 231.)

Ausgaben. Holle, Wolfenbüttel, (deutsch u. franz.) 3 Ngr. n. Schreiber, Wien, 20 Ngr. — Für Contra-Alt od. Bass): Holle, Wolfenbüttel, deutsch u. franz. Mit Op. 19 No. 3, Op. 21,) 6 Ngr. n. — Für eine Singstimme mit Guitarrebegl.: Schreiber, Wien, 13½ Ngr.

Einzeln:

No. 1. Arnold, Elberfeld, 5 Ngr. Breitkopf u. Härtel, Leipzig, 3 Ngr. n. Senff, Leipzig, 2 Ngr. Siegel, Leipzig, 10 Ngr. — Für Sopran (od. Tenor): W. Müller, Berlin, 1 Ngr. n. Schlesinger, Berlin, 2½ Ngr. n. Schreiber, Wien, (deutsch u. franz. 7½ Ngr. Weinholtz, Braunschweig, 3 Ngr. n. — Für Mezzosopran (od. Bariton): W. Müller, Berlin, 1 Ngr. n. Schreiber, Wien, (deutsch u. franz.) 10 Ngr. Weinholtz, Braunschweig, 3 Ngr. n. — Für Alt: W. Müller, Berlin, 1 Ngr. n. Schlesinger, Berlin, 2½ Ngr. n. Schreiber, Wien, 10 Ngr.] Weinholtz, Braunschweig, 3 Ngr. n. — Für Contra-Alt (od. Bass): Schreiber, Wien, 10 Ngr.

No. 2. Arnold. Elberfeld, 5 Ngr. Breitkopf u. Härtel, Leipzig, 3 Ngr. n. W. Müller, Berlin, 1 Ngr. n. Senff, Leipzig, 2 Ngr. Siegel, Leipzig, 7½ Ngr. — Für Sopran (od. Tenor): Schlesinger, Berlin, 2½ Ngr. n. Schreiber, Wien, 7 Ngr. Weinholtz, Braunschweig, 3 Ngr. n. — Für Mezzosopran (od. Bariton): Schreiber, Wien, (deutsch u. franz.) 7½ Ngr. Weinholtz, Braunschweig, 3 Ngr. n. — Für Alt: Schlesinger, Berlin, 2½ Ngr. n. Schreiber, Wien, 7 Ngr. Weinholtz, Berlin, 5 Ngr. Weinholtz, Braunschweig, 3 Ngr. n. — Für Contra-Alt (od. Bass): Schreiber, Wien, 7½ Ngr.

No. 3. Senff, Leipzig, 2 Ngr. — Für Mezzosopran (od. Bariton): Schreiber, Wien, (deutsch u. franz.) 7½ Ngr. — Für Contra-Alt (od. Bass): Schreiber, Wien, 7½ Ngr.

Uebertragungen.

No. 1.

Für Violine u. Pianoforte von *M. Hauser*. (Melod. No. 28.) Siegel, Leipzig, 10 Ngr.

Für Violoncell u. Pianoforte von *A. Batta*. (6 Lieder. No. 5. Schreiber, Wien, 10 Ngr. Ebenso von *R. E. Bockmühl*. (Immortellen. No. 10.) André, Offenbach, 15 Ngr.

Für Pianoforte, Violoncell (od. Violine) und Harmonium von *L. Köhler*. (Lieder-Cyclus. No. 5.) Herf u. Wolff, Mainz, 20 Ngr.

Für Pianoforte zu 2 Händen von *J. H. Doppler*. (Op. 309. No. 7.) Cranz, Hamburg, 7½ Ngr. Ebenso von *W. Graf*. (Lieder. No. 4.) Wetzler, Prag, 12½ Ngr. Ebenso von *St. Heller*. (30 Lieder. No. 25.) Schloss, Cöln, 12½ Ngr. Ebenso von *G. Lange*. Op. 90. No. 4.) Challier u. Comp., Berlin, 15 Ngr. Ebenso von *F. Liszt*. (Lieder. No. 1.) Schreiber, Wien, 10 Ngr. Ebenso von *Ch. Miller*. (Lieder. No. 10.) Schuberth, Hamburg, 10 Ngr. Ebenso von *F. Spindler*. (Op. 183. No. 32.) Siegel, Leipzig, 18 Ngr. Ebenso von *E. D. Wagner*. (Op. 40. No. 18. [in leichtem Styl.]) Schlesinger, Berlin, 7½ Ngr.

Für Physharmonika u. Pianoforte (od. 2 Pianoforte) von *C. G. Lickl*. (Op. 51. Heft 8.) Schreiber, Wien, 1 Thlr. 25 Ngr.

No. 2.

Für eine Singstimme mit Guitarre. Schreiber, Wien, 7 Ngr.

Für Violine u. Pianoforte von *A. Diabelli*. (Concordance. Heft 46.) Schreiber, Wien, 25 Ngr. Ebenso von *M. Hauser*. (Melod. No. 11.) Siegel, Leipzig, 10 Ngr.

Für Violoncell u. Pianoforte von *R. E. Bockmühl*. Immortellen. No. 5.) André, Offenbach, 12½ Ngr. Ebenso von *F. A. Kummer*. (Op. 117. No. 10.) Cranz, Hamburg, 12½ Ngr.

Für Flöte u. Pianoforte von *A. Diabelli*. Productionen. Heft 57.) Schreiber, Wien, 25 Ngr. Ebenso von *F. A. Kummer*. Op. 117b. No. 10.) Cranz, Hamburg, 12½ Ngr.

Für Zither von *P. Renk*. 8 Lieder. Schlesinger, Berlin, 15 Ngr.

Für Pianoforte zu 4 Händen von *C. Burchard*. (Lieder. Heft 1.) Heinrichshofen, Magdeburg, 15 Ngr. Ebenso von *L. Winkler*. (Chansons. No. 11.) Cranz, Hamburg, 10 Ngr.

Für Pianoforte zu 2 Händen von *A. Jungmann*. Op. 220. No. 3. André, Offenbach, 10 Ngr. Ebenso von *F. Liszt*. (Lieder. No. 7.) Schreiber, Wien, 10 Ngr. Ebenso von *Ch. Miller*. Lieder. No. 9.) Schuberth, Hamburg, 10 Ngr. Ebenso von *Th. Oesten*. Op. 369. No. 3.) Siegel, Leipzig, 15 Ngr. Ebenso von *F. Spindler*. (Op. 183. No. 19.) Siegel, Leipzig, 14 Ngr. Ebenso von *E. D. Wagner*. Op. 40. No. 9. [in leichtem Styl.]) Schlesinger, Berlin, 7½ Ngr.

Für Physharmonika u. Pianoforte (od. 2 Pianoforte) von *C. G. Lickl*. (Op. 51. Heft 7.) Schreiber, Wien, 1 Thlr. 10 Ngr.

Für Harmonium von *C. Hennig*. Lieder u. Gesänge. Heft 3. Stoll, Leipzig, 15 Ngr.

Für Sopran, Alt, Tenor u. Bass von *G. W. Teschner*. 36 Lieder. Heft 5.) Siegel, Leipzig, Partitur u. Stimmen: 25 Ngr. Ebenso von *Fr. Abt*. (12 Gesänge. Heft 2.) André, Offenbach, Partitur u. Stimmen: 25 Ngr.

Für 3 Frauenstimmen mit Pianoforte von *Fr. Abt*. (Op. 186. Heft 3.) André, Offenbach, (Klav.-Auszug u. Stimmen.) 1 Thlr. 10 Ngr.

Op. 21. Auf der Donau, Der Schiffer, Wie Ulfru fischt

(Gedichte von Joh. Mayrhofer)

für eine Bassstimme mit Begleitung des Pianoforte.

Wien, bei Schreiber. 25 Ngr.

№ 1. Auf der Donau.

№ 2. Der Schiffer.

№ 3. Wie Ulfru fischt.

Anmerkung. Nr. 1 componirt im April 1817, Nr. 3 im Januar 1817. Titel der im Jahre 1823 erschienenen Ausgabe: »Auf der Donau. Der Schiffer. Wie Ulfru fischt von Johann Mayerhofer. Für eine Baſsſtimme mit Begleitung des Pianoforte in Musick gesetzt und dem Verfaſser der Gedichte gewidmet von seinem Freunde Franz Schubert. 21. Werk. Eigenthum der Verleger. Wien Sauer et Leidesdorf«. (Querformat. Verlagsnummer: 276.)

Ausgaben. Holle, Wolfenbüttel, deutsch u. franz. Mit Op. 19. No. 3. Op. 20.) 6 Ngr. n. Schreiber, Wien, 25 Ngr. — Für eine Bassstimme mit Guitarrebegleitung: Schreiber, Wien, $13^1/_2$ Ngr.

Einzeln:

No. 1. Senff, Leipzig, 2 Ngr. — Für Mezzosopran (od. Bariton): Schreiber, Wien, (deutsch u. franz.) $7^1/_2$ Ngr.

No. 2. Senff, Leipzig, 2 Ngr. — Für Mezzosopran (od. Bariton): Schreiber, Wien, (deutsch u. franz.) 10 Ngr. — Für Contra-Alt (od. Bass): Schreiber, Wien, $12^1/_2$ Ngr.

No. 3. Senff, Leipzig, 2 Ngr. — Für Mezzosopran (od. Bariton): Schreiber, Wien, (deutsch u. franz.) 10 Ngr.

Op. 22. Der Zwerg, Wehmuth (Alles vergeht)

(Gedichte von Matthäus von Collin)

für eine Singstimme mit Begleitung des Pianoforte.

Wien, bei Schreiber. 15 Ngr.

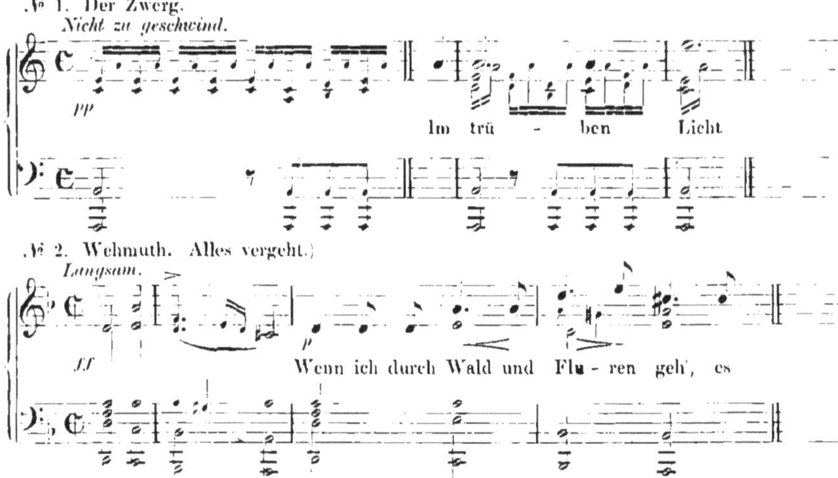

Anmerkung. Nr. 1 angeblich componirt im Jahre 1823. Titel der am 27. Mai 1823 erschienenen Ausgabe: »Der Zwerg und Wehmuth. Zwey Gedichte in Musick gesetzt für Eine Singſtimme mit Begleitung des Pianoforte und dem Verfaſser derselben Herrn Mathaeus Edlen von Collin gewidmet von Franz Schubert. Op. 22. Eigenthum der Verleger. Diese Gesänge sind auch mit Begleitung der Guitarre zu haben. Wien Sauer et Leidesdorf«. (Querformat. Verlagsnummer: 337.

Ausgaben. Holle, Wolfenbüttel, (deutsch u. franz.) 2 Ngr. n. Schreiber, Wien, 15 Ngr. — Für eine Singstimme mit Guitarrebegleitung: Schreiber, Wien, 13½ Ngr.

Einzeln:

No. 1. Breitkopf u. Härtel, Leipzig, 4½ Ngr. n. Senff, Leipzig, 2 Ngr. — Für Mezzosopran od. Bariton: Schreiber, Wien, (deutsch u. franz.) 12½ Ngr.

No. 2. Breitkopf u. Härtel, Leipzig, 1½ Ngr. n. Senff, Leipzig, 2 Ngr. — Für Mezzosopran (od. Bariton): Schreiber, Wien, (deutsch u. franz.) 7½ Ngr.
Unter dem Titel: Alles vergeht. Schreiber, Wien, (Philomele 400.) 7 Ngr.

Op. 23. Die Liebe hat gelogen, Selige Welt, Schwanengesang, Schatzgräbers Begehr

(Gedicht von A. von Platen) (Gedicht von Joh. Senn) (Gedicht von Joh. Senn) (Gedicht von Fr. von Schober)

für eine Singstimme mit Begleitung des Pianoforte.

Wien, bei Schreiber. 15 Ngr.

№ 2. Selige Welt.

№ 3 Schwanengesang.

№ 4. Schatzgräbers Begehr.

Anmerkung. Nr. 2 und 3 befinden sich autograph ohne Datum in der königl. Bibliothek zu Berlin. Nr. 4 componirt im November 1822. Titel der am 4. August 1823 angekündigten Ausgabe: »Die Liebe hat gelogen. Die selige Welt. Schwanengefang. Schatzgräbers Begehr. Vier Gedichte in Musick gesetzt für eine Singstimme mit Begleitung des Piano Forte von Franz Schubert. 23[t] Werk Eigenthum der Verleger. Wien Sauer & Leidesdorf«. (Querformat. Verlagsnummer: 367.)

Ausgaben. Holle, Wolfenbüttel, (deutsch u. franz.) 2 Ngr. n. Schreiber, Wien, 15 Ngr. — Für Contra-Alt (od. Bass) No. 1—3: Holle, Wolfenbüttel, (deutsch u. franz. Mit Op. 24, No. 2.) 2 Ngr. n.

Einzeln:

No. 1. Arnold, Elberfeld, 5 Ngr. Senff, Leipzig, 2 Ngr. — Für Mezzosopran (od. Bariton): Schreiber, Wien, (deutsch u. franz.) 5 Ngr. — Für Contra-Alt (od. Bass): Schreiber, Wien, 5 Ngr.

No. 2. Senff, Leipzig, 2 Ngr. — Für Mezzosopran (od. Bariton): Schreiber, Wien, (deutsch u. franz.) 5 Ngr. — Für Contra-Alt (od. Bass): Schreiber, Wien, 5 Ngr.

No. 3. Senff, Leipzig, 2 Ngr. — Für Mezzosopran (od. Bariton): Schreiber, Wien, (deutsch u. franz.) 5 Ngr. — Für Contra-Alt (od. Bass): Schreiber, Wien, 5 Ngr.

No. 4. Senff, Leipzig, 2 Ngr. — Für Mezzosopran (od. Bariton): Schreiber, Wien, (deutsch u. franz.) $7^1/_2$ Ngr.

Op. 24. Gruppe aus dem Tartarus,

(Gedicht von Schiller)

Schlummerlied (Schlaflied)

(Gedicht von J. Mayrhofer)

für eine Singstimme mit Begleitung des Pianoforte.

Wien, bei Schreiber. 15 Ngr.

№ 1. Gruppe aus dem Tartarus.

Etwas geschwind.

№ 2. Schlummerlied. (Schlaflied.)

Moderato.

Anmerkung. Nr. 1 componirt im September 1817, Nr. 2 im Januar 1817. Titel der am 7. October 1823 angekündigten Ausgabe: »Gruppe aus dem Tartarus von Fr. Schiller Schlummerlied von Mayerhofer Zwey Gedichte in Musik gesetzt für eine Singstime mit Pianofortebegleitung von Franz Schubert 24ᵗ Werk. Eigenthum der Verleger. Wien Sauer & Leidesdorf«. Querformat. Verlagsnummer: 429.)

Ausgaben. Holle. Wolfenbüttel. (deutsch u. franz.) 2 Ngr. n. Schreiber, Wien, 15 Ngr.

Einzeln:

No. 1. Senff. Leipzig. 2 Ngr. — Für Mezzosopran (od. Bariton): Schreiber. Wien, (deutsch u. franz.) 10 Ngr.

No. 2. Breitkopf u. Härtel. Leipzig. $1^1/_2$ Ngr. n. Schreiber, Wien. (Philomele 399.) 7 Ngr. Senff. Leipzig. 2 Ngr. — Für Mezzosopran (od. Bariton): Schreiber, Wien. (deutsch u. franz.) $7^1/_2$ Ngr. — Für Contra-Alt (od. Bass): Holle, Wolfenbüttel. (Mit Op. 23, No. 1—3.) 2 Ngr. n. Schreiber. Wien. $7^1/_2$ Ngr.

Uebertragungen.

No. 1.

Für Pianoforte zu 2 Händen von *C. Czerny*. (Lieder. No. 3.) Schreiber, Wien, 15 Ngr.
Für Männerstimmen mit Pianoforte von *A. M. Storch*. Schreiber. Wien, Partitur u. Stimmen: 14 Ngr.

No. 2.

Für Pianoforte zu 2 Händen von *C. Czerny*. (Lieder. No. 15.) Schreiber, Wien, 10 Ngr. Ebenso von *St. Heller*. (30 Lieder. No. 3.) Schloss, Cöln. $12^1/_2$ Ngr. Ebenso von *F. v. Osten*. (Lieder. Cah. I.) Schuberth. Hamburg. 10 Ngr.

Op. 25. Die schöne Müllerin.

Ein Cyclus von Liedern

(Gedichte von Wilh. Müller)

für eine Singstimme mit Begleitung des Pianoforte.

(In 5 Heften.)

Wien, bei Schreiber. (Deutsch u. franz.) Heft 1 und 3 à 25 Ngr., Heft 2 und 4 à 1 Thlr. 5 Ngr., Heft 5 20 Ngr.

Heft I.

№ 1. Das Wandern.

Mässig geschwind.

mf

Das Wandern ist des Mül-lers Lust,

№ 2. Wohin?

Mässig.

pp

Ich hört' ein Bäch-lein rau - schen

№ 3. Halt.

Nicht zu geschwind.

f *p*

Ei-ne Müh-le seh ich blin - ken

№ 4. Danksagung an den Bach.

Etwas langsam.

p

p War es al - so ge-meint, mein rauschender Freund,

Heft II.

№ 5. Am Feierabend.

Ziemlich geschwind.

f

Hätt ich tau - send Ar-me zu rüh - ren,

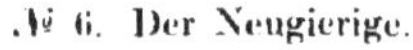

№ 6. Der Neugierige.

№ 7. Ungeduld.

№ 8. Morgengruss.

№ 9. Des Müllers Blumen.

№ 11. Mein.
Mässig geschwind.
mf
pp
Bächlein, lass dein Rau-schen sein,
№ 12. Pause.
Ziemlich geschwind.
p
Mei - ne Lau - te hab' ich ge - hängt an die Wand,
Heft IV.
№ 13. Mit dem grünen Lautenbande.
Mässig.
f
p
Schad' um das schö - ne grü-ne Band,
№ 14. Der Jäger.
Geschwind.
mf
p
Was sucht denn der Jä - ger am Mühl-bach hier?
№ 15. Eifersucht und Stolz.
Geschwind.
mf
Wo-hin so schnell, so kraus und wild, mein
№ 16. Die liebe Farbe.
Etwas langsam.
p
In Grün will ich mich klei-den,

Anmerkung. Nr. 1 bis 20 componirt im Jahre 1823. Das Autograph von Nr. 15 mit dem Datum »Oct. 1823« ist im Besitz von Graf Wimpfen in Wien. Titel der ältesten, in der Wiener Zeitung vom 25. März 1824 angezeigten, in 5 Heften erschienenen Ausgabe: «Die schöne Müllerin ein Cyclus von Liedern gedichtet von Wilhelm Müller In Musik gesetzt für eine Singstimme mit Pianoforte Begleitung dem Carl Freyherrn von Schönstein gewidmet von Franz Schubert. 25 Werk .... Heft Eigenthum der Verleger. Wien, Sauer & Leidesdorf«. (Querformat. Verlagsnummern: 502, 503, 651, 653, 654.) Eine nach Schubert's Tode erschienene veränderte Ausgabe hat eine Titelvignette.

Ausgaben. Holle, Wolfenbüttel, (deutsch u. franz.) Heft 1: 3 Ngr. n. Heft 2: 4 Ngr. n. Heft 3: 3 Ngr. n. Heft 4: 4 Ngr. n. Heft 5: 3 Ngr. n. Schreiber, Wien, Revision (nach der ersten Auflage) von *Randhartinger*. Heft 1: 15 Ngr. Heft 2: 20 Ngr. Heft 3: 15 Ngr. Heft 4: 20 Ngr. Heft 5: $12^1/_2$ Ngr.

Vollständig in einem Bande:

Arnold, Elberfeld, 20 Ngr. n. Litolff, Braunschweig, 10 Ngr. n. Schreiber, Wien, 2 Thlr. $12^1/_2$ Ngr. Senff, Leipzig, 20 Ngr. n.; gebunden: 2 Thlr. n. Stoll, Leipzig, 20 Ngr. n. — Für Sopran (od. Tenor): Breitkopf u. Härtel, Leipzig, 20 Ngr. n.; gebunden: 1 Thlr. 2 Ngr. Peters, Leipzig, 10 Ngr. n. Weinholtz, Braunschweig, 20 Ngr. n. —

Für Mezzosopran: Weinholtz, Braunschweig, 20 Ngr. n. — Für Alt (od. Bariton): Breitkopf u. Härtel, Leipzig, 20 Ngr. n.; gebunden: 1 Thlr. 2 Ngr. n. Peters, Leipzig, 10 Ngr. n. Schreiber, Wien, (deutsch u. franz.) 1 Thlr. 15 Ngr. n. Schuberth, Hamburg, (deutsch u. engl.) 1 Thlr. 15 Ngr. n. Weinholtz, Braunschweig, 20 Ngr. n. — Für Contra-Alt (od. Bass): Holle, Wolfenbüttel, (deutsch u. franz.) 15 Ngr. n.

Einzeln:

No. 1. Arnold, Elberfeld, 5 Ngr. Breitkopf u. Härtel, Leipzig, 1½ Ngr. n. Forberg, Leipzig, (deutsch u. franz.) 4 Ngr. Kuntzmann u. Comp., Berlin, (Illustr. von *O. Försterling*, gest. von *Unger*.) Mit No. 2. 25 Ngr. n. Senff, Leipzig, 2 Ngr. Siegel, Leipzig, 10 Ngr. — Für Sopran (od. Tenor): Schlesinger, Berlin, 2½ Ngr. n. Schreiber, Wien, (deutsch u. franz.) 10 Ngr. Ebendaselbst, (Neue, von *Randhartinger* revid. Ausgabe.) 5 Ngr. Weinholtz, Braunschweig, 2 Ngr. n. — Für Mezzosopran (od. Bariton): W. Müller, Berlin, 1 Ngr. n. Schreiber, Wien, (deutsch u. franz.) 10 Ngr. Weinholtz, Braunschweig, 2 Ngr. n. — Für Alt: Schlesinger, Berlin, 2½ Ngr. n. Weinholtz, Braunschweig, 2 Ngr. n. — Für Contra-Alt (od. Bass): Schreiber, Wien, 7 Ngr.

No. 2. Arnold, Elberfeld, 5 Ngr. Breitkopf u. Härtel, Leipzig, 3 Ngr. n. Forberg, Leipzig, (deutsch u. franz.) 4 Ngr. Kuntzmann u. Comp., Berlin, (Illustr. von *O. Försterling*, gest. von *Teichel*.) Mit No. 1. 25 Ngr. n. Schreiber, Wien, (Neue, von *Randhartinger* revid. Ausgabe.) 7½ Ngr. Senff, Leipzig, 2 Ngr. Siegel, Leipzig, 10 Ngr. — Für Sopran (od. Tenor): Schlesinger, Berlin, 2½ Ngr. n. Schreiber, Wien, (deutsch u. franz.) 10 Ngr. Weinholtz, Braunschweig, 3 Ngr. n. — Für Mezzosopran (od. Bariton): Schreiber, Wien, 7½ Ngr. Weinholtz, Braunschweig, 3 Ngr. n. — Für Alt: Schlesinger, Berlin, 2½ Ngr. n. Weinholtz, Braunschweig, 3 Ngr. n. — Für Contra-Alt (od. Bass): Schreiber, Wien, 10 Ngr.

No. 3. Arnold, Elberfeld, 5 Ngr. Breitkopf u. Härtel, Leipzig, 3 Ngr. n. Forberg, Leipzig, 4 Ngr. Schreiber, Wien, (Neue, von *Randhartinger* revid. Ausgabe.) 7½ Ngr. Senff, Leipzig, 2 Ngr. — Für Sopran (od. Tenor): Schlesinger, Berlin, 2½ Ngr. n. Schreiber, Wien, (deutsch u. franz.) 7½ Ngr. Weinholtz, Braunschweig, 3 Ngr. n. — Für Mezzosopran (od. Bariton): Schreiber, Wien, 7½ Ngr. Weinholtz, Braunschweig, 3 Ngr. n. — Für Alt: Schlesinger, Berlin, 2½ Ngr. n. Weinholtz, Braunschweig, 3 Ngr. n. — Für Contra-Alt (od. Bass): Schreiber, Wien, 7½ Ngr.

No. 4. Arnold, Elberfeld, 5 Ngr. Breitkopf u. Härtel, Leipzig, 1½ Ngr. n. Forberg, Leipzig, (deutsch u. franz.) 4 Ngr. Schreiber, Wien, (Neue, von *Randhartinger* revid. Ausg.) 5 Ngr. Senff, Leipzig, 2 Ngr. — Für Sopran (od. Tenor): Schlesinger, Berlin, 2½ Ngr. n. Schreiber, Wien, (deutsch u. franz.) 7½ Ngr. Weinholtz, Braunschweig, 2 Ngr. n. — Für Mezzosopran (od. Bariton): Schreiber, Wien, 7½ Ngr. Weinholtz, Braunschweig, 2 Ngr. n. — Für Alt: Schlesinger, Berlin, 2½ Ngr. n. Weinholtz, Braunschweig, 2 Ngr. n. — Für Contra-Alt (od. Bass): Schreiber, Wien, 7½ Ngr.

No. 5. Arnold, Elberfeld, 5 Ngr. Breitkopf u. Härtel, Leipzig, 3 Ngr. n. Forberg, Leipzig, (deutsch u. franz.) 5 Ngr. Schreiber, Wien, (Neue, von *Randhartinger* revid. Ausg.) 7½ Ngr. Senff, Leipzig, 2 Ngr. — Für Sopran (od. Tenor): Schlesinger, Berlin, 2½ Ngr. n. Schreiber, Wien, (deutsch u. franz.) 10 Ngr. Weinholtz, Braunschweig, 4 Ngr. n. — Für Mezzosopran (od. Bariton): Schreiber, Wien, 10 Ngr. Weinholtz, Braunschweig, 4 Ngr. n. — Für Alt: Schlesinger, Berlin, 2½ Ngr. n. Weinholtz, Braunschweig, 4 Ngr. n. — Für Contra-Alt (od. Bass): Schreiber, Wien, 10 Ngr.

No. 6. Arnold, Elberfeld, 5 Ngr. Breitkopf u. Härtel, Leipzig, 3 Ngr. n. Forberg, Leipzig, (deutsch u. franz.) 4 Ngr. Schott, Mainz, (deutsch, franz. u. ital.) 5 Ngr. Schreiber, Wien, (Neue, von *Randhartinger* revid. Ausgabe.) 7½ Ngr. Senff, Leipzig, 2 Ngr. Siegel, Leipzig, 7½ Ngr. — Für Sopran (od. Tenor): W. Müller, Berlin, 1 Ngr. n. Schlesinger, Berlin, 2½ Ngr. n. Schreiber, Wien, (deutsch u. franz.) 7½ Ngr. Weinholtz, Braunschweig, 3 Ngr. n. — Für Mezzosopran (od. Bariton): W. Müller, Berlin, 1 Ngr. n. Schreiber, Wien, 7½ Ngr. Weinholtz, Braunschweig, 3 Ngr. n. — Für Alt: W. Müller, Berlin, 1 Ngr. n. Schlesinger, Berlin, 2½ Ngr. n. — Für Contra-Alt (od. Bass): Schreiber, Wien, 7 Ngr.

No. 7. Arnold, Elberfeld, 5 Ngr. Breitkopf u. Härtel, Leipzig, 1½ Ngr. n. Forberg, Leipzig, (deutsch u. franz.) 5 Ngr. Schott, Mainz, (deutsch, franz. u. ital.) 7 Ngr.

Schreiber, Wien. Neue, von *Randhartinger* revid. Ausgabe.) 5 Ngr. Senff, Leipzig, 2 Ngr. Siegel, Leipzig, 10 Ngr. — Für Sopran (od. Tenor): Schlesinger, Berlin, $2^1/_2$ Ngr. n. Schreiber, Wien, (deutsch u. franz.) 10 Ngr. Weinholtz, Braunschweig, 2 Ngr. n. — Für Mezzosopran (od. Bariton): W. Müller, Berlin, 1 Ngr. n. Schreiber, Wien, 5 Ngr. Weinholtz, Braunschweig, 2 Ngr. n. — Für Alt: Schlesinger, Berlin, $2^1/_2$ Ngr. n. Schreiber, Wien, 10 Ngr. Weinholtz, Berlin, 5 Ngr. Weinholtz, Braunschweig, 2 Ngr. n. — Für Contra-Alt (od. Bass): Schreiber, Wien, 10 Ngr.

No. 8. Arnold, Elberfeld, 5 Ngr. Breitkopf u. Härtel, Leipzig, $1^1/_2$ Ngr. n. Forberg, Leipzig, (deutsch u. franz.) 4 Ngr. Schreiber, Wien, (Neue, von *Randhartinger* revid. Ausgabe.) 5 Ngr. Senff, Leipzig, 2 Ngr. — Für Sopran (od. Tenor): Schlesinger, Berlin, $2^1/_2$ Ngr. n. Schreiber, Wien, (deutsch u. franz.) 10 Ngr. Weinholtz, Braunschweig, 2 Ngr. n. — Für Mezzosopran (od. Bariton): W. Müller, Berlin, 1 Ngr. n. Schreiber, Wien, 5 Ngr. Weinholtz, Braunschweig, 2 Ngr. n. — Für Alt: Schlesinger, Berlin, $2^1/_2$ Ngr. n. Weinholtz, Braunschweig, 2 Ngr. n. — Für Contra-Alt (od. Bass): Schreiber, Wien, 7 Ngr.

No. 9. Arnold, Elberfeld, 5 Ngr. Breitkopf u. Härtel, Leipzig, $1^1/_2$ Ngr. n. Forberg, Leipzig, (deutsch u. franz.) 4 Ngr. Schreiber, Wien, (Neue, von *Randhartinger* revid. Ausgabe.) 5 Ngr. Senff, Leipzig, 2 Ngr. — Für Sopran (od. Tenor): Schlesinger, Berlin, $2^1/_2$ Ngr. n. Schreiber, Wien, (deutsch u. franz.) 10 Ngr. Weinholtz, Braunschweig, 2 Ngr. n. — Für Mezzosopran (od. Bariton): Schreiber, Wien, 5 Ngr. Weinholtz, Braunschweig, 2 Ngr. n. — Für Alt: Schlesinger, Berlin, $2^1/_2$ Ngr. n. Weinholtz, Braunschweig, 2 Ngr. n. — Für Contra-Alt (od. Bass): Schreiber, Wien, 7 Ngr.

No. 10. Arnold, Elberfeld, 5 Ngr. Breitkopf u. Härtel, Leipzig, $1^1/_2$ Ngr. n. Schreiber, Wien, (Neue, von *Randhartinger* revid. Ausgabe.) 5 Ngr. Senff, Leipzig, 2 Ngr. — Für Sopran (od. Tenor): Schlesinger, Berlin, $2^1/_2$ Ngr. n. Schreiber, Wien, (deutsch u. franz.) 10 Ngr. Weinholtz, Braunschweig, 2 Ngr. n. — Für Mezzosopran (od. Bariton): Schreiber, Wien, (deutsch u. franz.) 5 Ngr. Weinholtz, Braunschweig, 2 Ngr. n. — Für Alt: Schlesinger, Berlin, $2^1/_2$ Ngr. n. Weinholtz, Braunschweig, 2 Ngr. n. — Für Contra-Alt (od. Bass): Schreiber, Wien, 10 Ngr.

No. 11. Arnold, Elberfeld, 5 Ngr. Breitkopf u. Härtel, Leipzig, $1^1/_2$ Ngr. n. Schreiber, Wien, (Neue, von *Randhartinger* revid. Ausgabe.) 10 Ngr. Senff, Leipzig, 2 Ngr. — Für Sopran (od. Tenor): Schlesinger, Berlin, $2^1/_2$ Ngr. n. Schreiber, Wien, (deutsch u. franz.) 10 Ngr. Weinholtz, Braunschweig, 3 Ngr. n. — Für Mezzosopran (od. Bariton): W. Müller, Berlin, 1 Ngr. n. Schreiber, Wien, 10 Ngr. Weinholtz, Braunschweig, 3 Ngr. n. — Für Alt: Schlesinger, Berlin, $2^1/_2$ Ngr. n. Weinholtz, Braunschweig, 3 Ngr. n. — Für Contra-Alt (od. Bass): Schreiber, Wien, 10 Ngr.

No. 12. Arnold, Elberfeld, 5 Ngr. Breitkopf u. Härtel, Leipzig, 3 Ngr. n. Schreiber, Wien, (Neue, von *Randhartinger* revid. Ausgabe.) $7^1/_2$ Ngr. Senff, Leipzig, 2 Ngr. — Für Sopran (od. Tenor): Schlesinger, Berlin, 2 Ngr. n. Schreiber, Wien, 10 Ngr. Weinholtz, Braunschweig, 3 Ngr. n. — Für Mezzosopran (od. Bariton): Schreiber, Wien, $7^1/_2$ Ngr. Weinholtz, Braunschweig, 3 Ngr. n. — Für Alt: Schlesinger, Berlin, $2^1/_2$ Ngr. n. Weinholtz, Braunschweig, 3 Ngr. n. — Für Contra-Alt (od. Bass): Schreiber, Wien, 10 Ngr.

No. 13. Arnold, Elberfeld, 5 Ngr. Breitkopf u. Härtel, Leipzig, $1^1/_2$ Ngr. n. Schreiber, Wien, (Neue, von *Randhartinger* revid. Ausgabe.) 5 Ngr. Senff, Leipzig, 2 Ngr. — Für Sopran (od. Tenor): Schlesinger, Berlin, $2^1/_2$ Ngr. n. Schreiber, Wien, (deutsch u. franz.) $7^1/_2$ Ngr. Weinholtz, Braunschweig, 2 Ngr. n. — Für Mezzosopran (od. Bariton): Schreiber, Wien, 5 Ngr. Weinholtz, Braunschweig, 2 Ngr. n. — Für Alt: Schlesinger, Berlin, $2^1/_2$ Ngr. n. Weinholtz, Braunschweig, 2 Ngr. n. — Für Contra-Alt (od. Bass): Schreiber, Wien, $7^1/_2$ Ngr.

No. 14. Arnold, Elberfeld, 5 Ngr. Breitkopf u. Härtel, Leipzig, $1^1/_2$ Ngr. n. Schreiber, Wien, (Neue, von *Randhartinger* revid. Ausgabe.) 5 Ngr. Senff, Leipzig, 2 Ngr. — Für Sopran (od. Tenor): Schlesinger, Berlin, $2^1/_2$ Ngr. n. Schreiber, Wien, (deutsch u. franz.) $7^1/_2$ Ngr. Weinholtz, Braunschweig, 2 Ngr. n. — Für Mezzosopran (od. Bariton): Schreiber, Wien, 5 Ngr. Weinholtz, Braunschweig, 2 Ngr. n. — Für Alt: Schlesinger, Berlin, $2^1/_2$ Ngr. n. Weinholtz, Braunschweig, 2 Ngr. n. — Für Contra-Alt (od. Bass): Schreiber, Wien, $7^1/_2$ Ngr.

No. 15. Arnold, Elberfeld, 5 Ngr. Breitkopf u. Härtel, Leipzig, 3 Ngr. n. Schreiber, Wien, (Neue, von *Randhartinger* revid. Ausgabe.) 7½ Ngr. Senff, Leipzig, 2 Ngr. — Für Sopran (od. Tenor): Schlesinger, Berlin, 2½ Ngr. n. Schreiber, Wien, (deutsch u. franz.) 10 Ngr. Weinholtz, Braunschweig, 3 Ngr. n. — Für Mezzosopran od. Bariton: Schreiber, Wien, 7½ Ngr. Weinholtz, Braunschweig, 3 Ngr. n. — Für Alt: Schlesinger, Berlin, 2½ Ngr. n. Weinholtz, Braunschweig, 3 Ngr. n. — Für Contra-Alt od. Bass: Schreiber, Wien, 10 Ngr.

No. 16. Arnold, Elberfeld, 5 Ngr. Breitkopf u. Härtel, Leipzig, 1½ Ngr. n. Schreiber, Wien. (Neue, von *Randhartinger* revid. Ausgabe.) 5 Ngr. Senff, Leipzig, 2 Ngr. — Für Sopran od. Tenor): Schlesinger, Berlin, 2½ Ngr. n. Schreiber, Wien, (deutsch u. franz.) 10 Ngr. Weinholtz, Braunschweig, 2 Ngr. n. — Für Mezzosopran (od. Bariton: W. Müller, Berlin, 1 Ngr. n. Schreiber, Wien, 5 Ngr. Weinholtz, Braunschweig, 2 Ngr. n. — Für Alt: Schlesinger, Berlin, 2½ Ngr. n. Weinholtz, Braunschweig, 2 Ngr. n. — Für Contra-Alt (od. Bass): Schreiber, Wien, 7½ Ngr.

No. 17. Arnold, Elberfeld, 5 Ngr. Breitkopf u. Härtel, Leipzig, 3 Ngr. n. Schreiber, Wien, (Neue, von *Randhartinger* revid. Ausgabe.) 7½ Ngr. Senff, Leipzig, 2 Ngr. — Für Sopran (od. Tenor): W. Müller, Berlin, 1 Ngr. n. Schlesinger, Berlin, 2½ Ngr. n. Schreiber, Wien, (deutsch u. franz.) 10 Ngr. Weinholtz, Braunschweig, 3 Ngr. n. — Für Mezzosopran (od. Bariton): W. Müller, Berlin, 1 Ngr. n. Schreiber, Wien, 7½ Ngr. Weinholtz, Braunschweig, 3 Ngr. n. — Für Alt: W. Müller, Berlin, 1 Ngr. n. Schlesinger, Berlin, 2½ Ngr. n. Weinholtz, Braunschweig, 3 Ngr. n. — Für Contra-Alt (od. Bass): Schreiber, Wien, 10 Ngr.

No. 18. Arnold, Elberfeld, 5 Ngr. Breitkopf u. Härtel, Leipzig, 3 Ngr. n. Forberg, Leipzig, (deutsch u. franz.) 4 Ngr. Schott, Mainz, (deutsch, franz. u. ital.) 7 Ngr. Schreiber, Wien, (Neue, von *Randhartinger* revid. Ausgabe.) 7½ Ngr. Senff, Leipzig, 2 Ngr. Siegel, Leipzig, 7½ Ngr. — Für Sopran (od. Tenor): W. Müller, Berlin, 1 Ngr. n. Schlesinger, Berlin, 2½ Ngr. n. Schreiber, Wien, (deutsch u. franz.) 7½ Ngr. Weinholtz, Braunschweig, 3 Ngr. n. — Für Mezzosopran (od. Bariton): W. Müller, Berlin, 1 Ngr. n. Schreiber, Wien, 7½ Ngr. Weinholtz, Braunschweig, 3 Ngr. n. — Für Alt: W. Müller, Berlin, 1 Ngr. n. Schlesinger, Berlin, 2½ Ngr. n. Schreiber, Wien, 7 Ngr. Weinholtz, Braunschweig, 3 Ngr. n. — Für Contra-Alt (od. Bass): Schreiber, Wien, 7 Ngr.

No. 19. Arnold, Elberfeld, 5 Ngr. Breitkopf u. Härtel, Leipzig, 3 Ngr. n. Forberg, Leipzig, (deutsch u. franz.) 4 Ngr. Schreiber, Wien, (Neue, von *Randhartinger* revid. Ausgabe.) 7½ Ngr. Senff, Leipzig, 2 Ngr. Siegel, Leipzig, 7½ Ngr. — Für Sopran (od. Tenor): Schlesinger, Berlin, 2½ Ngr. n. Schreiber, Wien, (deutsch u. franz.) 7½ Ngr. Weinholtz, Braunschweig, 3 Ngr. n. — Für Mezzosopran od. Bariton: Schreiber, Wien, 7½ Ngr. Weinholtz, Braunschweig, 3 Ngr. n. — Für Alt: Schlesinger, Berlin, 2½ Ngr. n. Weinholtz, Braunschweig, 3 Ngr. n. — Für Contra-Alt (od. Bass): Schreiber, Wien, 7½ Ngr.

No. 20. Arnold, Elberfeld, 5 Ngr. Breitkopf u. Härtel, Leipzig, 1½ Ngr. n. Forberg, Leipzig, (deutsch u. franz.) 4 Ngr. Schreiber, Wien, (Neue, von *Randhartinger* revid. Ausgabe.) 5 Ngr. Senff, Leipzig, 2 Ngr. — Für Sopran (od. Tenor): Schlesinger, Berlin, 2½ Ngr. n. Schreiber, Wien, (deutsch u. franz.) 10 Ngr. Weinholtz, Braunschweig, 2 Ngr. n. — Für Mezzosopran (od. Bariton): Schreiber, Wien, 5 Ngr. Weinholtz, Braunschweig, 2 Ngr. n. — Für Alt: Schlesinger, Berlin, 2½ Ngr. n. Weinholtz, Braunschweig, 2 Ngr. n. — Für Contra-Alt (od. Bass): Schreiber, Wien, 10 Ngr.

Uebertragungen.

(Liedercyclus complet.)

Für Violine u. Pianoforte von *A. Diabelli*. (Concordance. Heft 90, 91: à 20 Ngr. Heft 92: 25 Ngr. Heft 93: 20 Ngr.) Schreiber, Wien. Ebenso von *Fr. Hermann*. Peters, Leipzig, 16 Ngr. n.

Für Violoncell u. Pianoforte von *Fr. Hermann*. Peters, Leipzig, 16 Ngr. n.

Für Flöte u. Pianoforte von *A. Diabelli*. (Productionen, Heft 105: 22½ Ngr. Heft 106, 111, 112: à 20 Ngr.) Schreiber, Wien.

Für Pianoforte zu 2 Händen von *D. Krug*. (Op. 225. Lief. 1. 2.) Heinrichshofen, Magdeburg, à 1 Thlr. 15 Ngr. Ebenso von *Ch. Miller*. (Mit unterlegtem Text.) Böhme, Hamburg. Band I: 1 Thlr. Band II: 1 Thlr. 10 Ngr. Ebenso von *C. Reinecke*. Schreiber, Wien, 1 Thlr. n. Ebenso von *R. Wittmann*. Peters, Leipzig. 10 Ngr. n.

No. 1.

Für eine Singstimme mit Guitarre. Schreiber, Wien, 7 Ngr.

Für Sopran, Alt, Tenor u. Bass von *G. W. Teschner*. (36 Lieder. Heft 2.) Siegel, Leipzig, Partitur u. Stimmen: 25 Ngr.

Für Violine u. Pianoforte von *A. Diabelli*. (Concordance. Heft 46.) Schreiber, Wien, 25 Ngr. Ebenso von *M. Hauser*. (Melod. No. 29.) Siegel, Leipzig, 10 Ngr.

Für Violoncell u. Pianoforte von *F. A. Kummer*. (Op. 117. No. 14.) Cranz, Hamburg, 7½ Ngr.

Für Zither von *L. Montlerrin*. (Lieder. No. 3.) Schreiber, Wien, 7½ Ngr.

Für Pianoforte zu 4 Händen von *C. Burchard*. (Lieder. Heft 2.) Heinrichshofen, Magdeburg, 15 Ngr. Ebenso von *A. Diabelli*. (Lieder im leichten Styl. No. 10.) Schreiber, Wien, 7½ Ngr. Ebenso von *A. Diabelli*. (Wiener Lieblingsstücke. No. 39. [auch 2hdg.]) Schreiber, Wien, 10 Ngr. Ebenso von *L. Köhler*. (Lieder ohne Worte. No. 8.) Schreiber, Wien, 12½ Ngr. Ebenso von *G. Reynald*. (Op. 16. No. 1.) Leuckart, Leipzig, 7½ Ngr.

Für Pianoforte zu 2 Händen von *F. X. Chwatal*. (Op. 224. Heft 1.) Merseburger, Leipzig, 15 Ngr. Ebenso von *A. Diabelli*. (Lieder im leichten Styl. No. 10.) Schreiber, Wien, 5 Ngr. Ebenso von *A. Diabelli*. (Wiener Lieblingsstücke. No. 39. [auch 4hdg.]) Schreiber, Wien, 10 Ngr. Ebenso von *L. Köhler*. (Op. 161. No. 8.) Schreiber, Wien, 7½ Ngr. Ebenso von *D. Krug*. (Op. 225. No. 1.) Heinrichshofen, Magdeburg, 7½ Ngr. Ebenso von *F. Liszt*. (Müllerlieder leicht. Heft 1.) Schreiber, Wien, 20 Ngr. Ebenso von *Ch. Miller*. (Müllerlieder. No. 1.) Böhme, Hamburg, 7½ Ngr. Ebenso von *J. O'Kelly*. (12 Mélodies. Suite 2.) Schott, Mainz, 20 Ngr. Ebenso von *F. Spindler*. (Op. 183. No. 24.) Siegel, Leipzig, 14 Ngr.

No. 2.

Für eine Singstimme mit Guitarre. Schreiber, Wien, 7 Ngr.

Für Violine u. Pianoforte von *A. Diabelli*. (Concordance. Heft 46.) Schreiber, Wien, 25 Ngr.

Für Violoncell u. Pianoforte von *F. A. Kummer*. (Op. 117. No. 15.) Cranz, Hamburg, 15 Ngr. Ebenso von *G. Paque*. (12 Melod. Suite 4.) Schott, Mainz, 20 Ngr.

Für Flöte u. Pianoforte von *A. Diabelli*. (Productionen. Heft 57.) Schreiber, Wien, 25 Ngr. Ebenso von *F. A. Kummer*. (Op. 117[b]. No. 15.) Cranz, Hamburg, 15 Ngr

Für Zither von *L. Montlerrin*. (Lieder. No. 2.) Schreiber, Wien, 15 Ngr. Ebenso von *J. Zehethofer*. (Transcr. No. 20.) Schreiber, Wien, 12½ Ngr.

Für Pianoforte zu 4 Händen von *A. Diabelli*. (Lieder im leichten Styl. No. 8.) Schreiber, Wien, 10 Ngr. Ebenso von *A. Diabelli*. (Wiener Lieblingsstücke. No. 29. [auch 2hdg.]) Schreiber, Wien, 15 Ngr. Ebenso von *L. Köhler*. (Lieder ohne Worte. No. 1.) Schreiber, Wien, 15 Ngr.

Für Pianoforte zu 2 Händen von *F. X. Chwatal*. (Op. 224. Heft 1.) Merseburger, Leipzig, 15 Ngr. Ebenso von *H. Cramer*. (Lieder. Heft 3. No. 9.) André, Offenbach, 10 Ngr. Ebenso von *A. Diabelli*. (Lieder im leichten Styl. No. 8.) Schreiber, Wien, 7½ Ngr. Ebenso von *A. Diabelli*. (Wiener Lieblingsstücke. No. 29. [auch 4hdg.]) Schreiber, Wien, 15 Ngr. Ebenso von *L. Köhler*. (Op. 161. No. 1.) Schreiber, Wien, 7½ Ngr. Ebenso von *D. Krug*. (Op. 225. No. 2.) Heinrichshofen, Magdeburg, 7½ Ngr. Ebenso von *G. Lange*. (Op. 90. No. 1.) Challier u. Comp., Berlin, 15 Ngr. Ebenso von *F. Liszt*. (Müllerlieder leicht. Heft 3.) Schreiber, Wien, 20 Ngr. Ebenso von *Ch. Miller*. (Müllerlieder. No. 2.) Böhme, Hamburg, 7½ Ngr. Ebenso von *J. O'Kelly*. (12 Mélodies. Suite 1.) Schott, Mainz, 20 Ngr. Ebenso von *F. Spindler*. (Op. 183. No. 28.) Siegel, Leipzig, 14 Ngr. Ebenso von *E. D. Wagner*. (Op. 40. No. 15. [in leichtem Styl.]) Schlesinger, Berlin, 7½ Ngr.

Für Harmonium von *Bial*. (Sammlung bel. Gesänge. Heft 1.) Bote u. Bock, Berlin, 20 Ngr.

No. 3.

Für Violoncell u. Pianoforte von *F. A. Kummer.* (Op. 117. No. 17.) Cranz, Hamburg, 12½ Ngr.

Für Flöte u. Pianoforte von *F. A. Kummer.* (Op. 117^{b}. No. 17.) Cranz, Hamburg, 12½ Ngr.

Für Pianoforte zu 4 Händen von *L. Köhler.* (Lieder ohne Worte. No. 3.) Schreiber, Wien, 10 Ngr. Ebenso von *G. Reynald.* (Op. 16. No. 2.) Leuckart, Leipzig, 7½ Ngr. Ebenso von *L. Winkler.* (Chansons. No. 15.) Cranz, Hamburg, 7½ Ngr.

Für Pianoforte zu 2 Händen von *H. Cramer.* (Lieder. No. 20.) André, Offenbach, 7½ Ngr. Ebenso von *L. Köhler.* (Op. 161. No. 3.) Schreiber, Wien, 5 Ngr. Ebenso von *D. Krug.* (Op. 225. No. 3.) Heinrichshofen, Magdeburg, 7½ Ngr. Ebenso von *Ch. Miller.* (Müllerlieder. No. 3.) Böhme, Hamburg, 7½ Ngr. Ebenso von *F. Spindler.* (Op. 183. No. 31.) Siegel, Leipzig, 14 Ngr.

No. 4.

Für Zither von *L. Montlerrin.* (Lieder. No. 4.) Schreiber, Wien, 10 Ngr.

Für Pianoforte zu 4 Händen von *C. Burchard.* (Lieder. Heft 2.) Heinrichshofen, Magdeburg, 15 Ngr. Ebenso von *L. Köhler.* (Lieder ohne Worte. No. 4.) Schreiber, Wien, 10 Ngr.

Für Pianoforte zu 2 Händen von *L. Köhler.* (Op. 161. No. 4.) Schreiber, Wien, 5 Ngr. Ebenso von *D. Krug.* (Op. 225. No. 4.) Heinrichshofen, Magdeburg, 7½ Ngr. Ebenso von *Ch. Miller.* (Müllerlieder. No. 4.) Böhme, Hamburg, 5 Ngr.

No. 5.

Für Violine u. Pianoforte von *M. Hauser.* (Melod. No. 45.) Siegel, Leipzig, 12½ Ngr.

Für Pianoforte zu 4 Händen von *L. Köhler.* (Lieder ohne Worte. No. 5.) Schreiber, Wien, 12½ Ngr. Ebenso von *L. Winkler.* (Chansons. No. 21.) Cranz, Hamburg, 10 Ngr.

Für Pianoforte zu 2 Händen von *D. Krug.* (Op. 225. No. 5.) Heinrichshofen, Magdeburg, 7½ Ngr. Ebenso von *L. Köhler.* (Op. 161. No. 5.) Schreiber, Wien, 7½ Ngr. Ebenso von *Ch. Miller.* (Müllerlieder. No. 5.) Böhme, Hamburg, 10 Ngr. Ebenso von *R. Volkmann.* (5 Lieder.) Schreiber, Wien, 20 Ngr.

No. 6.

Für Violine u. Pianoforte von *A. Diabelli.* (Concordance. Heft 46.) Schreiber, Wien, 25 Ngr. Ebenso von *M. Hauser.* (Melod. No. 18.) Siegel, Leipzig, 10 Ngr.

Für Violoncell u. Pianoforte von *R. E. Bockmühl.* (Immortellen. No. 4.) André, Offenbach, 12½ Ngr. Ebenso von *F. A. Kummer.* (Op. 117. No. 16.) Cranz, Hamburg, 10 Ngr. Ebenso von *G. Paque.* (12 Melod. Suite 1.) Schott, Mainz, 20 Ngr.

Für Flöte u. Pianoforte von *A. Diabelli.* (Productionen. Heft 57.) Schreiber, Wien, 25 Ngr. Ebenso von *F. A. Kummer.* (Op. 117^{b}. No. 16.) Cranz, Hamburg, 10 Ngr.

Für Zither von *P. Renk.* (8 Lieder.) Schlesinger, Berlin, 15 Ngr.

Für Pianoforte, Violoncell (od. Violine) u. Harmonium von *L. Köhler.* (Lieder-Cyclus. No. 6.) Herf u. Wolff, Mainz, 17½ Ngr.

Für Pianoforte zu 4 Händen von *Breslaur.* (3 Müllerlieder.) Schlesinger, Berlin, 10 Ngr. Ebenso von *A. Diabelli.* (Lieder im leichten Styl. No. 11.) Schreiber, Wien, 7½ Ngr. Ebenso von *A. Diabelli.* (Wiener Lieblingsstücke. No. 41. [auch 2hdg.]) Schreiber, Wien, 10 Ngr. Ebenso von *L. Köhler.* (Lieder ohne Worte. No. 2.) Schreiber, Wien, 10 Ngr.

Für Pianoforte zu 2 Händen von *H. Cramer.* (Lieder. Heft 3. No. 10.) André, Offenbach, 7½ Ngr. Ebenso von *A. Diabelli.* (Lieder im leichten Styl. No. 11.) Schreiber, Wien, 5 Ngr. Ebenso von *A. Diabelli.* (Wiener Lieblingsstücke. No. 41. [auch 4hdg.]) Schreiber, Wien, 10 Ngr. Ebenso von *L. Köhler.* (Op. 161. No. 2.) Schreiber, Wien, 5 Ngr. Ebenso von *D. Krug.* (Op. 225. No. 6.) Heinrichshofen, Magdeburg, 7½ Ngr. Ebenso von *G. Lange.* (Op. 90. Nr. 13.) Challier u. Comp., Berlin, 15 Ngr. Ebenso von *Ch. Miller.* (Müllerlieder. No. 6.) Böhme, Hamburg, 5 Ngr. Ebenso von *Ch. Miller.* (Lieder. No. 15.) Schuberth, Hamburg, 10 Ngr. Ebenso von *Th. Oesten.* (Op. 369. No. 11.) Siegel, Leipzig,

15 Ngr. Ebenso von *F. Spindler*. (Op. 183. No. 11.) Siegel, Leipzig, 14 Ngr. Ebenso von *S. Thalberg*. (Op. 79. No. 2.) Schreiber, Wien, 12½ Ngr. Ebenso von *E. D. Wagner*. (Op. 40. No. 24. [in leichtem Styl]) Schlesinger, Berlin, 7½ Ngr.

Für Harmonium (od. Pianoforte) von *K. Hennig*. (6 Lieder.) Stoll, Leipzig, 15 Ngr.

Für Harmonium von *Bial*. (Sammlung bel. Gesänge. Heft 1.) Bote u. Bock, Berlin, 20 Ngr.

No. 7.

Für eine Singstimme mit Guitarre. Schreiber, Wien, 7 Ngr.

Für Violine u. Pianoforte von *A. Diabelli*. (Concordance. Heft 46.) Schreiber, Wien, 25 Ngr. Ebenso von *M. Hauser*. (Melod. No. 2.) Siegel, Leipzig, 7½ Ngr.

Für Violoncell u. Pianoforte von *F. A. Kummer*. (Op. 117. No. 3.) Cranz, Hamburg, 10 Ngr. Ebenso von *G. Paque*. (12 Melod. Suite 1.) Schott, Mainz, 20 Ngr.

Für Flöte u. Pianoforte von *A. Diabelli*. (Productionen. Heft 57.) Schreiber, Wien, 25 Ngr. Ebenso von *F. A. Kummer*. (Op. 117ᵇ. No. 3.) Cranz, Hamburg, 10 Ngr.

Für Pianoforte zu 4 Händen von *C. Burchard*. (Lieder. Heft 2.) Heinrichshofen, Magdeburg, 15 Ngr. Ebenso von *A. Diabelli*. (Lieder im leichten Styl. No. 4.) Schreiber, Wien, 7½ Ngr. Ebenso von *A. Diabelli*. (Wiener Lieblingsstücke. No. 17. [auch 2hdg.]) Schreiber, Wien, 10 Ngr. Ebenso von *L. Köhler*. (Lieder ohne Worte. No. 7.) Schreiber, Wien, 12½ Ngr. Ebenso von *L. Winkler*. (Chansons. No. 7.) Cranz, Hamburg, 7½ Ngr.

Für Pianoforte zu 2 Händen. Haslinger, Wien, (Lieder. Heft 5.) 15 Ngr. Ebenso von *F. X. Chwatal*. (Op. 224. Heft 1.) Merseburger, Leipzig, 15 Ngr. Ebenso von *A. Diabelli*. (Lieder im leichten Styl. No. 4.) Schreiber, Wien, 5 Ngr. Ebenso von *A. Diabelli*. (Wiener Lieblingsstücke. No. 17. [auch 4hdg.]) Schreiber, Wien, 10 Ngr. Ebenso von *J. H. Doppler*. (Op. 309. No. 6.) Cranz, Hamburg, 7½ Ngr. Ebenso von *W. Graf*. (Lieder. No. 3.) Wetzler, Prag, 12½ Ngr. Ebenso von *St. Heller*. (30 Lieder. No. 20.) Schloss, Cöln, 12½ Ngr. Ebenso von *L. Köhler*. (Op. 161. No. 7.) Schreiber, Wien, 7½ Ngr. Ebenso von *D. Krug*. (Op. 225. No. 7.) Heinrichshofen, Magdeburg, 7½ Ngr. Ebenso von *W. Kuhe*. (Op. 139. No. 4.) Siegel, Leipzig, 12½ Ngr. Ebenso von *G. Lange*. (Op. 90. No. 9.) Challier u. Comp., Berlin, 15 Ngr. Ebenso von *F. Liszt*. (6 Lieder. No. 5.) Schlesinger, Berlin, 15 Ngr. Ebenso von *F. Liszt*. (Müllerlieder. Heft 3.) Schreiber, Wien, 20 Ngr. Ebenso von *Ch. Miller*. (Lieder. No. 4.) Schuberth, Hamburg, 10 Ngr. Ebenso von *Ch. Miller*. (Müllerlieder. No. 7.) Böhme, Hamburg, 5 Ngr. Ebenso von *C. E. Pax*. (6 Lieder. No. 5.) Schreiber, Wien, 7½ Ngr. Ebenso von *F. Spindler*. (Op. 183. No. 6.) Siegel, Leipzig, 14 Ngr. Ebenso von *E. D. Wagner*. (Op. 40. No. 11. [in leichtem Styl.]) Schlesinger, Berlin, 7½ Ngr.

No. 8.

Für eine Singstimme mit Guitarre. Schreiber, Wien, 5 Ngr.

Für Violine u. Pianoforte von *A. Diabelli*. (Concordance. Heft 46.) Schreiber, Wien, 25 Ngr. Ebenso von *M. Hauser*. (Melod. No. 17.) Siegel, Leipzig, 10 Ngr.

Für Violoncell u. Pianoforte von *F. A. Kummer*. (Op. 117. No. 19.) Cranz, Hamburg, 7½ Ngr.

Für Flöte u. Pianoforte von *A. Diabelli*. (Productionen. Heft 57.) Schreiber, Wien, 25 Ngr. Ebenso von *F. A. Kummer*. (Op. 117ᵇ. No. 19.) Cranz, Hamburg, 7½ Ngr.

Für Pianoforte zu 4 Händen von *Breslaur*. (3 Müllerlieder.) Schlesinger, Berlin, 10 Ngr.

Für Pianoforte zu 2 Händen von *St. Heller*. (30 Lieder. No. 21.) Schloss, Cöln, 10 Ngr. Ebenso von *D. Krug*. (Op. 225. No. 8.) Heinrichshofen, Magdeburg, 7½ Ngr. Ebenso von *Ch. Miller*. (Müllerlieder. No. 8.) Böhme, Hamburg, 5 Ngr. Ebenso von *Th. Oesten*. (Op. 369. No. 13.) Siegel, Leipzig, 12½ Ngr. Ebenso von *F. Spindler*. (Op. 183. No. 13.) Siegel, Leipzig, 14 Ngr. Ebenso von *R. Volkmann*. (5 Lieder.) Schreiber, Wien, 20 Ngr.

Für Harmonium od. Pianoforte von *K. Hennig*. (Lieder. Heft 2.) Stoll, Leipzig, 15 Ngr.

Für Harmonium von *Bial.* (Sammlung bel. Gesänge. Heft 1.) Bote u. Bock, Berlin, 20 Ngr. Ebenso von *L. A. Zellner.* (Uebertragungen. Heft 1. Schreiber, Wien, 15 Ngr.

No. 9.

Für Violine u. Pianoforte von *M. Hauser.* (Melod. No. 46. Siegel, Leipzig. 7½ Ngr.
Für Violoncell u. Pianoforte von *F. A. Kummer.* (Op. 117. No. 18. Cranz, Hamburg, 7½ Ngr.
Für Flöte u. Pianoforte von *F. A. Kummer.* (Op. 117ᵇ. No. 18. Cranz, Hamburg, 7½ Ngr.
Für Pianoforte zu 4 Händen von *Breslaur.* 3 Müllerlieder. Schlesinger, Berlin, 10 Ngr.
Für Pianoforte zu 2 Händen von *F. X. Chwatal.* (Op. 224. Heft 2. Merseburger, Leipzig, 15 Ngr. Ebenso von *D. Krug.* (Op. 225. No. 9. Heinrichshofen, Magdeburg, 7½ Ngr. Ebenso von *Ch. Miller.* Müllerlieder. No. 9. Böhme, Hamburg, 5 Ngr. Ebenso von *Th. Oesten.* Op. 369. No. 23. Siegel, Leipzig, 10 Ngr. Ebenso von *F. Spindler.* Op. 183. No. 34. Siegel, Leipzig, 10 Ngr. Ebenso von *R. Volkmann.* 5 Lieder.) Schreiber, Wien, 20 Ngr.
Für Sopran, Alt, Tenor u. Bass von *G. W. Teschner.* 36 Lieder. Heft 2.) Siegel, Leipzig, Partitur u. Stimmen: 25 Ngr.

No. 10.

Für Pianoforte zu 2 Händen von *D. Krug.* (Op. 225. No. 10.) Heinrichshofen, Magdeburg, 7½ Ngr. Ebenso von *Ch. Miller.* (Müllerlieder. No. 10.) Böhme, Hamburg, 5 Ngr.
Für Harmonium (od. Pianoforte) von *K. Hennig.* (Lieder. Heft 2. Stoll, Leipzig, 15 Ngr.
Für Sopran, Alt, Tenor u. Bass von *G. W. Teschner.* (36 Lieder. Heft 2.) Siegel, Leipzig, Partitur u. Stimmen: 25 Ngr.

No. 11.

Für Violoncell u. Pianoforte von *F. A. Kummer.* (Op. 117. No. 21.) Cranz, Hamburg, 10 Ngr.
Für Flöte u. Pianoforte von *F. A. Kummer.* (Op. 117ᵇ. No. 21.) Cranz, Hamburg, 10 Ngr.
Für Pianoforte zu 2 Händen von *D. Krug.* (Op. 225. No. 11.) Heinrichshofen, Magdeburg, 7½ Ngr. Ebenso von *Ch. Miller.* Müllerlieder. No. 11. Böhme, Hamburg, 7½ Ngr. Ebenso von *E. D. Wagner.* (Op. 40. No. 23. [in leichtem Styl.]) Schlesinger, Berlin, 7½ Ngr.

No. 12.

Für Pianoforte zu 2 Händen von *D. Krug.* (Op. 225. No. 12. Heinrichshofen, Magdeburg, 7½ Ngr. Ebenso von *Ch. Miller.* (Müllerlieder. No. 12.) Böhme, Hamburg, 7½ Ngr.

No. 13.

Für Violine u. Pianoforte von *M. Hauser.* Melod. No. 42.) Siegel, Leipzig, 7½ Ngr.
Für Violoncell u. Pianoforte von *F. A. Kummer.* Op. 117. No. 22. Cranz, Hamburg, 7½ Ngr.
Für Flöte u. Pianoforte von *F. A. Kummer.* Op. 117ᵇ. No. 22. Cranz, Hamburg, 7½ Ngr.
Für Pianoforte zu 2 Händen von *D. Krug.* Op. 225. No. 13. Heinrichshofen, Magdeburg, 7½ Ngr. Ebenso von *Ch. Miller.* Müllerlieder. No. 13. Böhme, Hamburg, 5 Ngr. Ebenso von *F. Spindler.* Op. 183. No. 40.) Siegel, Leipzig, 10 Ngr.
Für Sopran, Alt, Tenor u. Bass von *G. W. Teschner.* (36 Lieder. Heft 3.) Siegel, Leipzig, Partitur u. Stimmen: 25 Ngr.

No. 14.

Für Pianoforte zu 2 Händen von *D. Krug.* Op. 225. No. 14.) Heinrichshofen, Magdeburg, 7½ Ngr. Ebenso von *F. Liszt.* Müllerlieder. Heft 2. Schreiber, Wien, 20 Ngr. Ebenso von *Ch. Miller.* Müllerlieder. No. 14.) Böhme, Hamburg, 7½ Ngr.

No. 15.

Für Pianoforte zu 4 Händen von *L. Winkler.* Chansons. No. 24. Cranz, Hamburg. 10 Ngr.

Für Pianoforte zu 2 Händen von *D. Krug.* Op. 225. No. 15. Heinrichshofen, Magdeburg. $7\frac{1}{2}$ Ngr. Ebenso von *Ch. Miller.* Müllerlieder. No. 15. Böhme, Hamburg, $7\frac{1}{2}$ Ngr.

No. 16.

Für Pianoforte zu 4 Händen von *L. Winkler.* Chansons. No. 16.) Cranz, Hamburg. $7\frac{1}{2}$ Ngr.

Für Pianoforte zu 2 Händen von *H. Cramer.* (Lieder. Heft 3, No. 11.) André, Offenbach. 5 Ngr. Ebenso von *D. Krug.* (Op. 225. No. 16.) Heinrichshofen, Magdeburg. $7\frac{1}{2}$ Ngr. Ebenso von *Ch. Miller.* (Müllerlieder. No. 16.) Böhme, Hamburg, 5 Ngr. Ebenso von *J. O'Kelly.* (12 Mélodies. Suite 1.) Schott, Mainz. 20 Ngr. Ebenso von *R. Volkmann.* 5 Lieder. Schreiber. Wien, 20 Ngr. Ebenso von *E. D. Wagner.* (Op. 40. No. 16. [in leichtem Styl.]) Schlesinger, Berlin, $7\frac{1}{2}$ Ngr.

Für Harmonium von *C. Hennig.* Lieder u. Gesänge. Heft 3.) Stoll. Leipzig. 15 Ngr.

Für Sopran, Alt, Tenor u. Bass von *G. W. Teschner.* (36 Lieder. Heft 1.) Siegel, Leipzig. Partitur u. Stimmen: 25 Ngr.

No. 17.

Für Violoncell u. Pianoforte von *F. A. Kummer.* (Op. 117. No. 23. Cranz, Hamburg. 10 Ngr.

Für Flöte u. Pianoforte von *F. A. Kummer.* (Op. 117[b]. No. 23. Cranz, Hamburg. 10 Ngr.

Für Pianoforte zu 2 Händen von *D. Krug.* (Op. 225. No. 17. Heinrichshofen, Magdeburg, $7\frac{1}{2}$ Ngr. Ebenso von *F. Liszt.* Müllerlieder. Heft 1.) Schreiber, Wien, 20 Ngr. Ebenso von *Ch. Miller.* (Lieder. No. 12.) Schuberth, Hamburg. 10 Ngr. Ebenso von *Ch. Miller.* Müllerlieder. No. 17.) Böhme, Hamburg, $7\frac{1}{2}$ Ngr. Ebenso von *E. D. Wagner.* (Op. 40. No. 17. [in leichtem Styl.]) Schlesinger, Berlin, $7\frac{1}{2}$ Ngr.

No. 18.

Für eine Singstimme mit Guitarre. Schreiber. Wien. 7 Ngr.

Für Violoncell u. Pianoforte von *R. E. Bockmühl.* (Immortellen. No. 7.) André, Offenbach. $12\frac{1}{2}$ Ngr. Ebenso von *G. Paque.* (12 Melod. Suite 2. Schott, Mainz. 20 Ngr.

Für Zither von *Ed. Hermann.* (In Op. 9.) Bote u. Bock. Berlin. $12\frac{1}{2}$ Ngr.

Für Pianoforte zu 4 Händen von *K. Burchard.* Lieder. Heft 3.) Heinrichshofen, Magdeburg, 20 Ngr.

Für Pianoforte zu 2 Händen von *H. Cramer.* Lieder. Heft 3, No. 12.) André, Offenbach, $7\frac{1}{2}$ Ngr. Ebenso von *W. Graf.* Lieder. No. 9.) Wetzler, Prag, $12\frac{1}{2}$ Ngr. Ebenso von *D. Krug.* Op. 225. No. 18. Heinrichshofen, Magdeburg, $7\frac{1}{2}$ Ngr. Ebenso von *G. Lange.* Op. 90. No. 18.) Challier u. Comp., Berlin, 15 Ngr. Ebenso von *F. Liszt.* 6 Melodien. No. 4.) Schlesinger, Berlin, 15 Ngr. Ebenso von *Ch. Miller.* Müllerlieder. No. 18.) Böhme, Hamburg, $7\frac{1}{2}$ Ngr. Ebenso von *Th. Oesten.* Op. 369. No. 20.) Siegel, Leipzig. 15 Ngr. Ebenso von *J. O'Kelly.* (12 Mélodies. Suite 1. Schott, Mainz, 20 Ngr. Ebenso von *F. Spindler.* (Op. 183. No. 14. Siegel, Leipzig. 10 Ngr. Ebenso von *R. Volkmann.* 5 Lieder. Schreiber, Wien, 20 Ngr. Ebenso von *E. D. Wagner.* (Op. 40. No. 10. [in leichtem Styl.] Schlesinger, Berlin, $7\frac{1}{2}$ Ngr.

Für Harfe von *Ch. Oberthür.* Op. 89. 3 Chansons.) Schreiber, Wien. 15 Ngr.

Für Harmonium od. Pianoforte von *K. Hennig.* (6 Lieder. Stoll, Leipzig, 15 Ngr.

Für Harmonium von *L. A. Zellner.* Uebertragungen deutscher Lieder. Heft 1. Schreiber, Wien, 15 Ngr.

No. 19.

Für Violine u. Pianoforte von *M. Hauser.* (Melod. No. 12. Siegel, Leipzig. $7\frac{1}{2}$ Ngr.

Für Violoncell u. Pianoforte von *R. E. Bockmühl.* Immortellen. No. 1.) André, Offenbach, $12\frac{1}{2}$ Ngr. Ebenso von *F. A. Kummer.* (Op. 117. No. 25.) Cranz, Hamburg, 10 Ngr. Ebenso von *G. Paque.* (12 Melod. Suite 1.) Schott, Mainz, 20 Ngr.

Für Flöte u. Pianoforte von *F. A. Kummer.* (Op. 117[b]. No. 25.) Cranz, Hamburg, 10 Ngr.

Für Pianoforte zu 4 Händen von *L. Winkler.* (Chansons. No. 2.) Cranz, Hamburg, 7½ Ngr.

Für Pianoforte zu 2 Händen von *H. Cramer.* (Lieder. Heft 4, No. 13.) André, Offenbach, 7½ Ngr. Ebenso von *Th. Gintze.* (Op. 4. Samml. 4.) Schreiber, Wien, 10 Ngr. Ebenso von *D. Krug.* (Op. 225. No. 19.) Heinrichshofen, Magdeburg, 7½ Ngr. Ebenso von *F. Liszt.* (Müllerlieder. Heft 1.) Schreiber, Wien, 20 Ngr. Ebenso von *Ch. Miller.* (Müllerlieder. No. 19.) Böhme, Hamburg, 7½ Ngr. Ebenso von *F. Spindler.* (Op. 183. No. 29.) Siegel, Leipzig, 14 Ngr. Ebenso von *S. Thalberg.* (Op. 70. Serie II, No. 2.) Breitkopf u. Härtel, Leipzig, 20 Ngr.

Für Harmonium von *L. A. Zellner.* (Uebertragungen deutscher Lieder. Heft 1.) Schreiber, Wien, 15 Ngr.

Für Sopran, Alt, Tenor u. Bass von *G. W. Teschner.* (36 Lieder. Heft 6.) Siegel, Leipzig, Partitur u. Stimmen: 25 Ngr.

No. 20.

Für Violoncell u. Pianoforte von *F. A. Kummer.* (Op. 117. No. 24.) Cranz, Hamburg, 7½ Ngr.

Für Flöte u. Pianoforte von *F. A. Kummer.* (Op. 117[b]. No. 24.) Cranz, Hamburg, 7½ Ngr.

Für Pianoforte zu 2 Händen von *D. Krug.* (Op. 225. No. 20.) Heinrichshofen, Magdeburg, 7½ Ngr. Ebenso von *G. Lange.* (Op. 90. No. 5.) Challier u. Comp., Berlin, 15 Ngr. Ebenso von *Ch. Miller.* (Müllerlieder. No. 20.) Böhme, Hamburg, 5 Ngr.

Op. 26. Ouverture, Gesänge, 2 Entr'acte und Balletmusik zu „Rosamunde“,

Drama von H. v. Chezy.

Wien, bei Schreiber. (Siehe: Ausgaben.)

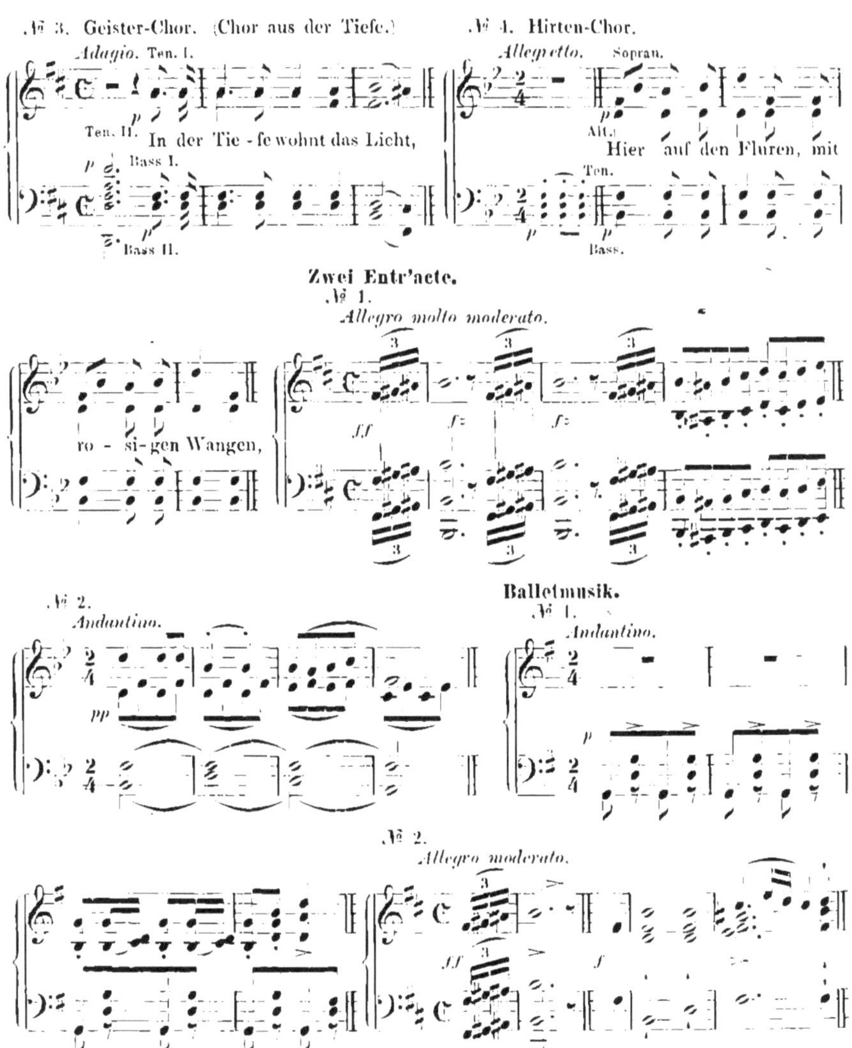

Anmerkung. »Rosamunde«, ein romantisches Schauspiel in 4 Acten von Helmina von Chezy, wurde mit der dazu componirten Musik zum ersten Mal aufgeführt am 20. December 1823 im Theater an der Wien. Die Musik dazu, 1823 componirt, bestand aus einer Ouverture, welche 1827 als »Ouverture zur Oper Alphonso und Estrella« (siehe Op. 69) erschien, aus einer Romanze und einigen Chören, aus Entr'acten und Tänzen. Die jetzt zur »Rosamunde« gehörende Ouverture wurde zu dem zum ersten Mal am 19. August 1820 im Theater an der Wien aufgeführten Melodram »Die Zauberharfe« componirt und erschien spätestens 1828 als »Ouverture zum Drama Rosamunde«, für Pianoforte zu 4 Händen bearbeitet, bei M. J. Leidesdorf in Wien. Die Gesänge erschienen 1824 mit Clavier-Begleitung unter dem Titel: »Gesänge zum Drama Rosamunde Gedichtet von Freyinn Wilhelmine v. Chezy; in Musik gesetzt mit Klavierbegleitung von Franz Schubert. 26. Werk Heft . . . . 1. Heft enthält: Romance. 2. — —: Jäger-Chor. 3. — —: Geister-Chor. 4. — —: Hirten-Chor. Wien Sauer & Leidesdorf«. (Querformat. Verlagsnummern: 601, 602, 603, 604.) Nr. 3 erschien auch 1828, mit der ursprünglichen Begleitung von Blasinstrumenten, in Stimmen unter dem Titel: »Chor für vier Männerstimmen mit Begleitung von 3 Horn und 3 Trompetten in Musik gesetzt von Franz Schubert. Eigenthum des Verlegers Wien bey M. J. Leidesdorf«. (Verlagsnummer: 1098.) Die Entr'acte, die Balletmusik und die Ouverture erschienen 1866 und 1867 in Partitur bei C. A. Spina in Wien. Das Autograph der Balletmusik ist im Besitz von Spina.

Ausgaben.

Ouverture für Orchester: Schreiber, Wien, Partitur: 2 Thlr., Orchesterstimmen: 3 Thlr.

Romanze für eine Singstimme mit arr. Pianoforte-Begleitung: Arnold, Elberfeld, 5 Ngr. Breitkopf u. Härtel, Leipzig, $1\frac{1}{2}$ Ngr. n. Holle, Wolfenbüttel, (deutsch u. franz.) 2 Ngr. n. Senff, Leipzig, 2 Ngr. — Für Sopran (od. Tenor): Schreiber, Wien, (deutsch u. franz.) 5 Ngr. — Für Mezzosopran (od. Bariton): Schreiber, Wien, (deutsch u. franz.) 7 Ngr. Neue Ausgabe: 5 Ngr. — Für ContraAlt (od. Bass): Holle, Wolfenbüttel, (deutsch u. franz. Mit Op. 32, 41, 44.) 4 Ngr. n. Schreiber, Wien, 10 Ngr.

Jägerchor für 8 Singstimmen mit arr. Pianoforte-Begleitung: Schreiber, Wien, 20 Ngr.

Geisterchor für 4 Männerstimmen mit Begleitung von 3 Hörnern u. 3 Posaunen. Schreiber, Wien, 15 Ngr. Mit Begleitung des Pianoforte: Schreiber, Wien, 15 Ngr. Mit Begleitung von 3 Hörnern u. 3 Posaunen (od. Pianoforte): Neue Ausgabe, revid. von *J. Herbeck*. Schreiber, Wien, $17\frac{1}{2}$ Ngr.

Hirtenchor für 4 Singstimmen mit arr. Pianoforte-Begleitung: Schreiber, Wien, Partitur u. Stimmen: 25 Ngr.

Zwei Entr'acte für Orchester: Schreiber, Wien, Partitur: 2 Thlr., Stimmen: 3 Thlr. $12\frac{1}{2}$ Ngr.

Balletmusik (I. II.) für Orchester: Schreiber, Wien, Partitur: 2 Thlr. 10 Ngr., Stimmen: 2 Thlr. 20 Ngr.

Uebertragungen.

Ouverture.

Für 2 Violinen, Viola u. Violoncell. Schreiber, Wien, 1 Thlr.
Für Violine u. Pianoforte. Schreiber, Wien, 20 Ngr.
Für 2 Pianoforte zu 8 Händen von *F. G. Jansen*. Schlesinger, Berlin, 2 Thlr. Ebenso von *F. M. Schneeweiss*. Schuberth u. Comp., Leipzig, 2 Thlr.
Für Pianoforte zu 4 Händen. Holle, Wolfenbüttel, 5 Ngr. n. Peters, Leipzig, 5 Ngr. n. Schreiber, Wien, 1 Thlr. 5 Ngr.
Für Pianoforte zu 2 Händen. André, Offenbach, $12\frac{1}{2}$ Ngr. Holle, Wolfenbüttel, $2\frac{1}{2}$ Ngr. n. Litolff, Braunschweig, $2\frac{1}{2}$ Ngr. n. Peters, Leipzig, $2\frac{1}{2}$ Ngr. n. Schreiber, Wien, 15 Ngr.
Für Violine, Harmonium u. Pianoforte von *J. Soyka*. Schreiber, Wien, 25 Ngr.
Für Pianoforte u. Harmonium od. Physharmonika (od. 2 Pianoforte) von *L. A. Zellner*. Schreiber, Wien, 1 Thlr. 5 Ngr.

Romanze.

Für Violine u. Pianoforte von *M. Hauser*. (Melod. No. 39.) Siegel, Leipzig, 10 Ngr.
Für Violoncell und Pianoforte von *J. Stransky*. (Op. 26. No. 6.) Schreiber, Wien, 10 Ngr.
Für Pianoforte zu 2 Händen von *St. Heller*. (30 Lieder. No. 6.) Schloss, Cöln, $12\frac{1}{2}$ Ngr. Ebenso von *A. Jungmann*. (Op. 169. No. 2.) Schreiber, Wien, 15 Ngr. Ebenso von *F. v. Osten*. (Lieder. Cah. I. 2.) Schuberth, Hamburg, 10 Ngr. Ebenso von *F. Spindler*. (Op. 183. No. 42.) Siegel, Leipzig, 14 Ngr.
Für gemischten Chor von *G. W. Teschner*. (12 Lieder. Heft 1.) Breitkopf u. Härtel, Leipzig, 1 Thlr.

Zwei Entr'acte.

Für Pianoforte zu 4 Händen von *K. Hübschmann*. Schreiber, Wien, No. 1. 15 Ngr., No. 2. $7\frac{1}{2}$ Ngr. Ebenso von *Carl Reinecke*. Schreiber, Wien, 1 Thlr. 5 Ngr.
Für Pianoforte zu 2 Händen von *Carl Reinecke*. Schreiber, Wien, $22\frac{1}{2}$ Ngr.
Für Pianoforte u. Harmonium od. Physharmonika (od. 2 Pianoforte) von *L. A. Zellner*. Schreiber, Wien, 1 Thlr. 5 Ngr.

Balletmusik.

Für Pianoforte zu 4 Händen von *J. Herbeck*. (I.) Schreiber, Wien, $17\frac{1}{2}$ Ngr.
Für Pianoforte zu 2 Händen von *J. Herbeck*. (I. II.) Schreiber, Wien, 25 Ngr.

Op. 27. Drei Märsche (H moll, C dur, D dur)

(marches héroiques)

für Pianoforte zu 4 Händen.

Wien, bei Schreiber. 1 Thlr.

Anmerkung. Die zwei ersten Theile des Marsches Nr. 1 bildeten ursprünglich das Vorspiel zu einer Composition des Schiller'schen Gedichtes »Die Schlacht« (Schwer und dumpfig, eine Wetterwolke,) für eine Singstimme mit zweihändiger Clavier-Begleitung. Schubert hat diese Composition zweimal angefangen, aber nicht vollendet, das erste Mal am 1. August 1815, das zweite Mal im März 1816. Die Autographe beider Fragmente besitzt Dr. Schneider in Wien. Später hat Schubert das Vorspiel vierhändig gesetzt, ein Trio hinzugefügt und so das Stück dieser Sammlung einverleibt. Titel der im Jahre 1824 erschienenen Ausgabe: »Trois Marches héroiques pour le Pianoforte à quatre mains par François Schubert. Oeuv: 27. Propriété des Editeurs. Vienne publié par Sauer & Leidesdorf«. (Querformat. Verlagsnummer: 698.)

Ausgaben. André, Offenbach, 25 Ngr. Böhme, Hamburg, 25 Ngr. Bote u. Bock, Berlin, $7^1/_2$ Ngr. Breitkopf u. Härtel, Leipzig, 15 Ngr. n. Cranz, Hamburg, 9 Ngr. n. Holle, Wolfenbüttel, 4 Ngr. n. Litolff, Braunschweig, 4 Ngr. n. Nagel, Hannover, 20 Ngr. Präger u. Meier, Bremen, (Mit Op. 40. 51.) 10 Ngr. n. Schott, Mainz, 20 Ngr. Siegel, Leipzig, 25 Ngr.

Uebertragungen.

Für Pianoforte zu 8 Händen von *C. T. Brunner*. Schreiber, Wien, 1 Thlr 10 Ngr.
Für Pianoforte zu 2 Händen von *J. F. K. Dietrich*. Präger u. Meier, Bremen, $22^1/_2$ Ngr.

Op. 28. Der Gondelfahrer

(Gedicht von Joh. Mayrhofer)

für 4 Männerstimmen mit Begleitung des Pianoforte.

Wien, bei Schreiber. Partitur u. Stimmen 20 Ngr.

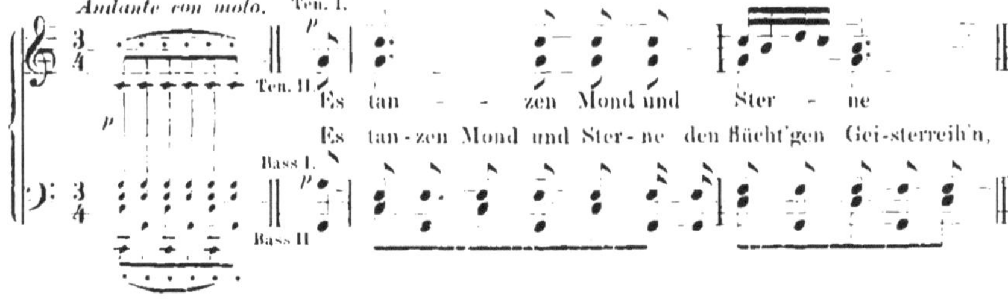

Anmerkung. Componirt im März 1824. Titel der in der Wiener Zeitung vom 12. August 1824 angezeigten Ausgabe: »Der Gondelfahrer Gedicht von Mayerhofer In Musik gesetzt für vier Männerstimmen mit Begleitung des Piano-Forte von Franz Schubert. Op. 28. Eigenthum der Verleger. Wien bei Sauer & Leidesdorf«. Querformat. Verlagsnummer: 599.

Uebertragungen.

Für 4 Männerstimmen mit Orchester von *G. Hausmann.* Schreiber, Wien, Partitur: 20 Ngr., Orchester u. Singstimmen: 1 Thlr. 5 Ngr.

Für 3 Frauenstimmen mit Pianoforte von *Fr. Abt.* (Op. 186. Heft 3.) André, Offenbach, (Klav.-Auszug u. Stimmen.) 1 Thlr. 10 Ngr.

Für eine Singstimme mit Pianoforte. Schreiber, Wien, 10 Ngr.

Für Pianoforte zu 4 Händen von *A. Diabelli.* (Lieder im leichten Styl. No. 3.) Schreiber, Wien, 10 Ngr. Ebenso von *A. Diabelli.* (Wiener Lieblingsstücke. No. 16. [auch 2hdg.]) Schreiber, Wien, 15 Ngr.

Für Pianoforte zu 2 Händen von *A. Diabelli.* (Lieder im leichten Styl. No. 3.) Schreiber, Wien, 7½ Ngr. Ebenso von *A. Diabelli.* (Wiener Lieblingsstücke. No. 16. [auch 4hdg.]) Schreiber, Wien, 15 Ngr. Ebenso von *R. Schmidt.* Trautwein, Berlin, 12½ Ngr.

Op. 29. Quartett (A moll)

für 2 Violinen, Viola und Violoncell.

Wien, bei Schreiber. Partitur 2 Thlr., Stimmen 1 Thlr. 20 Ngr.

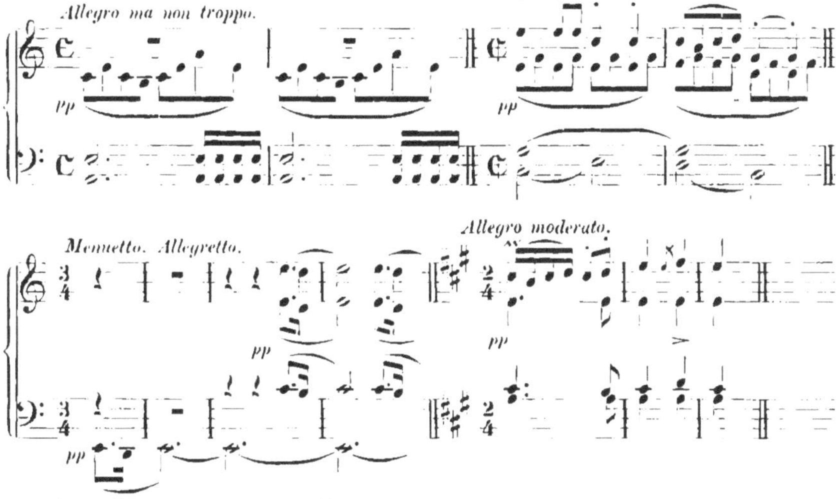

Anmerkung. Componirt im Jahre 1824. Titel der im Jahre 1825 erschienenen Ausgabe: »Trois Quatuors pour deux Violons Alto et Violoncelle, composés et dediés à son ami J. Schupanzigh membre de la chapelle de S. M. L'Empereur d'Autriche & & & par François Schubert de Vienne Oeuvre 29 No. . . . Propriété des Editeurs. Vienne, chez Sauer & Leidesdorf«. In Stimmen. Verlagsnummer: 594.

Ausgaben. Breitkopf u. Härtel, Leipzig, 1 Thlr. n. Litolff, Braunschweig, 10 Ngr. n. Schreiber, Wien, Partitur: 2 Thlr., Stimmen: 1 Thlr. 20 Ngr.

Uebertragungen.

Für Pianoforte zu 4 Händen. Schreiber, Wien, 1 Thlr. 20 Ngr. Ebenso von *K. Hübschmann.* Leuckart, Leipzig, 1 Thlr. Ebenso von *Schönberg.* Kymmel, Halle, 20 Ngr.

Menuetto einzeln:

Für Violoncell u. Pianoforte von *H. Rörer.* Schreiber, Wien, 10 Ngr.

Für Pianoforte zu 2 Händen von *R. Altschul.* Gotthard, Wien, 12½ Ngr.

Op. 30. Sonate (Bdur)

für Pianoforte zu 4 Händen.

Wien, bei Schreiber. 1 Thlr. 10 Ngr.

Anmerkung. Componirt im Mai oder Juni 1824 zu Zelész in Ungarn. Titel der im Anfang 1825 erschienenen Ausgabe: »Grande Sonate pour le Pianoforte à quatre mains composée & dediée à son excellence le comte Ferdinand Palffy d'Erdöd Conseiller intime . . . . par François Schubert. Oeuvre 30. Propriété des Editeurs. Vienne Publie par Sauer et Leidesdorf«. (Querformat. Verlagsnummer: 428.)

Ausgaben. Breitkopf u. Härtel, Leipzig. 21 Ngr. n. Holle. Wolfenbüttel, 6 Ngr. n. Litolff, Braunschweig. 6 Ngr. n. Schreiber, Wien. 1 Thlr. 10 Ngr.

Op. 31. Suleika's zweiter Gesang

(aus Goethe's westöstlichem Divan)

für eine Singstimme mit Begleitung des Pianoforte.

Wien, bei Schreiber. 15 Ngr.

Anmerkung. Componirt im Jahre 1821. Titel der am 12. August 1825 angekündigten Ausgabe: »Suleika's II^{ter} Gesang aus dem west-östlichen Divan von Göthe In Musik gesetzt, für eine Singstimme mit Begleitung des Pianoforte und der wohlgebornen Frau Anna Milder Königl. preuss: Hof Opern Sängerin gewidmet von Franz Schubert. 31. Werk. Eigenthum des Verlegers. Dasselbe ist auch für die Guitare eingerichtet zu haben. Wien, bey A. Pennauer«. (Querformat. Verlagsnummer: 133.)

Ausgaben. Breitkopf u. Härtel, Leipzig. $4\frac{1}{2}$ Ngr. n. Holle, Wolfenbüttel, (deutsch u. franz.) 2 Ngr. n. Päz, Berlin. 15 Ngr. Schreiber. Wien. 15 Ngr. Senff, Leipzig. 2 Ngr.

Uebertragung.

Für eine Singstimme mit Guitarre. Schreiber, Wien. 10 Ngr.

Op. 32. Die Forelle

(Gedicht von Chr. Friedr. Dan. Schubart)

für eine Singstimme mit Begleitung des Pianoforte.

Wien, bei Schreiber. 10 Ngr.

Anmerkung. Das Autograph im Besitz von N. Dumba in Wien hat von fremder Hand die Bemerkung: Geschrieben am 21. Februar 1818 Nachts um 12 Uhr. Am Schluss stehen von Schubert's Hand die Worte: »Theuerster Freund! Es freut mich ausserordentlich, dass Ihnen meine Lieder gefallen. Als einen Beweis meiner innigsten Freundschaft, schicke Ich Ihnen hier ein anderes, welches ich eben jetzt bey Anselm Hüttenbrenner Nachts um 12 Uhr geschrieben habe. Ich wünschte, dass ich bey einem Glas Punsch nähere Freundschaft mit Ihnen schliessen könnte«. Componirt wurde das Lied aber schon im Jahre 1817. Es erschien zuerst am 9. December 1820 als Beilage zur Wiener Zeitschrift für Kunst, dann im Januar 1825 in der Sammlung »Philomele« unter dem besondern Titel: »Die Forelle Gedicht von Schubart. In Musik gesetzt, für eine Singstimme mit Begleitung des Pianoforte von Franz Schubert. Wien, bey Ant: Diabelli und Comp:« (Querformat. Verlagsnummer: 1703.)

Ausgaben. Breitkopf u. Härtel, Leipzig, 3 Ngr. n. Forberg, Leipzig, (deutsch u. franz.) 4 Ngr. Holle, Wolfenbüttel, 2 Ngr. n. Schreiber, Wien, 10 Ngr. Senff, Leipzig, 2 Ngr. Siegel, Leipzig, 10 Ngr. — Für Sopran (od. Tenor): Bahn, Berlin, 5 Ngr. Päz, Berlin, 5 Ngr. Schlesinger, Berlin, 2½ Ngr. n. Schreiber, Wien, 7½ Ngr. — Für Mezzosopran (od. Bariton): W. Müller, Berlin, 1 Ngr. n. Schreiber, Wien, (deutsch u. franz.) 7½ Ngr. — Für Alt: Schlesinger, Berlin, 2½ Ngr. n. Schreiber, Wien, 10 Ngr. — Für Contra-Alt (od. Bass): Holle, Wolfenbüttel, (deutsch u. franz. Mit Op. 26, No. 1. Op. 41. 44.) 4 Ngr. n. Schreiber, Wien, 10 Ngr.

Uebertragungen.

Für eine Singstimme mit Guitarre. Päz, Berlin, 5 Ngr. Schreiber, Wien, 7 Ngr.

Für Violine u. Pianoforte von *A. Diabelli.* (Concordance. Heft 46.) Schreiber, Wien, 25 Ngr. Ebenso von *F. Forberg.* (Op. 7. No. 6.) André, Offenbach, 10 Ngr. Ebenso von *M. Hauser.* (Melod. No. 8.) Siegel, Leipzig, 10 Ngr.

Für Violoncell u. Pianoforte von *R. E. Bockmühl.* (Immortellen. No. 8.) André, Offenbach, 17 Ngr. Ebenso von *F. Forberg.* (Op. 7. No. 6.) André, Offenbach, 10 Ngr. Ebenso von *F. A. Kummer.* (Op. 117. No. 2.) Cranz, Hamburg, 10 Ngr.

Für Flöte u. Pianoforte von *A. Diabelli.* (Productionen. Heft 57.) Schreiber, Wien, 25 Ngr. Ebenso von *F. A. Kummer.* (Op. 117b. No. 2.) Cranz, Hamburg, 10 Ngr. Ebenso von *A. Terschak.* (12 Lieder. No. 3.) Kohlke, Danzig, 17½ Ngr.

Für Zither von *P. Rook.* 8 Lieder. Schlesinger, Berlin, 15 Ngr. Ebenso von *J. Zechthofer.* Transcript. No. 21.) Schreiber, Wien, 7½ Ngr.

Für Pianoforte zu 4 Händen von *K. Burchard.* Lieder. Heft 3.) Heinrichshofen, Magdeburg, 20 Ngr. Ebenso von *A. Diabelli.* (Lieder im leichten Styl. No. 7.) Schreiber, Wien, 10 Ngr. Ebenso von *A. Diabelli.* (Wiener Lieblingsstücke. No. 28. [auch 2hdg.]) Schreiber, Wien, 15 Ngr. Ebenso von *L. Köhler.* Lieder. No. 10.) Schreiber, Wien, 12½ Ngr. Ebenso von *L. Winkler.* (Chansons. No. 1.) Cranz, Hamburg, 10 Ngr.

Für Pianoforte zu 2 Händen. Haslinger, Wien, (*Schubert*, Lieder. Heft 5.) 15 Ngr. Ebenso von *C. Czerny.* Lieder. No. 1. Schreiber, Wien, 15 Ngr. Ebenso von *A. Diabelli.* (Lieder im leichten Styl. No. 7.) Schreiber, Wien, 7½ Ngr. Ebenso von *A. Diabelli.* (Wiener Lieblingsstücke. No. 28. [auch 4hdg.]) Schreiber, Wien, 15 Ngr. Ebenso von *J. H. Doppler.* (Op. 309. No. 5.) Cranz, Hamburg, 7½ Ngr.

Ebenso von *St. Heller.* (30 Lieder. No. 14.) Schloss, Cöln, $12^1/_2$ Ngr. Ebenso von *L. Köhler.* (Op. 161. No. 10.) Schreiber, Wien, $7^1/_2$ Ngr. Ebenso von *G. Lange.* (Op. 90. No. 12.) Challier u. Comp., Berlin, 15 Ngr. Ebenso von *Fr. Liszt.* (6 Melodien. No. 6.) Schlesinger, Berlin, 20 Ngr. Ebenso von *Fr. Liszt.* (2. Version.) Schreiber, Wien, 20 Ngr. Ebenso von *Ch. Miller.* (Lieder. No. 8.) Schuberth, Hamburg, 10 Ngr. Ebenso von *C. E. Par.* (6 Lieder. No. 6.) Schreiber, Wien, $7^1/_2$ Ngr. Ebenso von *G. Poor.* (Op. 12. No. 52.) Rózsavölgyi u. Comp., Pest, 4 Ngr. Ebenso von *Fr. Spindler.* (Op. 183. No. 5.) Siegel, Leipzig, 14 Ngr. Ebenso von *E. D. Wagner.* (Op. 40. No. 14. [in leichtem Styl.]) Schlesinger, Berlin, $7^1/_2$ Ngr. Ebenso von *J. Weiss.* (Op. 32. No. 6.) Bote u. Bock, Berlin, 10 Ngr.

Für Harmonium von *K. Hennig.* (Lieder u. Gesänge. Heft 3.) Stoll, Leipzig, 15 Ngr.

Für gemischten Chor von *G. W. Teschner.* (12 Lieder. Heft 2.) Breitkopf u. Härtel, Leipzig, 1 Thlr.

Op. 33. Deutsche Tänze und Ecossaisen

für Pianoforte.

Wien, bei Witzendorf. 20 Ngr.

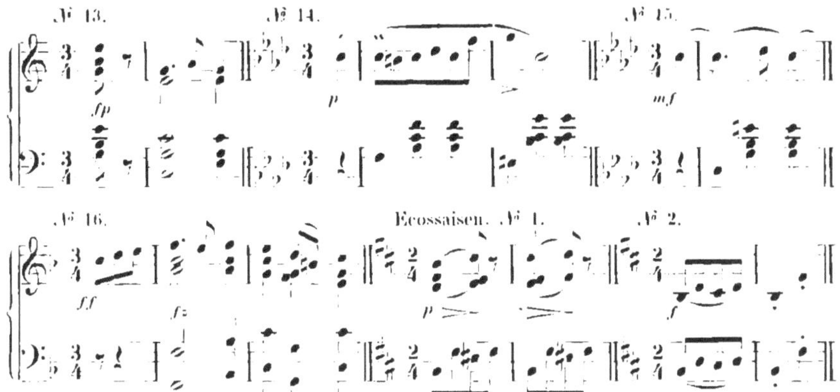

Anmerkung. Nr. 1 steht in einem Johannes Brahms gehörenden Original-Manuscript, welches überschrieben ist: »Deutsches Tempo. May 1823«. Nr. 2, 8, 9 und 12 stehen, und zwar Nr. 8 und 9 vierhändig, in einem ebenfalls J. Brahms gehörenden Manuscript, welches am Schluss das Datum trägt: »Zeléz 1824 July«. Die Ecossaise Nr. 2 findet sich unter 12 autographen Ecossaisen im Besitz von J. Brahms, welche datirt sind: »Jänner 1823«. (Titel der 1825 erschienenen Ausgabe: »Deutsche Tänze und Ecossaisen für das Pianoforte verfaſst von Franz Schubert. 33tes Werk. Eigenthum der Verleger. Wien, bey Cappi und Comp.« (Querformat. Verlagsnummer: 45.)

Ausgaben. André, Offenbach, 12½ Ngr. Breitkopf u. Härtel, Leipzig, 6 Ngr. n. Haslinger, Wien, 6 Ngr. Holle, Wolfenbüttel, 2 Ngr. n. Litolff, Braunschweig, 4 Ngr. n. Peters, Leipzig, 5 Ngr. n. Schreiber, Wien, 10 Ngr. Witzendorf, Wien, 20 Ngr.

Uebertragungen.

Für Violine u. Pianoforte. André, Offenbach, 17 Ngr. Witzendorf, Wien, 20 Ngr. Ebenso von *Fr. Hermann.* Seitz, Leipzig, 22½ Ngr.

Für Pianoforte zu 4 Händen: André, Offenbach, 22½ Ngr. Breitkopf u. Härtel, Leipzig, 24 Ngr. n. Cranz, Hamburg, 3 Bgn. Haslinger, Wien, (Arrang. von *E. Hasel.*) 12 Ngr. Holle, Wolfenbüttel, 3 Ngr. n. Litolff, Braunschweig, 3 Ngr. n. Schreiber, Wien, (Arrang. von *H. Ulrich.*) 10 Ngr. Witzendorf, Wien, 20 Ngr.

Für Harmonium u. Harfe od. Physharmonika u. Pianoforte, von *L. A. Zellner.* Schreiber, Wien, 20 Ngr.

Op. 34. Ouverture (F dur)

für Pianoforte zu 4 Händen.

Wien, bei Witzendorf. 25 Ngr.

Allegro.

Anmerkung. Erschien im Anfang 1825 unter dem Titel: »Ouverture (in F dur) für das Pianoforte auf 4 Hände verfaſst von Franz Schubert. 34tes Werk. Eigenthum der Verleger. Wien, bey Cappi und Comp.« (Querformat. Verlagsnummer: 56.)

Ausgaben. Holle, Wolfenbüttel, 4 Ngr. n. Litolff, Braunschweig, 4 Ngr. n. Witzendorf, Wien, 25 Ngr.

Op. 35. Variationen (As dur)

über ein Original-Thema

für Pianoforte zu 4 Händen.

Wien, bei Schreiber. 1 Thlr. 10 Ngr.

Anmerkung. Componirt Mitte 1824 zu Zelész in Ungarn. Titel der im Anfang 1825 erschienenen Ausgabe: »Variations sur un theme original pour le Piano-Forte a quatre mains Composées et dediées à Monsieur le Comte Antoine Berchtold Chambellan de S. M. l'empereur par Franç. Schubert. de Vienne Op. 35 Propriété des Editeurs Vienne, chez Sauer & Leidesdorf«. (Querformat. Verlagsnummer: 661.)

Ausgaben. Breitkopf u. Härtel, Leipzig, 21 Ngr. n. Holle, Wolfenbüttel, 6 Ngr. n. Litolff, Braunschweig, 6 Ngr. n. Schott, Mainz, 27 Ngr. Schreiber, Wien, 1 Thlr. 10 Ngr.

Op. 36. Der zürnenden Diana, Nachtstück

(Gedichte von J. Mayrhofer)

für eine Singstimme mit Begleitung des Pianoforte.

Wien, bei Witzendorf. 25 Ngr.

№ 1. Der zürnenden Diana.

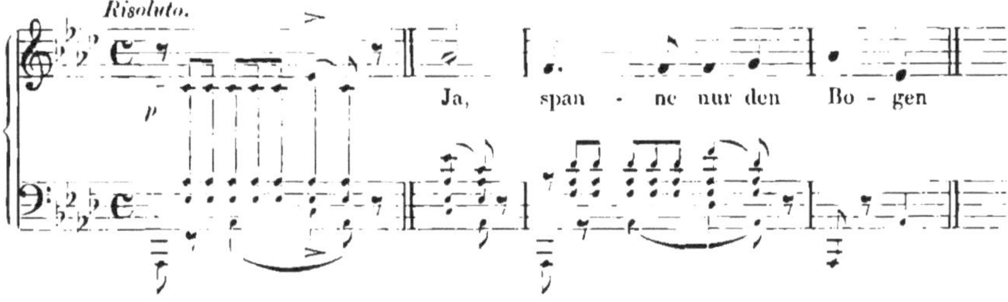

№ 2. Nachtstück.

Anmerkung. Nr. 1 in der gedruckten Bearbeitung angeblich componirt im December 1823. Ein im Besitz von N. Dumba in Wien befindliches Autograph, in welchem das Lied in A dur und im ₵-Takt geschrieben ist, hat das Datum: December 1820. Nr. 2 wurde (nach dem im Archiv der Gesellschaft der Musikfreunde in Wien befindlichen Autograph, in welchem das Lied in Cis moll steht) componirt im October 1819. Titel der am 11. Februar 1825 erschienenen Ausgabe: »Die zürnende Diana und Nachtstück gedichtet von Joh: Mayerhofer, in Musik gesetzt für eine Singstimme mit Begleitung des Pianoforte und der Frau Katharina von Lacsny gebornen Buchwieser gewidmet von Franz Schubert 35s Werk. Eigenthum der Verleger. Wien, bey Cappi und Comp:« (Querformat. Verlagsnummer: 60.)

Ausgaben. Holle, Wolfenbüttel, 3 Ngr. n. Witzendorf, Wien, 25 Ngr.

Einzeln:

No. 1. Senff, Leipzig, 2 Ngr. Witzendorf, Wien, 15 Ngr. — Für Alt (od. Bass): Arnold, Elberfeld, (deutsch u. franz.) 15 Ngr.

No. 2. Breitkopf u. Härtel, Leipzig, 3 Ngr. n. Senff, Leipzig, 2 Ngr. Witzendorf, Wien, 12 Ngr. — Für Alt (od. Bass): Arnold, Elberfeld, (deutsch u. franz.) 12½ Ngr.

Uebertragungen.

No. 1.

Für eine Singstimme mit Guitarre. Witzendorf, Wien, 15 Ngr.
Für Pianoforte zu 2 Händen von *C. G. Lickl.* (Lieder. No. 5.) Witzendorf, Wien, 10 Ngr.

No. 2.

Für eine Singstimme mit Guitarre. Witzendorf, Wien, 10 Ngr.
Für Violoncell u. Pianoforte von *J. Stransky.* (Op. 15. No. 7. Witzendorf, Wien, 15 Ngr.
Für Pianoforte zu 2 Händen von *C. G. Lickl.* (Lieder. No. 1.) Witzendorf, Wien, 10 Ngr.

Op. 37. Der Pilgrim, Der Alpenjäger

(Gedichte von Schiller)

für eine Singstimme mit Begleitung des Pianoforte.

Wien, bei Witzendorf. 20 Ngr.

Anmerkung. Nr. 2 componirt nach dem Autograph bei A. W. Thayer in Triest im October 1817. Titel der am 11. Februar 1825 erschienenen Ausgabe: »Der Pilgrim und der Alpenjäger gedichtet von Friederich von Schiller, in Musik gesetzt für eine Singſtimme mit Begleitung des Pianoforte von Franz Schubert, seinem Freunde L: F: Schnorr von Karolsfeld gewidmet Wien, bey Cappi und Comp: 37tes Werk. Eigenthum der Verleger«. (Querformat. Verlagsnummer: 71.)

Ausgaben. Holle, Wolfenbüttel, 3 Ngr. n. Witzendorf, Wien, 20 Ngr.

Einzeln:

No. 1. Breitkopf u. Härtel, Leipzig, 3 Ngr. n. Senff, Leipzig, 2 Ngr. Witzendorf, Wien, 10 Ngr. — Für Alt (od. Bass): Elberfeld, Arnold, (deutsch u. franz.) 10 Ngr.

No. 2. Senff, Leipzig, 2 Ngr. Witzendorf, Wien, 12 Ngr. — Für Alt (od. Bass): Arnold, Elberfeld, (deutsch u. franz.) 12½ Ngr.

Uebertragungen.

No. 1. Für eine Singstimme mit Guitarre. Witzendorf, Wien, 10 Ngr.
No. 2. Für eine Singstimme mit Guitarre. Witzendorf, Wien, 10 Ngr.

Op. 38. Der Liedler

(Ballade von J. Kenner)

für eine Singstimme mit Begleitung des Pianoforte.

Wien, bei Witzendorf. 25 Ngr.

Anmerkung. Componirt im Juli 1815. Erschienen am 9. Mai 1825 unter dem Titel »Der Liedler Ballade von J. Kenner in Musik gesetzt für eine Singſtimme mit Begleitung des Pianoforte und dem Dichter gewidmet von Franz Schubert 38tes Werk. Eigenthum der Verleger. Wien, bey Cappi und Comp.« (Querformat. Verlagsnummer: 110.)

Ausgaben. Holle, Wolfenbüttel, 3 Ngr. n. Senff, Leipzig, 2 Ngr. Witzendorf, Wien, 25 Ngr.

Uebertragung.

Für eine Singstimme mit Guitarre. Witzendorf, Wien, 15 Ngr.

Op. 39. Sehnsucht

(Gedicht von Schiller)

für eine Singstimme (Contra-Alt) mit Begleitung des Pianoforte.

Wien, bei Schreiber. 15 Ngr.

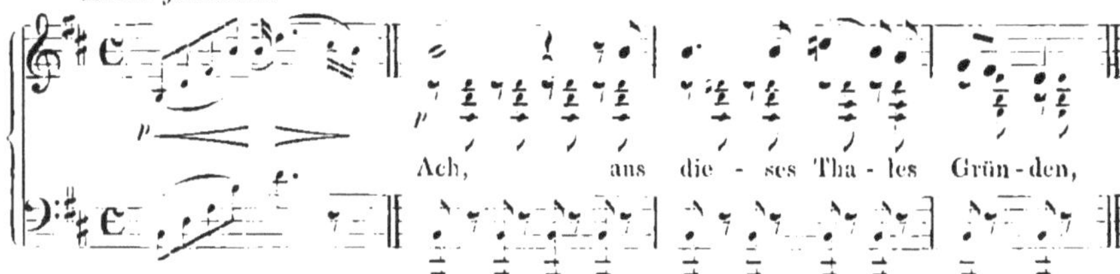

Anmerkung. Componirt frühestens 1815. Zum ersten Mal öffentlich gesungen am 8. Februar 1821 von Joseph Götz in einer Abendunterhaltung der Gesellschaft der Musikfreunde. Erschienen am 8. Februar 1826 unter dem Titel: »Die Sehnsucht Gedicht von Schiller In Musik gesetzt für eine Singstimme mit Begleitung des Pianoforte von Franz Schubert. 39tes Werk. Eigenthum des Verlegers. Wien bey A. Pennauer«. (Querformat. Verlagsnummer: 207.)

Ausgaben. Breitkopf u. Härtel, Leipzig, $1\frac{1}{2}$ Ngr. n. Holle, Wolfenbüttel, 2 Ngr. n. Senff, Leipzig, 2 Ngr. — Für Contra-Alt (od. Bass) oder Sopran: Schreiber, Wien, 15 Ngr.

Uebertragungen.

Für eine Bassstimme mit Guitarre. Schreiber, Wien, 10 Ngr.

Für Pianoforte zu 4 Händen von *A. Diabelli.* (Lieder im leichten Styl. No. 14.) Schreiber, Wien, 10 Ngr.

Für Pianoforte zu 4 u. 2 Händen von *A. Diabelli.* (Wiener Lieblingstücke. No. 53.) Schreiber, Wien, 15 Ngr.

Für Pianoforte zu 2 Händen von *A. Diabelli.* (Lieder im leichten Styl. No. 14.) Schreiber, Wien, $7\frac{1}{2}$ Ngr.

Op. 40. Sechs Märsche

(Six grandes Marches et Trios)

für Pianoforte zu 4 Händen.

Wien, bei Schreiber. In 2 Heften à 1 Thlr.

Anmerkung. Titel der 1826 in zwei Heften erschienenen Ausgabe: »Six grandes marches et trios pour le Pianoforte à quatre mains composées et dediées en marque de reconnoifsance à Son ami Monsieur J. Bernhardt docteur en medecine par François Schubert. Op. 40. Cahier . . . Propriété des Editeurs. Vienne, Sauer & Leidesdorf«. (Querformat. Verlagsnummern: 803, 846.)

Ausgaben. André, Offenbach. 2 Hefte à 25 Ngr. Böhme, Hamburg. 2 Hefte à $22^1/_2$ Ngr. Bote u. Bock, Berlin. 2 Hefte à $7^1/_2$ Ngr. Breitkopf u. Härtel, Leipzig. (Heft 1. 2 cplt.) 15 Ngr. n. Cranz, Bremen. 2 Hefte à 12 Ngr. n. Holle, Wolfenbüttel, (Heft 1. 2 cplt.) 8 Ngr. n. Litolff, Braunschweig, (Heft 1. 2 cplt. 8 Ngr. n. Nagel, Hannover, 2 Hefte à 20 Ngr. Präger u. Meier, Bremen. 2 Hefte à $22^1/_2$ Ngr. Schott, Mainz, 2 Hefte à 20 Ngr. Schreiber, Wien, 2 Hefte à 1 Thlr. Siegel, Leipzig, 2 Hefte à 1 Thlr.

No. 5. Neue Ausgabe von *H. Scholtz.* Leuckart, Leipzig. 15 Ngr.

Uebertragungen.

Für 2 Pianoforte zu 8 Händen von *C. T. Brunner.* Schreiber, Wien, 2 Hefte à 1 Thlr. 25 Ngr.

Für Pianoforte zu 2 Händen von *J. F. K. Dietrich.* Präger u. Meier, Bremen, Heft 1: 25 Ngr., Heft 2: 20 Ngr. Ebenso von *L. Köhler.* Schreiber, Wien, 2 Hefte à 1 Thlr., einzeln: No. 1. 2. 4. 5. 6 à 10 Ngr., No. 3 15 Ngr. Ebenso von *F. L. Schubert.* Präger u. Meier, Bremen, 2 Hefte à 22 Ngr.

No. 2. Für Orchester von *Aug. Horn.* Für kleinere Musikcapellen. Lief. 2. Klemm, Leipzig, 1 Thlr.

No. 3. Für Orchester von *Fr. Liszt.* (Märsche. No. 1.) Fürstner, Berlin. Partitur: 1 Thlr. 20 Ngr. n., Stimmen: 3 Thlr. n.

No. 5. Für Pianoforte zu 2 Händen von *F. Liszt.* (Märsche. No. 1.) Schreiber, Wien, 25 Ngr. Ebenso von *H. Scholtz.* Leuckart, Leipzig. 15 Ngr.

No. 5. Für Orchester von *Fr. Liszt.* (Märsche. No. 2. [Trauermarsch.] Fürstner, Berlin, Partitur: 1 Thlr. 20 Ngr. n., Stimmen: 2 Thlr. 10 Ngr. n.

No. 6. Für Orchester von *Aug. Horn.* (Für kleinere Musikcapellen. Lief. 3. Klemm. Leipzig. 1 Thlr. 10 Ngr.

Op. 41. Der Einsame

(Gedicht von Carl Lappe.)

für eine Singstimme mit Begleitung des Pianoforte.

Wien, bei Schreiber. 15 Ngr.

Anmerkung. Componirt im Jahre 1825. Erschienen 1826 unter dem Titel: »Der Einsame. Gedicht v. Carl Lappe. In Musik gesetzt für eine Singstimme mit Begleit: des Pianoforte von Franz Schubert. 41tes Werk. Eigenthum der Verleger. Wien, bei Ant. Diabelli und Comp:« (Querformat. Verlagsnummer: 2251.)

Ausgaben. Breitkopf u. Härtel, Leipzig, 3 Ngr. n. Holle. Wolfenbüttel, $1\frac{1}{2}$ Ngr. n. Schreiber, Wien, 15 Ngr. Senff, Leipzig. 2 Ngr. — Für Contra-Alt od. Bass): Holle. Wolfenbüttel, (deutsch u. franz. Mit Op. 26, No. 1. Op. 32. 44. 4 Ngr. n. Schreiber Wien, 15 Ngr.

Uebertragungen.

Für eine Singstimme mit Guitarre. Schreiber, Wien. 7 Ngr.

Für Zither von *L. Montlerrin.* Lieder. No. 9. Schreiber. Wien. $12\frac{1}{2}$ Ngr.

Op. 42. Sonate (A moll)

Première grande Sonate,

für Pianoforte.

Wien, bei Schreiber. 1 Thlr. 15 Ngr.

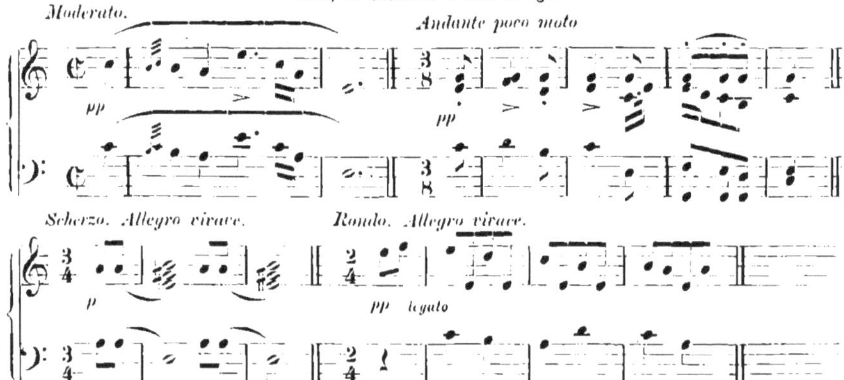

Anmerkung. Componirt im Frühjahr oder Sommer 1825. Titel der im Jahre 1826 erschienenen Ausgabe: »Premiere grande Sonate pour le Piano-Forte composée et dediée A Son Altefse Imp: & Royale Eminentifsime Monseigneur le Cardinal Rodolphe Archiduc d'Autriche & &. &. par François Schubert de Vienne. Oeuvre 42. Propriété de l'Editeur. Vienne, chez A Pennauer«. Hochformat. Verlagsnummer: 177.)

Ausgaben. Breitkopf u. Härtel, Leipzig, 21 Ngr. n. Cotta, Stuttgart, 20 Ngr. n. Fürstner, Berlin. Rev. von *F. Kroll*. 20 Ngr. Holle. Wolfenbüttel, 8 Ngr. n. Litolff, Braunschweig, 8 Ngr. n. Peters, Leipzig, 5 Ngr. n. Schreiber, Wien, 1 Thlr. 15 Ngr.

Uebertragungen.

Für Pianoforte zu 4 Händen von *J. F. K. Dietrich*. Präger u. Meier, Bremen, 1 Thlr. 27½ Ngr. Ebenso von *K. Geissler*. Schreiber, Wien, 2 Thlr. 15 Ngr.

Op. 43. Die junge Nonne, Nacht und Träume

(Gedicht von Jac. Nic. Craigher) (Gedicht von Matth. von Collin)

für eine Singstimme mit Begleitung des Pianoforte.

Wien, bei Schreiber. 17 Ngr.

№ 1. Die junge Nonne.

№ 2. Nacht und Träume.

Anmerkung. Nr. 1 componirt im Jahre 1825. Titel der am 25. Juli 1825 erschienenen Ausgabe: »Die junge Nonne Gedicht von Craigher. Nacht und Träume Gedicht von Fr: Schiller. In Musik gesetzt für eine Singstimme mit Begleitung des Pianoforte von Franz Schubert 43tes Werk. Eigenthum des Verlegers. Wien bey A. Pennauer«. (Querformat. Verlagsnummer: 136.)

Ausgaben. Holle, Wolfenbüttel, (deutsch u. franz.) 2 Ngr. n. Schreiber, Wien. 17 Ngr.

Einzeln:

No. 1. Breitkopf u. Härtel, Leipzig, 3 Ngr. n. Forberg, Leipzig, (deutsch u. franz.) 5 Ngr. Schott, Mainz, (deutsch, franz. u. ital.) 8½ Ngr. Senff, Leipzig, 2 Ngr. Siegel, Leipzig, 10 Ngr. — Für Sopran (od. Tenor): Schlesinger, Berlin, 2½ Ngr. n. Schreiber, Wien, (deutsch u. franz.) 10 Ngr. — Für Mezzosopran (od. Bariton): W. Müller, Berlin, 1 Ngr. n. Schreiber, Wien, (deutsch u. franz.) 7½ Ngr. — Für Alt: Schlesinger, Berlin, 2½ Ngr. n.

No. 2. Breitkopf u. Härtel, Leipzig, 1½ Ngr. n. Senff, Leipzig, 2 Ngr. — Für Alt (od. Bariton): Schreiber, Wien, 5 Ngr.

Uebertragungen.

No. 1.

Für eine Singstimme mit Guitarre. Schreiber, Wien, 10 Ngr.

Für Violine u. Pianoforte von *M. Hauser*. (Melod. No. 31.) Siegel, Leipzig, 12½ Ngr.

Für Pianoforte zu 4 Händen von *L. Köhler*. (Lieder. No. 9.) Schreiber, Wien, 15 Ngr.

Für Pianoforte zu 2 Händen von *St. Heller*. (30 Lieder. No. 12.) Schloss, Cöln, 15 Ngr. Ebenso von *L. Köhler*. (Op. 161. No. 9.) Schreiber, Wien, 10 Ngr. Ebenso von

W. Krüger. Op. 137.) Schott, Mainz, 17 Ngr. Ebenso von *F. Liszt.* (Lieder. No. 6.) Schreiber, Wien, 20 Ngr. Ebenso von *C. E. Pax.* (6 Lieder. No. 3.) Schreiber, Wien, 12½ Ngr. Ebenso von *F. Spindler.* (Op. 183. No. 11.) Siegel, Leipzig, 20 Ngr.

Für Violine, Violoncell, Physharmonika u. Pianoforte von *Ch. Gounod.* Schreiber, Wien, 25 Ngr.

No. 2.

Für eine Singstimme mit Guitarre. Schreiber, Wien, 5 Ngr.

Für eine Singstimme mit kl. Orchester von *F. Liszt.* (4 Lieder. No. 1. Forberg, Leipzig. Partitur: 20 Ngr., Orchesterstimmen: 1 Thlr.

Für Pianoforte zu 4 Händen von *L. Köhler.* (Lieder. No. 6. Schreiber, Wien, 17½ Ngr.

Für Pianoforte zu 2 Händen von *L. Köhler.* Op. 161. No. 6. Schreiber, Wien, 5 Ngr.

Für Pianoforte, Violoncell od. Violine u. Harmonium von *L. Köhler.* (Lieder-Cyclus. No. 4.) Herf u. Wolff, Mainz, 15 Ngr.

Für Physharmonika u. Pianoforte (od. 2 Pianoforte) von *C. G. Lickl.* Op. 51. Heft 21. Schreiber, Wien, 1 Thlr. 10 Ngr.

Für gemischten Chor von *Mestenhauer.* (9 Gesänge. Heft 1.) Buchholz u. Diebel, Troppau, Partitur u. Stimmen: 17½ Ngr.

Op. 44. An die untergehende Sonne

(Gedicht von Kosegarten)

für eine Singstimme mit Begleitung des Pianoforte.

Wien, bei Schreiber. 10 Ngr.

Anmerkung. Nach dem Autograph im Besitz der Frau Lola Herzfeld in Wien componirt im Mai 1817. Eine frühere, unvollständige Bearbeitung bei A. W. Thayer in Triest hat das Datum: July 1816. Erschienen im Jahre 1826 unter dem Titel: »An die untergehende Sonne Gedicht von Kosegarten. In Musik gesetzt für eine Singstimme mit Begl. des Pianoforte von Franz Schubert. 44tes Werk. Eigenthum der Verleger. Wien, bei Ant. Diabelli & Comp.« (Querformat. Verlagsnummer: 2252.)

Ausgaben. Holle, Wolfenbüttel, (deutsch u. franz. 1½ Ngr. n. Schreiber, Wien, 10 Ngr. Senff, Leipzig, 2 Ngr. — Für Contra-Alt od. Bass): Holle, Wolfenbüttel, deutsch u. franz. Mit Op. 26, No. 1. Op. 32. 41. 1 Ngr. n. Schreiber, Wien, 10 Ngr.

Op. 45. Tantum ergo C dur

für 4 Singstimmen, Orchester und Orgel.

Wien, bei Schreiber. 15 Ngr.

Anmerkung. Componirt im Jahre 1822. Erschienen 1826 unter dem Titel: »Tantum ergo in C. für Sopran, Alt, Tenor und Bafs, 2 Violinen, 2 Oboen, oder Clarinetten, 2 Trompeten, und Pauken, Contrabafs und Orgel, componirt von Franz Schubert, 45tes Werk. Eigenthum der Verleger. Wien, bey Ant. Diabelli & Comp.« (In Stimmen. Verlagsnummer: 1899.

Op. 46. Erstes Offertorium (Cdur)

für eine Sopran- oder Tenor-Stimme, concertante Clarinette oder Violine, kleines Orchester und Orgel.

Wien, bei Schreiber. 1 Thlr. (Auflagstimmen.)

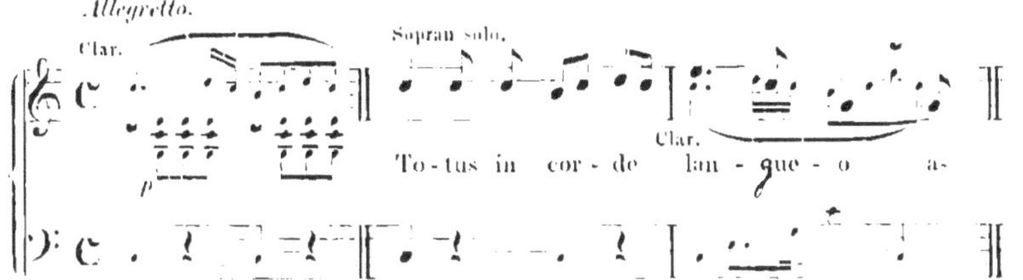

Anmerkung. Erschien 1826 unter dem Titel: »Erstes Offertorium. Totus in corde lanqueo. Solo für Sopran oder Tenor und Clarinett oder Violine concertant, mit Begleitung von 2 Violinen, 2 Flöten, 2 Hörner, Contrabafs und Orgel componirt und seinem Freunde Ludwig Titze gewidmet von Franz Schubert, 46[1] Werk. Eigenthum der Verleger. Wien, bey Ant. Diabelli & Comp.« (In Stimmen. Verlagsnummer: 1900.)

Op. 47. Zweites Offertorium (Fdur)

für eine Sopranstimme. kleines Orchester und Orgel.

Wien, bei Schreiber. 25 Ngr. Auflagstimmen.)

Anmerkung. Componirt am 5. Juli 1815 für eine Sopranstimme mit Begleitung von 2 Violinen und Orgel, für Orchester umgearbeitet am 28. Januar 1823. Das Autograph der ersten Bearbeitung ist im Besitz von Professor Wagener in Marburg. Das Werk erschien 1826 unter dem Titel: »Zweytes Offertorium. Salve Regina. Solo für Sopran mit Begleitung von 2 Violinen, 2 Clarinetten, 2 Fagotten, 2 Hörner, Contrabafs und Orgel; componirt von Franz Schubert 47tes Werk. Eigenthum der Verleger. Wien, bei Ant. Diabelli und Comp.« (In Stimmen. Verlagsnummer: 1901.

Op. 48. Messe (Cdur)

mit einem zweiten Benedictus

für 4 Singstimmen. Orchester und Orgel.

Wien, bei Schreiber. Messe 3 Thlr., zweites Benedictus 15 Ngr. (Auflagstimmen.)

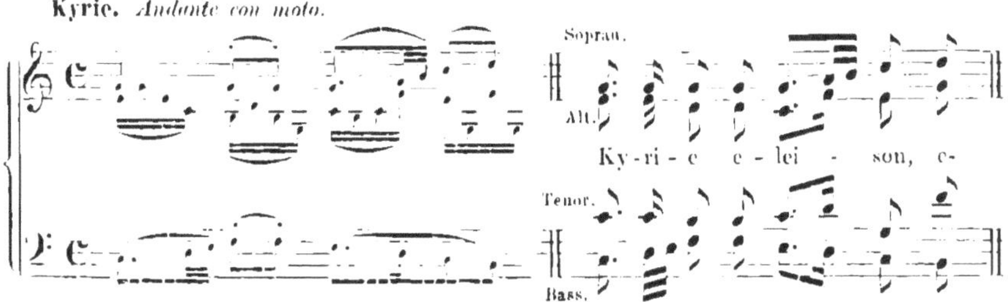

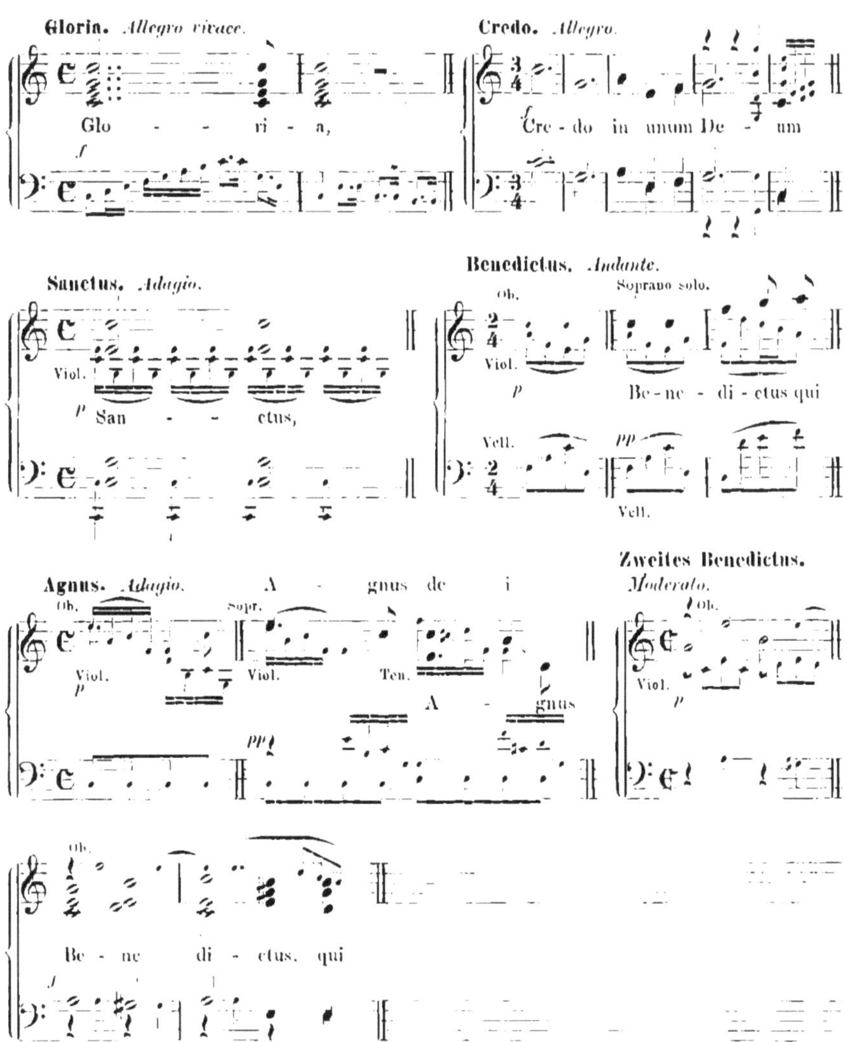

Anmerkung. Das Autograph der Messe im Besitz von Carl Pichler in Wien (geschrieben für Sopran, Alt, Tenor, Bass, 2 Violinen, Orgel, 2 Trompeten und Pauken ad libitum) hat die Ueberschrift: »Missa in C dur von Franz Schubert für Herrn Holzer July 1818«. Die Messe erschien 1826 unter dem Titel: »Messe in C für 4 Singstimmen, 2 Violinen, 2 Oboen oder Clarinetten, 2 Trompetten, Pauken, Violoncell, Contrabaſs und Orgel. Verfaſst und dem Herrn Michael Holzer zur freundlichen Erinnerung gewidmet von Franz Schubert. 48tes Werk. Eigenthum der Verleger. Wien, bei Ant. Diabelli & Comp.« (In Stimmen. Verlagsnummer: 1902.) — Das zweite Benedictus wurde componirt im October 1828 und erschien Ende 1829 unter dem Titel: »Neues Benedictus zur Messe in C (Op. 48) für Sopran, Alt, Tenor und Bass, 2 Violinen, 2 Oboen, oder Clarinetten, 2 Trompeten, Violoncell, Contrabaſs und Orgel. Componirt von Fr. Schubert. Eigenthum der Verleger. Wien, bei Ant. Diabelli & Comp.« (In Stimmen. Verlagsnummer: 2386.)

Ausgabe. Peters, Leipzig. (Messe No. 1 im Clavier-Auszug.) 15 Ngr. n.

Op. 49. Galopp und Ecossaisen

für Pianoforte.

Wien, bei Schreiber. 10 Ngr.

Anmerkung. Titel der im Jahre 1826 erschienenen Ausgabe: »Galoppe und Ecossaisen für das Piano-Forte, Aufgeführt in den Gesellschafts Bällen im Saale zu den 7 Churfürsten in Pesth, im Carneval 1826. Componirt von Franz Schubert 49tes Werk. Wien, bei Ant. Diabelli und Comp.« etc. (Querformat. Verlagsnummer: 2072.)

Ausgaben. Breitkopf u. Härtel, Leipzig. 6 Ngr. n. Holle, Wolfenbüttel. 1½ Ngr. n. Litolff, Braunschweig. 2 Ngr. n. Schreiber, Wien. 10 Ngr.

Uebertragung.

Für Pianoforte zu 4 Händen von *J. F. K. Dietrich*. Präger u. Meier, Bremen. 10 Ngr.

Op. 50. Valses sentimentales

für Pianoforte.

Wien, bei Schreiber. In zwei Heften à 15 Ngr.

Erstes Heft.

№ 7.
№ 8.
№ 9.
mf
№ 10.
№ 11.
№ 12.
№ 13.
Zart.
№ 14.
№ 15.
№ 16.
ff
№ 17.
Zweites Heft.
№ 1.
№ 2.
№ 3.
№ 4.
№ 5.
№ 6.
№ 7.
№ 8.
№ 9.

Anmerkung. Titel der im Jahre 1826 in zwei Heften erschienenen Ausgabe: »Valses sentimentales pour le Piano-Forte composées par François Schubert. Oeuv: 50. Cah: Propriété des Editeurs. Vienne chez Ant. Diabelli & Comp.« (Querformat. Verlagsnummern: 2073, 2074.)

Ausgaben. André, Offenbach, (Heft 1. 2 cplt.) 22½ Ngr. Breitkopf u. Härtel, Leipzig. Heft 1: 9 Ngr. n. Heft 2: 6 Ngr. n. Holle, Wolfenbüttel, (Heft 1. 2 cplt.) 4 Ngr. n. Litolff, Braunschweig, (Heft 1. 2 cplt.) 4 Ngr. n. Schreiber, Wien, Heft 1 u. 2, à 15 Ngr.

Uebertragung.

Für Violine u. Pianoforte von *R. Schaab.* Breitkopf u. Härtel, Leipzig. 1 Thlr. 10 Ngr.

Op. 51. Drei Märsche (D dur, G dur, Es dur)

(marches militaires)

für Pianoforte zu 4 Händen.

Wien, bei Schreiber. 25 Ngr.

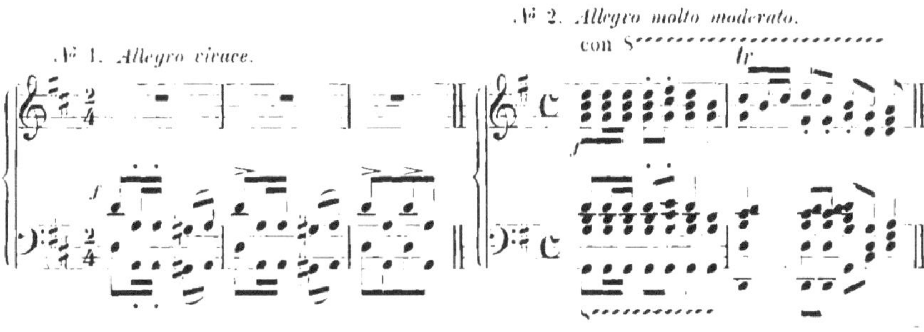

Anmerkung. Titel der im Jahre 1826 erschienenen Ausgabe: »3 Marches militaires pour le Pianoforte à 4 mains composées par François Schubert. Oeuv. 51. Propriété des Editeurs. Vienne, chez Ant. Diabelli et Comp.« Querformat. Verlagsnummer: 2236.)

Ausgaben. André, Offenbach, 25 Ngr. Böhme, Hamburg, 20 Ngr. Bote u. Bock, Berlin, 7½ Ngr. Breitkopf u. Härtel, Leipzig, 15 Ngr. n. Cranz, Bremen, 9 Ngr. n. Holle, Wolfenbüttel, 3 Ngr. n. Litolff, Braunschweig, 3 Ngr. n. Nagel, Hannover, 17½ Ngr. Präger u. Meier, Bremen, 20 Ngr. Schott, Mainz, 17 Ngr. Schreiber, Wien, 25 Ngr. Siegel, Leipzig, 25 Ngr.

Uebertragungen.

Für Pianoforte zu 2 Händen von *J. F. K. Dietrich.* Präger u. Meier, Bremen, 15 Ngr.
Ebenso von *R. Schmidt.* Trautwein, Berlin, 15 Ngr.
Für 2 Pianoforte von *C. T. Brunner.* Schreiber, Wien, 1 Thlr. 5 Ngr.

Op. 52. Sieben Gesänge

aus Walter Scott's »Fräulein vom See«
in der Uebersetzung von Adam Storck)

Nr. 1, 2, 5, 6, 7 für eine Singstimme
Nr. 3 für 4 Männerstimmen
Nr. 4 für dreistimmigen Frauenchor
} mit Begleitung des Pianoforte.

Wien, bei Schreiber. (Siehe: Ausgaben.)

№ 1. Ellen's erster Gesang.

№ 2. Ellen's zweiter Gesang.

Etwas geschwind.

pp pp fp

Jä - ger, ru - he von der Jagd!

Anmerkung. Componirt Nr. 1 bis 6 im Frühjahr oder Sommer 1825, Nr. 7 am 4. April 1825. Schubert erhielt am 29. October 1825 für dieses Opus von dem Verleger M. Artaria ein Honorar von 200 Gulden Conv.-Münze. Titel der am 5. April 1826 in zwei Heften erschienenen Ausgabe: »Sieben Gesänge aus Walter Scott's Fräulein vom See in Musik gesetzt mit Begleitung des Pianoforte und der Hochgebornen Frau Frau Sophie Gräfin v. Weissenwolf geborne Gräfin v. Breunner hochachtungsvoll gewidmet von Franz Schubert Op. 52. I^{tes} Heft. Eigenthum des Verlegers. Wien bey Math. Artaria«. (Querformat. Verlagsnummern: 813, 814.

Ausgaben. Holle. Wolfenbüttel. (deutsch u. franz.) Heft 1. 2. à 3 Ngr. n. Schreiber. Wien, Heft 1: 1 Thlr. 5 Ngr., Heft 2: 25 Ngr.

Einzeln:

No. 1. Breitkopf u. Härtel, Leipzig, $1\frac{1}{2}$ Ngr. n. Senff, Leipzig, 2 Ngr. — Für Sopran (od. Tenor): Schreiber, Wien, (deutsch u. engl.) 17 Ngr. — Für Contra-Alt (od. Bass): Schreiber, Wien, 15 Ngr.

No. 2. Breitkopf u. Härtel, Leipzig, 3 Ngr. n. Schreiber, Wien, (deutsch u. engl.) 10 Ngr. Senff, Leipzig, 2 Ngr.

No. 3. Schreiber, Wien, (deutsch u. engl.) 10 Ngr.

No. 4. Schreiber, Wien, (deutsch u. engl.) 7 Ngr.

No. 5. Breitkopf u. Härtel, Leipzig, $4\frac{1}{2}$ Ngr. n. Schreiber, Wien, 15 Ngr. Senff, Leipzig, 2 Ngr. — Für eine hohe, mittlere und tiefe Stimme: W. Müller, Berlin, à 1 Ngr. n. — Für Contra-Alt (od. Bass): Holle, Wolfenbüttel. (Mit No. 6. 7. Op. 57, No. 1. Op. 59, No. 3.) 5 Ngr. n. Schreiber, Wien, $12\frac{1}{2}$ Ngr.

No. 6. Breitkopf u. Härtel, Leipzig, $1\frac{1}{2}$ Ngr. n. Forberg, Leipzig, (deutsch u. franz.) 5 Ngr. Fürstner, Berlin, 3 Ngr. Schott, Mainz, (deutsch, franz. u. ital.) 7 Ngr. Senff, Leipzig, 2 Ngr. Siegel, Leipzig, 10 Ngr. — Für Sopran (od. Tenor): Schlesinger, Berlin, $2\frac{1}{2}$ Ngr. n. Schreiber, Wien, (deutsch u. engl.) 10 Ngr. Neue Ausgabe (deutsch u. franz.) 5 Ngr. — Für Mezzosopran (od. Bariton): W. Müller, Berlin, 1 Ngr. n. Schreiber, Wien, (deutsch u. franz.) 5 Ngr. — Für Alt: Schlesinger, Berlin, $2\frac{1}{2}$ Ngr. n. Schreiber, Wien, (deutsch u. engl.) 10 Ngr. — Für Contra-Alt (od. Bass): Holle, Wolfenbüttel, (Mit No. 5. 7. Op. 57, No. 1. Op. 59, No. 3.) 5 Ngr. n. Schreiber, Wien, 10 Ngr.

No. 7. Breitkopf u. Härtel, Leipzig, 3 Ngr. n. Schreiber, Wien, (deutsch u. engl.) 11 Ngr. Senff, Leipzig, 2 Ngr. — Für Contra-Alt (od. Bass): Holle, Wolfenbüttel, (Mit No. 5. 6. Op. 57. No. 1. Op. 59, No. 3.) 5 Ngr. n. Schreiber, Wien, 10 Ngr.

Uebertragungen.

No. 1.

Für Pianoforte zu 2 Händen von *Th. Oesten.* (Op. 369. No. 17.) Siegel, Leipzig, 15 Ngr.

No. 5.

Für Pianoforte zu 2 Händen von *C. Czerny.* (Lieder. No. 5.) Schreiber, Wien, 15 Ngr. Ebenso von *F. Spindler.* (Op. 183. No. 46.) Siegel, Leipzig, 16 Ngr.

Für Harfe von *Ch. Oberthür.* (Op. 89. 3 Chansons.) Schreiber, Wien, 15 Ngr.

No. 6.

Für eine Singstimme mit Guitarre. Schreiber, Wien, 7 Ngr.

Für grosses Orchester von *Fr. Lux.* Schott, Mainz, Partitur: 15 Ngr., Orchesterstimmen: 1 Thlr. 10 Ngr.

Für Violine u. Pianoforte von *A. Diabelli.* (Concordance. Heft 46.) Schreiber, Wien, 25 Ngr. Ebenso von *M. Hauser.* (Melod. No. 26.) Siegel, Leipzig, 10 Ngr.

Für Violoncell u. Pianoforte von *A. Batta.* (6 Lieder. No. 3.) Schreiber, Wien, 10 Ngr. Ebenso von *F. A. Kummer.* Op. 117. No. 1. Cranz, Hamburg, 10 Ngr. Ebenso von *Ch. Schuberth.* (Transcrpt. No. 2.) Schuberth u. Comp., Leipzig, 10 Ngr. Ebenso von *J. Stransky.* (Op. 26. No. 1.) Schreiber, Wien, $12\frac{1}{2}$ Ngr.

Für Flöte u. Pianoforte von *A. Diabelli.* Product. Heft 57. Schreiber, Wien, 25 Ngr. Ebenso von *F. A. Kummer.* Op. 117[b]. No. 1.) Cranz, Hamburg, 10 Ngr. Ebenso von *A. Terschak.* (12 Lieder. No. 4.) Kohlke, Danzig, $17\frac{1}{2}$ Ngr.

Für Zither von *K. F. Umlauf.* (Op. 98.) Umlauf, Wien, 15 Ngr. Ebenso von *J. Zehethofer.* Transcrpt. No. 19. Schreiber, Wien, 10 Ngr.

Für Pianoforte zu 4 Händen von *A. Diabelli.* Lieder im leichten Styl. No. 2.) Schreiber, Wien, 10 Ngr. Ebenso von *A. Diabelli.* Wiener Lieblingsstücke. No. 15. [auch 2hdg.]) Schreiber, Wien, 15 Ngr.

Für Pianoforte zu 2 Händen von *A. Diabelli.* Lieder im leichten Styl. No. 2.) Schreiber, Wien, $7\frac{1}{2}$ Ngr. Ebenso von *A. Diabelli.* (Wiener Lieblingsstücke. No. 15. [auch 4hdg.]) Schreiber, Wien, 15 Ngr. Ebenso von *J. H. Doppler.* Op. 309. No. 3.) Cranz, Hamburg, $7\frac{1}{2}$ Ngr. Ebenso von *Th. Gintze.* (Op. 4. No. 1. Schreiber, Wien, 10 Ngr. Ebenso von *St. Heller.* (30 Lieder. No. 8. Schloss, Cöln, 10 Ngr.

Ebenso von *J. Ch. Hess.* Schott, Mainz, 12½ Ngr. Ebenso von *W. Kuhe.* Op. 139. No. 6. Siegel, Leipzig, 15 Ngr. Ebenso von *G. Lange.* (Op. 90. No. 2. Challier u. Comp., Berlin, 15 Ngr. Ebenso von *Fr. Liszt.* (Lieder. No. 12. Schreiber, Wien, 20 Ngr. Ebenso von *Ch. Miller.* Lieder. No. 5., Schuberth, Hamburg, 10 Ngr. Ebenso von *Th. Oesten.* (Op. 369. No. 2. Siegel, Leipzig, 15 Ngr. Ebenso von *J. Pacher.* (Op. 83. No. 2. Schreiber, Wien, 15 Ngr. Ebenso von *C. E. Pax.* 6 Lieder. No. 2. Schreiber, Wien, 5 Ngr. Ebenso von *F. Piroda.* (Op. 35.) Schreiber, Wien, 15 Ngr. Ebenso von *G. Poor.* Op. 12. No. 50. Rózsavölgyi u. Comp., Pest, 1 Ngr. Ebenso von *E. Richard.* (Op. 32. No. 10.) André, Offenbach, 10 Ngr. Ebenso von *F. Spindler.* (Op. 183. No. 10.) Siegel, Leipzig, 14 Ngr. Ebenso von *E. D. Wagner.* Op. 10. No. 6. [in leichtem Styl.] Schlesinger, Berlin, 7½ Ngr.

Für Pianoforte, Violoncell (od. Violine) u. Harmonium von *L. Köhler.* (Lieder-Cyclus. No. 2.) Herf u. Wolff, Mainz, 22½ Ngr.

Für Violine (od. Violoncell), Harfe (od. Pianoforte u. Harmonium (od. Orgel) von *J. de Swert.* Bote u. Bock, Berlin, 15 Ngr.

Für Violoncell, Harfe od. Pianoforte u. Org.-Melodium (od. Orgel) von *Fr. Lux.* Op. 30.) Schreiber, Wien, 22½ Ngr.

Für Physharmonika u. Pianoforte (od. 2 Pianoforte) von *C. G. Lickl.* (Op. 51. Heft 3.) Schreiber, Wien, 1 Thlr. 10 Ngr.

Für Physharmonika allein von *C. G. Lickl.* Tonstücke. No. 19.) Schreiber, Wien, 25 Ngr.

Für Harmonium von *Bial.* (Sammlung beliebter Gesänge. Heft 1.) Bote u. Bock, Berlin, 20 Ngr.

Für Harmonium (od. Pianoforte) von *K. Hennig.* Lieder u. Gesänge. Heft 4.) Stoll, Leipzig, 15 Ngr.

Für gemischten Chor von *G. W. Teschner.* (12 Lieder. Heft 1. Breitkopf u. Härtel, Leipzig, 1 Thlr.

No. 7.

Für Pianoforte zu 2 Händen von *C. Czerny.* (Lieder. No. 6.) Schreiber, Wien, 15 Ngr. Ebenso von *St. Heller.* (30 Lieder. No. 27.) Schloss, Cöln, 12½ Ngr.

Op. 53. Sonate (D dur)

(Seconde grande Sonate)

für Pianoforte.

Wien, bei Schreiber, 1 Thlr. 20 Ngr.

Anmerkung. Wahrscheinlich componirt im Jahre 1825. Titel der am 8. April 1826 angezeigten Ausgabe: »Seconde grande sonate pour le Pianoforte composée et dediée À Monsieur C. M. de Bocklet par François Schubert. Oeuvre 53. Propriété de l'Editeur. Vienne, chez Math^s Artaria«. (Querformat. Verlagsnummer: 825.) Vgl. Anm. zu Op. 51.

Ausgaben. Breitkopf u. Härtel. Leipzig. 24 Ngr. n. Cotta. Stuttgart. 27 Ngr. n. Fürstner, Berlin, (Rev. von *F. Kroll.* 27½ Ngr. Holle. Wolfenbüttel. 6 Ngr. n. Litolff. Braunschweig. 6 Ngr. n. Peters. Leipzig. 5 Ngr. n. Schreiber, Wien. 1 Thlr. 20 Ngr.

Uebertragung.

Für Pianoforte zu 4 Händen von *C. G. Lickl.* Schreiber. Wien. 2 Thlr. 15 Ngr.

Op. 54. Divertissement à la hongroise

für Pianoforte zu 4 Händen.

Wien, bei Schreiber. 2 Thlr.

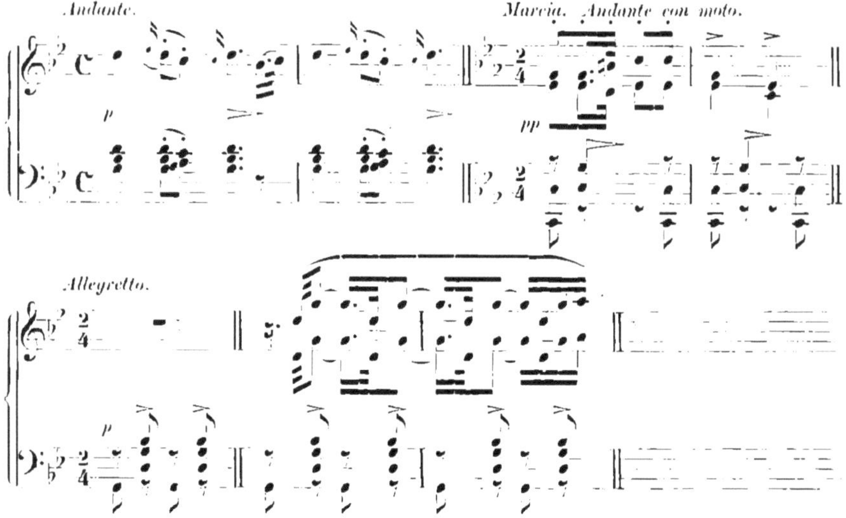

Anmerkung. Wahrscheinlich 1824 componirt. Schubert erhielt am 31. Januar 1826 für dieses Werk und für die Sonate Op. 53 zusammen von dem Verleger M. Artaria ein Honorar von 300 Gulden Wiener Währung. Titel der am 8. April 1826 angezeigten Ausgabe: »Divertissement à la hongroise pour le Pianoforte à quatre mains composé et dedié A Madame de Lacsny née Buchwieser par François Schubert Oeuvre 54. Propriété de l'Editeur. Vienne, chez Maths Artaria«. (Querformat Verlagsnummer: 826.)

Ausgaben. André. Offenbach. 2 Thlr. Böhme. Hamburg. 1 Thlr. 15 Ngr. Bote u. Bock. Berlin. 9 Ngr. Breitkopf u. Härtel. Leipzig. 27 Ngr. n. Holle. Wolfenbüttel. 8 Ngr. n. Litolff, Braunschweig. 8 Ngr. n. Schott. Mainz. 1 Thlr. 7 Ngr. Schreiber. Wien. 2 Thlr.

Uebertragungen.

Für Pianoforte zu 2 Händen von *J. F. C. Dietrich.* Präger u. Meier. Bremen. 1 Thlr. 7½ Ngr. Ebenso von *F. Liszt.* (Melod. hongr.) Cah. 1. 25 Ngr., Cah. 2. 3. à 1 Thlr. 5 Ngr. Ebenso von *F. Liszt.* (In leichterem Styl. Schreiber. Wien. Andante: 20 Ngr., Marcia: 20 Ngr., Allegretto: 15 Ngr., dieselben cplt. 1 Thlr. 10 Ngr.

Marcia ebenso von *C. Czerny.* Simrock. Berlin, 7½ Ngr.

Marcia für Orchester von *F. Liszt.* (Märsche. No. 4. (Ungarischer Marsch.) Fürstner, Berlin, Partitur: 1 Thlr. 10 Ngr. n., Stimmen: 2 Thlr. 10 Ngr. n.

Op. 55. Trauer-Marsch (C moll)

(marche funèbre)

bei Gelegenheit des Todes des Kaisers Alexander I. von Russland

für Pianoforte zu 4 Händen.

Wien, bei Schreiber. 15 Ngr.

Anmerkung. Titel der am 20. April 1826 in der Wiener Zeitung angezeigten Ausgabe: »Grande Marche funebre a l'occasion de la morte de S. M. Alexandre I[r] Empereur de toutes les Rufsies composée a quatre mains pour le Pianoforte par Fr. Schubert Op. 55. Propriété de l'Editeur. Vienne chez A. Pennauer«. Querformat. Verlagsnummer: 215. Alexander I. starb am 1. December 1825. Sein Tod wurde in Wien bekannt am 14. December.

Ausgaben. Breitkopf u. Härtel, Leipzig, 9 Ngr. n. Holle, Wolfenbüttel, 3 Ngr. n. Litolff, Braunschweig, 3 Ngr. n. Schreiber, Wien, 15 Ngr.

Uebertragung.

Für Pianoforte zu 2 Händen. Holle, Wolfenbüttel, 1½ Ngr. n. Litolff, Braunschweig, 1½ Ngr. n. Schreiber, Wien, 7½ Ngr.

Op. 56. Willkommen und Abschied,

(Gedicht von Goethe)

An die Leier, Im Haine

(nach Anakreon von Bruchmann) (Gedicht von Bruchmann)

für eine Singstimme mit Begleitung des Pianoforte.

Wien, bei Schreiber. Heft 1 u. 2 à 15 Ngr.

Heft I.

№ 1. Willkommen und Abschied.

Heft II.

№ 2. An die Leier.

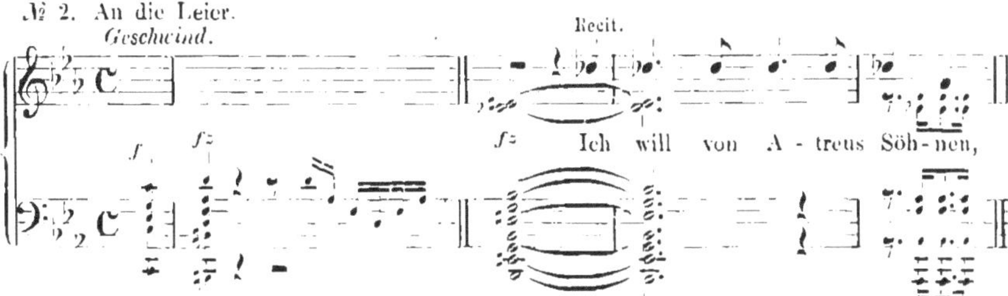

№ 3. Im Haine.
Mässig.

Anmerkung. Nr. 1 wurde nach dem (in D dur stehenden) in der königl. Bibliothek in Berlin befindlichen Autograph componirt im December 1822. Titel der am 6. April 1826 angezeigten Ausgabe: »Willkommen und Abschied Gedicht von Goethe An die Leyer (nach Anacreon) Im Haine Gedichte von Bruchmann In Musik gesetzt für eine Singstimme mit Begleitung des Pianoforte und gewidmet Herrn Carl Pinterics von seinem Freunde Franz Schubert Heft . . . . 56tes Werk. Eigenthum des Verlegers NB. Mit unterlegtem italienischem Texte. Wien bey A. Pennauer«. (Querformat. Verlagsnummern: 258, 259.)

Ausgaben. Holle. Wolfenbüttel. Heft 1. 2. (deutsch, franz. u. ital.) à 2 Ngr. n. Schreiber. Wien, Heft 1. 2. à 15 Ngr.

Einzeln:

No. 1. Breitkopf u. Härtel, Leipzig, 1½ Ngr. n. Senff, Leipzig, 2 Ngr.
No. 2. Breitkopf u. Härtel, Leipzig, 3 Ngr. n. Senff, Leipzig, 2 Ngr.
No. 3. Breitkopf u. Härtel, Leipzig, 1½ Ngr. n. Senff, Leipzig, 2 Ngr. — Für Contra-Alt (od. Bass): Schreiber, Wien, 7½ Ngr.

Uebertragungen.

No. 2.

Für Violoncell u. Pianoforte. Präger u. Meier, Bremen. (Ausgew. Stücke. No. 6. 10 Ngr.

No. 3.

Für Violine u. Pianoforte von *A. Diabelli.* (Concordance. Heft 16.) Schreiber, Wien, 25 Ngr.

Für Violoncell u. Pianoforte von *G. Paque.* (12 Melod. Suite 1.) Schott, Mainz, 20 Ngr.

Für Flöte u. Pianoforte von *A. Diabelli.* (Productionen. Heft 57. Schreiber, Wien, 25 Ngr.

Für Pianoforte zu 4 Händen von *A. Diabelli.* (Lieder im leichten Styl. No. 12.) Schreiber, Wien, 7½ Ngr. Ebenso von *A. Diabelli.* (Wiener Lieblingsstücke. No. 42. [auch 2hdg.]) Schreiber, Wien, 10 Ngr.

Für Pianoforte zu 2 Händen von *A. Diabelli.* (Lieder im leichten Styl. No. 12.) Schreiber, Wien, 5 Ngr. Ebenso von *A. Diabelli.* (Wiener Lieblingsstücke. No. 42. [auch 4hdg.]) Schreiber, Wien, 10 Ngr. Ebenso von *St. Heller.* (30 Lieder. No. 18. Schloss, Cöln, 10 Ngr. Ebenso von *Th. Oesten.* (Op. 369. No. 18.) Siegel, Leipzig, 15 Ngr.

Für Sopran, Alt, Tenor u. Bass von *G. W. Teschner.* (36 Lieder. Heft 3.) Siegel, Leipzig. Partitur u. Stimmen: 25 Ngr.

Op. 57. Der Schmetterling, Die Berge,

(Gedichte von Friedr. Schlegel)

An den Mond

(Gedicht von Hölty)

für eine Singstimme mit Begleitung des Pianoforte.

Wien, bei Schreiber. 15 Ngr.

№ 1. Der Schmetterling.
Etwas geschwind.

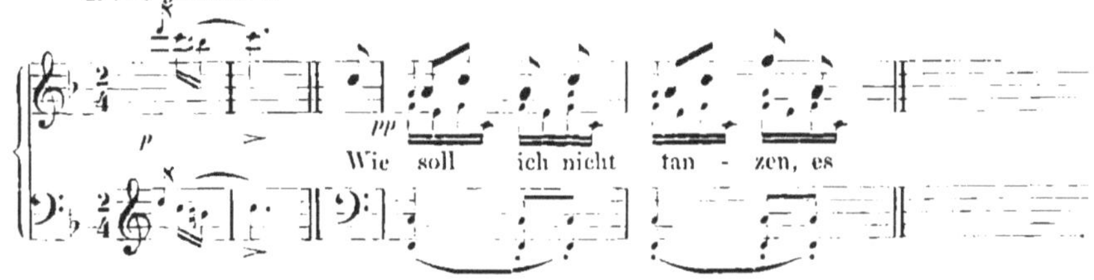

№ 2. Die Berge.

№ 3. An den Mond.

Anmerkung. Nr. 3 componirt im Jahre 1815. Dieses Liederheft wurde mit dem unter Op. 58 zu erwähnenden in der Wiener Zeitung vom 6. April 1826 angezeigt mit der Bemerkung: »Es wurde darauf gesehen, jede Schwierigkeit in der Pianoforte-Begleitung bei Seite zu halten«. Titel der alten Ausgabe: »Der Schmetterling; und die Berge. Von Friedrich Schlegel. An den Mond: von Fr. v. Hölty. in Musik gefetzt für eine Singstimme mit Pianoforte-Begleitung von Franz Schubert. 57tes Werck. Eigenthum des Verlegers. Im Verlage des k: k: Hoftheater-Kapellmeisters Thad: Weigl«. (Querformat. Verlagsnummern: 2494, 2495, 2496.) Das Lied Nr. 1 ist in dieser Ausgabe, offenbar zum Anschluss an die drei Lieder Op. 58 (ursprünglich Op. 56), mit Nr. 4, Nr. 2 mit Nr. 5 und Nr. 3 mit Nr. 6 bezeichnet.

Ausgaben. Holle, Wolfenbüttel, (deutsch u. franz.) 2 Ngr. n. Schreiber, Wien, 15 Ngr. Einzeln:

No. 1. Senff, Leipzig, 2 Ngr. — Für Contra-Alt od. Bass): Holle, Wolfenbüttel, (deutsch u. franz. Mit Op. 52, No. 5. 6. 7 u. Op. 59, No. 3. 5 Ngr. n. Schreiber, Wien, 7 Ngr.

No. 2. Senff, Leipzig, 2 Ngr.

No. 3. Breitkopf u. Härtel, Leipzig, $1^1/_2$ Ngr. n. Senff, Leipzig, 2 Ngr. — Für Contra-Alt od. Bass): Schreiber, Wien, $7^1/_2$ Ngr.

Uebertragungen.

No. 1.

Für Violine u. Pianoforte von *A. Diabelli.* (Concordance. Heft 45.) Schreiber, Wien, 25 Ngr.
Für Flöte u. Pianoforte von *A. Diabelli.* (Productionen. Heft 56.) Schreiber, Wien, 25 Ngr.

No. 2.

Für gemischten Chor von *Mestenhauer.* (9 Gesänge. Heft 3.) Buchholz u. Diebel, Troppau, Partitur u. Stimmen: $22^1/_2$ Ngr.

No. 3.

Für Sopran, Alt, Tenor u. Bass von *G. W. Teschner.* (36 Lieder. Heft 5.) Siegel, Leipzig, Partitur u. Stimmen: 25 Ngr.

Op. 58. Hektors Abschied, Emma, Des Mädchens Klage

(Gedichte von Schiller)
für eine Singstimme mit Begleitung des Pianoforte.

Wien, bei Schreiber. 25 Ngr.

№ 1. Hektors Abschied.

Anmerkung. Nr. 1 componirt am 19. October 1815, Nr. 2 am 4. April 1814, Nr. 3 angeblich im Jahre 1815. Nr. 2 erschien am 30. Juni 1821 als Beilage zur Wiener Zeitschrift für Kunst. Titel der am 6. April 1826 angezeigten Ausgabe: »Hektors Abschied. Emma. Des Mädchens Klage. Gedichte von Fried. von Schiller. in Musik gesetzt für eine Singstimme mit Pianoforte-Begleitung von Franz Schubert. 56tes Werk. Eigenthum des Verlegers. Im Verlage des k: k: Hoftheater-Kapellmeisters Thad: Weigl«. (Querformat. Verlagsnummern: 2491, 2492, 2493.) Vgl. Anm. zu Op. 57.

Ausgaben. Holle, Wolfenbüttel, (deutsch u. franz.) 3 Ngr. n. Schreiber, Wien, 25 Ngr.

Einzeln:

No. 1. Senff, Leipzig, 2 Ngr.

No. 2. Breitkopf u. Härtel, Leipzig, $1\frac{1}{2}$ Ngr. n. Senff, Leipzig, 2 Ngr. — Für Contra-Alt (od. Bass): Schreiber, Wien, $7\frac{1}{2}$ Ngr.

No. 3. Breitkopf u. Härtel, Leipzig, $1\frac{1}{2}$ Ngr. n. Forberg, Leipzig, (deutsch u. franz.) 5 Ngr. Schott, Mainz, (deutsch, franz. u. ital.) 7 Ngr. Senff, Leipzig, 2 Ngr. Siegel, Leipzig, 10 Ngr. — Für Sopran (od. Tenor): W. Müller, Berlin, 1 Ngr. n. Schlesinger, Berlin, $2\frac{1}{2}$ Ngr. n. Schreiber, Wien, (deutsch u. franz.) 10 Ngr. — Für Mezzosopran (od. Bariton): W. Müller, Berlin, 1 Ngr. n. Schreiber, Wien, 5 Ngr. — Für Alt: W. Müller, Berlin, 1 Ngr. n. Schlesinger, Berlin, $2\frac{1}{2}$ Ngr. n. Schreiber, Wien, 5 Ngr. — Für Contra-Alt (od. Bass): Schreiber, Wien, 5 Ngr.

Uebertragungen.

No. 2.

Für Pianoforte zu 4 Händen von *L. Winkler.* (Chansons. No. 10.) Cranz, Hamburg, 10 Ngr.

No. 3.

Für Violine u. Pianoforte von *M. Hauser.* (Melod. No. 7.) Siegel, Leipzig, $7\frac{1}{2}$ Ngr.

Für Violoncell u. Pianoforte von *A. Batta.* (6 Lieder. No. 4.) Schreiber, Wien, $7\frac{1}{2}$ Ngr. Ebenso von *R. E. Bockmühl.* (Immortellen. No. 12.) André, Offenbach, 15 Ngr.

Für Zither von *K. F. Umlauf.* (Op. 98.) Umlauf, Wien, 15 Ngr. Ebenso von *J. Zehethofer.* (Transcrpt. No. 17.) Schreiber, Wien, 5 Ngr.

Für Pianoforte zu 2 Händen. Haslinger, Wien, (Schubert, Lieder. Heft 6.) 15 Ngr. Ebenso von *H. Cramer.* (Lieder. Heft 4. No. 14.) André, Offenbach, $7\frac{1}{2}$ Ngr. Ebenso von *Th. Gintze.* (Op. 4. No. 8.) Schreiber, Wien, 10 Ngr. Ebenso von *W. Graf.* (Lieder. No. 7.) Wetzler, Prag, 10 Ngr. Ebenso von *St. Heller.* (30 Lieder. No. 19.) Schloss, Cöln, $12\frac{1}{2}$ Ngr. Ebenso von *A. Jungmann.* (Lieder. No. 5.) Schreiber, Wien, 5 Ngr. Ebenso von *D. Krug.* (Op. 27. Serie I, No. 6.) Schuberth u. Comp., Leipzig, 10 Ngr. Ebenso von *G. Lange.* (Op. 90. No. 6.) Challier u. Comp., Berlin, 15 Ngr. Ebenso von *Fr. Liszt.* (6 Melod. No. 2.) Schlesinger, Berlin, $17\frac{1}{2}$ Ngr. Ebenso von *Ch. Miller.* (Lieder. No. 2.) Schuberth, Hamburg, 10 Ngr. Ebenso von *Th. Oesten.* (Op. 369. No. 1.) Siegel,

Leipzig, 15 Ngr. Ebenso von *F. Spindler.* (Op. 183. No. 36.) Siegel, Leipzig, $12\frac{1}{2}$ Ngr. Ebenso von *F. D. Wagner.* (Op. 10. No. 8. [in leichtem Styl.]) Schlesinger, Berlin, $7\frac{1}{2}$ Ngr.

Für Harmonium von *C. Hennig.* (Lieder u. Gesänge. Heft 3.) Stoll, Leipzig, 15 Ngr.

Op. 59. Du liebst mich nicht,

(Gedicht von Graf von Platen)

Dass sie hier gewesen, Du bist die Ruh, Lachen und Weinen

(Gedichte von F. Rückert)

für eine Singstimme mit Begleitung des Pianoforte.

Wien, bei Schreiber. 20 Ngr.

Anmerkung. Nr. 3 componirt im Jahre 1823; wahrscheinlich im nämlichen Jahre auch Nr. 2 und 4. Nr. 1, in Gis moll stehend, befindet sich autograph im Stift Kremsmünster. Titel der im September 1826 erschienenen Ausgabe: »Vier Gedichte von Rückert und Graf Platen in Musik gesetzt für eine Singstimme mit Begleitung des Piano Forte von Franz Schubert Op. . . . Eigenthum der Verleger. Wien, Sauer & Leidesdorf«. (Querformat. Verlagsnummer: 932.)

Ausgaben. Holle, Wolfenbüttel, (deutsch u. franz.) $2\frac{1}{2}$ Ngr. n. Schreiber, Wien, 20 Ngr.

Einzeln:

No. 1. Schreiber, Wien, $7\frac{1}{2}$ Ngr. Senff, Leipzig, 2 Ngr.

No. 2. Breitkopf u. Härtel, Leipzig, $1\frac{1}{2}$ Ngr. n. Schreiber, Wien, $7\frac{1}{2}$ Ngr. Senff, Leipzig, 2 Ngr.

No. 3. Breitkopf u. Härtel, Leipzig, 3 Ngr. n. Schreiber, Wien, $7\frac{1}{2}$ Ngr. Senff, Leipzig, 2 Ngr. Siegel, Leipzig, $7\frac{1}{2}$ Ngr. — Für Sopran (od. Tenor): Schlesinger, Berlin, $2\frac{1}{2}$ Ngr. n. Schreiber, Wien, 5 Ngr. — Für Alt (od. Bariton): Schlesinger, Berlin, $2\frac{1}{2}$ Ngr. n. — Für Contra-Alt (od. Bass): Holle, Wolfenbüttel, (deutsch u. franz. Mit Op. 52, No. 5, 6, 7. Op. 57, No. 1.) 5 Ngr. n. Schreiber, Wien, 7 Ngr.

No. 4. Breitkopf u. Härtel, Leipzig, 3 Ngr. n. Schreiber, Wien, $7\frac{1}{2}$ Ngr. Senff, Leipzig, 2 Ngr. — Für Contra-Alt (od. Bass): Schreiber, Wien, $7\frac{1}{2}$ Ngr.

Uebertragungen.

No. 3.

Für Violine u. Pianoforte von *M. Hauser.* (Melod. No. 23.) Siegel, Leipzig, 10 Ngr.

Für Violoncell u. Pianoforte. Präger u. Meier, Bremen, (Ausgew. Stücke, No. 2.) 10 Ngr.

Ebenso von *A. Batta.* (6 Lieder. No. 2.) Schreiber, Wien, 10 Ngr.

Für Flöte u. Pianoforte von *A. Terschak.* (12 Lieder. No. 7.) Kohlke, Danzig, 17½ Ngr.
Für Pianoforte zu 2 Händen von *J. H. Doppler.* (Op. 309. No. 8.) Cranz, Hamburg, 7½ Ngr. Ebenso von *St. Heller.* (30 Lieder. No. 17.) Schloss, Cöln, 10 Ngr. Ebenso von *Fr. Liszt.* (Lieder. No. 3.) Schreiber, Wien, 15 Ngr. Ebenso von *Th. Oesten.* (Op. 369. No. 11.) Siegel, Leipzig, 15 Ngr. Ebenso von *J. O'Kelly.* (12 Mélodies. Suite 3.) Schott, Mainz, 20 Ngr. Ebenso von *F. Spindler.* (Op. 183. No. 15.) Siegel, Leipzig, 15 Ngr. Ebenso von *E. D. Wagner.* (Op. 40. No. 22. [in leichtem Styl.]) Schlesinger, Berlin, 7½ Ngr.
Für Physharmonika u. Pianoforte von *C. G. Lickl.* (Op. 51. Heft 8.) Schreiber, Wien, 1 Thlr. 25 Ngr.
Für Harmonium von *Bial.* (Sammlung bel. Gesänge. Heft 1.) Bote u. Bock, Berlin, 20 Ngr. Ebenso von *L. A. Zellner.* (Uebertragungen. Heft 1.) Schreiber, Wien, 15 Ngr.
Für Harmonium (od. Pianoforte von *K. Hennig.* Lieder u. Gesänge. Heft 1.) Stoll, Leipzig, 15 Ngr.
Für gemischten Chor von *Mestenhauer.* (9 Gesänge. Heft 1.) Buchholz u. Diebel, Troppau, Partitur u. Stimmen: 17½ Ngr.

Op. 60. Greisengesang, Dithyrambe

(Gedicht von Fr. Rückert) (Gedicht von Schiller)

für eine Bassstimme mit Begleitung des Pianoforte.

Wien, bei Witzendorf. 20 Ngr.

Anmerkung. Nr. 1 angeblich zwischen 1820 und 1822 componirt. Titel der am 10. Juni 1826 erschienenen Ausgabe: »Greisen-Gesang aus den östlichen Rosen von F. Rückert. und Dythyrambe von F. v. Schiller. In Musik gesetzt für eine Baſsstimme mit Begleitung des Pianoforte von Franz Schubert 60tes Werk. Eigenthum der Verleger. Wien, bey Cappi und Czerny«. (Querformat. Verlagsnummer: 192.)

Ausgaben. Cranz, Hamburg, 12½ Ngr. Holle, Wolfenbüttel, (Mit Op. 68. 71. 72.) 5 Ngr. n. Litolff, Braunschweig, 12½ Ngr. Witzendorf, Wien, 20 Ngr. — Für eine Bassstimme mit Guitarre: Witzendorf, Wien, 20 Ngr.

Einzeln:

No. 1. Breitkopf u. Härtel, Leipzig, 3 Ngr. n. Senff, Leipzig, 2 Ngr. Witzendorf, Wien, 10 Ngr.

No. 2. Breitkopf u. Härtel, Leipzig, 3 Ngr. n. Senff, Leipzig, 2 Ngr. Witzendorf, Wien, 15 Ngr.

Uebertragung.

No. 2. Für Pianoforte zu 2 Händen von *C. G. Lickl.* (Lieder. No. 2.) Witzendorf, Wien, 10 Ngr.

Op. 61. 6 Polonaisen

für Pianoforte zu 4 Händen.

Wien, bei Witzendorf. Heft I. II. à 20 Ngr.

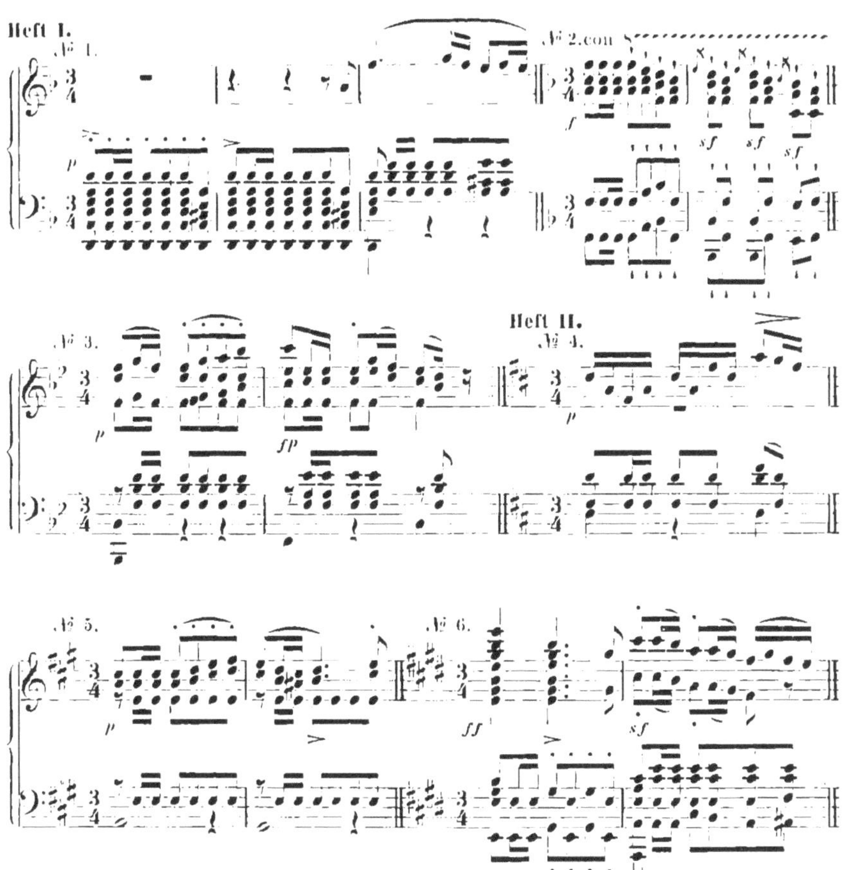

Anmerkung. Titel der am 8. Juli 1826 in zwei Heften erschienenen Ausgabe: »6 Polonaisen für das Piano-Forte zu 4 Händen componirt von Franz Schubert. 61tes Werk. tes Heft. Eigenthum der Verleger. Wien bey Cappi & Czerny«. (Querformat. Verlagsnummern: 211, 212.)

Ausgaben. André, Offenbach, 2 Hefte, à 20 Ngr. Böhme, Hamburg, 2 Hefte, à 20 Ngr. Breitkopf u. Härtel, Leipzig, 2 Hefte, à 12 Ngr. n. Holle, Wolfenbüttel, cplt. 5 Ngr. n. Litolff, Braunschweig, cplt. 5 Ngr. n. Siegel, Leipzig, 2 Hefte, à 17½ Ngr. Witzendorf, Wien, 2 Hefte, à 20 Ngr.

Uebertragungen.

Für Pianoforte zu 2 Händen. Cranz, Hamburg, Heft 1: 3 Bog., Heft 2: 3½ Bog. Ebenso von *J. F. C. Dietrich.* Präger u. Meier, Bremen, 2 Hefte, à 12½ Ngr. Ebenso von *R. Palm.* Merseburger, Leipzig, 2 Hefte, à 12½ Ngr. Ebenso von *L. Röhr.* Leuckart, Leipzig, Heft 1: 20 Ngr., Heft 2: 22½ Ngr. Einzeln: No. 1. 5. à 7½ Ngr., No. 2. 3. 6. à 10 Ngr., No. 4. 12½ Ngr.

No. 1. Für Violoncell und Pianoforte von *K. Richter.* Weinholtz, Braunschweig, 7½ Ngr.

Op. 62. Vier Gesänge

aus Goethe's »Wilhelm Meister«

No. 1 für zwei Singstimmen }
No. 2, 3, 4 für eine Singstimme } mit Begleitung des Pianoforte.

Wien, bei Schreiber. 20 Ngr.

Anmerkung. Titel der am 2. März 1827 angezeigten Ausgabe: »Gesänge aus Wilhelm Meister von Göthe mit Begleitung des Pianoforte .... In Musik gesetzt und der Fürstin Mathilde zu Schwarzenberg ehrfurchtsvoll zugeeignet von Franz Schubert. 62tes Werk. Eigenthum der Verleger. Wien, bei Ant. Diabelli & Comp.« (Querformat. Verlagsnummer: 2253.)

Ausgaben. Holle, Wolfenbüttel, (deutsch u. franz.) 2 Ngr. n. Schreiber, Wien. 20 Ngr.

Einzeln:

No. 2. Breitkopf u. Härtel, Leipzig, $1\frac{1}{2}$ Ngr. n. Senff, Leipzig, 2 Ngr. — Für Sopran (od. Tenor): Schlesinger, Berlin, $2\frac{1}{2}$ Ngr. n. — Für Alt (od. Bariton): Schlesinger, Berlin, $2\frac{1}{2}$ Ngr. n.

No. 3. Breitkopf u. Härtel, Leipzig, 1½ Ngr. n. Senff, Leipzig, 2 Ngr. — Für Contra-Alt (od. Bass): Schreiber, Wien, 7½ Ngr.

No. 4. Breitkopf u. Härtel, Leipzig, 1½ Ngr. n. Senff, Leipzig, 2 Ngr. Für Sopran (od. Tenor): Schlesinger, Berlin, 2½ Ngr. n. — Für Alt (od. Bariton): Schlesinger, Berlin, 2½ Ngr. n.

Uebertragungen.

No. 2.

Für Pianoforte zu 4 Händen von *K. Burchard*. (Lieder. Heft 4.) Heinrichshofen, Magdeburg, 20 Ngr.

Für Harmonium von *Bial*. (Sammlung bel. Gesänge. Heft 3.) Bote u. Bock, Berlin, 17½ Ngr.

No. 3.

Für eine Singstimme mit kleinem Orchester von *Fr. Liszt*. (4 Lieder. No. 3.) Forberg, Leipzig, Partitur: 12½ Ngr., Orchesterstimmen: 17½ Ngr.

Für Pianoforte zu 4 Händen von *K. Burchard*. (Lieder. Heft 4.) Heinrichshofen, Magdeburg, 20 Ngr.

No. 4.

Für Violine u. Pianoforte von *M. Hauser*. (Melod. No. 35.) Siegel, Leipzig, 10 Ngr.

Für Violoncell u. Pianoforte von *F. A. Kummer*. (Op. 117. No. 12.) Cranz, Hamburg, 10 Ngr. Ebenso von *J. Stransky*. (Op. 26. No. 4.) Schreiber, Wien, 10 Ngr.

Für Flöte u. Pianoforte von *F. A. Kummer*. (Op. 117ᵇ. No. 12.) Cranz, Hamburg, 10 Ngr.

Für Pianoforte zu 4 Händen von *K. Burchard*. Lieder. Heft 4.) Heinrichshofen, Magdeburg, 20 Ngr.

Für Pianoforte zu 2 Händen von *A. Jungmann*. (Lieder. No. 6.) Schreiber, Wien, 5 Ngr.

Op. 63. Divertissement (E moll)

(en forme d'une Marche brillante et raisonnée
über französische Motive
für Pianoforte zu 4 Händen.

Wien, bei Schreiber. 1 Thlr.

Anmerkung. Erschienen im Jahre 1826 unter dem Titel: »Divertissement en Forme d'une Marche brillante et raisonnée pour le Piano-Forte à quâtre mains composé sur des motifs origineaux Français par François Schubert. Oeuv: 63. No. 1. Vienne, chez Thad: Weigl«. (Querformat. Verlagsnummer: 2520.) Vgl. Anm. zu Op. 84.

Ausgaben. Breitkopf u. Härtel, Leipzig, 15 Ngr. n. Holle, Wolfenbüttel, 4 Ngr. n. Litolff, Braunschweig, 4 Ngr. n. Schott, Mainz, 17 Ngr. Schreiber, Wien, 1 Thlr.

Uebertragung.

Für 2 Pianoforte zu 8 Händen von *F. G. Jansen*. Schlesinger, Berlin, 1 Thlr. 25 Ngr.

Op. 64. Wehmuth,
(Gedicht von Heinr. Hüttenbrenner)

Ewige Liebe, Flucht
(Gedicht von Ernst Schulze) Gedicht von C. Lappe

für 4 Männerstimmen.

Wien, bei Schreiber. 1 Thlr. 5 Ngr.

Anmerkung. Titel der um Michaelis 1826 in Stimmen erschienenen Ausgabe: »Wehmuth. Gedicht v. Heinr. Hüttenbrenner. Ewige Liebe. Gedicht v. Ernst Schulze. Flucht. Gedicht v. K. Lappe. In Musik gesetzt für Vier Männerstimmen von Franz Schubert. 64tes Werk. Eigenthum des Verlegers. Wien bey A. Pennauer«. (Hochformat. Verlagsnummer: 400.

Ausgabe. No. 2. Heuser, Neuwied. Partitur: 3 Ngr. n.

Op. 65. Lied eines Schiffers an die Dioskuren,
(Gedicht von Joh. Mayrhofer)

Der Wanderer, Aus „Heliopolis“
(Gedicht von Friedr. Schlegel) (Gedicht von Joh. Mayrhofer)

für eine Singstimme mit Begleitung des Pianoforte.

Wien, bei Witzendorf. 16 Ngr.

№ 3. Aus »Heliopolis«.

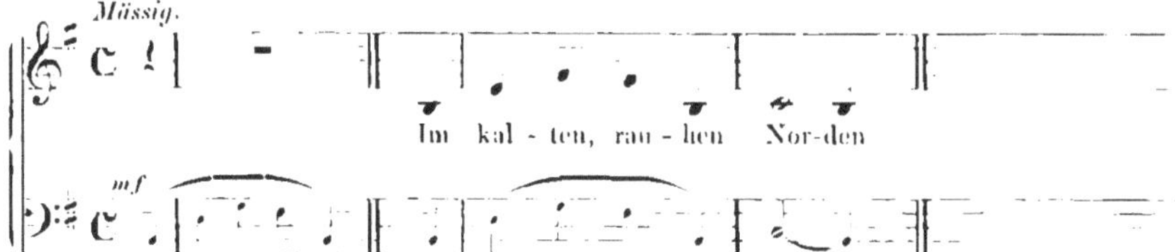

Anmerkung. Nr. 1 componirt im Jahre 1816, Nr. 2 im Februar 1819, Nr. 3 im Jahre 1822. Titel der am 24. November 1826 angezeigten Ausgabe: »Lied eines Schiffers an die Dioskuren von J. Mayrhofer Der Wanderer von A. W. Schlegel. Aus Heliopolis von J. Mayrhofer in Musick gesetzt für eine Singstimme mit Begleitung des Pianoforte von Franz Schubert 65tes Werk Eigenthum der Verleger Wien, bey Cappi und Czerny«. (Querformat. Verlagsnummer: 221.)

Ausgaben. Holle, Wolfenbüttel, (deutsch u. franz.) 2 Ngr. n. Witzendorf, Wien, 15 Ngr. — Für eine Singstimme mit Guitarre: Witzendorf, Wien, 12 Ngr.

Einzeln:

No. 1. Senff, Leipzig, 2 Ngr. Witzendorf, Wien, 8 Ngr.
No. 2. Senff, Leipzig, 2 Ngr. Witzendorf, Wien, 5 Ngr.
No. 3. Senff, Leipzig, 2 Ngr. Witzendorf, Wien, 8 Ngr.

Uebertragungen.

No. 1. Für Pianoforte zu 2 Händen von *C. G. Lickl.* (Lieder. No. 2.) Witzendorf, Wien, 10 Ngr.

No. 3. Für gemischten Chor von *Mestenhauer.* 9 Gesänge. Heft 3. Buchholz u. Diebel, Wien, Partitur u. Stimmen: $22^1/_2$ Ngr.

Op. 66. Heroischer Marsch (A moll)

(grande marche héroique)

bei Gelegenheit der Salbung des Kaisers Nicolaus I. von Russland

für Pianoforte zu 4 Händen.

Wien, bei Schreiber. $27^1/_2$ Ngr.

Anmerkung. Componirt Ende 1825 oder Anfang 1826. (Nicolaus I. bestieg den Thron am 24. December 1825.) Erschienen um Michaelis 1826 unter dem Titel: »Grande Marche heroique à quatre mains pour le Pianoforte composée à l'occasion du Sacre de Sa Majesté Nicolas I. Empereur de toutes les Rufsies &. &. &. par Franç: Schubert. Oeuvre 66. Propriété de l'Editeur. Vienne, publié par A. Pennauer«. (Querformat. Verlagsnummer: 274.)

Ausgaben. Breitkopf u. Härtel, Leipzig, 15 Ngr. n. Holle, Wolfenbüttel, 5 Ngr. n. Litolff, Braunschweig, 5 Ngr. n. Schreiber, Wien, $27^1/_2$ Ngr.

Uebertragung.

Für Pianoforte zu 2 Händen. Holle, Wolfenbüttel, 4 Ngr. n. Litolff, Braunschweig, 4 Ngr. n. Schreiber, Wien, 15 Ngr.

Op. 67. Hommage aux belles Viennoises.

Wiener Damen-Ländler und Ecossaisen

für Pianoforte.

Wien, bei Schreiber. 15 Ngr.

Anmerkung. Titel der Ende 1826 erschienenen Ausgabe: »Hommage aux belles Viennoises. Wiener Damen-Ländler pour le Piano-Forte composées par Franç. Schubert, Oeuv. 67 Propriété des Editeurs. Vienne, chez Ant. Diabelli et Comp.« (Querformat. Verlagsnummer 2412.)

Ausgaben. Breitkopf u. Härtel, Leipzig, 9 Ngr. n. Holle, Wolfenbüttel 2 Ngr. n. Litolff, Braunschweig, 2 Ngr. n. Schreiber, Wien, 15 Ngr.

Op. 68. Der Wachtelschlag

(Gedicht von S. F. Sauter)

für eine Singstimme mit Begleitung des Pianoforte.

Wien, bei Schreiber. 10 Ngr.

Anmerkung. Componirt 1822. Erschien am 30. Juli 1822 als Beilage zur Wiener Zeitschrift für Kunst und am 2. März 1827 unter dem Titel: »Der Wachtelschlag. (Il canto della Quaglia.) In Musik gesetzt für eine Singstimme mit Begleitung des Pianoforte von Franz Schubert. 68tes Werk. Eigenthum der Verleger. Wien, bey A. Diabelli & Comp.« (Querformat. Verlagsnummer: 2451.)

Ausgaben. Holle, Wolfenbüttel, (deutsch, franz. u. ital.) $1\frac{1}{2}$ Ngr. n. Schreiber, Wien, 10 Ngr. Senff, Leipzig, 2 Ngr. — Für Contra-Alt od. Bass: Holle, Wolfenbüttel, (deutsch u. franz. Mit Op. 60. 71. 72.) 5 Ngr. n. Schreiber, Wien, 7 Ngr.

Op. 69. Ouverture (D dur), Cavatine und Arie zur Oper „Alfonso und Estrella“

(Text von Fr. v. Schober.)

Ouverture für Orchester. Wien, bei Schreiber. Siehe: Ausgaben.

Cavatine für eine Tenorstimme mit Begleitung des Pianoforte.

Andante.

p

pp Wenn ich dich, Hol-de, se - he, so

Arie für eine Bassstimme mit Begleitung des Pianoforte.

Anmerkung. Schubert componirte die Oper »Alfonso und Estrella«, mit Ausnahme der Ouverture, in der Zeit vom 20. September 1821 bis zum 27. Februar 1822. Das Autograph derselben ist im Besitz der Gesellschaft der Musikfreunde in Wien. Die Ouverture wurde (nach dem Autograph im Besitz von C. A. Spina in Wien) im December 1823 componirt und am 20. December 1823 als Einleitung zu dem Drama »Rosamunde« (Op. 26) aufgeführt. Sie erschien 1827 in vierhändiger Bearbeitung unter dem Titel: »Ouverture zur Oper Alphonso und Estrella für das Pianoforte zu vier Händen eingerichtet und dem Wohlgebornen Fräulein Anna Hönig gewidmet von Franz Schubert, Op. 52. Eigenthum der Verleger. Wien, bei Sauer und Leidesdorf. (Querformat. Verlagsnummer: 860.) 1867 erschien sie in Partitur bei Spina in Wien. Die Cavatine und die Arie erschienen um 1832 bei A. Diabelli u. Comp. in Wien.

Ausgaben.

Ouverture: Schreiber, Wien. Partitur: 1 Thlr. $7^1/_2$ Ngr.

Cavatine: Schreiber, Wien. (Philomele 301.) 7 Ngr.

Arie: Schreiber, Wien. (Sammlung für eine Bassstimme.) 10 Ngr.

Uebertragungen.

Ouverture.

Für 2 Violinen, Viola u. Violoncell. Schreiber, Wien. 25 Ngr.

Für Pianoforte u. Violine von *A. Diabelli.* Concordance. Heft 36. Schreiber, Wien. 20 Ngr.

Für Pianoforte zu 4 Händen. Holle, Wolfenbüttel, 5 Ngr. n. Peters, Leipzig, 5 Ngr. n. Schreiber, Wien. Arrang. von *Schubert* und *Hüttenbrenner.* 20 Ngr.

Für Pianoforte zu 2 Händen. André, Offenbach, $12^1/_2$ Ngr. Holle, Wolfenbüttel, $2^1/_2$ Ngr. n. Litolff, Braunschweig, $2^1/_2$ Ngr. n. Peters, Leipzig, $2^1/_2$ Ngr. n. Schreiber, Wien. (Arrang. von *A. Diabelli.* 15 Ngr.

Für Pianoforte u. Harmonium od. Physharmonika od. 2 Pianoforte von *L. A. Zellner.* Schreiber, Wien. 25 Ngr.

Op. 70. Rondeau brillant (H moll)

für Pianoforte und Violine.

Wien, bei Artaria u. Comp. 25 Ngr.

Anmerkung. Componirt im Jahre 1826. Erschienen im Jahre 1827 unter dem Titel: »Rondeau brillant pour Pianoforte et Violon par François Schubert Op: 70. Propriété des Editeurs. Vienne chez Artaria & Comp.« (Hochformat. Verlagsnummer: 2929.)

Ausgaben. André, Offenbach, 1 Thlr. 10 Ngr. Artaria u. Comp., Wien, 25 Ngr. Breitkopf u. Härtel, Leipzig, 27 Ngr. n. Litolff, Braunschweig, 7 Ngr. n. Senff, Leipzig, (Rev. von *Ferd. David.*) 1 Thlr. 15 Ngr.

Uebertragungen.

Für Pianoforte zu 4 Händen von *C. Geissler.* Kistner, Leipzig, 1 Thlr. 25 Ngr. Ebenso von *F. Schneider.* Leuckart, Leipzig, 25 Ngr.

Op. 71. Drang in die Ferne

(Gedicht von C. G. von Leitner)

für eine Singstimme mit Begleitung des Pianoforte.

Wien, bei Schreiber. 10 Ngr.

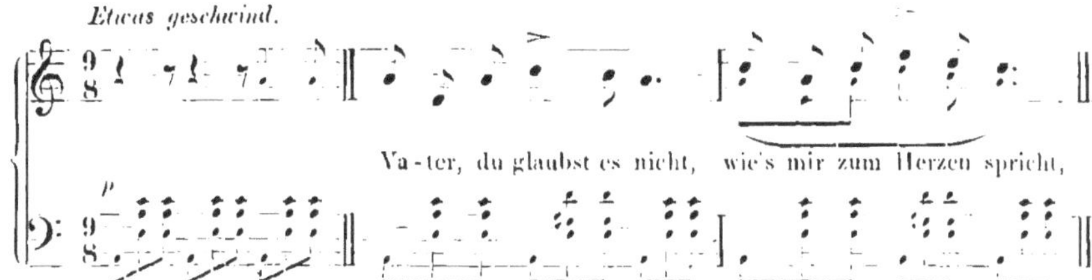

Anmerkung. Angeblich componirt im Jahre 1823. Erschien am 25. März 1823 als Beilage zur Wiener Zeitschrift für Kunst und im Februar 1827 unter dem Titel: »Drang in die Ferne. Gedicht von Carl Gottfr. v. Leitner. In Musik gesetzt für eine Singstimme mit Begleitung des Piano-Forte von Franz Schubert. 71tes Werk. Eigenthum der Verleger. Wien, bei Ant. Diabelli und Comp.«. Querformat. Verlagsnummer: 2186.

Ausgaben. Holle, Wolfenbüttel, (deutsch u. franz.) 1½ Ngr. n. Schreiber, Wien, 10 Ngr. Senff, Leipzig, 2 Ngr. — Für Alt (od. Bariton): Schreiber, Wien, 10 Ngr. — Für Contra-Alt (od. Bass): Holle, Wolfenbüttel. (Mit Op. 60, No. 1. 2. Op. 68. 72.) 5 Ngr. n. Schreiber, Wien, 10 Ngr.

Uebertragungen.

Für Violoncell u. Pianoforte von *G. Paque*. 12 Melod. Suite 3. Schott, Mainz, 20 Ngr.
Für Pianoforte zu 2 Händen von *H. Cramer*. Lieder. No. 19. André, Offenbach, 10 Ngr. Ebenso von *C. Czerny*. (Lieder. No. 2. Schreiber, Wien, 10 Ngr. Ebenso von *St. Heller*. 30 Lieder. No. 29. Schloss, Cöln, 15 Ngr.

Op. 72. Auf dem Wasser zu singen

(Gedicht von Friedr. Leopold Graf zu Stolberg)

für eine Singstimme mit Begleitung des Pianoforte.

Wien, bei Schreiber. 15 Ngr.

Anmerkung. Componirt im Jahre 1823. Erschien am 30. December 1823 als Beilage zur Wiener Zeitschrift für Kunst und im Februar 1827 unter dem Titel: »Auf dem Wasser zu singen. Gedicht von Leopold Grafen zu Stollberg. In Musik gesetzt für eine Singstimme mit Begleitung des Pianoforte von Franz Schubert. 72tes Werk. Eigenthum der Verleger. Wien, bei Ant. Diabelli & Comp.« Querformat. Verlagsnummer: 2187.

Ausgaben. Breitkopf u. Härtel, Leipzig, 3 Ngr. n. Forberg, Leipzig, (deutsch u. franz.) 5 Ngr. Holle, Wolfenbüttel, 2 Ngr. n. Schreiber, Wien, 15 Ngr. Senff, Leipzig, 2 Ngr. — Für Sopran (od. Tenor): Schlesinger, Berlin, 2½ Ngr. n. Schreiber, Wien, (deutsch u. franz.) 5 Ngr. — Für Mezzosopran (od. Bariton): Schreiber, Wien, (deutsch u. franz.) 5 Ngr. — Für Alt: Schlesinger, Berlin, 2½ Ngr. n. — Für Contra-Alt (od. Bass): Holle, Wolfenbüttel, (deutsch u. franz. Mit Op. 60, No. 1. 2. Op. 68. 71.) 5 Ngr. n. Schreiber, Wien, 10 Ngr.

Uebertragungen.

Für Gesang, Violine u. Pianoforte von *A. Leoff*. Schuberth u. Comp., Leipzig, 20 Ngr.

Für Violine u. Pianoforte von *M. Hauser*. Melod. No. 20.) Siegel, Leipzig, 12½ Ngr.

Für Violoncell u. Pianoforte von *F. A. Kummer*. (Op. 117. No. 8.) Cranz, Hamburg, 10 Ngr.

Für Flöte u. Pianoforte von *F. A. Kummer*. Op. 117[b]. No. 8.) Cranz, Hamburg, 10 Ngr.

Für Pianoforte zu 4 Händen von *K. Burchard*. Lieder. Heft 2. Heinrichshofen, Magdeburg, 15 Ngr. Ebenso von *L. Winkler*. (Chansons. No. 8. Cranz, Hamburg, 15 Ngr.

Für Pianoforte zu 2 Händen von *H. Cramer*. Lieder. No. 15.) André, Offenbach, 7½ Ngr. Ebenso von *St. Heller*. (30 Lieder. No. 10.) Schloss, Cöln. 15 Ngr. Ebenso von *W. Kuhe*. (Op. 139. No. 12.) Siegel, Leipzig, 12½ Ngr. Ebenso von *F. Liszt*. (Lieder. No. 2.) Schreiber, Wien, 20 Ngr. Ebenso von *Th. Oesten*. (Op. 369. No. 10.) Siegel, Leipzig. 15 Ngr. Ebenso von *Fr. Spindler*. (Op. 183. No. 37.) Siegel. Leipzig, 11 Ngr. Ebenso von *E. D. Wagner*. (Op. 10. No. 20. (in leichtem Styl.) Schlesinger, Berlin. 7½ Ngr.

Op. 73. Die Rose

(Gedicht von Friedrich Schlegel)

für eine Singstimme mit Begleitung des Pianoforte.

Wien, bei Schreiber. 10 Ngr.

Anmerkung. Componirt 1822. Erschien am 7. Mai 1822 als Beilage zur Wiener Zeitschrift für Kunst und am 16. Mai 1827 unter dem Titel: »Die Rose Gedicht von Fried. Schlegel. In Musik gesetzt für eine Singstimme mit Begleitung des Pianoforte von Franz Schubert. 73tes Werk Eigenthum der Verleger. Wien, bei Ant. Diabelli u. Comp.« (Querformat. Verlagsnummer: 2190.)

Ausgaben. Breitkopf u. Härtel, Leipzig, 3 Ngr. n. Holle, Wolfenbüttel. (deutsch u. franz.) 1½ Ngr. n. Schreiber, Wien, 10 Ngr. Senff, Leipzig, 2 Ngr. — Für Sopran (od. Tenor): Schreiber, Wien, (deutsch u. franz.) 5 Ngr.

Uebertragungen.

Für Pianoforte zu 4 Händen von *K. Burchard*. (Lieder. Heft 3.) Heinrichshofen, Magdeburg, 20 Ngr.

Für Pianoforte zu 2 Händen von *F. Liszt*. Haslinger, Wien, 15 Ngr. Hofmeister. Leipzig. 10 Ngr.

Für Harmonium von *Biol*. (Sammlung beliebter Gesänge. Heft 3.) Bote u. Bock, Berlin, 17½ Ngr.

Op. 74. Die Advocaten.

(Gedicht von Rustenfeld.)

Komisches Terzett für 2 Tenore und Bass mit Pianofortebegleitung.

Wien, bei Schreiber. 25 Ngr.

Anmerkung. Ein Theil des Original-Manuscripts ist im Besitz von N. Dumba in Wien. Das Terzett ist angeblich (vgl. Kreissle S. 514) nicht von Schubert componirt, sondern von H. Fischer. Schubert soll es nur überarbeitet haben. Fischer's Terzett »Die Advokaten«, Text von Baron Engelhart, erschien spätestens 1815 bei Eder in Wien. Als Verfasser des Textes der Schubert'schen Bearbeitung wird Rustenfeld genannt. Titel der im Jahre 1827 erschienenen Ausgabe: »Die Advocaten. Komisches Terzett für 2 Tenor und Baſs, mit Begleitung des Pianoforte. In Musik gesetzt von Franz Schubert. 74tes Werk. Eigenthum der Verleger. Wien bey A. Diabelli & Comp.« (Querformat. Verlagsnummer: 2452.)

Op. 75. Vier Polonaisen

für Pianoforte zu 4 Händen.

Wien, bei Schreiber. 20 Ngr.

Anmerkung. Erschienen 1827 unter dem Titel: »IV Polonaisen für das Piano-Forte zu vier Händen Componirt von Franz Schubert 75tes Werk. Eigenthum der Verleger. Wien, bey A. Diabelli und Comp.« (Querformat. Verlagsnummer: 2650.)

Ausgaben. Breitkopf u. Härtel, Leipzig, 9 Ngr. n. Litolff, Braunschweig, 3 Ngr. n. Schreiber, Wien, 20 Ngr.

Op. 76. Ouverture (F moll), Arie mit Chor und Mauren-Chor zur Oper „Fierabras".

(Text von Joseph Kupelwieser.)

Ouverture: Wien, bei Schreiber.
Arie mit Chor: Leipzig, bei Friese.
Mauren-Chor: Wien, bei Gotthard.
Siehe: Ausgaben.

Ouverture für Orchester.

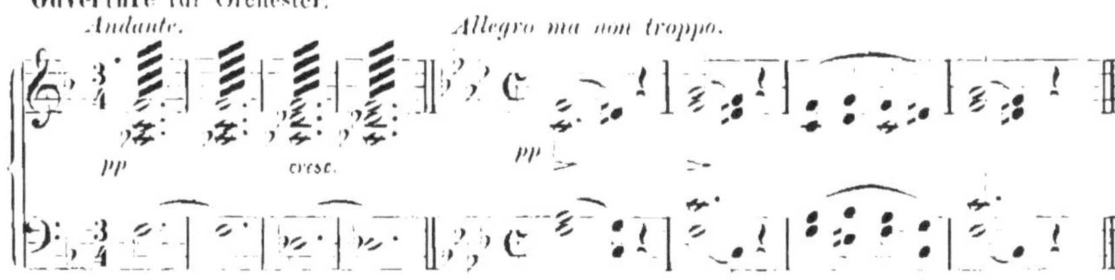

Arie für eine Sopranstimme und Männerchor mit Begleitung des Pianoforte.

Andante con moto.

Des Jam-mers her-be Qua - len

Mauren-Chor für 4 Männerstimmen mit vierhändiger Pianoforte-Begleitung.

Tempo di Marcia.

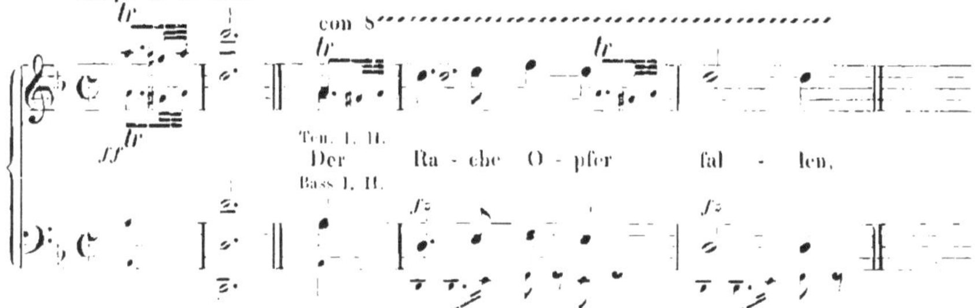

Anmerkung. Schubert componirte die Oper »Fierabras«, Text von J. Kupelwieser, in der Zeit vom 25. Mai bis zum 2. October 1823. Das Autograph der Ouverture ist im Besitz von C. A. Spina in Wien. Die Ouverture erschien 1827, von Carl Czerny für Pianoforte zu 4 Händen bearbeitet, bei A. Diabelli u. Comp. in Wien unter dem Titel: »Fr. Schubert Ouverture de l'Opera: Fierrabras. Oeuvre 76« u. s. w. Verlagsnummer: 2523. 1867 erschien sie in Partitur bei Spina in Wien. Die Arie mit Chor erschien 1842 als Beilage zur Neuen Zeitschrift für Musik. Der Chor der Mauren erschien 1872 bei J. P. Gotthard in Wien, von dem auch die vierhändig eingerichtete Begleitung herrührt.

Ausgaben.

Ouverture: Schreiber, Wien, Partitur: 1 Thlr. 12½ Ngr.

Arie mit Chor: R. Friese, Leipzig. mit 3 andern Stücken 20 Ngr.

Mauren-Chor: Gotthard. Wien. (Neueste Folge nachgel. mehrst. Gesänge Nr. 1) 22½ Ngr.

Uebertragungen.

Ouverture.

Für 2 Violinen, Viola u. Violoncell. Schreiber, Wien, 20 Ngr.

Für Pianoforte zu 4 Händen. Holle, Wolfenbüttel, 5 Ngr. n. Peters, Leipzig, 5 Ngr. n. Schreiber, Wien, (Arrang. von *C. Czerny.*) 25 Ngr.

Für Pianoforte zu 2 Händen. André, Offenbach, 15 Ngr. Holle, Wolfenbüttel, 2½ Ngr. n. Litolff, Braunschweig, 2½ Ngr. n. Peters, Leipzig, 2½ Ngr. n. Schreiber, Wien, (Arrang. von *C. Czerny.*) 15 Ngr.

Für Harmonium u. Pianoforte (od. Physharmonika) od. 2 Pianoforte von *L. A. Zellner.* Schreiber, Wien, 1 Thlr.

Op. 77. Valses nobles

für Pianoforte.

Wien, bei Haslinger, 12½ Ngr.

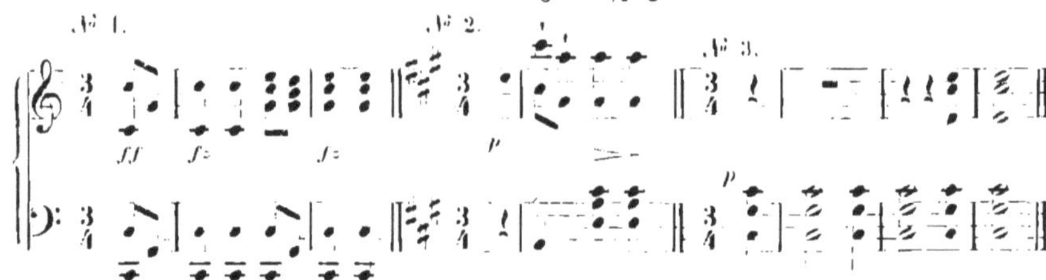

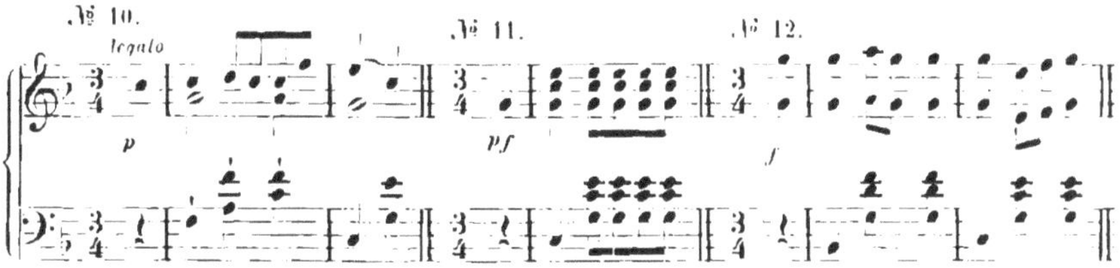

№ 4. *p* № 5. *f* *fz* № 6. *p*

№ 7. *ff* *fz* № 8. *p* № 9. *ff* *fz*

№ 10. *legato* *p* № 11. *pf* № 12. *f*

Anmerkung. Titel der im Januar 1827 erschienenen Ausgabe: »Valses nobles pour le Piano-Forte seul par François Schubert. Oeuvre 77. Propriété de l'Editeur. Vienne, chez Tobie Haslinger«. (Querformat. Verlagsnummer: 4920.)

Ausgaben. André, Offenbach, 15 Ngr. Arnold, Elberfeld, 17½ Ngr. Breitkopf u. Härtel, Leipzig, 6 Ngr. n. Haslinger, Wien, 12½ Ngr. Litolff, Braunschweig, 2 Ngr. n. Peters, Leipzig, 5 Ngr. n.

Uebertragungen.

Für Pianoforte, Violine u. Violoncell. André, Offenbach, 25 Ngr. Ebenso von *J. Zellner*. Gotthard, Wien, 27½ Ngr.

Für Pianoforte u. Violine. André, Offenbach, 20 Ngr.

Für Pianoforte zu 4 Händen. Arnold, Elberfeld, 25 Ngr. Haslinger, Wien, Arrang. von *C. Geissler*, 12 Ngr.

Op. 78. Sonate (G dur)

(»Fantasie, Andante, Menuetto und Allegretto«)

für Pianoforte.

Wien, bei Haslinger. 1 Thlr. 10 Ngr.

Anmerkung. Ueberschrift des Original-Manuscripts im Besitz der Wittwe Haslinger in Wien: »IV. Sonate für Pianoforte allein. Oct. 1826 Franz Schubert«. Darüber steht von Tob. Haslinger's Hand: »Fantasie, Andante, Menuetto und Allegretto«. Die Bezeichnung als »Fantasie« u. s. w. rührt also vom Verleger her. Titel der im Jahre 1827 erschienenen Ausgabe: »Fantasie, Andante, Menuetto und Allegretto für das Piano-Forte allein. Dem hochwohlgebornen Herrn Joseph Edlen von Spaun gewidmet von Franz Schubert. 78tes Werk. Eigenthum des Verlegers. Wien, bei Tobias Haslinger«. (Querformat. Verlagsnummer: 5010.)

Ausgaben. Bote u. Bock, Berlin, 11½ Ngr. Breitkopf u. Härtel, Leipzig, 21 Ngr. n. Cotta, Stuttgart, 20 Ngr. n. Fürstner, Berlin, (Rev. von *F. Kroll*) 22½ Ngr. Haslinger, Wien, 1 Thlr. 10 Ngr. Holle, Wolfenbüttel, 8 Ngr. n. Litolff, Braunschweig, 8 Ngr. n. Peters, Leipzig, 5 Ngr. n. Schott, Mainz, 22 Ngr.

Menuetto daraus:

Bote u. Bock, Berlin, 1½ Ngr. n. Schlesinger, Berlin, 1 Ngr. n. Simrock, Berlin, 1½ Ngr. n.

Uebertragung.

Für Pianoforte zu 4 Händen von *K. Geissler*. Haslinger, Wien, 2 Thlr. 10 Ngr.

Op. 79. Das Heimweh, Die Allmacht

(Gedichte von Joh. Lad. Pyrker)

für eine Singstimme mit Begleitung des Pianoforte.

Wien, bei Haslinger. 20 Ngr.

№ 1. Das Heimweh.

№ 2. Die Allmacht.

Anmerkung. Nr. 1 componirt in Gastein im August 1825, Nr. 2 im Jahre 1825. Das Autograph von Nr. 1 (in A moll) ist in der königl. Bibliothek zu Berlin. Erschienen am 16. Mai 1827 unter dem Titel: »Das Heimweh. Die Allmacht. Gedichte von Joh. Ladislaus Pyrker. In Musik gesetzt für eine Singstimme mit Begleitung des Piano-Forte und Sr Excellenz dem hochgebornen und hochwürdigsten Herrn Herrn Johann Ladislaus Pyrker von Felso-Eor, Patriarchen von Venedig, ... in tiefer Ehrfurcht gewidmet von Franz Schubert. 79tes Werk. Eigenthum des Verlegers. Wien bei Tobias Haslinger«. (Querformat. Verlagsnummer: 5027.)

Ausgaben. Haslinger, Wien, 20 Ngr. Holle, Wolfenbüttel, 2½ Ngr. n.

Einzeln:

No. 1. Senff, Leipzig, 2 Ngr. — Für Alt od. Bass: Arnold, Elberfeld, deutsch u. franz. 15 Ngr.

No. 2. Breitkopf u. Härtel, Leipzig, 3 Ngr. n. Senff, Leipzig, 2 Ngr. Für Alt od. Bass: Arnold, Elberfeld. (deutsch u. franz. 10 Ngr.

Uebertragungen.

No. 2.

Für Harmonium u. Pianoforte von *C. Menzel.* Stürmer, Stuttgart, 10 Ngr.

Für Harmonium von *Bial.* Sammlung beliebter Gesänge. Heft 3.) Bote u. Bock, Berlin, 17½ Ngr.

Für Männerchor mit Orchester von *Fr. Liszt.* Schuberth u. Comp., Leipzig, Partitur: 25 Ngr. n., Orchesterstimmen: 2 Thlr. 20 Ngr., Klavier-Auszug, 12½ Ngr.

Für gemischten Chor mit Orchester (mit unterlegtem lat. Psalmentext »Domine Dominus noster«) von *C. Mayrberg.* Schreiber, Wien, Partitur, Chor- u. Orchester-Stimmen: 2 Thlr. 7½ Ngr.

Op. 80. Der Wanderer an den Mond, Das Zügenglöcklein, Im Freien

(Gedichte von Joh. Gabr. Seidl

für eine Singstimme mit Begleitung des Pianoforte.

Wien, bei Haslinger. 20 Ngr.

№ 1. Der Wanderer an den Mond.

№ 2. Das Zügenglöcklein.

№ 3. Im Freien.

Anmerkung. Nr. 1 bis 3 componirt im Jahre 1826. Autographe ohne Datum von Nr. 1 und 2 sind in der königl. Bibliothek zu Berlin; Nr. 3 ist im Besitz von Dr. Schneider in Wien. Die autographe Druckvorlage von allen drei Liedern besitzt J. Kafka in Wien. Titel der am

25. Mai 1827 erschienenen Ausgabe: »Der Wanderer an den Mond. Das Zügenglöcklein. Im Freyen. Gedichte von J. G. Seidl. In Musik gesetzt für eine Singstimme mit Begleitung des Pianoforte und Herrn Joseph Witteczek freundschaftlich gewidmet von Franz Schubert. 80tes Werk. Eigenthum des Verlegers. Wien, bei Tobias Haslinger.«. Querformat. Verlagsnummer: 5028.)

Ausgaben. Haslinger, Wien, 20 Ngr. Holle, Wolfenbüttel, 3 Ngr. n.

Einzeln:

No. 1. Breitkopf u. Härtel, Leipzig, 3 Ngr. n. Senff, Leipzig, 2 Ngr. — Für Alt (od. Bass): Arnold, Elberfeld, (deutsch u. franz.) 10 Ngr.

No. 2. Breitkopf u. Härtel, Leipzig, 3 Ngr. n. Senff, Leipzig, 2 Ngr. — Für Alt (od. Bass): Arnold, Elberfeld, (deutsch u. franz.) 10 Ngr.

No. 3. Senff, Leipzig, 2 Ngr. — Für Alt (od. Bass): Arnold, Elberfeld, (deutsch u. franz.) $12\frac{1}{2}$ Ngr.

Uebertragungen.

No. 2.

Für Pianoforte zu 2 Händen von *St. Heller.* (Lieder. No. 9.) Schloss, Cöln, 10 Ngr.
Ebenso von *Fr. Liszt.* (6 Melodien. No. 3.) Schlesinger, Berlin, $17\frac{1}{2}$ Ngr.

Für Physharmonika u. Pianoforte von *C. G. Lickl.* Den Manen. No. 10. Haslinger, Wien, 20 Ngr.

Op. 81. Alinde, An die Laute, Zur guten Nacht

(Gedichte von Friedr. Rochlitz)

für eine Singstimme (No. 3 mit Männerchor) mit Begleitung des Pianoforte.

Wien, bei Haslinger. 15 Ngr.

№ 3. Zur guten Nacht.
Etwas langsam.

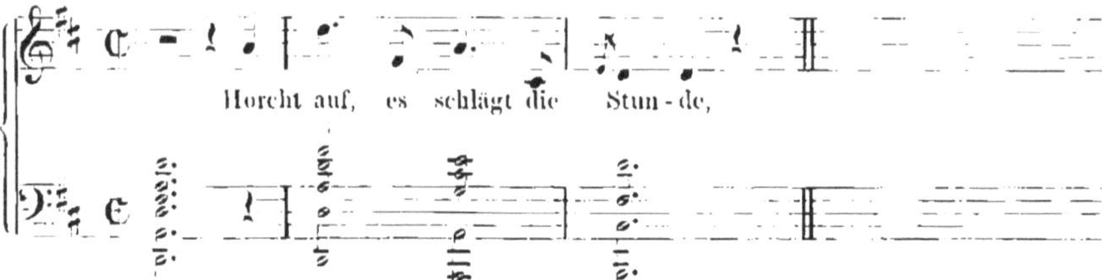

Anmerkung. Nr. 1 bis 3 componirt frühestens im Jahre 1816. Erschienen am 28. Mai 1827 unter dem Titel: »Alinde. An die Laute. Zur guten Nacht. Gedichte von Fried. Rochlitz. In Musik gesetzt für eine Singstimme mit Begleitung des Pianoforte von Franz Schubert. 81tes Werk. Eigenthum des Verlegers. Wien, bei Tobias Haslinger«. (Querformat. Verlagsnummer: 5029. Auf der 3. Seite eine Widmung des Verlegers an Friedr. Rochlitz.)

Ausgaben. Haslinger, Wien, 15 Ngr. Holle, Wolfenbüttel, 2 Ngr. n.

Einzeln:

No. 1. Breitkopf u. Härtel, Leipzig, 3 Ngr. n. Senff, Leipzig, 2 Ngr. — Für Alt (od. Bass): Arnold, Elberfeld, (deutsch u. franz.) 12½ Ngr.

No. 2. Senff, Leipzig, 2 Ngr. — Für Alt (od. Bass): Arnold, Elberfeld, (deutsch u. franz.) 7½ Ngr.

No. 3. Senff, Leipzig, 2 Ngr.

Op. 82. Variationen (Cdur)

über ein Thema (»Was einst vor Jahren«) aus Herold's Oper »Marie«

für Pianoforte zu 4 Händen.

Leipzig, bei Schuberth u. Comp. 1¼ Thlr.

Thema. *Allegretto.*

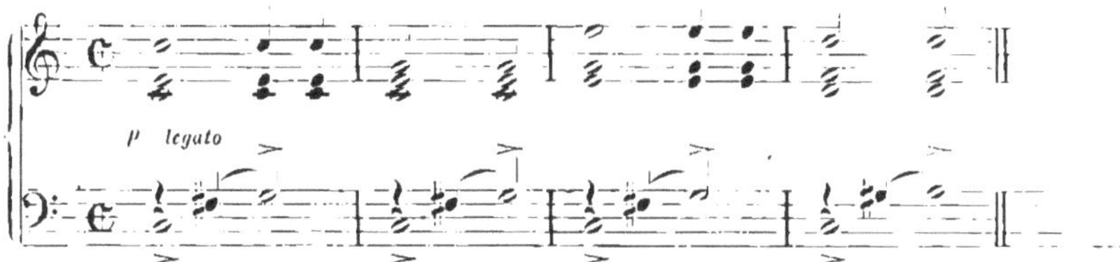

Anmerkung. Nach dem in der königl. Bibliothek zu Berlin befindlichen Original-Manuscript componirt im Februar 1827. (Herold's Oper »Marie« wurde in Wien zum ersten Mal aufgeführt am 18. Januar 1827.) Erschienen im December 1827 unter dem Titel: »Variationen für das Piano-Forte zu 4 Händen über ein Thema aus der Oper: Marie, von Herold. Seiner Hochwürden Herrn Cajetan Neuhaus, Profefsor der theoretischen und praktischen Philosophie in Linz, gewidmet von Franz Schubert. 82tes Werk. Eigenhum des Verlegers. Wien, bei Tobias Haslinger«. (Querformat. Verlagsnummer: 5040.)

Ausgaben. Breitkopf u. Härtel, Leipzig, 18 Ngr. n. Holle, Wolfenbüttel, (Mit Op. 82, No. 2.) 9 Ngr. n. Schuberth u. Comp., Leipzig, 1¼ Thlr.

Op. 82 No. 2. Siehe: Untergeschobene und zweifelhafte Compositionen.

Op. 83. Drei italienische Gesänge

(Text von Metastasio [No. 1] und ? [No. 2, 3])

für eine Bassstimme mit Begleitung des Pianoforte.

Wien, bei Haslinger. Siehe: Ausgaben.)

№ 1. L'incanto degli occhj. (Die Macht der Augen.)

Allegretto.

№ 2. Il traditor deluso. (Der getäuschte Verräther.)

№ 3. Il modo di prender moglie. (Die Art ein Weib zu nehmen.)

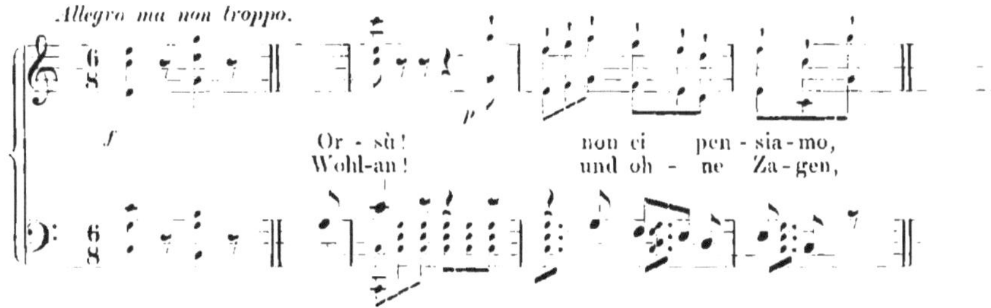

Anmerkung. Angeblich componirt im Jahre 1827 (?). Nach der im Besitz der Wittwe Haslinger in Wien befindlichen autographen Druckvorlage wurden die Lieder ursprünglich über den italienischen Text componirt. Später hat Schubert den übersetzten deutschen Text eingetragen. Titel der am 12. September 1827 in 3 Heften erschienenen Ausgabe: »No. I. L'incanto degli occhi. (Die Macht der Augen.) No. II. Il traditor deluso. (Der getäuschte Verräther.) No. III. Il modo di prender moglie. (Die Art ein Weib zu nehmen.) Gedichte von Metaftafio. In Musik gesezt für eine Bafs-Stimme mit Begleitung des Pianoforte und Herrn Ludw. Lablache, gewidmet von Franz Schubert. 83tes Werk. No. . . Eigenthum des Verlegers. Wien, bei Tobias Haslinger«. (Querformat. Verlagsnummern: 5061, 5062, 5063.)

Ausgaben. Für Contra-Alt (od. Bass): Holle, Wolfenbüttel. (Mit Op. 88, No. 3. 5 Ngr. n.

Einzeln:

No. 1. Haslinger, Wien, (ital. u. deutsch) 8 Ngr.
No. 2. Haslinger, Wien, (ital. u. deutsch) 12 Ngr.
No. 3. Haslinger, Wien, (ital. u. deutsch) 12 Ngr.

Op. 84. „Andantino varié“ und „Rondeau brillant“

(beide über französische Motive)

für Pianoforte zu 4 Händen.

Wien, bei Schreiber. Nr. 1 15 Ngr., Nr. 2 1 Thlr.

№ 1. *Andantino varié.* № 2. *Rondo brillant. Allegretto.*

Anmerkung. Spätestens 1826 componirt. Titel der im Jahre 1828 in zwei Heften erschienenen Ausgabe: »Andantino varié et Rondeau brillant pour le Piano-Forte à quâtre mains composés sur des motifs originaux Français par François Schubert. Oeuv: 84. Propriété de l'Editeur. No. . . . Vienne, chez Thad: Weigl«. (Querformat. Verlagsnummern: 2677, 2678.) Die Stücke sollten die Fortsetzung von Op. 63 bilden. Vgl. den Titel der alten Ausgabe von Op. 63.

Ausgaben. Breitkopf u. Härtel, Leipzig, No. 1 9 Ngr. n., No. 2 18 Ngr. n. Holle, Wolfenbüttel, No. 1. 2 cplt. $7^1/_2$ Ngr. n. Litolff, Braunschweig, No 1. 2 cplt. $7^1/_2$ Ngr. n. Schott, Mainz, No. 1 10 Ngr., No. 2 20 Ngr. Schreiber, Wien, No. 1 15 Ngr., No. 2 1 Thlr.

Uebertragung.

Für Pianoforte zu 2 Händen (zum Concertvortrag) von *K. Tausig*. Fürstner, Berlin, No. 1 $22^1/_2$ Ngr., No. 2 1 Thlr.

Op. 85. Lied der Anne Lyle, Gesang der Norna

(aus Walter Scott's »Montrose«) (aus Walter Scott's »Pirat«)

für eine Singstimme mit Begleitung des Pianoforte.

Wien, bei Schreiber. 15 Ngr.

№ 1. Lied der Anne Lyle.

№ 2. Gesang der Norna.

Anmerkung. Nr. 1 und 2 componirt im Jahre 1827. Erschienen am 14. März 1828 unter dem Titel: »Lied der Anne Lyle aus Walter Scott's: Montrose. Gesang der Norna aus Walter Scott's: Pirat. Für eine Singstimme mit Begleitung des Piano-Forte, in Musik gesetzt von Franz Schubert. 85tes Werk. Eigenthum der Verleger. Wien, bei Ant. Diabelli und Comp.« (Querformat. Verlagsnummer: 2877.)

Ausgaben. Holle, Wolfenbüttel, (deutsch u. franz.) 2 Ngr. n. Schreiber, Wien. 15 Ngr. Einzeln:

No. 1. Breitkopf u. Härtel, Leipzig, 3 Ngr. n. Senff, Leipzig, 2 Ngr. — Für Contra-Alt (od. Bass): Schreiber, Wien, 10 Ngr.

No. 2. Breitkopf u. Härtel, Leipzig, 3 Ngr. n. Senff, Leipzig, 2 Ngr.

Op. 86. Romanze des Richard Löwenherz

(aus Walter Scott's »Ivanhoe«)

für eine Singstimme mit Begleitung des Pianoforte.

Wien, bei Schreiber. 15 Ngr.

Anmerkung. Componirt im März 1826. Zum ersten Mal öffentlich gesungen am 2. Febr. 1828 von Ludwig Titze in einem Concert des Leop. Jansa. Erschienen am 14. März 1828 unter dem Titel: »Romanze des Richard Löwenherz aus Walter Scott's Ivanhoe. Für eine Singstimme mit Begleitung des Piano-Forte, in Musik gesetzt von Franz Schubert. 86tes Werk. Eigenthum der Verleger. Wien, bei Ant. Diabelli und Comp.« (Querformat. Verlagsnummer: 2878.)

Ausgaben. Holle, Wolfenbüttel, (deutsch u. franz. 2 Ngr. n. Schreiber, Wien, 15 Ngr. Senff, Leipzig, 2 Ngr. — Für Contra-Alt od. Bass: Schreiber, Wien, 5 Ngr.

Op. 87. Der Unglückliche,

(Gedicht von Caroline Pichler)

Die Hoffnung, Der Jüngling am Bache

(Gedichte von Schiller)

für eine Singstimme mit Begleitung des Pianoforte.

Wien, bei Schreiber. 25 Ngr.

№ 1. Der Unglückliche.

№ 2. Die Hoffnung.

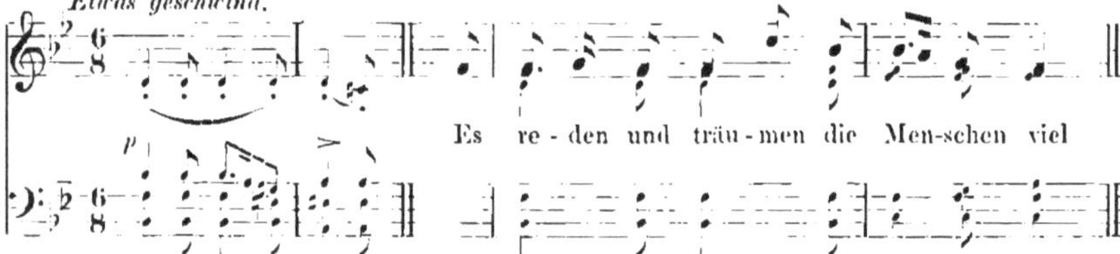

№ 3. Der Jüngling am Bache.

Anmerkung. Nr. 1 componirt im Januar 1821, Nr. 2 angeblich am 7. August 1815, Nr. 3 im Jahre 1815. Titel der im Jahre 1828 erschienenen Ausgabe: »Der Unglückliche. Gedicht von Caroline Pichler, geb. v. Greiner. Die Hoffnung. Der Jüngling am Bache. Gedichte von Fr. v. Schiller. In Musik gesetzt für eine Singſtimme mit Begleitung des Piano-Forte von Franz Schubert. Op. 84. Eigenthum des Verlegers. Wien, bey A. Pennauer«. (Querformat. Verlagsnummer: 330.)

Ausgaben. Holle, Wolfenbüttel, (deutsch u. franz.) 3 Ngr. n. Schreiber, Wien, 25 Ngr.
Einzeln:

No. 1. Senff, Leipzig, 2 Ngr.

No. 2. Senff, Leipzig, 2 Ngr. — Für Contra-Alt (od. Bass): Schreiber, Wien, 5 Ngr.

No. 3. Breitkopf u. Härtel, Leipzig, $1\frac{1}{2}$ Ngr. n. Duncker, Berlin, (Illustr. von *Gräfin St. Genois-Stolberg*. [Deutsches Lied in Ton und Bild. Lief. 2.]) 6 Thlr. n. Senff, Leipzig, 2 Ngr. — Für Contra-Alt (od. Bass): Schreiber, Wien, 5 Ngr.

Op. 88. Abendlied für die Entfernte,

(Gedicht von A. W. Schlegel)

Thekla (Eine Geisterstimme),

(Gedicht von Schiller)

Um Mitternacht,

(Gedicht von Ernst Schulze

An die Musik

(Gedicht von Fr. v. Schober

für eine Singstimme mit Begleitung des Pianoforte.

Wien, bei Schreiber. 25 Ngr.

Anmerkung. Nr. 1 componirt im September 1825, Nr. 2 (nach dem in Cis moll geschriebenen Autograph bei J. Joachim in Berlin) im November 1817, Nr. 3 im März 1826, Nr. 4 im März 1817. Erschienen am 12. December 1827 unter dem Titel: »Abendlied für die Entfernte. Thekla; (eine Geisterstimme) Um Mitternacht. An die Musik. Gedichte v. A. W. Schlegel, Fr. v. Schiller, Ernst Schulze u. Schober. in Musik gesetzt für Eine Singstimme mit Pianoforte-Begleitung von Franz Schubert. 88tes Werk. Eigethum des Verlegers. Im Verlage des k: k: Hoftheater-Kapellmeisters Thad: Weigl«. (Querformat. Verlagsnummer: 2696.)

Ausgaben. Holle, Wolfenbüttel, (deutsch u. franz.) 4 Ngr. n. Schreiber, Wien, 25 Ngr.

Einzeln:

No. 1. Senff, Leipzig, 2 Ngr. — Für Contra-Alt (od. Bass): Schreiber, Wien, 10 Ngr.
No. 2. Breitkopf u. Härtel, Leipzig, $1\frac{1}{2}$ Ngr. n. Senff, Leipzig, 2 Ngr.
No. 3. Senff, Leipzig, 2 Ngr. — Für Contra-Alt (od. Bass): Holle, Wolfenbüttel, deutsch u. franz. Mit Op. 83.) 5 Ngr. n. Schreiber, Wien, 10 Ngr.
No. 4. Senff, Leipzig, 2 Ngr. — Für Contra-Alt (od. Bass): Schreiber, Wien, 5 Ngr.

Uebertragungen.

No. 2.

Für Harmonium von *Bial.* (Sammlung beliebter Gesänge. Heft 3.) Bote u. Bock, Berlin. $17\frac{1}{2}$ Ngr.
Für Physharmonika u. Pianoforte von *C. G. Lickl.* (Op. 51. Heft 24.) Schreiber, Wien. 1 Thlr. 10 Ngr.

No. 3.

Für Pianoforte zu 2 Händen von *A. H. Ehrlich.* (Op. 6.) Schreiber, Wien, 10 Ngr.

No. 4.

Für Pianoforte zu 2 Händen von *F. Spindler.* (Op. 183. No. 45.) Siegel, Leipzig, 10 Ngr.
Für Harmonium von *Bial.* (Sammlung beliebter Gesänge. Heft 3.) Bote u. Bock, Berlin. $17\frac{1}{2}$ Ngr.
Für Physharmonika u. Pianoforte (od. 2 Pianoforte) von *C. G. Lickl.* (Op. 51. Heft 24.) Schreiber, Wien, 1 Thlr. 10 Ngr.
Für gemischten Chor von *G. W. Teschner.* (12 Lieder. Heft 2.) Breitkopf u. Härtel, Leipzig, 1 Thlr.

Op. 89. Winterreise.

24 Lieder

(Gedichte von Wilh. Müller)

für eine Singstimme mit Begleitung des Pianoforte.

(In 2 Abtheilungen.)

Wien, bei Haslinger. 1. u. 2. Abtheilung (deutsch u. franz.) à 2 Thlr., wohlfeile Ausgabe à $1\frac{1}{3}$ Thlr.

I. Abtheilung.

№ 1. Gute Nacht.

№ 2. Die Wetterfahne.

№ 3. Gefrorne Thränen.
Nicht zu langsam.
pp
Ge - fror - ne Tro - pfen fal - len
№ 4. Erstarrung.
Ziemlich schnell.
p
Ich such im Schnee ver - ge - bens nach
№ 5. Der Lindenbaum.
Mässig.
pp
Am Brun-nen vor dem Tho-re,
№ 6. Wasserfluth.
Langsam.
p
pp
Man - che Thrän' aus mei - nen Au-gen
№ 7. Auf dem Flusse.
Langsam.
pp
stacc.
pp
Der du so lu - stig rauschest, du hel - ler, wil - der Fluss,
№ 8. Rückblick.
Nicht zu geschwind.
p
Es brennt mir un - ter bei - den Soh-len.

№ 9. Irrlicht.
Langsam.
p
In die tief - sten Fel - sen - grün - de
№ 10. Rast.
Mässig.
p
Nun merk' ich erst wie müd' ich bin, da
№ 11. Frühlingstraum.
Etwas bewegt.
pp
p
Ich träumte von bun-ten Blu-men,
№ 12. Einsamkeit.
Langsam.
pp
Wie ei - ne trü - be Wol-ke durch heit-re Lüf - te
II. Abtheilung.
№ 13. Die Post.
Etwas geschwind.
p
p
Von der Stras-se her ein Post-horn klingt,
№ 14. Der greise Kopf.
Etwas langsam.
p
Der Reif hat ei - nen weis-sen Schein mir

№ 15. Die Krähe.
Etwas langsam.
Ei - ne Krä - he war mit mir
№ 16. Letzte Hoffnung.
Nicht zu geschwind.
Hie und da ist an den Bäu - men
№ 17. Im Dorfe.
Etwas langsam.
Es bel - len die Hun - de, es
№ 18. Der stürmische Morgen.
Ziemlich geschwind.
Wie hat der Sturm zer - ris - sen
№ 19. Täuschung.
Etwas geschwind.
Ein Licht tanzt freundlich vor mir her,
№ 20. Der Wegweiser.
Mässig.
Was ver - meid' ich denn die We - ge,

Anmerkung. Das vollständige Original-Manuscript, aus 2 Heften bestehend, war im Besitz der Wittwe Haslinger in Wien. Das 1. Heft, die Lieder Nr. 1 bis 12 enthaltend, hat die Ueberschrift: »Winterreise von Wilh. Müller. Febr. 1827. Frz. Schubert«. Das 2. Heft, die Lieder Nr. 13 bis 24 enthaltend, hat zu Anfang das Datum: »Octbr. 1827«. In erwähntem Manuscript sind die Lieder in der Folge geschrieben, in der sie gedruckt sind. Nur sind fünf davon in andern Tonarten geschrieben, deren Aenderung nach Andeutungen Schubert's geschehen ist. Die ursprüngliche Tonart von Nr. 6 ist Fis moll, von Nr. 10 D moll, von Nr. 12 D moll, von Nr. 22 A moll und von Nr. 24 H moll. Bei Nr. 10 ist von Schubert's Hand bemerkt: »Ist aus C moll zu schreiben«. Die Winterreise erschien in 2 Abtheilungen. Die 1. Abtheilung wurde am 14. Januar 1828, die 2. Abtheilung am 2. Januar 1829 in der Wiener Zeitung als erschienen angezeigt. Die Correctur der 2. Abtheilung war, nach der Anzeige in der Wiener Zeitung und nach Ferdinand Schubert's Mittheilung (Neue Zeitschrift für Musik, 1839), der letzte Federstrich Franz Schubert's. Titel der alten Ausgabe: »Winterreise. Von Wilhelm Müller. In Mufik gefetzt für eine Singftimme mit Begleitung des Pianoforte von Franz Schubert. 89stes Werk. 1te Abtheilung. Eigenthum des Verlegers. Wien, bey Tobias Haslinger«. (Querformat. Verlagsnummern: 5101 bis 5124.)

Ausgaben. Breitkopf u. Härtel, Leipzig, Abth. 1. 2 cplt. 25 Ngr. n., gebunden 1 Thlr. 7 Ngr. Haslinger, Wien, (deutsch u. franz.) Abth. 1. 2 à 2 Thlr., wohlfeile Ausgabe à 1⅓ Thlr. Holle, Wolfenbüttel, (deutsch u. franz.) Abth. 1 7½ Ngr. n., Abth. 2 6 Ngr. n. Litolff, Braunschweig, Abth. 1. 2 cplt. 10 Ngr. n. Peters, Leipzig, Abth. 1. 2 cplt. 10 Ngr. n. Senff, Leipzig, Abth. 1. 2 cplt. 20 Ngr., Prachtausgabe gebunden 2 Thlr.

Für tiefe Stimme:

Arnold, Elberfeld, (deutsch u. franz.) 2 Abth. à 2 Thlr. Breitkopf u. Härtel, Leipzig, Abth. 1. 2 cplt. 25 Ngr. n. Litolff, Braunschweig, Abth. 1. 2 cplt. 10 Ngr. n. Peters, Leipzig, Abth. 1. 2 cplt. 10 Ngr. n. Schuberth, Hamburg, Abth. 1. 2 cplt. 1 Thlr. 10 Ngr. n.

Einzeln:

No. 1. Breitkopf u. Härtel, Leipzig, 3 Ngr. n. Forberg, Leipzig, (deutsch u. franz.) 5 Ngr. Haslinger, Wien, (deutsch u. franz.) 10 Ngr., wohlfeile Ausgabe 6 Ngr. W. Müller, Berlin, 1 Ngr. n. Senff, Leipzig, 2 Ngr. — Für Sopran (od. Tenor): Schlesinger, Berlin, $2^1/_2$ Ngr. n. — Für Alt (od. Bass): Arnold, Elberfeld, (deutsch u. franz.) 10 Ngr. Schlesinger, Berlin, $2^1/_2$ Ngr. n.

No. 2. Breitkopf u. Härtel, Leipzig, 3 Ngr. n. Forberg, Leipzig, (deutsch u. franz.) 4 Ngr. Haslinger, Wien, (deutsch u. franz.) 7 Ngr., wohlfeile Ausgabe 5 Ngr. Senff, Leipzig, 2 Ngr. — Für Sopran (od. Tenor): Schlesinger, Berlin, $2^1/_2$ Ngr. n. — Für Alt (od. Bass): Arnold, Elberfeld, (deutsch u. franz.) 10 Ngr. Schlesinger, Berlin, $2^1/_2$ Ngr. n.

No. 3. Breitkopf u. Härtel, Leipzig, $1^1/_2$ Ngr. n. Forberg, Leipzig, (deutsch u. franz.) 4 Ngr. Haslinger, Wien, (deutsch u. franz.) 7 Ngr., wohlfeile Ausgabe 5 Ngr. Senff, Leipzig, 2 Ngr. — Für Sopran (od. Tenor): Schlesinger, Berlin, $2^1/_2$ Ngr. n. — Für Alt (od. Bass): Arnold, Elberfeld, (deutsch u. franz.) $7^1/_2$ Ngr. Schlesinger, Berlin, $2^1/_2$ Ngr. n.

No. 4. Breitkopf u. Härtel, Leipzig, $1^1/_2$ Ngr. n. Forberg, Leipzig, (deutsch u. franz.) 5 Ngr. Haslinger, Wien, (deutsch u. franz.) 14 Ngr., wohlfeile Ausgabe 8 Ngr. Senff, Leipzig, 2 Ngr. — Für Sopran (od. Tenor): Schlesinger, Berlin, $2^1/_2$ Ngr. n. — Für Alt (od. Bass): Arnold, Elberfeld, (deutsch u. franz.) $12^1/_2$ Ngr. Schlesinger, Berlin, $2^1/_2$ Ngr. n.

No. 5. Breitkopf u. Härtel, Leipzig, 3 Ngr. n. Forberg, Leipzig, (deutsch u. franz.) 5 Ngr. Haslinger, Wien, (deutsch u. franz.) 10 Ngr., wohlfeile Ausgabe 6 Ngr. Senff, Leipzig, 2 Ngr. — Für Sopran (od. Tenor): W. Müller, Berlin, 1 Ngr. n. Schlesinger, Berlin, $2^1/_2$ Ngr. n. — Für Mezzosopran: W. Müller, Berlin, 1 Ngr. n. — Für Alt (od. Bass): Arnold, Elberfeld, (deutsch u. franz.) 10 Ngr. W. Müller, Berlin, 1 Ngr. n. Schlesinger, Berlin, $2^1/_2$ Ngr. n.

No. 6. Breitkopf u. Härtel, Leipzig, $1^1/_2$ Ngr. n. Forberg, Leipzig, (deutsch u. franz.) 4 Ngr. Haslinger, Wien, (deutsch u. franz.) 7 Ngr., wohlfeile Ausgabe 6 Ngr. Senff, Leipzig, 2 Ngr. — Für Sopran (od. Tenor): Schlesinger, Berlin, $2^1/_2$ Ngr. n. — Für Alt (od. Bass): Arnold, Elberfeld, (deutsch u. franz.) $7^1/_2$ Ngr. Schlesinger, Berlin, $2^1/_2$ Ngr. n.

No. 7. Breitkopf u. Härtel, Leipzig, 3 Ngr. n. Forberg, Leipzig, (deutsch u. franz.) 4 Ngr. Haslinger, Wien, (deutsch u. franz.) 7 Ngr., wohlfeile Ausgabe 5 Ngr. Senff, Leipzig, 2 Ngr. — Für Sopran (od. Tenor): Schlesinger, Berlin, $2^1/_2$ Ngr. n. — Für Alt (od. Bass): Arnold, Elberfeld, (deutsch u. franz.) $7^1/_2$ Ngr. Schlesinger, Berlin, $2^1/_2$ Ngr. n.

No. 8. Breitkopf u. Härtel, Leipzig, 3 Ngr. n. Forberg, Leipzig, (deutsch u. franz.) 5 Ngr. Haslinger, Wien, (deutsch u. franz.) 10 Ngr., wohlfeile Ausgabe 6 Ngr. Senff, Leipzig, 2 Ngr. — Für Sopran (od. Tenor): Schlesinger, Berlin, $2^1/_2$ Ngr. n. — Für Alt (od. Bass): Arnold, Elberfeld, (deutsch u. franz.) 10 Ngr. Schlesinger, Berlin, $2^1/_2$ Ngr. n.

No. 9. Breitkopf u. Härtel, Leipzig, $1^1/_2$ Ngr. n. Forberg, Leipzig, (deutsch u. franz.) $2^1/_2$ Ngr. n. Haslinger, Wien, (deutsch u. franz.) 5 Ngr., wohlfeile Ausgabe 3 Ngr. Senff, Leipzig, 2 Ngr. — Für Sopran (od. Tenor): Schlesinger, Berlin, (mit No. 10) $2^1/_2$ Ngr. n. — Für Alt (od. Bass): Arnold, Elberfeld, (deutsch u. franz.) 5 Ngr. Schlesinger, Berlin, (mit No. 10) $2^1/_2$ Ngr. n.

No. 10. Breitkopf u. Härtel, Leipzig, $1^1/_2$ Ngr. n. Forberg, Leipzig, (deutsch u. franz.) 4 Ngr. Haslinger, Wien, (deutsch u. franz.) 7 Ngr., wohlfeile Ausgabe 5 Ngr. Senff, Leipzig, 2 Ngr. — Für Sopran (od. Tenor): Schlesinger, Berlin, (mit No. 9) $2^1/_2$ Ngr. n. — Für Alt (od. Bass): Arnold, Elberfeld, (deutsch u. franz.) $7^1/_2$ Ngr. Schlesinger, Berlin, (mit No. 9) $2^1/_2$ Ngr. n.

No. 11. Breitkopf u. Härtel, Leipzig, 3 Ngr. n. Forberg, Leipzig, (deutsch u. franz.) 4 Ngr. Haslinger, Wien, (deutsch u. franz.) 10 Ngr., wohlfeile Ausgabe 6 Ngr. W. Müller, Berlin, 1 Ngr. n. Senff, Leipzig, 2 Ngr. — Für Sopran (od. Tenor): Schlesinger, Berlin, 2½ Ngr. n. — Für Alt (od. Bass): Arnold, Elberfeld, (deutsch u. franz.) 10 Ngr. Schlesinger, Berlin, 2½ Ngr. n.

No. 12. Breitkopf u. Härtel, 1½ Ngr. n. Forberg, Leipzig, (deutsch u. franz.) 2½ Ngr. Haslinger, Wien, (deutsch u. franz.) 5 Ngr., wohlfeile Ausgabe 3 Ngr. Senff, Leipzig, 2 Ngr. — Für Sopran (od. Tenor): Schlesinger, Berlin, 2½ Ngr. n. — Für Alt (od. Bass): Arnold, Elberfeld, (deutsch u. franz.) 5 Ngr. Schlesinger, Berlin, 2½ Ngr. n.

No. 13. Breitkopf u. Härtel, Leipzig, 3 Ngr. n. Forberg, Leipzig, (deutsch u. franz.) 4 Ngr. Haslinger, Wien, (deutsch u. franz.) 10 Ngr., wohlfeile Ausgabe 6 Ngr. Senff, Leipzig, 2 Ngr. Siegel, Leipzig, 10 Ngr. — Für Sopran (od. Tenor): W. Müller, Berlin, 1 Ngr. n. Schlesinger, Berlin, 2½ Ngr. n. — Für Mezzosopran: W. Müller, Berlin, 1 Ngr. n. — Für Alt (od. Bass): Arnold, Elberfeld, (deutsch u. franz.) 10 Ngr. W. Müller, Berlin, 1 Ngr. n. Schlesinger, Berlin, 2½ Ngr. n.

No. 14. Breitkopf u. Härtel, Leipzig, 1½ Ngr. n. Forberg, Leipzig, (deutsch u. franz.) 2½ Ngr. Haslinger, Wien, (deutsch u. franz.) 7 Ngr., wohlfeile Ausgabe 5 Ngr. Senff, Leipzig, 2 Ngr. — Für Sopran (od. Tenor): Schlesinger, Berlin, (mit No. 15) 2½ Ngr. n. — Für Alt (od. Bass): Arnold, Elberfeld, (deutsch u. franz.) 7½ Ngr. Schlesinger, Berlin, (mit No. 15) 2½ Ngr. n.

No. 15. Breitkopf u. Härtel, Leipzig, 3 Ngr. n. Forberg, Leipzig, (deutsch u. franz.) 4 Ngr. Haslinger, Wien, (deutsch u. franz.) 10 Ngr., wohlfeile Ausgabe 6 Ngr. Senff, Leipzig, 2 Ngr. — Für Sopran (od. Tenor): Schlesinger, Berlin, (mit No. 14) 2½ Ngr. n. — Für Alt (od. Bass): Arnold, Elberfeld, (deutsch u. franz.) 10 Ngr. Schlesinger, Berlin, (mit No. 14) 2½ Ngr. n.

No. 16. Breitkopf u. Härtel, Leipzig, 3 Ngr. n. Forberg, Leipzig, (deutsch u. franz.) 4 Ngr. Haslinger, Wien, (deutsch u. franz.) 10 Ngr., wohlfeile Ausgabe 6 Ngr. Senff, Leipzig, 2 Ngr. — Für Sopran (od. Tenor): Schlesinger, Berlin, 2½ Ngr. n. — Für Alt (od. Bass): Arnold, Elberfeld, (deutsch u. franz.) 10 Ngr. Schlesinger, Berlin, 2½ Ngr. n.

No. 17. Breitkopf u. Härtel, Leipzig, 3 Ngr. n. Forberg, Leipzig, (deutsch u. franz.) 4 Ngr. Haslinger, Wien, (deutsch u. franz.) 14 Ngr., wohlfeile Ausgabe 8 Ngr. Senff, Leipzig, 2 Ngr. — Für Sopran (od. Tenor): Schlesinger, Berlin, 2½ Ngr. n. — Für Alt (od. Bass): Arnold, Elberfeld, (deutsch u. franz.) 12½ Ngr. Schlesinger, Berlin, 2½ Ngr. n.

No. 18. Breitkopf u. Härtel, Leipzig, 1½ Ngr. n. Forberg, Leipzig, (deutsch u. franz.) 2½ Ngr. Haslinger, Wien, (deutsch u. franz.) 7 Ngr., wohlfeile Ausgabe 5 Ngr. Senff, Leipzig, 2 Ngr. — Für Sopran (od. Tenor): Schlesinger, Berlin, (mit No. 19) 2½ Ngr. n. — Für Alt (od. Bass): Arnold, Elberfeld, (deutsch u. franz.) 7½ Ngr. Schlesinger, Berlin, (mit No. 19) 2½ Ngr. n.

No. 19. Breitkopf u. Härtel, Leipzig, 1½ Ngr. n. Forberg, Leipzig, (deutsch u. franz.) 2½ Ngr. Haslinger, Wien, (deutsch u. franz.) 7 Ngr., wohlfeile Ausgabe 5 Ngr. Senff, Leipzig, 2 Ngr. — Für Sopran (od. Tenor): Schlesinger, Berlin, (mit No. 18) 2½ Ngr. n. — Für Alt (od. Bass): Arnold, Elberfeld, (deutsch u. franz.) 7½ Ngr. Schlesinger, Berlin, (mit No. 18) 2½ Ngr. n.

No. 20. Breitkopf u. Härtel, Leipzig, 3 Ngr. n. Forberg, Leipzig, (deutsch u. franz.) 4 Ngr. Haslinger, Wien, (deutsch u. franz.) 10 Ngr., wohlfeile Ausgabe 6 Ngr. Senff, Leipzig, 2 Ngr. — Für Sopran (od. Tenor): Schlesinger, Berlin, 2½ Ngr. n. — Für Alt (od. Bass): Arnold, Elberfeld, (deutsch u. franz.) 10 Ngr. Schlesinger, Berlin, 2½ Ngr. n.

No. 21. Breitkopf u. Härtel, Leipzig, 1½ Ngr. n. Forberg, Leipzig, (deutsch u. franz.) 2½ Ngr. Haslinger, Wien, (deutsch u. franz.) 7 Ngr., wohlfeile Ausgabe 5 Ngr. Senff, Leipzig, 2 Ngr. — Für Sopran (od. Tenor): Schlesinger, Berlin, 2½ Ngr. n. — Für Alt (od. Bass): Arnold, Elberfeld, (deutsch u. franz.) 7½ Ngr. Schlesinger, Berlin, 2½ Ngr. n.

No. 22. Breitkopf u. Härtel, Leipzig, $1^1/_2$ Ngr. n. Forberg, Leipzig, (deutsch u. franz.) 4 Ngr. Haslinger, Wien, (deutsch u. franz.) 7 Ngr., wohlfeile Ausgabe 5 Ngr. Senff, Leipzig, 2 Ngr. — Für Sopran (od. Tenor): Schlesinger, Berlin, $2^1/_2$ Ngr. n. — Für Alt (od. Bass): Arnold Elberfeld, (deutsch u. franz.) $7^1/_2$ Ngr. Schlesinger, Berlin, $2^1/_2$ Ngr. n.

No. 23. Breitkopf u. Härtel, Leipzig, $1^1/_2$ Ngr. n. Forberg, Leipzig, (deutsch u. franz.) $2^1/_2$ Ngr. Haslinger, Wien, (deutsch u. franz.) $3^1/_2$ Ngr., wohlfeile Ausgabe 3 Ngr. Senff, Leipzig, 2 Ngr. — Für Sopran (od. Tenor): Schlesinger, Berlin, $2^1/_2$ Ngr. n. — Für Alt (od. Bass): Arnold, Elberfeld, (deutsch u. franz.) 5 Ngr. Schlesinger, Berlin, $2^1/_2$ Ngr. n.

No. 24. Breitkopf u. Härtel, Leipzig, 3 Ngr. n. Forberg, Leipzig, (deutsch u. franz.) 4 Ngr. Haslinger, Wien, (deutsch u. franz.) 7 Ngr., wohlfeile Ausgabe 5 Ngr. Senff, Leipzig, 2 Ngr. — Für Sopran (od. Tenor): Schlesinger, Berlin, $2^1/_2$ Ngr. n. — Für Alt (od. Bass): Arnold, Elberfeld, (deutsch u. franz.) $7^1/_2$ Ngr. Schlesinger, Berlin, $2^1/_2$ Ngr. n.

Uebertragungen.

(Winterreise complet.

Für Violine u. Pianoforte von *F. Hermann.* Peters, Leipzig, 16 Ngr. n. Ebenso von *L. Jansa.* (Op. 62.) Haslinger, Wien, 2 Thlr.
Für Violoncell u. Pianoforte von *F. Hermann.* Peters, Leipzig, 16 Ngr. n. Ebenso von *L. Jansa.* (Op. 62.) Haslinger, Wien, 2 Thlr.
Für Flöte u. Pianoforte von *L. Jansa.* (Op. 62.) Haslinger, Wien, 2 Thlr.
Für Pianoforte zu 2 Händen von *R. Wittmann.* Peters, Leipzig, 10 Ngr. n.

No. 1.

Für Violine u. Pianoforte von *M. Hauser.* (Melod. No. 10.) Siegel, Leipzig, 10 Ngr. Ebenso von *L. Jansa.* (Op. 62. No. 1.) Haslinger, Wien, 10 Ngr.
Für Violoncell u. Pianoforte von *L. Jansa.* (Op. 62. No. 1. Haslinger, Wien, 10 Ngr.
Für Flöte u. Pianoforte von *L. Jansa.* (Op. 62. No. 1.) Haslinger, Wien, 10 Ngr.
Für Zither von *W. Holler.* (Comp. u. Transcrpt. Heft 19.) Haslinger, Wien, 10 Ngr.
Für Pianoforte zu 2 Händen. Haslinger, Wien, (Schubert, Lieder. Heft 2. 20 Ngr. Ebenso von *C. Czerny.* Jugendschatz. No. 33.) Haslinger, Wien, 5 Ngr. Ebenso von *L. Köhler.* (Lieder. No. 7. Bote u. Bock, Berlin, $12^1/_2$ Ngr. Ebenso von *F. Liszt.* (Winterreise. No. 15.) Haslinger, Wien, 15 Ngr. Ebenso von *J. O'Kelly.* (12 Mélodies. Suite 2. Schott, Mainz, 20 Ngr.
Für Physharmonika u. Pianoforte von *C. G. Lickl.* (Den Manen. No. 10. Haslinger, Wien, 20 Ngr.
Für Harmonium (od. Pianoforte) von *K. Hennig.* Lieder u. Gesänge. Heft 2. Stoll, Leipzig, 15 Ngr.

No. 3.

Für Pianoforte zu 2 Händen. Haslinger, Wien, (Schubert, Lieder. Heft 4. 20 Ngr. Ebenso von *L. Köhler.* (Lieder. No. 4.) Bote u. Bock, Berlin, $7^1/_2$ Ngr.
Für Harmonium von *K. Hennig.* (Lieder u. Gesänge. Heft 3.) Stoll, Leipzig, 15 Ngr.

No. 4.

Für Violine u. Pianoforte von *L. Jansa.* (Op. 62. No. 6.) Haslinger, Wien, 10 Ngr.
Für Violoncell u. Pianoforte von *L. Jansa.* (Op. 62. No. 6. Haslinger, Wien, 10 Ngr.
Für Flöte u. Pianoforte von *L. Jansa.* (Op. 62. No. 6.) Haslinger, Wien, 10 Ngr.
Für Pianoforte zu 2 Händen von *L. Köhler.* (Lieder. No. 12.) Bote u. Bock, Berlin, 15 Ngr. Ebenso von *F. Liszt.* (Winterreise. No. 19.) Haslinger, Wien, 20 Ngr.
Für Sopran, Alt, Tenor u. Bass von *G. W. Teschner.* (36 Lieder. Heft 8.) Siegel, Leipzig, Partitur u. Stimmen: 25 Ngr.

No. 5.

Für Violine u. Pianoforte von *M. Hauser.* (Melod. No. 31.) Siegel, Leipzig, $12^1/_2$ Ngr. Ebenso von *L. Jansa.* (Op. 62. No. 8. Haslinger, Wien, 10 Ngr.
Für Violoncell u. Pianoforte von *L. Jansa.* (Op. 62. No. 8. Haslinger, Wien, 10 Ngr.

Für Flöte u. Pianoforte von *L. Jansa.* (Op. 62. No. 8.) Haslinger, Wien, 10 Ngr.
Für Pianoforte zu 2 Händen von *L. Köhler.* (Lieder. No. 11.) Bote u. Bock, Berlin, 12½ Ngr. Ebenso von *W. Kuhe.* (Op. 139. No. 8.) Siegel, Leipzig, 15 Ngr. Ebenso von *G. Lange.* (Op. 90. No. 15.) Challier u. Comp., Berlin, 15 Ngr. Ebenso von *F. Liszt.* (Winterreise. No. 21.) Haslinger, Wien, 20 Ngr. Ebenso von *Th. Oesten.* (Op. 369. No. 22.) Siegel, Leipzig, 15 Ngr. Ebenso von *Fr. Spindler.* (Op. 183. No. 25.) Siegel, Leipzig, 14 Ngr.
Für Männerchor mit kl. Orchester von *Tschirch.* Haslinger, Wien, Partitur u. Stimmen: 20 Ngr., mit Pianoforte-Begleitung: 15 Ngr.
Für Sopran, Alt, Tenor u. Bass von *Fr. Abt.* (12 Gesänge. Heft 1.) André, Offenbach, Partitur u. Stimmen: 25 Ngr. Ebenso von *G. W. Teschner.* (36 Lieder. Heft 1.) Siegel, Leipzig, Partitur u. Stimmen: 25 Ngr.

No. 6.

Für Violine u. Pianoforte von *L. Jansa.* (Op. 62. No. 7.) Haslinger, Wien, 8 Ngr.
Für Violoncell u. Pianoforte von *L. Jansa.* (Op. 62. No. 7.) Haslinger, Wien, 8 Ngr.
Für Flöte u. Pianoforte von *L. Jansa.* (Op. 62. No. 7.) Haslinger, Wien, 8 Ngr.
Für Pianoforte zu 2 Händen von *F. Liszt.* (Winterreise. No. 20.) Haslinger, Wien, 10 Ngr.
Für Physharmonika u. Pianoforte von *C. G. Lickl.* (Den Manen. No. 10.) Haslinger, Wien, 20 Ngr.

No. 9.

Für Pianoforte zu 2 Händen. Haslinger, Wien. (Schubert, Lieder. Heft 3.) 20 Ngr.

No. 11.

Für Pianoforte zu 2 Händen von *L. Köhler.* (Lieder. No. 9.) Bote u. Bock, Berlin, 10 Ngr. Ebenso von *Fr. Spindler.* (Op. 183. No. 23.) Siegel, Leipzig, 14 Ngr.

No. 13.

Für eine Singstimme mit Guitarre. Haslinger, Wien, 10 Ngr.
Für Violine u. Pianoforte von *M. Hauser.* (Melod. No. 27.) Siegel, Leipzig, 10 Ngr. Ebenso von *L. Jansa.* (Op. 62. No. 2.) Haslinger, Wien, 10 Ngr. Ebenso von *G. Scheller.* (Op. 41. No. 5.) Cranz, Hamburg, 7½ Ngr.
Für Violoncell u. Pianoforte von *R. E. Bockmühl.* (Immortellen. No. 3.) André, Offenbach, 15 Ngr. Ebenso von *L. Jansa.* (Op. 62. No. 2.) Haslinger, Wien, 10 Ngr. Ebenso von *F. A. Kummer.* (Op. 117. No. 9.) Cranz, Hamburg, 12½ Ngr.
Für Flöte u. Pianoforte von *L. Jansa.* (Op. 62. No. 2.) Haslinger, Wien, 10 Ngr. Ebenso von *F. A. Kummer.* (Op. 117^{b}. No. 9.) Cranz, Hamburg, 12½ Ngr.
Für Guitarre von *J. K. Mertz.* (6 Lieder. No. 5.) Haslinger, Wien, 20 Ngr.
Für Pianoforte zu 4 Händen von *K. Burchard.* (Lieder. Heft 1.) Heinrichshofen, Magdeburg, 15 Ngr. Ebenso von *L. Winkler.* (Chansons. No. 2.) Cranz, Hamburg, 12½ Ngr.
Für Pianoforte zu 2 Händen. Haslinger, Wien, (Schubert, Lieder. Heft 1.) 20 Ngr. Ebenso von *F. X. Chwatal.* (Op. 221. Heft 2.) Merseburger, Leipzig, 15 Ngr. Ebenso von *J. H. Doppler.* (Op. 309. No. 4.) Cranz, Hamburg, 7½ Ngr. Ebenso von *W. Graf.* (Lieder. No. 2.) Wetzler, Prag, 10 Ngr. Ebenso von *St. Heller.* (30 Lieder. No. 14.) Schloss, Cöln, 12½ Ngr. Ebenso von *L. Köhler.* (Lieder. No. 8.) Bote u. Bock, Berlin, 10 Ngr. Ebenso von *W. Kuhe.* (Op. 139. No. 11.) Siegel, Leipzig, 12½ Ngr. Ebenso von *G. Lange.* (Op. 90. No. 16.) Challier u. Comp., Berlin, 15 Ngr. Ebenso von *F. Liszt.* (Winterreise. No. 18.) Haslinger, Wien, 15 Ngr. Ebenso von *Ch. Miller.* (Lieder. No. 3.) Schuberth, Hamburg, 10 Ngr. Ebenso von *Th. Oesten.* (Op. 369. No. 16.) Siegel, Leipzig, 15 Ngr. Ebenso von *F. Spindler.* (Op. 183. No. 9.) Siegel, Leipzig, 14 Ngr. Ebenso von *S. Thalberg.* (Op. 79. No. 3.) Schreiber, Wien, 15 Ngr. Ebenso von *E. D. Wagner.* (Op. 40. No. 3. [in leichtem Styl.]) Schlesinger, Berlin, 7½ Ngr.
Für Männerchor mit kl. Orchester von *W. Tschirch.* Haslinger, Wien, Partitur u. Stimmen: 20 Ngr., mit Pianofortebegleitung: 15 Ngr.
Für 4 Männerstimmen mit obl. Posthorn von *L. F. Witt.* Bellmann, Kiel, Partitur u. Stimmen: 10 Ngr.

No. 17.

Für Pianoforte zu 2 Händen von *St. Heller.* (30 Lieder. No. 30.) Schloss, Cöln. 15 Ngr. Ebenso von *F. Liszt.* (Winterreise. No. 24.) Haslinger, Wien. 20 Ngr.

No. 18.

Für Violine u. Pianoforte von *M. Hauser.* (Melod. No. 11.) Siegel, Leipzig, 10 Ngr. Ebenso von *L. Jansa.* (Op. 62. No. 1.) Haslinger, Wien. 10 Ngr.

Für Violoncell u. Pianoforte von *L. Jansa.* (Op. 62. No. 1.) Haslinger. Wien. 10 Ngr.

Für Flöte u. Pianoforte von *L. Jansa.* (Op. 62. No. 1. Haslinger. Wien. 10 Ngr.

Für Pianoforte zu 2 Händen von *F. Liszt.* (Winterreise. No. 21. Haslinger. Wien, 20 Ngr.

No. 19.

Für Violine u. Pianoforte von *M. Hauser.* (Melod. No. 36. Siegel, Leipzig. 10 Ngr. Ebenso von *L. Jansa.* (Op. 62. No. 5. Haslinger. Wien. 8 Ngr.

Für Violoncell u. Pianoforte von *L. Jansa.* (Op. 62. No. 5. Haslinger. Wien. 8 Ngr.

Für Flöte u. Pianoforte von *L. Jansa.* (Op. 62. No. 5.) Haslinger. Wien, 8 Ngr.

Für Pianoforte zu 2 Händen von *F. Liszt.* (Winterreise. No. 22.) Haslinger. Wien, 15 Ngr. Ebenso von *J. O'Kelly.* (12 Mélodies. Suite 3.) Schott, Mainz. 20 Ngr. Ebenso von *S. Thalberg.* (Op. 79. No. 1. Schreiber, Wien. 10 Ngr.

No. 20.

Für Harmonium (od. Pianoforte) von *K. Hennig.* (6 Lieder.) Stoll, Leipzig. 15 Ngr.

No. 21.

Für Violine u. Pianoforte von *L. Jansa.* (Op. 62. No. 9. Haslinger. Wien. 8 Ngr.

Für Violoncell u. Pianoforte von *L. Jansa.* (Op. 62. No. 9.) Haslinger. Wien. 8 Ngr.

Für Flöte u. Pianoforte von *L. Jansa.* (Op. 62. No. 9.) Haslinger. Wien. 8 Ngr.

Für Zither von *P. Renk.* (8 Lieder.) Schlesinger, Berlin. 15 Ngr.

Für Pianoforte zu 2 Händen von *F. Liszt.* (Winterreise. No. 23.) Haslinger, Wien. 15 Ngr.

Für Harmonium von *Bial.* (Samml. bel. Ges. Heft 1.) Bote u. Bock, Berlin. 20 Ngr.

Für Sopran, Alt, Tenor u. Bass von *G. W. Teschner.* (36 Lieder. Heft 1. Siegel, Leipzig. Partitur u. Stimmen: 25 Ngr.

No. 22.

Für Violine u. Pianoforte von *L. Jansa.* (Op. 62. No. 3.) Haslinger. Wien. 8 Ngr.

Für Violoncell u. Pianoforte von *L. Jansa.* (Op. 62. No. 3.) Haslinger. Wien. 8 Ngr.

Für Flöte u. Pianoforte von *L. Jansa.* (Op. 62. No. 3. Haslinger, Wien, 8 Ngr.

Für Pianoforte zu 2 Händen. Haslinger. Wien, (Schubert. Lieder. Heft 1.) 20 Ngr. Ebenso von *F. Liszt.* (Winterreise. No. 17.) Haslinger. Wien, 10 Ngr.

No. 23.

Für Violine u. Pianoforte von *M. Hauser.* (Melod. No. 14. Siegel, Leipzig. 7½ Ngr. Ebenso von *L. Jansa.* (Op. 62. No. 10.) Haslinger. Wien. 8 Ngr.

Für Violoncell u. Pianoforte von *L. Jansa.* (Op. 62. No. 10.) Haslinger. Wien. 8 Ngr.

Für Flöte u. Pianoforte von *L. Jansa.* (Op. 62. No. 10.) Haslinger. Wien. 8 Ngr.

Für Pianoforte zu 4 Händen von *K. Burchard.* (Lieder. Heft 2. Heinrichshofen, Magdeburg, 15 Ngr.

Für Pianoforte zu 2 Händen von *F. Liszt.* (Winterreise. No. 16. Haslinger, Wien, 15 Ngr. Ebenso von *F. Spindler.* (Op. 183. No. 35. Siegel. Leipzig. 10 Ngr.

Für Harmonium u. Pianoforte von *C. G. Lickl.* (Op. 51. Heft 2. Haslinger, Wien, 25 Ngr.

Für Harmonium (od. Pianoforte) von *K. Hennig.* (Lieder u. Gesänge. Heft 1.) Stoll, Leipzig, 15 Ngr. Ebenso von *C. G. Lickl.* (Op. 51. Heft 2.) Haslinger. Wien. 15 Ngr.

No. 24.

Für Violine u. Pianoforte von *M. Hauser.* (Melod. No. 33.) Siegel, Leipzig, 10 Ngr. Ebenso von *L. Jansa.* (Op. 62. No. 5.) Haslinger, Wien, 8 Ngr.

Für Violoncell u. Pianoforte von *L. Jansa.* (Op. 62. No. 5.) Haslinger. Wien. 8 Ngr.

Für Flöte u. Pianoforte von *L. Jansa.* (Op. 62. No. 5.) Haslinger. Wien, 8 Ngr.

Für Pianoforte zu 2 Händen von *F. Liszt.* (Winterreise. No. 22.) Haslinger. Wien. 15 Ngr.

Für Harmonium (od. Pianoforte) von *K. Hennig.* (Lieder u. Gesänge. Heft 4.) Stoll, Leipzig, 15 Ngr.

Op. 90. 4 Impromptus

für Pianoforte.

Wien, bei Haslinger. à 15 Ngr.

Anmerkung. Das vollständige Original-Manuscript, ohne Bezeichnung und ohne Datum, ist im Besitz der Wittwe Haslinger in Wien. Nr. 1 ist von dem Verleger (T. Haslinger) überschrieben: »Impromptu«. Ein mit Bleistift geschriebenes Autograph von Nr. 1 besitzt Dr. Schneider in Wien. Nr. 1 und 2 erschienen im Jahre 1828 in 2 Heften unter dem Titel: »No. Impromptu pour le Piano-Forte par Franç. Schubert. Oeuvre 87. Propriété de l'Editeur. Vienne, chez Tobie Haslinger«. (Hochformat. Verlagsnummern: 5071, 5072. Nr. 3 und 4 erschienen um 1855 bei Carl Haslinger in Wien. Nr. 3 ist von Schubert in Ges dur geschrieben. Der Verleger hat die Tonart geändert.

Ausgaben. André, Offenbach, No. 1. 2. 3. 4. à 15 Ngr. Böhme, Hamburg. No. 1. 2. à 12½ Ngr. Bote u. Bock, Berlin, No. 1. 2. à 1½ Ngr. Breitkopf u. Härtel, Leipzig. No. 1. 2. 3. à 6 Ngr. n., No. 4. 9 Ngr. n. Cotta, Stuttgart, No. 1—4. cplt. 20 Ngr. n. Cranz, Hamburg. No. 3. 4. à 10 Ngr. Fürstner, Berlin. (Revid. von *F. Kroll.*) No. 1. 2. à 7½ Ngr. Haslinger, Wien, à 15 Ngr., No. 1—4. cplt 1 Thlr. 10 Ngr. Holle, Wolfenbüttel, No. 1—4. cplt. 7½ Ngr. n. Litolff, Braunschweig, No. 1—4. cplt. 7½ Ngr. n. Peters, Leipzig, No. 1—4. cplt. 5 Ngr. n. Schlesinger, Berlin, No. 1. 3. à 2 Ngr. n., No. 2. 4. à 2½ Ngr. n. Schott, Mainz, 2 Hefte, à 15 Ngr. Senff, Leipzig. No. 1. 2. à 10 Ngr. Siegel, Leipzig, No. 1. 2. à 15 Ngr.

Uebertragungen.

Für Pianoforte zu 4 Händen von *J. F. K. Dietrich.* Präger u. Meier, Bremen, No. 1 u. 2: 1 Thlr. 10 Ngr. Ebenso von *K. Geissler.* Haslinger, Wien, No. 1: 20 Ngr., No. 2: 25 Ngr., No. 3: 17½ Ngr., No. 4: 25 Ngr.

Nr. 1. Für Orchester von *Bernh. Scholz.* Rieter-Biedermann, Leipzig, Partitur: 1⅓ Thlr., Stimmen: 2 Thlr.

No. 3. Für Violoncell u. Pianoforte von *K. Richter.* Weinholtz, Braunschweig, 10 Ngr. Ebenso von *H. Rörer.* (Op. 9.) Haslinger, Wien, 20 Ngr. Ebenso von *J. de Swert.* Bote u. Bock, Berlin, 17½ Ngr.

Für Harmonium u. Pianoforte von *J. Soyka.* Schreiber, Wien, No. 1: 17 Ngr., No. 3: 15 Ngr.

Op. 91. Grazer Walzer

für Pianoforte.

Wien, bei Haslinger. 12½ Ngr., neue Ausgabe 9 Ngr.

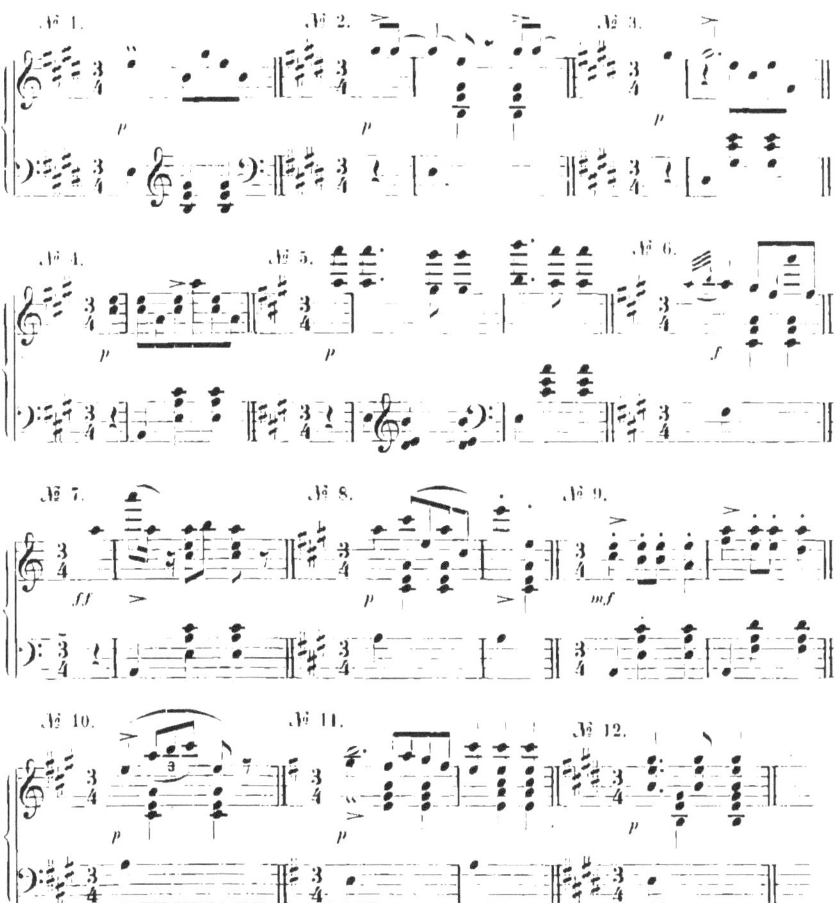

Anmerkung. Componirt im Herbst 1827. Schubert war im September 1827 in Graz. Titel der im Jahre 1828 erschienenen Ausgabe: »Graetzer-Walzer für das Piano-Forte von Franz Schubert. 91tes Werk Eigenthum des Verlegers. Wien, bei Tobias Haslinger«. (Querformat. Verlagsnummer: 5151.

Ausgaben. Breitkopf u. Härtel. Leipzig. 9 Ngr. n. Haslinger, Wien. 12½ Ngr., neue Ausgabe 9 Ngr. Holle. Wolfenbüttel. 3 Ngr. n. Litolff, Braunschweig, 2 Ngr. n.

Uebertragungen.

Für Pianoforte zu 4 Händen von *J. F. C. Dietrich.* Präger u. Meier. Bremen, 2 Hefte, à 10 Ngr. Ebenso von *K. Geissler.* Haslinger, Wien, 12 Ngr.

Op. 92. Der Musensohn, Auf dem See, Geistesgruss

(Gedichte von Goethe)

für eine Singstimme mit Begleitung des Pianoforte.

Wien, bei Schreiber. 27 Ngr.

№ 1. Der Musensohn.

№ 2. Auf dem See.

№ 3. Geistesgruss.

Anmerkung. Nr. 1 componirt im December 1822, Nr. 2 im März 1817, Nr. 3 angeblich im März 1816. Das Autograph von Nr. 1 (in As dur stehend) ist in der königl. Bibliothek zu Berlin. Titel der um Ostern 1828 erschienenen Ausgabe: »Der Musensohn, Auf dem See, Geistes Grufs. Drei Gedichte von Göthe. In Musik gesetzt für Gesang mit Begleitung des Pianoforte und der wohlgebornen Frau Josephine von Frank gewidmet von Franz Schubert. Op. 92. Eigenthum des Verlegers. Wien, bey M. J. Leidesdorf«. (Querformat. Verlagsnummer: 1014.)

Ausgaben. Holle, Wolfenbüttel, (deutsch u. franz.) 3 Ngr. n. Schreiber, Wien, 27 Ngr.

Einzeln:

No. 1. Breitkopf u. Härtel, Leipzig, 3 Ngr. n. Senff, Leipzig, 2 Ngr. — Für Contra-Alt (od. Bass): Holle, Wolfenbüttel, deutsch u. franz. Mit Op. 96, No. 4. Op. 97. 98, No. 2. Op. 101.) 4 Ngr. n. Schreiber, Wien, 10 Ngr.

No. 2. Breitkopf u. Härtel, Leipzig, 3 Ngr. n. Senff, Leipzig, 2 Ngr. — Für Contra-Alt (od. Bass): Schreiber, Wien, $7^{1}/_{2}$ Ngr.

No. 3. Breitkopf u. Härtel, Leipzig, $1^{1}/_{2}$ Ngr. n. Senff, Leipzig, 2 Ngr.

Uebertragung.

No. 2. Für Pianoforte zu 2 Händen von *Fr. Spindler.* (Op. 183. No. 17.) Siegel, Leipzig, 14 Ngr.

Op. 93. Im Walde, Auf der Brücke

(Gedichte aus Ernst Schulze's poetischem Tagebuche)

für eine Singstimme mit Begleitung des Pianoforte.

Wien, bei Schreiber. 25 Ngr. Neue Ausgabe 1 Thlr.

№ 1. Im Walde.

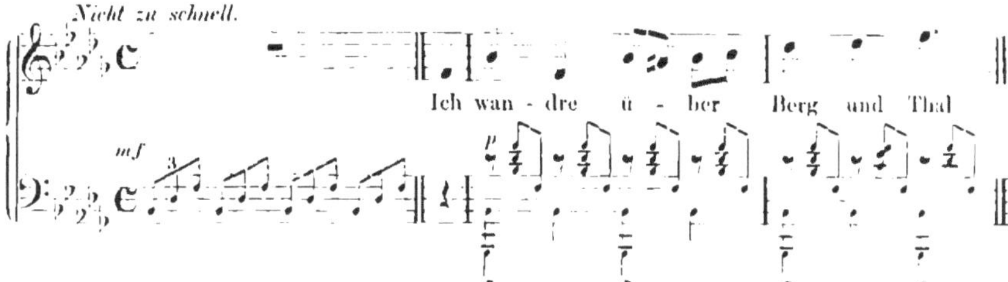

№ 2. Auf der Brücke.

Anmerkung. Nr. 1 componirt im März 1825, Nr. 2 im August 1825. Erschienen im Mai 1828 unter dem Titel: »Im Walde und auf der Brücke Zwey Gedichte von Ernst Schulze In Mufik gefetzt für eine Singstimme und Pianoforte-begleitung von Franz Schubert während seiner Anwesenheit in Gratz Verlegt bey J. A. Kienreich in Gratz Op. 90. Lith. u. gedr. bey Jos. Franz Kaiser in Gratz«. (Querformat. Ohne Verlagsnummer.) Schubert war in Graz im September 1827. Nach seinem Tode wurde von A. Diabelli u. Comp. in Wien eine Ausgabe veranstaltet, in welcher die Lieder andere Tonarten (Nr. 1 Gmoll, Nr. 2 Gdur) bekommen haben und ausserdem kleine Aenderungen vorgenommen sind.

Ausgaben. Holle, Wolfenbüttel, (deutsch u. franz.) 5 Ngr. n. Schreiber, Wien, 25 Ngr., neue Ausgabe 1 Thlr.

Einzeln:

No. 1. Senff, Leipzig, 2 Ngr.

No. 2. Senff, Leipzig, 5 Ngr.

Op. 94. Moments musicals

für Pianoforte.

(In 2 Heften.)

Wien, bei Schreiber. Heft I. II. à 15 Ngr.

Heft I.

№ 1. *Moderato.* № 2. *Andantino.*

p p

Anmerkung. Erschienen um Ostern 1828 in zwei Heften unter dem Titel: »Momens musicals pour le Piano Forte par François Schubert. Oeuvre 94. Propriété de l'Editeur. Cahier Vienne, publié par M. J. Leidesdorf«. (Hochformat. Verlagsnummern: 1043, 1044.)

Ausgaben. Berens, Hamburg, No. 3 einzeln, 5 Ngr. Böhme, Hamburg, 2 Hefte. à $12^1/_2$ Ngr. Bote u. Bock, Berlin, $7^1/_2$ Ngr. Breitkopf u. Härtel, Leipzig, 2 Hefte. à 12 Ngr. n. Cotta, Stuttgart, Heft 1. 2 cplt. 15 Ngr. n. Fürstner, Berlin, (Revid. von *F. Kroll.*) 2 Hefte, à $7^1/_2$ Ngr., cplt. $12^1/_2$ Ngr. Holle, Wolfenbüttel, Heft 1. 2 cplt. 4 Ngr. n. Litolff, Braunschweig, Heft 1. 2 cplt. 4 Ngr. n. Merseburger, Leipzig, 2 Hefte, à 10 Ngr. Peters, Leipzig, Heft 1. 2 cplt. 5 Ngr. n. Präger u. Meier, Bremen, 2 Hefte, à $12^1/_2$ Ngr. Schreiber, Wien, 2 Hefte, à 15 Ngr. Schuberth u. Comp., Leipzig, 2 Hefte, à 6 Ngr. n. Senff, Leipzig, Heft 1. 2 cplt. 20 Ngr., No. 1—6 einzeln à 5 Ngr. Siegel, Leipzig, 2 Hefte, à $12^1/_2$ Ngr.

Uebertragungen.

Für Pianoforte u. Violine von *R. Schaab.* Seitz, Leipzig, Heft 1: $22^1/_2$ Ngr., Heft 2: 25 Ngr.

Für Violoncell u. Pianoforte von *H. Rörer.* Schreiber, Wien, No. 2: 10 Ngr. Ebenso von *J. de Swert.* Bote u. Bock, Berlin, No. 1 (G.): $12^1/_2$ Ngr., No. 2 (Gm.), No. 3 (G): à 10 Ngr.

Für Pianoforte zu 4 Händen von *C. T. Brunner.* Schreiber, Wien, Heft 1: 20 Ngr., Heft 2: $22^1/_2$ Ngr. Ebenso von *J. F. K. Dietrich.* Präger u. Meier, Bremen, Heft 1. 2 cplt. 1 Thlr. 5 Ngr.

Für Violine, Harmonium u. Pianoforte von *J. Soyka.* Schreiber, Wien, No. 2. 4. 6: 25 Ngr.

Für Orchester von *Aug. Horn.* (Für kleinere Musikcapellen. Lief. 1.) Klemm, Leipzig, 1 Thlr.

Op. 95. Vier Refrain-Lieder

(Text von Joh. Gabr. Seidl)

für eine Singstimme mit Begleitung des Pianoforte.

Wien, bei Schreiber. 15 Ngr.

№ 2. Bei dir.
Nicht zu geschwind, doch feurig.

№ 3. Die Männer sind méchant.
Etwas langsam.

№ 4. Irdisches Glück.
Ziemlich geschwind.

Anmerkung. Titel der am 13. August 1828 als erschienen angezeigten Ausgabe: »Die Unterscheidung. Bey dir allein! Die Männer sind mechant! Irdisches Glück! Refrain-Lieder von Joh. Gab. Seidl. In Musik gesetzt für Eine Singstimme mit Pianoforte-Begleitung und dem Dichter freundschäftlichst gewidmet von Franz Schubert. 95tes Werk. Eigenthum des Verlegers. In der Kunst- und Musikhandlung des k. k. Hoftheater-Kapellmeisters Thadé Weigl«. (Querformat. Verlagsnummern: 2794—2797.)

Ausgaben. Holle, Wolfenbüttel, (deutsch u. franz.) 5 Ngr. n. Schreiber, Wien, 15 Ngr.

Einzeln:

No. 1. Schreiber, Wien, 12½ Ngr. Senff, Leipzig, 2 Ngr.
No. 2. Senff, Leipzig, 2 Ngr. — Für Contra-Alt (od. Bass): Schreiber, Wien, 7½ Ngr.
No. 3. Schreiber, Wien, 10 Ngr. Senff, Leipzig, 2 Ngr.
No. 4. Schreiber, Wien, 12½ Ngr. Senff, Leipzig, 2 Ngr.

Op. 96. Die Sterne, Jägers Liebeslied, Wanderers Nachtlied, Fischerweise

(Gedicht von C. G. von Leitner) (Gedicht von Fr. von Schober) (Gedicht von Goethe) (Gedicht von Franz von Schlechta)

für eine Singstimme mit Begleitung des Pianoforte.

Wien, bei Schreiber. 1 Thlr.

№ 1. Die Sterne.
Etwas geschwind.

pp
Wie bli - tzen die Ster - ne so hell durch die Nacht!

Anmerkung. Nr. 1 componirt im Januar 1828, Nr. 2 im Februar 1827, Nr. 3 spätestens im Sommer 1824, Nr. 4 im März 1826. Autograph von Nr. 2 bei Franz von Schober in München und von Nr. 4 bei Dr. Schneider in Wien. Nr. 1 und 4 wurden am 26. März 1828 von Mich. Vogl in Schubert's Concert gesungen. Nr. 3 erschien am 23. Juni 1827 als Beilage zur Wiener Zeitschrift für Kunst. Alle vier Lieder erschienen im Sommer 1828 lithographirt, ohne Angabe eines Verlegers oder Druckorts, ohne Opuszahl und ohne Verlagsnummer in einem Heft mit dem Titel: »Die Sterne von Leitner. Jaegers Liebeslied von Schober. Wanderers Nachtlied von Göthe. und Fischerweise von Schlechta. in Mufik gefetzt für eine Singftimme mit Begleitung des Piano-Forte und Ihrer fürftl. Gnaden der Frau Fürftin v. Kinsky, geb. Freyinn v. Kerpen, Sternkreuz Ordens Dame, ... in tiefefter Ehrfurcht geweiht von Franz Schubert«. (Querformat.) Im Februar 1829 erschienen sie als Verlagseigenthum von A. Diabelli u. Comp. in Wien.

Ausgaben. Holle, Wolfenbüttel, (deutsch u. franz.) 4 Ngr. n. Schreiber, Wien, 1 Thlr.

Einzeln:

No. 1. Schreiber, Wien, 12½ Ngr. Senff, Leipzig, 2 Ngr. — Für Contra-Alt (od. Bass): Schreiber, Wien, 7½ Ngr.

No. 2. Schreiber, Wien, 10 Ngr. Senff, Leipzig, 2 Ngr.

No. 3. Breitkopf u. Härtel, Leipzig, 1½ Ngr. n. Schreiber, Wien, 5 Ngr. Senff, Leipzig, 2 Ngr.

No. 4. Breitkopf u. Härtel, Leipzig, 3 Ngr. n. Senff, Leipzig, 2 Ngr. — Für Contra-Alt (od. Bass): Holle, Wolfenbüttel, (deutsch u. franz. Mit Op. 92, No. 1. Op. 97. Op. 98, No. 2. Op. 101.) 4 Ngr. n. Schreiber, Wien, 10 Ngr.

Uebertragungen.

No. 1.

Für Pianoforte zu 2 Händen von *F. Spindler.* (Op. 183. No. 26.) Siegel, Leipzig, 14 Ngr.

No. 2.

Für Pianoforte zu 2 Händen von *A. Diabelli.* (Euterpe. No. 286.) Schreiber, Wien, 8 Ngr.

No. 3.

Für Violine u. Pianoforte von *A. Diabelli.* (Concordance. Heft 45.) Schreiber, Wien, 25 Ngr.

Für Flöte u. Pianoforte von *A. Diabelli.* (Productionen. Heft 56.) Schreiber, Wien, 25 Ngr.

Für Pianoforte zu 2 Händen von *Fr. Spindler.* (Op. 183. No. 38.) Siegel, Leipzig, 10 Ngr.

Für Sopran, Alt, Tenor u. Bass von *Fr. Abt.* (12 Gesänge. Heft 1.) André, Offenbach, Partitur u. Stimmen: 25 Ngr. Ebenso von *G. W. Teschner.* (36 Lieder. Heft 1.) Siegel, Leipzig. Partitur u. Stimmen: 25 Ngr.

Für 3 Frauenstimmen mit Pianofortebegleitung von *Fr. Abt.* (Op. 186. Heft 3.) André, Offenbach, Klavier-Auszug u. Stimmen: 1 Thlr. 10 Ngr.

No. 4.

Für Violine u. Pianoforte von *A. Diabelli.* (Concordance. Heft 45.) Schreiber, Wien, 25 Ngr.

Für Flöte u. Pianoforte von *A. Diabelli.* (Productionen. Heft 56.) Schreiber, Wien, 25 Ngr.

Für Pianoforte zu 2 Händen von *C. Czerny.* (Lieder. No. 12.) Schreiber, Wien, 15 Ngr. Ebenso von *A. Diabelli.* (Euterpe. No. 286.) Schreiber, Wien, 8 Ngr.

Op. 97. Glaube, Hoffnung und Liebe

(Gedicht von Christoph Kuffner)

für eine Singstimme mit Begleitung des Pianoforte.

Wien, bei Schreiber. 10 Ngr.

Anmerkung. Erschien am 6. October 1828 in der Sammlung »Philomele« (Nr. 240) unter dem besondern Titel: »Glaube, Hoffnung und Liebe. Gedicht von Christ: Kuffner, für eine Singstimme, mit Begleitung des Piano-Forte, in Musik gesetzt von Franz Schubert. 97tes Werk. Eigenthum der Verleger. Wien, bei Ant. Diabelli u. Comp.« (Querformat. Verlagsnummer: 2905.)

Ausgaben. Holle, Wolfenbüttel, (deutsch u. franz.) $1^1/_2$ Ngr. n. Schreiber, Wien, 10 Ngr. Senff, Leipzig, 2 Ngr. — Für Contra-Alt (od. Bass): Holle, Wolfenbüttel, (deutsch u. franz. Mit Op. 92, No. 1. Op. 96, No. 4. Op. 98, No. 2. Op. 101.) 4 Ngr. n. Schreiber, Wien, 10 Ngr.

Op. 98. An die Nachtigall,

(Gedicht von Claudius)

Wiegenlied, Iphigenia

Gedicht von ?) (Gedicht von Joh. Mayrhofer)

für eine Singstimme mit Begleitung des Pianoforte.

Wien, bei Schreiber. 15 Ngr.

№ 1. An die Nachtigall.

Anmerkung. Nr. 1 und 2 componirt im November 1816, Nr. 3 im Juli 1817. Erschienen im Juli 1829 unter dem Titel: »An die Nachtigall. Wiegenlied, von Claudius. Iphigenia, von Mayrhofer. für eine Singstimme mit Begl. des Piano-Forte. In Musik gesetzt von Franz Schubert. 98tes Werk. Eigenthum der Verleger. Wien, bei Ant. Diabelli und Comp.« (Querformat. Verlagsnummer: 3315.)

Ausgaben. Holle, Wolfenbüttel. (deutsch u. franz.) 2 Ngr. n. Schreiber, Wien, 15 Ngr.

Einzeln:

No. 1. Schreiber, Wien, 5 Ngr. Senff, Leipzig, 2 Ngr.

No. 2. Senff, Leipzig, 2 Ngr. — Für Contra-Alt (od. Bass): Holle, Wolfenbüttel, (deutsch u. franz. Mit Op. 92, No. 1. Op. 96, No. 1. Op. 97. 101.) 4 Ngr. n. Schreiber, Wien, 5 Ngr.

Uebertragungen.

No. 2.

Für Violine u. Pianoforte von *M. Hauser*. (Melodien. No. 32.) Siegel, Leipzig, 10 Ngr.

Für Violoncell u. Pianoforte von *F. Kletzer*. Bösendorfer, Wien, 12 Ngr. Ebenso von *J. Stransky*. (Op. 15. No. 9. Witzendorf, Wien, 15 Ngr.

Für Pianoforte zu 2 Händen von *St. Heller*. (30 Lieder. No. 5.) Schloss, Cöln, $12^1/_2$ Ngr. Ebenso von *Th. Oesten*. (Op. 369. No. 24.) Siegel, Leipzig, $12^1/_2$ Ngr. Ebenso von *O'Kelly*. (12 Mélodies. Suite 3.) Schott, Mainz, 20 Ngr. Ebenso von *Fr. Spindler*. (Op. 183. No. 50. Siegel, Leipzig, 10 Ngr.

Für Harmonium von *Bial*. (Samml. bel. Ges. Heft 3.) Bote u. Bock, Berlin, $17^1/_2$ Ngr.

Für Sopran, Alt, Tenor u. Bass von *F. Abt*. (12 Gesänge. Heft 2.) André, Offenbach, Partitur u. Stimmen: 25 Ngr.

Op. 99. Erstes Trio (B dur)

für Pianoforte, Violine und Violoncell.

Wien, bei Schreiber. 3 Thlr. 15 Ngr.

Anmerkung. Wahrscheinlich im Jahr 1827 und jedenfalls früher componirt als das Trio Op. 100. Oeffentlich gespielt zum ersten Mal um Neujahr 1828 von Bocklet, Schuppanzigh und Linke in einer Quartett-Unterhaltung Schuppanzigh's. Erschienen 1836 bei A. Diabelli u. Comp. in Wien unter dem Titel: »Premier grand Trio pour Piano-Forte, Violon et Violoncelle composé par François Schubert. Oeuvre 99« u. s. w. (Hochformat. Verlagsnummer: 5817.)

Ausgaben. Breitkopf u. Härtel, Leipzig, 1 Thlr. 21 Ngr. n. Cranz, Hamburg, 20 Ngr. n. Leuckart, Leipzig, $1^1/_2$ Thlr. Litolff, Braunschweig, $17^1/_2$ Ngr. n. Peters, Leipzig, (Mit Op. 100.) 1 Thlr. n. Schott, Mainz, 1 Thlr. 27 Ngr. Schreiber, Wien, 3 Thlr. 15 Ngr.

Uebertragungen.

Für 2 Pianoforte von *Th. Herbert.* Leuckart, Leipzig, 2 Thlr.

Für Pianoforte zu 4 Händen von *C. Geissler.* Schreiber, Wien, 3 Thlr. 10 Ngr. Ebenso von *H. Ulrich.* Leuckart, Leipzig, 1 Thlr. 10 Ngr.

Op. 100. Zweites Trio (Es dur)

für Pianoforte, Violine und Violoncell.

Leipzig, bei F. Kistner. 3 Thlr. Neue Ausgabe 4 Thlr.

Anmerkung. Componirt (nach den Autographen bei Gräfin Almasy in Wien und bei Johannes Brahms) im November 1827. Oeffentlich aufgeführt zum ersten Mal am 26. März 1828 von Bocklet, Böhm und Linke in Schubert's Concert. Titel der im September 1828 erschienenen Ausgabe: »Grand Trio pour Pianoforté, Violon et Violoncelle composé par F. Schubert. Op. 100. Propriété de l'Editeur. Leipzig chez H. A Probst«. (Hochformat. Verlagsnummer: 414.)

Ausgaben. Breitkopf u. Härtel, Leipzig, 2 Thlr. n. Cranz, Hamburg, 20 Ngr. n. Kistner, Leipzig, 3 Thlr., neue Ausgabe 4 Thlr. Leuckart, Leipzig, 1 Thlr. $22^1/_2$ Ngr. Litolff, Braunschweig, 20 Ngr. n. Peters, Leipzig, (Mit Op. 99.) 1 Thlr. n. Schott, Mainz, 2 Thlr. $13^1/_2$ Ngr.

Uebertragungen.

Für 2 Pianoforte von *Th. Herbert.* Leuckart, Leipzig, 2 Thlr. 20 Ngr.

Für Pianoforte zu 4 Händen von *F. L. Schubert.* Kistner, Leipzig, 2 Thlr.

Op. 101. Der blinde Knabe

(Gedicht aus dem Englischen, übersetzt von Craigher)

für eine Singstimme mit Begleitung des Pianoforte.

Wien, bei Schreiber. 10 Ngr.

Langsam. (Mässig.)

pp Ped.

O sagt ihr lie - ber mir ein - mal,

Anmerkung. Componirt im Jahre 1825. Erschienen am 25. September 1827 als Beilage zur Wiener Zeitschrift für Kunst, dann am 12 December 1828 mit drei andern in derselben Zeitschrift befindlichen Liedern bei H. A. Probst in Leipzig, und, mit einigen Aenderungen, im März 1829 bei A. Diabelli u. Comp. in Wien unter dem Titel: »Der blinde Knabe. Aus dem Englischen von Craigher. In Musik gesetzt für eine Singstimme mit Begl. des Piano-Forte von Franz Schubert. 101tes Werk. Eigenthum der Verleger« u. s. w. (Verlagsnummer: 3058.)

Ausgaben. Breitkopf u. Härtel, Leipzig, 3 Ngr. n. Holle, Wolfenbüttel, (deutsch, engl. u. franz.) $1\frac{1}{2}$ Ngr. n. Schreiber, Wien, 10 Ngr. Senff, Leipzig, 2 Ngr. — Für Alt: Schreiber, Wien, 10 Ngr. — Für Contra-Alt (od. Bass): Holle, Wolfenbüttel, (deutsch u. franz. Mit Op. 92, No. 1. Op. 96, No. 4. Op. 97. 98.) 4 Ngr. n. Schreiber, Wien, 10 Ngr.

Uebertragungen.

Für eine Singstimme mit Guitarre. Schreiber, Wien, 7 Ngr.

Für Violine u. Pianoforte von *A. Diabelli.* (Concordance. Heft 45.) Schreiber, Wien, 25 Ngr.

Für Flöte u. Pianoforte von *A. Diabelli.* (Productionen. Heft 56.) Schreiber, Wien, 25 Ngr.

Für Pianoforte zu 2 Händen von *C. Czerny.* Lieder. No. 4. Schreiber, Wien, 10 Ngr.

Für Physharmonika u. Pianoforte (od. 2 Pianoforte) von *C. G. Lickl.* (Op. 51. Heft 24.) Schreiber, Wien, 1 Thlr. 10 Ngr.

Op. 102. Mondenschein

(Gedicht von Fr. v. Schober)

für 2 Tenor- und 3 Bassstimmen mit willkürlicher Begleitung des Pianoforte.

Wien, bei Schreiber. 25 Ngr.

Andante un poco moto.

Ten. I. Ten. II.

Des Mon-des Zau -

pp Des Mon-des Zau - ber - blu - me lacht,

Bass I. Bass II. III.

Anmerkung. Componirt im Januar 1826. Erschienen im März 1831 bei A. Diabelli u. Comp. in Wien unter dem Titel: »Mondenschein Gedicht von Schober. In Musik gesetzt für 2 Tenore und 3 Bäſse mit Begleitung des Pianoforte von Fr. Schubert. 102tes Werk«. u. s. w. Partitur u. Stimmen in Hochformat. Verlagsnummer: 3181.) Die Pianoforte-Begleitung ist wahrscheinlich von den Verlegern hinzugefügt worden.

Ausgaben. Schreiber, Wien, 25 Ngr. Neue Ausgabe, revid. von *J. Herbeck:* Schreiber, Wien, $17\frac{1}{2}$ Ngr.

Op. 103. Phantasie (F moll)

für Pianoforte zu 4 Händen.

Wien, bei Schreiber. 1 Thlr. 5 Ngr.

Anmerkung. Erschien im März 1829 unter dem Titel: »Fantaisie pour le Piano-Forte à quatre mains composé et dedié à Mademoiselle la Comtesse Caroline Esterházy de Galantha par François Schubert. Oeuvre 103. Propriété des Editeurs. Vienne, chez Ant. Diabelli et Comp.« (Querformat. Verlagsnummer: 3158.)

Ausgaben. André, Offenbach, 1 Thlr. Böhme, Hamburg, 25 Ngr. Bote u. Bock, Berlin, 10 Ngr. Breitkopf u. Härtel, Leipzig, 21 Ngr. n. Holle, Wolfenbüttel, 6 Ngr. n. Litolff, Braunschweig, 6 Ngr. n. Schott, Mainz, 23½ Ngr. Schreiber, Wien, 1 Thlr. 5 Ngr.

Uebertragungen.

Für Pianoforte zu 2 Händen von *L. Köhler*. André, Offenbach, 25 Ngr.

Für Orchester von *E. Rudorff*. Simrock, Berlin, Partitur: 3 Thlr. 10 Ngr. Stimmen: 4 Thlr. 10 Ngr.

Op. 104. Der Hochzeitsbraten.

(Gedicht von Fr. v. Schober.)

Terzett für Sopran, Tenor und Bass mit Begleitung des Pianoforte.

Wien, bei Schreiber. 1 Thlr. 5 Ngr.

Anmerkung. Componirt im Jahre 1827. Erschien 1829 unter dem Titel: »Der Hochzeitsbraten von Schober. Terzett für Sopran, Tenor & Bafs, mit Begleit. des Pianoforte. In Musik gesetzt von Franz Schubert. 104tes Werk. Eigenthum der Verleger. Wien, bei Ant. Diabelli und Comp.« (Mit einer Vignette. Querformat. Verlagsnummer: 3316.)

Ausgaben. Leuckart, Leipzig, 1 Thlr. Schreiber, Wien, 1 Thlr. 5 Ngr.

Op. 105. Widerspruch, Wiegenlied, Am Fenster, Sehnsucht

(Gedichte von Joh. Gabr. Seidl)

für eine Singstimme (No. 1 auch für 4 Männerstimmen) mit Begleitung des Pianoforte.

Wien, bei Witzendorf. 1 Thlr. 10 Ngr.

№ 1. Widerspruch. (Vierstimmig, oder auch nur mit der ersten Stimme zu singen.)

№ 2. Wiegenlied.

№ 3. Am Fenster.

№ 4. Sehnsucht.

Anmerkung. Nr. 3 componirt im März 1826, Nr. 4 im Jahre 1826. Erschienen am 21. November 1828 (Schubert's Begräbnisstag) unter dem Titel: »Widerspruch. Wiegenlied. Am Fenster. Sehnsucht. Vier Gedichte von J. G. Seidl. In Musik gesetzt für eine Singſtimme mit Begleitung des Piano-Forte von Franz Schubert. 105tes Werk. Eigenthum des Verlegers. Wien, bey Joseph Czerný.« (Querformat. Verlagsnummern: 330—333.)

Ausgaben. Holle, Wolfenbüttel, 5 Ngr. n. Witzendorf, Wien, 1 Thlr. 10 Ngr.

Einzeln:

No. 1. Für 4 Singstimmen mit Pianoforte: Witzendorf, Wien, 22 Ngr. — Für eine Singstimme mit Pianoforte: Senff, Leipzig, 2 Ngr. Witzendorf, Wien, 12 Ngr.

No. 2. Senff, Leipzig, 2 Ngr. Witzendorf, Wien, 12 Ngr. — Für Alt (od. Bass): Arnold, Elberfeld, (deutsch u. franz.) $12\frac{1}{2}$ Ngr. Witzendorf, Wien, 10 Ngr.

No. 3. Senff, Leipzig, 2 Ngr. Witzendorf, Wien, 7 Ngr.

No. 4. Senff, Leipzig, 2 Ngr. Witzendorf, Wien, 12 Ngr.

Uebertragungen.

No. 1.

Für eine Singstimme mit Guitarre. Witzendorf, Wien, 10 Ngr.

Für Pianoforte zu 2 Händen von *C. G. Lickl.* (Lieder. No. 3.) Witzendorf, Wien, 10 Ngr.

No. 2.

Für eine Singstimme mit Guitarre. Witzendorf, Wien, 10 Ngr.

Für Violoncell u. Pianoforte von *J. Stransky.* (Op. 15. No. 9.) Witzendorf, Wien, 15 Ngr.

Für Pianoforte zu 2 Händen von *C. G. Lickl.* (Lieder. No. 4.) Witzendorf, Wien, 10 Ngr.

No. 3.

Für eine Singstimme mit Guitarre. Witzendorf, Wien, 7 Ngr.

No. 4.

Für eine Singstimme mit Guitarre. Witzendorf, Wien, 7 Ngr.

Für Violoncell u. Pianoforte von *J. Stransky.* (Op. 15. No. 8.) Witzendorf, Wien, 15 Ngr.

Op. 106. Heimliches Lieben,

(Gedicht von Caroline Louise v. Klenke)

Das Weinen, Vor meiner Wiege,

(Gedichte von C. Gottfr. v. Leitner)

An Sylvia

(Gedicht aus Shakspeare's »Die beiden Edelleute von Verona« in der Uebersetzung von Bauernfeld)

für eine Singstimme mit Begleitung des Pianoforte.

Wien, bei Schreiber. 1 Thlr.

№ 1. Heimliches Lieben.

№ 2. Das Weinen.

№ 3. Vor meiner Wiege. (An meiner Wiege.)

№ 4. An Sylvia.

Anmerkung. Nr. 1 componirt im September 1827 in Graz, Nr. 2 und 3 frühestens im September 1827, Nr. 4 im Juli 1826. Erschienen 1828 lithographirt in einem Heft mit dem Titel: »Heimliches Lieben Das Weinen von Leitner Vor meiner Wiege von Leitner An Sylvia von Schakespeare In Mufik gefetzt für eine Singftimme mit Begleitung des Piano-Forte und der Wohlgebornen Frau Marie Pachler gewidmet von Franz Schubert«. (Querformat. Opuszahl, Druckort und Verleger nicht angegeben.) Im Februar 1829 erschienen die Lieder als Verlagseigenthum von A. Diabelli u. Comp. in Wien.

Ausgaben. Holle, Wolfenbüttel. (deutsch u. franz.) 5 Ngr. n. Schreiber, Wien, 1 Thlr.

Einzeln:

No. 1. Schreiber, Wien, $12\frac{1}{2}$ Ngr. Senff, Leipzig, 2 Ngr.

No. 2. Schreiber, Wien, $7\frac{1}{2}$ Ngr. Senff, Leipzig, 2 Ngr.

No. 3. Schreiber, Wien, 10 Ngr. Senff, Leipzig, 2 Ngr.

No. 4. Breitkopf u. Härtel, Leipzig, $1\frac{1}{2}$ Ngr. n. Schreiber, Wien, 5 Ngr. Senff, Leipzig, 2 Ngr. — Für Contra-Alt (od. Bass): Schreiber, Wien, 5 Ngr.

Uebertragungen.

No. 1.

Für Pianoforte zu 2 Händen von *C. Czerny.* (Lieder. No. 14.) Schreiber, Wien, 15 Ngr.

No. 2.

Für Harmonium von *Bial.* (Sammlung beliebter Gesänge. Heft 3.) Bote u. Bock, Berlin, $17\frac{1}{2}$ Ngr.

Für gemischten Chor von *Mestenhauer.* (9 Gesänge. Heft 2.) Buchholz u. Diebel, Troppau, Partitur u. Stimmen: 15 Ngr. Ebenso von *G. W. Teschner.* (36 Lieder. Heft 3.) Siegel, Leipzig, Partitur u. Stimmen: 25 Ngr.

No. 4.

Für Pianoforte zu 2 Händen von *C. Czerny.* (Lieder. No. 11.) Schreiber, Wien, 15 Ngr. Ebenso von *W. Kuhe.* Op. 139. No. 10. Siegel, Leipzig, $12\frac{1}{2}$ Ngr.

Op. 107. Rondo (A dur)

für Pianoforte zu 4 Händen.

Wien, bei Artaria u. Comp. 27 Ngr.

Anmerkung. Ueberschrift des Autographs im Besitz von Artaria in Wien: »Rondo fürs Pianoforte zu 4 Händen. Juny 1828«. Erschienen im Januar 1829 unter dem Titel: »Grand Rondeau pour le Piano-Forte à quatre mains composé par François Schubert. Oeuv. 107. Propriété des Editeurs. (Vienne, chez Artaria & Comp.« (Querformat. Verlagsnummer: 2969.)

Ausgaben. Artaria u. Comp., Wien, 27 Ngr. Breitkopf u. Härtel, Leipzig, 15 Ngr. n. Litolff, Braunschweig, 5 Ngr. n.

Uebertragung.

Für Pianoforte zu 2 Händen von *J. F. C. Dietrich.* Präger u. Meier, Bremen, $22\frac{1}{2}$ Ngr.

Op. 108. Ueber Wildemann,

(Gedicht von Ernst Schulze)

Todesmusik, Erinnerung

(Gedicht von Fr. v. Schober) (Gedicht von Kosegarten)

für eine Singstimme mit Begleitung des Pianoforte.

Wien, bei Schreiber. 20 Ngr.

№ 1. Ueber Wildemann.

№ 2. Todesmusik.

№ 3. Erinnerung. (Die Erscheinung.)

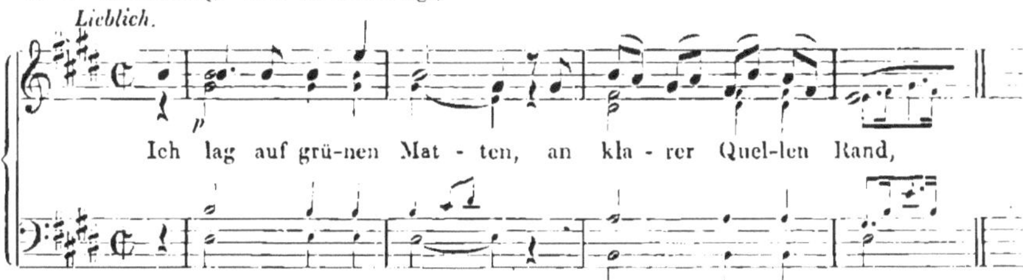

Anmerkung. Nr. 1 componirt im März 1826, Nr. 2 im September 1822, Nr. 3 am 7. Juli 1815. Titel der um Ostern 1828 erschienenen Ausgabe: »Uiber Wildemann von Ernst Schulze Erinerung von Kosegarten Todeskufs von Schober In Musik gesetzt für Gesang mit Begleitung des Pianoforte von Franz Schubert Op. 93 Eigenthum des Verlegers Wien, bey M. J. Leidesdorf«. (Querformat. Verlagsnummer: 1102. Spätere Drucke haben die Opuszahl 108.)

Ausgaben. Holle, Wolfenbüttel. (deutsch u. franz.) 4 Ngr. n. Schreiber, Wien. 20 Ngr.

Einzeln:

No. 1. Schreiber, Wien, 10 Ngr. Senff, Leipzig, 2 Ngr.

No. 2. Schreiber, Wien, $12^1/_2$ Ngr. Senff, Leipzig, 2 Ngr.

No. 3. Schreiber, Wien, $7^1/_2$ Ngr. Senff, Leipzig, 2 Ngr. — Für Contra-Alt od. Bass,: Schreiber, Wien, $7^1/_2$ Ngr.

Uebertragung.

No. 3. Für Pianoforte zu 2 Händen von *Th. Oesten.* (Op. 121. N. 3.) Simrock, Berlin, 8 Ngr.

Op. 109. Am Bach im Frühling, Genügsamkeit,

(Gedichte von Fr. v. Schober)

An eine Quelle

(Gedicht von Claudius)

für eine Singstimme mit Begleitung des Pianoforte.

Wien, bei Schreiber. 15 Ngr.

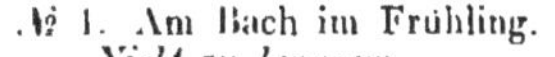

№ 2. Genügsamkeit.
Etwas geschwind.

№ 3. An eine Quelle.
Mässig.

Anmerkung. Nr. 1 und 3 componirt im Jahre 1816, Nr. 2 im Jahre 1815. Erschienen im Juli 1829 bei A. Diabelli u. Comp. in Wien unter dem Titel: »Am Bach im Frühlinge. Genügsamkeit. An eine Quelle, von Claudius. für eine Singstimme mit Begleit. des Pianoforte in Musik gesetzt von Franz Schubert. 109tes Werk«. u. s. w. (Querformat. Verlagsnummer: 3317.)

Ausgaben. Holle, Wolfenbüttel, (deutsch. u. franz.) 2 Ngr. n. Schreiber, Wien, 15 Ngr.

Einzeln:

No. 1. Schreiber, Wien, 7½ Ngr. Senff, Leipzig, 2 Ngr.

No. 2. Schreiber, Wien, 7½ Ngr. Senff, Leipzig, 2 Ngr.

No. 3. Schreiber, Wien, 5 Ngr. Senff, Leipzig, 2 Ngr. — Für Contra-Alt (od. Bass): Schreiber, Wien, 5 Ngr.

Uebertragungen.

No. 3.

Für Violine und Pianoforte von *A. Diabelli.* (Concordance. Heft 15.) Schreiber, Wien, 25 Ngr.

Für Flöte und Pianoforte von *A. Diabelli.* (Productionen. Heft 56.) Schreiber, Wien, 25 Ngr.

Für gemischten Chor von *G. W. Teschner.* (12 Lieder. Heft 1.) Breitkopf u. Härtel, Leipzig, 1 Thlr.

Op. 110. Der Kampf

(Gedicht von Schiller)

für eine Bassstimme mit Begleitung des Pianoforte.

Wien, bei Witzendorf. 15 Ngr.

Allegro.
Nein, län - - ger werd' ich

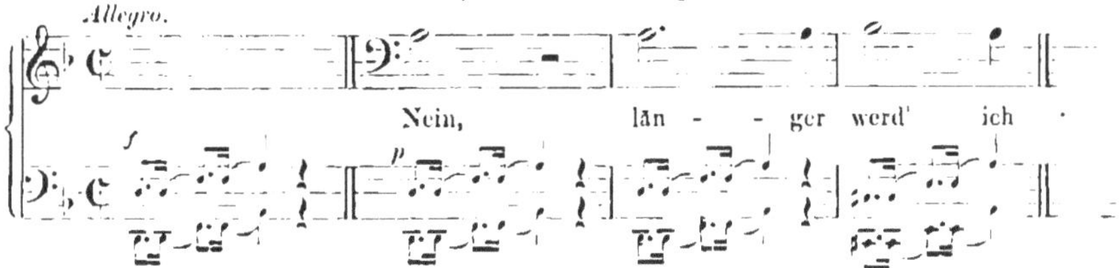

Anmerkung. Componirt im November 1817. Erschienen im Januar 1829 unter dem Titel: »Der Kampf von Schiller in Musik gesetzt für eine Baſsstimme mit Begleitung des Pianoforte von Franz Schubert 110tes Werk. Eigenthum des Verlegers. Wien, bey Joseph Czerný«. (Querformat. Verlagsnummer: 334.)

Ausgaben. Senff, Leipzig, 2 Ngr. Witzendorf, Wien, 15 Ngr. — Für Contra-Alt (od. Bass): Holle, Wolfenbüttel, (Mit Op. 115. No. 1. Morgenständchen und Im Abendroth.) 4 Ngr. n.

Op. 111. An die Freude, Lebensmelodien,

(Gedicht von Schiller) (Gedicht von A. W. Schlegel)

Die vier Weltalter

(Gedicht von Schiller)

für eine Singstimme mit Begleitung des Pianoforte.

Wien, bei Witzendorf. 15 Ngr.

№ 1. An die Freude.

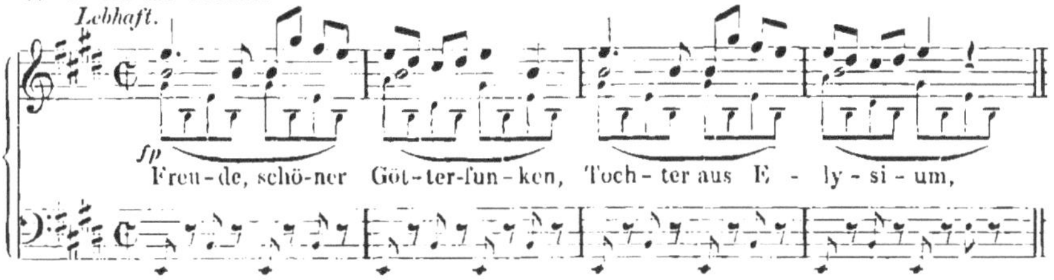

Lebhaft.
Freu-de, schö-ner Göt-ter-fun-ken, Toch-ter aus E - ly - si - um,

№ 2. Lebensmelodien.

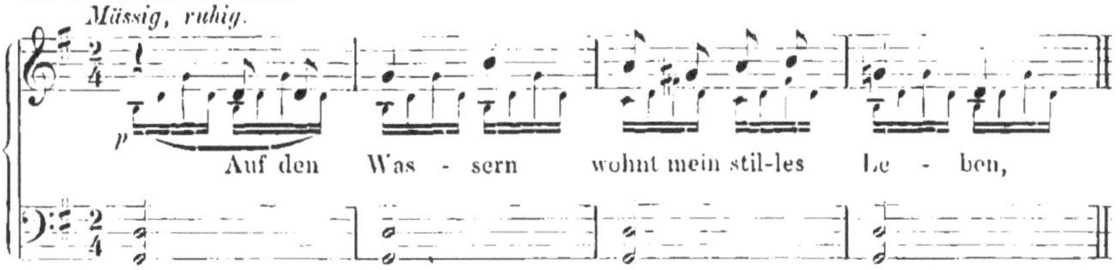

Mässig, ruhig.
Auf den Was - sern wohnt mein stil-les Le - ben,

№ 3. Die vier Weltalter.

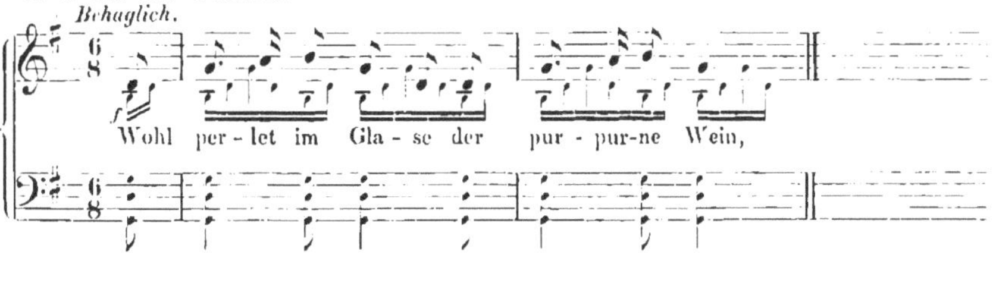

Behaglich.
Wohl per-let im Gla - se der pur - pur-ne Wein,

Anmerkung. Nr. 1 componirt im Mai 1815, Nr. 2 und 3 im März 1816. Titel der im Januar 1829 erschienenen Ausgabe: »Drey Gedichte No. 1. An die Freude von Schiller. No. 2. Lebens-Melodien von Schlegel. No. 3. Die vier Weltalter von Schiller. In Mufik gefetzt für eine Singstimme mit Begleitung des Pianoforte von Franz Schubert. 111tes Werk. Eigenthum des Verlegers. Wien, bey Joseph Czerný«. (Querformat. Verlagsnummer: 335.)

Ausgaben. Holle, Wolfenbüttel, 2 Ngr. n. Witzendorf, Wien, 15 Ngr. — Für eine Singstimme mit Guitarre: Witzendorf, Wien, 10 Ngr.

Einzeln:

No. 1. Senff, Leipzig, 2 Ngr. Witzendorf, Wien, 8 Ngr.
No. 2. Senff, Leipzig, 2 Ngr. Witzendorf, Wien, 5 Ngr.
No. 3. Senff, Leipzig, 2 Ngr. Witzendorf, Wien, 5 Ngr.

Op. 112. Gott im Ungewitter, Gott der Weltschöpfer,

(Gedichte von Uz)

Hymne an den Unendlichen

(Gedicht von Schiller

für 4 Singstimmen mit Begleitung des Pianoforte.

Wien, bei Witzendorf. Partitur n. Stimmen: No. 1 1 Thlr., No. 2, 3 à 20 Ngr.

Anmerkung. Nr. 3 componirt am 11. Juli 1815. Titel der im März 1829 erschienenen Ausgabe: »Gott im Ungewitter. Gott der Weltschöpfer. Gedichte von Uz. Hymne an den Unendlichen, von Schiller. In Musik gesetzt für Sopran, Alt, Tenor und Bafs, mit Begleitung des Pianoforte von Franz Schubert. 112tes Werk. Eigenthum des Verlegers. Wien, bey Joseph Czerný«. (Verlagsnummern: 336, 337, 338.)

Op. 113. Antiphonen zur Palmweihe

für 4 Singstimmen.

Wien, bei Schreiber. 20 Ngr.

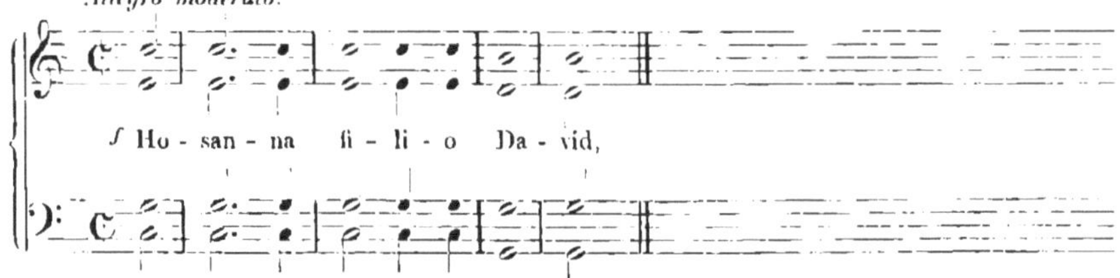

Anmerkung. Componirt im April 1820. Erschienen im November 1829 unter dem Titel: »Antiphonen zur Palmweihe am Palmsonntage für Sopran, Alt, Tenor & Bafs componirt von Franz Schubert Op. 113. Eigenthum der Verleger. Wien, bei Ant. Diabelli & Comp.« Verlagsnummer: 3261.)

Op. 114. Quintett (A dur)

für Pianoforte, Violine, Viola, Violoncell und Contrabass.

Wien, bei Witzendorf. 3 Thlr. 10 Ngr.

Anmerkung. Componirt im Jahre 1819. Erschienen im Jahre 1829 unter dem Titel: »Grand Quintuor pour le Piano-Forte Violon, Alto, Violoncelle, & Contrebafs; composé par Franç: Schubert. Oeuv. 114. Propriété de l'Editeur. Vienne, chez Joseph Czerný«. (Stimmen in Hochformat. Verlagsnummer: 2625.) Im 4. Satz ist das Lied »Die Forelle« (Op. 32) als Thema genommen.

Ausgaben. Breitkopf u. Härtel, Leipzig, 2 Thlr. 6 Ngr. n. Cranz, Hamburg, 1 Thlr. 15 Ngr. n. Leuckart, Leipzig, (Rev. von *Ulrich.*) 2 Thlr. Litolff, Braunschweig, 20 Ngr. n. Peters, Leipzig, 20 Ngr. n. Schlesinger, Berlin, 1 Thlr. 20 Ngr. n. Schott, Mainz, 3 Thlr. 3½ Ngr. Witzendorf, Wien, 3 Thlr. 10 Ngr.

Uebertragungen.

Für Pianoforte, 2 Violinen, Viola u. Violoncell von *F. G. Jansen.* Schlesinger, Berlin, 1 Thlr. 20 Ngr. n.

Für Pianoforte zu 4 Händen. Päz, Berlin, 2 Thlr. Ebenso von *J. Czerny.* Witzendorf, Wien, cplt. 2 Thlr. 20 Ngr. Andantino mit Variationen einzeln. 20 Ngr. Ebenso von *H. Ulrich.* Leuckart, Leipzig, 1 Thlr. 10 Ngr.

Op. 115. Das Lied im Grünen,

(Gedicht von Friedr. Reil)

Wonne der Wehmuth, Sprache der Liebe

(Gedicht von Goethe) (Gedicht von A. W. Schlegel)

für eine Singstimme mit Begleitung des Pianoforte.

Wien, bei Schreiber. 20 Ngr.

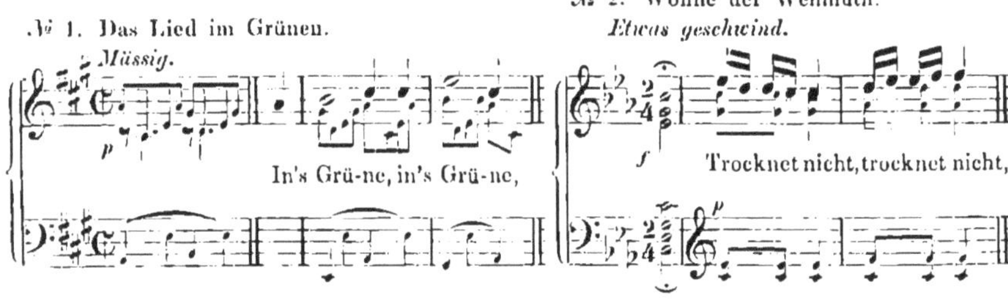

Anmerkung. Nr. 1 componirt im Juni 1827, Nr. 2 (nach dem Autograph im Besitz von J. S. Tauber in Wien) am 20. August 1815, Nr. 3 im April 1816. Nr. 2 ist auch autograph ohne Datum in der königl. Bibliothek zu Berlin. Titel der im Juni 1829 erschienenen Ausgabe: »Das Lied im Grünen von Reil. Wonne der Wehmuth von Göthe. Sprache der Liebe von Fr. v. Schlegel. 3 Gedichte in Musik gesetzt mit Begleitung des Pianoforte von Franz Schubert. Op. 115. Eigenthum des Verlegers. Wien, bey M. J. Leidesdorf«. (Querformat. Verlagsnummer: 1152. Dem Liede Nr. 1 sind drei Strophen beigefügt, welche »als Traueropfer dem Verklärten (Schubert) von dem Dichter nachgeweiht und der Melodie unterlegt« wurden.) In spätern Ausgaben hat das Lied Nr. 2 eine andere Tonart (A moll) bekommen. In den zwei angeführten Autographen steht es, wie in der alten Ausgabe, in C moll.

Ausgaben. Holle, Wolfenbüttel, (deutsch u. franz.) 3 Ngr. n. Schreiber, Wien, 20 Ngr.

Einzeln:

No. 1. Schreiber, Wien, 12½ Ngr. Senff, Leipzig, 2 Ngr. — Für Contra-Alt (od. Bass): Holle, Wolfenbüttel, (deutsch u. franz. Mit Op. 110, Morgenständchen, Im Abendroth.) 4 Ngr. n. Schreiber, Wien, 10 Ngr.

No. 2. Schreiber, Wien, 5 Ngr. Senff, Leipzig, 2 Ngr. — Für Contra-Alt (od. Bass): Schreiber, Wien, 5 Ngr.

No. 3. Schreiber, Wien, 7½ Ngr. Senff, Leipzig, 2 Ngr.

Uebertragungen.

No. 1. Für Pianoforte zu 2 Händen von *C. Czerny.* (Lieder. No. 9.) Schreiber, Wien, 20 Ngr.

No. 2. Für Zither von *L. Montferrin.* (Lieder. No. 8.) Schreiber, Wien, 7½ Ngr.

Op. 116. Die Erwartung

(Gedicht von Schiller)

für eine Singstimme mit Begleitung des Pianoforte.

Wien, bei Schreiber. 25 Ngr.

Anmerkung. Componirt am 27. Februar 1815. Erschienen im April 1829 unter dem Titel: »Die Erwartung Gedicht von Fr. von Schiller. In Musik gesetzt mit Begleitung des Pianoforte und seinem Freunde Joseph Hüttenbrener gewidmet von Franz Schubert. Op. 116. Eigenthum des Verlegers. Wien, bey M. J. Leidesdorf«. (Querformat. Verlagsnummer: 1153.)

Ausgaben. Holle, Wolfenbüttel, (deutsch u. franz.) 4 Ngr. n. Schreiber, Wien, 25 Ngr. Senff, Leipzig, 2 Ngr.

Op. 117. Der Sänger

(Ballade von Goethe)

für eine Singstimme mit Begleitung des Pianoforte.

Wien, bei Witzendorf. 15 Ngr.

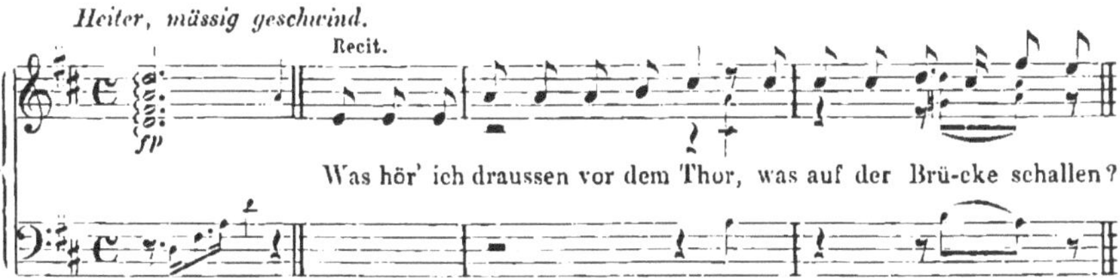

Anmerkung. Componirt im Februar 1815. Erschienen im April 1829 unter dem Titel: »Der Sänger Ballade von Göthe, in Musik gesetzt für eine Singstimme mit Begleitung des Pianoforte von Franz Schubert 117tes Werk. Eigenthum des Verlegers. Wien, bey Joseph Czerný«. (Querformat. Verlagsnummer: 340.)

Ausgaben. Breitkopf u. Härtel, Leipzig, $4^1/_2$ Ngr. n. Holle, Wolfenbüttel, (deutsch u. franz.) 3 Ngr. n. Senff, Leipzig, 2 Ngr. Witzendorf, Wien, 15 Ngr.

Op. 118. Geist der Liebe, Der Abend, Tischlied,

(Gedichte von Kosegarten) (Gedicht von Goethe)

Lob des Tokaiers, An die Sonne, Die Spinnerin

(Gedichte von Gabriele von Baumberg) (Gedicht von Goethe)

für eine Singstimme mit Begleitung des Pianoforte.

Wien, bei Witzendorf. 20 Ngr.

№ 1. Geist der Liebe. № 2. Der Abend.

Anmerkung. Nr. 1 und 3 componirt am 15. Juli 1815, Nr. 2 im Juli 1815, Nr. 4 und 6 im August 1815, Nr. 5 am 25. August 1815. Das Autograph von Nr. 6 ist in der königl. Bibliothek zu Berlin. Titel der im April 1829 erschienenen Ausgabe: »Sechs Gedichte. Nr. 1. Geist der Liebe, von Kosegarten. Nr. 2. Der Abend, von Hölty. Nr. 3. Tischlied von Göthe. Nr. 4. Lob des Tokayers, von Baumberg. Nr. 5. An die Sonne, von T. Körner. Nr. 6. Die Spinnerinn, von Göthe. In Musik gesetzt für eine Singstimme mit Begleitung des Pianoforte von Franz Schubert. 118tes Werk Eigenthum des Verlegers. Wien, bey Joseph Czerny«. (Querformat. Verlagsnummer: 341.) Der Text zu Nr. 5 ist in G. v. Baumberg's Gedichten (Wien, 1800) überschrieben: »Als ich einen Freund des nächsten Morgens auf dem Lande zum Besuche erwartete«.

Ausgaben. Holle, Wolfenbüttel, 3 Ngr. n. Witzendorf, Wien, 20 Ngr. — Für eine Singstimme mit Guitarre: Witzendorf, Wien, 15 Ngr.

Einzeln:

No. 1.	Senff, Leipzig, 2 Ngr.	Witzendorf, Wien, 5 Ngr.
No. 2.	Senff, Leipzig, 2 Ngr.	Witzendorf, Wien, 5 Ngr.
No. 3.	Senff, Leipzig, 2 Ngr.	Witzendorf, Wien, 5 Ngr.
No. 4.	Senff, Leipzig, 2 Ngr.	Witzendorf, Wien, 7 Ngr.
No. 5.	Senff, Leipzig, 2 Ngr.	Witzendorf, Wien, 5 Ngr.
No. 6.	Senff, Leipzig, 2 Ngr.	Witzendorf, Wien, 5 Ngr.

Op. 119. Auf dem Strom

(Gedicht von L. Rellstab)

für eine Singstimme mit Pianoforte- und Horn- (oder Violoncell-) Begleitung.

Wien, bei Schreiber. 1 Thlr. 6 Ngr.

Anmerkung. Componirt im März 1828. Zum ersten Mal aufgeführt (von L. Titze, Schubert und E. Lewy) am 26. März 1828 in Schubert's Concert. Erschienen im October 1829 unter dem Titel: »Auf dem Strom Gedicht von Rellstab. In Musik gesetzt für Gesang mit Begleitung des Pianoforte und Waldhorn oder Violoncelle (obligat) von Franz Schubert Op. 119 Eigenthum des Verlegers Wien bey M. J. Leidesdorf«. (Querformat. Verlagsnummer: 1161.)

Ausgaben. Schreiber, Wien, 1 Thlr. 5 Ngr. — Mit Pianoforte allein: Holle, Wolfenbüttel, (deutsch u. franz. 3 Ngr. n. Schreiber, Wien, 20 Ngr. Senff, Leipzig, 2 Ngr.

Uebertragung.

Für Physharmonika und Pianoforte (od. 2 Pianoforte) von *C. G. Lickl.* (Op. 51. Heft 3.) Schreiber, Wien, 1 Thlr. 10 Ngr.

Op. 120. Sonate (A dur)

für Pianoforte.

Wien, bei Witzendorf. 25 Ngr.

Anmerkung. Wahrscheinlich im Jahre 1825 componirt. Erschienen um Ostern 1830 unter dem Titel: »Sonate pour le Piano-Forte composée par François Schubert. Oeuvre 120. Propriété de l'Editeur. Vienne, chez Joseph Czerny«. (Querformat. Verlagsnummer: 2656.)

Ausgaben. Breitkopf u. Härtel, Leipzig, 12 Ngr. n. Fürstner, Berlin, (Rev. von *F. Kroll.*) $12^1/_2$ Ngr. Holle, Wolfenbüttel, 4 Ngr. n. Litolff, Braunschweig, 4 Ngr. n. Peters, Leipzig, 5 Ngr. n. Witzendorf, Wien, 25 Ngr.

Op. 121. Zwei charakteristische Märsche (C dur, C dur)

für Pianoforte zu 4 Händen.

Wien, bei Schreiber. 1 Thlr.

Anmerkung. Erschienen im Februar 1830 unter dem Titel: »Deux Marches caracteristiques à quatre mains pour le Pianoforté composées par Franç. Schubert. Op. 121. Propriété des Editeurs. Vienne, chez Ant. Diabelli & Comp.« (Querformat. Verlagsnummer: 3552.)

Ausgaben. André, Offenbach, 1 Thlr. Bote u. Bock, Berlin, 9 Ngr. Breitkopf u. Härtel, Leipzig, 18 Ngr. n. Holle, Wolfenbüttel, 5 Ngr. n. Litolff, Braunschweig, 5 Ngr. n. Schott, Mainz, No. 1. 2, à 15 Ngr. Schreiber, Wien, 1 Thlr. Siegel, Leipzig, 1 Thlr. Simrock, Berlin, 12 Ngr.

Uebertragungen.

Für 2 Pianoforte zu 8 Händen von *C. T. Brunner.* Schreiber, Wien, 1 Thlr. 20 Ngr. Ebenso von *Aug. Horn.* Klemm, Leipzig, No. 1: 20 Ngr., No. 2: 1 Thlr.

Für Pianoforte zu 2 Händen von *J. F. K. Dietrich.* Präger u. Meier, Bremen, 20 Ngr.

No. 1. Für Orchester von *F. Liszt.* (Märsche. No. 3. [Reitermarsch.]) Fürstner, Berlin, Partitur: 1 Thlr. 10 Ngr. n., Stimmen: 2 Thlr. 10 Ngr. n.

Op. 122. Sonate (Esdur)

für Pianoforte.

Wien, bei Schreiber. 1 Thlr. 10 Ngr.

Allegro moderato. *Andante molto.*

Menuetto. Allegretto. *Allegro moderato.*

Anmerkung. Angeblich componirt im Jahre 1817. Erschienen 1830 unter dem Titel: »Troisième grande Sonate pour le Piano-Forte composée par Franç: Schubert. Oeuvre 122. Propriété de l'Editeur. Vienne, chez A. Pennauer«. (Hochformat. Verlagsnummer: 436.)

Ausgaben. Breitkopf u. Härtel, Leipzig, 15 Ngr. n. Holle, Wolfenbüttel, 5 Ngr. n. Litolff, Braunschweig, 5 Ngr. n. Peters, Leipzig, 5 Ngr. n. Schott, Mainz, 17 Ngr. Schreiber, Wien, 1 Thlr. 10 Ngr.

Op. 123. Viola

(Gedicht von Fr. v. Schober)

für eine Singstimme mit Begleitung des Pianoforte.

Wien, bei Schreiber. 1 Thlr.

Anmerkung. Componirt im März 1823. Erschienen im November 1830 unter dem Titel: »Viola Gedicht von Schober. In Musik gesetzt für eine Singstimme mit Pianoforte Begleitung von Franz Schubert. 123tes Werk. Eigenthum des Verlegers. Wien, bey A. Pennauer«. (Querformat. Verlagsnummer: 484.)

Ausgaben. Holle, Wolfenbüttel, (deutsch u. franz.) 4 Ngr. n. Schreiber, Wien, 1 Thlr. Senff, Leipzig, 2 Ngr.

Op. 124. Zwei Scenen

aus »Lacrimas« von Wilhelm v. Schütz
für eine Singstimme mit Begleitung des Pianoforte.

Wien, bei Schreiber. 20 Ngr.

№ 1. Delphine.
Mässige Bewegung.

p

Ach, was soll ich be - gin - nen vor

№ 2. Florio.
Langsam.

pp

Nun da Schatten nie - der - glei - ten,

Anmerkung. Componirt im September 1825. Erschienen im October 1829 unter dem Titel: »Zwey Scenen aus dem Schauspiele: Lacrimas von A. W. Schlegel. In Musik gesetzt für eine Singstimme mit Begleitung des Pianoforte von Franz Schubert. 124tes Werk. Eigenthum des Verlegers Wien, bey A. Pennauer«. (Querformat. Verlagsnummer: 453.) Das Schauspiel »Lacrimas« von Schütz wurde 1803 von Aug. Wilh. Schlegel herausgegeben.

Ausgaben. Holle, Wolfenbüttel, (deutsch u. franz.) 3 Ngr. n. Schreiber, Wien, 20 Ngr. Senff, Leipzig, No. 1. 2 à 2 Ngr.

Op. 125. Zwei Quartette (Esdur, Edur)

für 2 Violinen, Viola und Violoncell.

Wien, bei Witzendorf. à 1 Thlr. 10 Ngr.

Anmerkung. Wahrscheinlich im Jahre 1824 componirt. Titel der im Mai 1830 in der Leipziger allg. musik. Zeitung angezeigten Ausgabe: »Deux Quatuors pour deux Violons, Alto et Violoncelle composés par François Schubert. Oeuv. 125. No. . . Propriété de l'Editeur. Vienne, chez Joseph Czerný«. (In Stimmen. Verlagsnummern: 2662, 2663.)

Ausgaben. Litolff, Braunschweig, No. 1: 8 Ngr. n., No. 2: 10 Ngr. n. Witzendorf, Wien, à 1 Thlr. 10 Ngr.

Uebertragungen.

Für Pianoforte zu 4 Händen von *J. Czerny*. Witzendorf, Wien, à 1 Thlr. 10 Ngr. Ebenso von *K. Hübschmann*. Leuckart, Leipzig, à 25 Ngr.

Op. 126. „Ein Fräulein schaut vom hohen Thurm“

(Ballade von J. Kenner)

für eine Singstimme mit Begleitung des Pianoforte.

Wien, bei Witzendorf. 15 Ngr.

Anmerkung. Componirt im Jahre 1825. Erschienen im Januar 1830 unter dem Titel: »Ein Fräulein schaut vom hohen Thurm. Ballade von Kenner. In Musik gesetzt für eine Singstimme mit Begleitung des Pianoforte von Franz Schubert. 126tes Werk. Eigenthum des Verlegers. Wien, bey Joseph Czerný«. (Querformat. Verlagsnummer: 2664.)

Ausgaben. Holle, Wolfenbüttel, 3 Ngr. n. Senff, Leipzig, 2 Ngr. Witzendorf, Wien, 15 Ngr.

Op. 127. Letzte Walzer

für Pianoforte.

Wien, bei Schreiber. 25 Ngr.

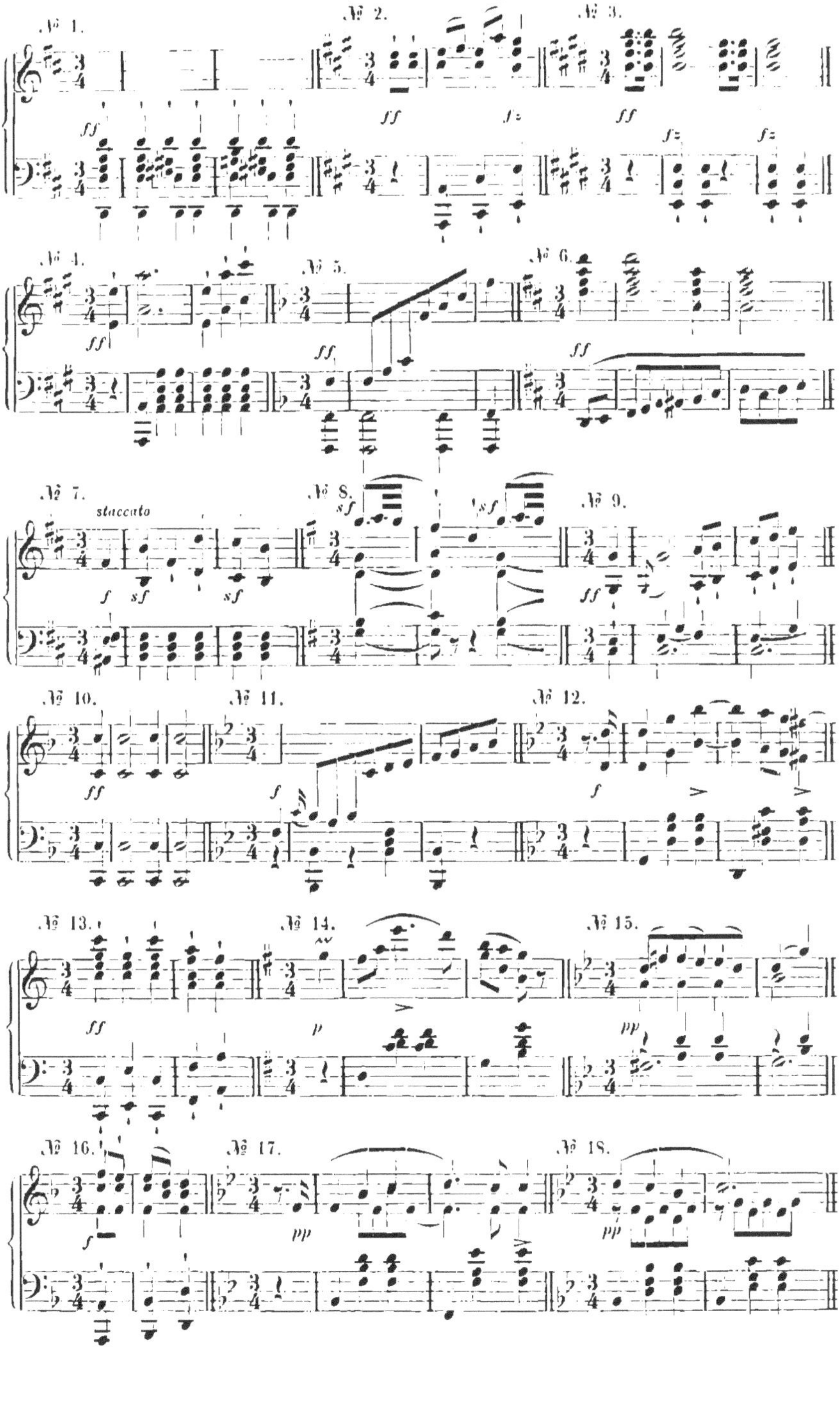

Anmerkung. Nr. 2 findet sich, etwas abweichend von der gedruckten Form, mit andern Tänzen (Op. 33 Nr. 1 u. 2 u. s. w.) autograph auf einem Blatte im Besitz von Frau Isabella Raab in Wien mit der Ueberschrift: »Deutsch. 1824 Frz. Schubert«. Das Heft erschien 1830 bei A. Diabelli u. Comp. in Wien unter dem Titel: »Franz Schubert's letzte Walzer« u. s. w.

Ausgaben. Breitkopf u. Härtel, Leipzig, 12 Ngr. n. Holle, Wolfenbüttel, 4 Ngr. n. Litolff, Braunschweig, 4 Ngr. n. Schreiber, Wien, 25 Ngr.

Op. 128. Cantate

zu Ehren Joseph Spendou's

(Worte von Joh. Hoheisel)

für Solostimmen und Chor mit Begleitung des Pianoforte.

Wien, bei Schreiber. 1 Thlr. 5 Ngr.

Anmerkung. Componirt (mit Orchester-Begleitung) im September 1816. Autograph im Besitz von Dr. Schneider in Wien. Titel des im Juni 1830 bei A. Diabelli u. Comp. in Wien erschienenen Clavierauszugs: »Cantate. Empfindungsäufserungen des Witwen-Institutes der Schullehrer Wiens, für den Stifter und Vorsteher desselben. In Musik gesetzt für 4 Singstimmen mit Begleitung des ganzen Orchesters von Franz Schubert. 128tes Werk. Clavier-Auszug von Ferd. Schubert«. u. s. w. Querformat. Verlagsnummer: 3611.)

Op. 129. Der Hirt auf dem Felsen

(Gedicht von Helmina von Chezy)

für eine Singstimme mit Pianoforte- und Clarinett- (oder Violoncell-) Begleitung.

Wien, bei Haslinger. 1 Thlr.

Anmerkung. Componirt im October 1828, angeblich für die Sängerin Anna Milder-Hauptmann. Erschienen im Jahre 1830 bei T. Haslinger in Wien unter dem Titel: »Der Hirt auf dem Felsen. In Musik gesetzt für eine Singstimme mit Begleitung des Pianoforte und der Clarinette (oder des Violoncells) von Franz Schubert. 129tes Werk« u. s. w. (Hochformat. Verlagsnummer: 5570.)

Uebertragung.

Für Physharmonika u. Pianoforte von *C. G. Lickl.* (Den Manen. No. 4.) Haslinger, Wien, 1 Thlr.

Op. 130. Das Echo

(Gedicht von J. F. Castelli)

für eine Singstimme mit Begleitung des Pianoforte.

Wien, bei Schreiber. 10 Ngr.

Anmerkung. Frühestens 1826 componirt. Erschienen im Juli 1830 unter dem Titel: »Das Echo. Gedicht von J. F. Castelli. In Musik gesetzt für eine Singstimme mit Begleitung des Piano-Forte von Franz Schubert. Eigenthum des Verlegers. Im Verlage des k: k: Hoftheater-Kapellmeisters Thad: Weigl«. (Querformat. Verlagsnummer: 2935.) Die Wiener Zeitung bemerkt bei der Anzeige: »Es ist dies eins der wenigen naiv humoristischen Gedichte, welche der Verfasser . . . . ausstattete. Von 6 solchen, welche er für diese Verlagshandlung componiren wollte, sollte dies das erste sein — es war leider das letzte«.

Ausgaben. Holle, Wolfenbüttel, (deutsch u. franz. 2 Ngr. u. Senff, Leipzig, 2 Ngr. Schreiber, Wien, 10 Ngr.

Uebertragungen.

Für Pianoforte zu 2 Händen von *St. Heller.* (30 Lieder. No. 28.) Schloss, Cöln, 12½ Ngr.
Für gemischten Chor von *G. W. Teschner.* (12 Lieder. Heft 1. Breitkopf u. Härtel, Leipzig, 1 Thlr.

Op. 131. Der Mondabend, Trinklied, Klaglied

(Gedicht von Ermin, (Gedicht von Castelli) (Gedicht von Rochlitz

für eine Singstimme (Nr. 2 mit Chor) mit Begleitung des Pianoforte.

Wien, bei Witzendorf. 10 Ngr., einzeln à 5 Ngr.

№ 1. Der Mondabend.

Lieblich, etwas geschwind.

p

Rein und freund - lich lacht der Him - mel,

№ 2. Trinklied.

Mässig, fröhlich.

f

Brü-der, un - - ser Er - den - wal - len

№ 3. Klaglied.

Langsam, mit Ausdruck.

pp

Mei-ne Ruh ist da - bin,

Anmerkung. Nr. 2 componirt im Februar 1815, Nr. 3 im Jahre 1812. Erschienen im November 1830 bei J. Czerny in Wien unter dem Titel: »Der Mondabend Trinklied Klaglied für eine Singstimme mit Begleitung des Pianoforte in Musik gesetzt von Franz Schubert. Nachgelafsenes Werk« u. s. w. (Querformat. Verlagsnummer: 342.)

Ausgaben. Holle, Wolfenbüttel, 2 Ngr. n. Senff, Leipzig. No. 1. 2. 3. à 2 Ngr. Witzendorf, Wien, 10 Ngr., einzeln à 5 Ngr.

Op. 132. Der 23. Psalm (Gott meine Zuversicht)

in der Uebersetzung von Moses Mendelssohn

für 2 Sopran- und 2 Altstimmen mit Begleitung des Pianoforte.

Wien, bei Schreiber. 20 Ngr.

Anmerkung. Ueberschrift des Autographs im Besitz von Nic. Dumba in Wien: »Psalm 23. Dec. 1820. Frz. Schubert«. Aufgeführt am 30. August 1821 bei einer Prüfung der Zöglinge des Wiener Conservatoriums. Erschienen im Jahre 1831 bei A. Diabelli u. Comp. in Wien unter dem Titel: »Psalm XXIII für 2 Sopran und 2 Alt mit Begleitung des Piano-Forte componirt von Franz Schubert. 132tes Werk« u. s. w. (Verlagsnummer: 3182.

Ausgaben. Leuckart, Leipzig, Klavier-Auszug u. Stimmen (5 Ngr.) 15 Ngr. Schreiber, Wien, 20 Ngr.

Uebertragung.

Für 4 Männerstimmen mit obl. Pianoforte. Schreiber, Wien, Partitur u. Stimmen: 15 Ngr.

Op. 133. Gott in der Natur

(Gedicht von Gleim)

für 2 Sopran- und 2 Altstimmen mit Begleitung des Pianoforte.

Wien, bei Schreiber. 25 Ngr.

Anmerkung. Componirt im August 1822. Autograph im Besitz von Nic. Dumba in Wien. Aufgeführt im April 1827 in einer Abendunterhaltung der Gesellschaft der Musikfreunde. Erschienen um 1838 bei A. Diabelli u. Comp. in Wien unter dem Titel: »Gott in der Natur. Gedicht von Gleim. In Musik gesetzt für 2 Sopran und 2 Alt mit Begleitung des Piano-Forte von Franz Schubert. 133tes Werk« u. s. w. (Verlagsnummer: 6264.)

Op. 134. Nachthelle

(Gedicht von Joh. Gabr. Seidl)

für Tenor-Solo, 2 Tenor- und 2 Bassstimmen mit Begleitung des Pianoforte.

Wien, bei Schreiber. 1 Thlr. 5 Ngr.

Anmerkung. Nach dem Autograph im Besitz von N. Dumba in Wien componirt im September 1826. Aufgeführt zum ersten Mal am 25. Januar 1827 in einer Abendunterhaltung der Gesellschaft der Musikfreunde. Erschienen um 1838 bei A. Diabelli u. Comp. in Wien unter dem Titel: »Nachthelle. Gedicht von J. G. Seidl. Solo für eine Tenorstimme, nebst 2 Tenore und 2 Bässe« u. s. w. (Verlagsnummer: 6265.

Uebertragung.

Für Harmonium u. Pianoforte (od. 2 Pianoforte) von *L. Landskron.* (Classisches u. Modernes. No. 2. Buchholz u. Diebel, Wien, 15 Ngr.

Op. 135. Ständchen

(Gedicht von Grillparzer

für Alt-Solo, 2 Sopran- und 2 Altstimmen mit Begleitung des Pianoforte.

Wien, bei Schreiber. 1 Thlr. 10 Ngr.

Anmerkung. Ursprünglich componirt für eine Altstimme, Männerchor und Pianoforte, dann umgearbeitet für eine Altstimme, Frauenchor und Pianoforte. Das Autograph der ersten Bearbeitung im Besitz von Nic. Dumba in Wien ist überschrieben: »Chor mit Alt-Solo. Gedicht von Grillparzer. July 1827. Frz. Schubert«. In der zweiten Bearbeitung wurde das Ständchen am 11. August 1827 bei einem Geburtsfest in Döbling im Freien gesungen. Zur ersten öffentlichen Aufführung gelangte es am 24. Januar 1828. Titel der um 1838 bei A. Diabelli u. Comp. in Wien erschienenen Ausgabe: »Ständchen. Gedicht von Grillparzer. Solo für eine Altstimme nebst 2 Sopran und 2 Alt« u. s. w. (Verlagsnummer: 6266.)

Uebertragung.

Für Bariton-Solo, 4 Männerstimmen u. Pianoforte. Schreiber, Wien, 22½ Ngr.

Op. 136. Mirjam's Siegesgesang

(Gedicht von Grillparzer

für Sopran-Solo und Chor mit Begleitung des Pianoforte.

Wien, bei Schreiber. 2 Thlr. 20 Ngr.

Anmerkung. Componirt im März 1828. Aufgeführt zum ersten Mal am 30. Januar 1829 in einem Concert, das zur Errichtung eines Grabsteins für Schubert gegeben wurde. In einem Bericht (Monatsbericht der Gesellschaft der Musikfreunde, März 1829) über diese Aufführung heisst es: »Die Begleitung hat Schubert zwar nur für das Pianoforte vollendet; allein dieselbe war für das Orchester bestimmt«. Titel der um 1838 bei A. Diabelli u. Comp. in Wien erschienenen Ausgabe: »Mirjams Siegesgesang. Gedicht von Grillparzer. Sopran Solo mit Chor« u. s. w. (Verlagsnummer: 6267.)

Uebertragung.

Mit Orchester von *Fz. Lachner*. Senff, Leipzig, Partitur: 2 Thlr., Klav.-Auszug: 1 Thlr., Chorstimmen: 20 Ngr., Solostimme: 2 Ngr.

Op. 137. Drei Sonatinen (D dur, A moll, G moll)

für Pianoforte und Violine.

Wien, bei Schreiber. Nr. 1 u. 3 à 1 Thlr., Nr. 2 1 Thlr. 10 Ngr.

Anmerkung. Componirt im Jahre 1816. Erschienen 1836 bei A. Diabelli u. Comp. in Wien unter dem Titel: »Drei Sonatinen für Piano-Forte und Violine componirt von Franz Schubert. Op. 137« u. s. w. Hochformat. Verlagsnummern: 5848—5850.)

Ausgaben. André, Offenbach, No. 1 25 Ngr., No. 2 1 Thlr. $3\frac{1}{2}$ Ngr., No. 3 1 Thlr. Breitkopf u. Härtel, Leipzig, No. 1 15 Ngr. n., No. 2 18 Ngr. n., No. 3 15 Ngr. n. Litolff, Braunschweig, à 5 Ngr. n. Schreiber, Wien, No. 1 1 Thlr., No. 2 1 Thlr. 10 Ngr., No. 3 1 Thlr. Schuberth u. Comp., Leipzig, No. 1 15 Ngr. n., No. 2 18 Ngr. n., No. 3 15 Ngr. n.

Uebertragungen.

Für Violoncell u. Pianoforte von *Rud. Barth.* Rieter-Biedermann, Leipzig, No. 1 u. 3 à 1 Thlr., No. 2 1 Thlr. 10 Ngr.

Für Pianoforte zu 4 Händen von *J. F. C. Dietrich.* Präger u. Meier, Bremen, No. 1 u. 3 à 1 Thlr., No. 2 1 Thlr. $7\frac{1}{2}$ Ngr.

Für Pianoforte zu 2 Händen von *J. F. C. Dietrich.* Präger u. Meier, Bremen, à 20 Ngr.

Op. 138. „Notre amitié est invariable“.

Rondo (Ddur)

für Pianoforte zu 4 Händen.

Wien, bei Schreiber. 25 Ngr.

Anmerkung. Erschien im Mai 1835 bei A. Diabelli u. Comp. in Wien unter dem Titel: »Notre amitié est invariable. Rondeau pour le Piano-Forte à quatre mains« u. s. w. (Hochformat. Verlagsnummer: 5419.)

Ausgaben. André, Offenbach, 25 Ngr. Breitkopf u. Härtel, Leipzig, 12 Ngr. n. Holle, Wolfenbüttel, 5 Ngr. n. Litolff, Braunschweig, 4 Ngr. n. Schott, Mainz, 15 Ngr. Schreiber, Wien, 25 Ngr.

Uebertragung.

Für Pianoforte zu 2 Händen von *J. F. K. Dietrich.* Präger u. Meier, Bremen, 15 Ngr.

Op. 139a. Gebet

(Gedicht von Fr. de la Motte Fouqué)

für 4 Singstimmen mit Begleitung des Pianoforte.

Wien, bei Schreiber. 1 Thlr. 10 Ngr.

Anmerkung. Componirt im September 1824 zu Zelesz in Ungarn. Erschienen um 1838 bei A. Diabelli u. Comp. in Wien unter dem Titel: »Gebeth von de la Motte Fouque. (Du Urquell aller Güte.) In Musik gesetzt für Sopran, Alt, Tenor und Bafs mit Begleitung des Pianoforte von Franz Schubert. 139tes Werk« u. s. w. (Verlagsnummer: 6268.)

Op. 139b. Nachtgesang im Walde

(Gedicht von Joh. Gabr. Seidel)

für 4 Männerstimmen und 4 Hörner (oder Pianoforte).

Wien, bei Haslinger. Partitur: 25 Ngr., Stimmen: 1 Thlr. 25 Ngr.

Anmerkung. Componirt im April 1827. Zum ersten Mal aufgeführt am 22. April 1827 in einem Concert des Hornisten E. Lewy. Erschienen 1847 bei T. Haslinger's Wittwe u. Sohn in Wien unter dem Titel: »Nachtgesang im Walde, von G. Seidl. In Musik gesetzt für vier Männerftimmen mit Begleitung von 4 Hörnern oder des Pianoforte von Franz Schubert. 139tes Werk« u. s. w. (Verlagsnummer: 10011.

Op. 140. Sonate (C dur)

(»Grand Duo«)

für Pianoforte zu 4 Händen.

Wien, bei Schreiber. 2 Thlr. 20 Ngr.

Anmerkung. Das Autograph im Besitz der Frau Clara Schumann hat die Ueberschrift: »Sonate für's Pianoforte zu vier Händen. Zselés Juny 1824«. Die Sonate erschien im Jahre 1838 bei A. Diabelli u. Comp. in Wien unter dem Titel: »Grand Duo pour le Pianoforte à quatre mains composé par François Schubert. Op. 140. Dédié à Mademoiselle Clara Wieck par les Editeurs« u. s. w. Hochformat. Verlagsnummer: 6269.)

Ausgaben. Breitkopf u. Härtel, Leipzig, 1½ Thlr. n. Holle, Wolfenbüttel, 15 Ngr. n. Litolff, Braunschweig, 13 Ngr. n. Schreiber, Wien, 2 Thlr. 20 Ngr.

Uebertragungen.

Für Pianoforte, Violine u. Violoncell von *R. Wittmann*. Hofmeister, Leipzig, 3 Thlr. 12½ Ngr.

Für Orchester von *J. Joachim*. Schreiber, Wien, 4 Thlr. 15 Ngr. n.

Op. 141. Messe (Bdur)

für 4 Singstimmen, Orchester und Orgel.

Wien, bei Haslinger. 5 Thlr. 10 Ngr. (Stimmen.)

Anmerkung. Das Autograph im Besitz der Wittwe Haslinger in Wien hat zu Anfang das Datum: »den 11. Nov. 1815«. Die Messe erschien mit einer Widmung von Ferdinand Schubert im Jahre 1838 in Stimmen bei Tobias Haslinger in Wien unter dem Titel: »Messe (in B.) für vier Singstimmen, mit Begleitung des Orchesters von Franz Schubert. 141tes Werk« u. s. w.

Ausgaben. Peters, Leipzig, (Messen im Klav.-Ausz. No. 3.) 15 Ngr. n. Haslinger, Wien, 5 Thlr. 10 Ngr. In Stimmen.

Op. 142. 4 Impromptus

für Pianoforte.

Wien, bei Schreiber. Heft I. II. à 25 Ngr.

Heft I.

Heft II.

№ 3. Thema mit Variationen.

Anmerkung. Erschienen Ende 1838 in zwei Heften bei A. Diabelli u. Comp. in Wien unter dem Titel: »4 Impromptus pour le Piano composés par Fr. Schubert. Op. 142. Dédiés à Monsieur Fr. Liszt par les Editeurs« u. s. w. (Hochformat. Verlagsnummern: 6526, 6527.)

Ausgaben. André, Offenbach, No. 1 17 Ngr., No. 2 10 Ngr., No. 3 $12\frac{1}{2}$ Ngr., No. 4 17 Ngr. Böhme, Hamburg, 2 Hefte, à 20 Ngr. Bote u. Bock, Berlin, No. 1 6 Ngr., No. 2 $2\frac{1}{2}$ Ngr., No. 3 4 Ngr., No. 4 3 Ngr. Breitkopf u. Härtel, Leipzig, Heft 1 12 Ngr. n., Heft 2 15 Ngr. n. Cotta, Stuttgart, Heft 1. 2 cplt. 20 Ngr. n. Holle, Wolfenbüttel, Heft 1. 2 cplt. 7 Ngr. n. Litolff, Braunschweig, Heft 1. 2 cplt. 7 Ngr. n. Peters, Leipzig, Heft 1. 2 cplt. 5 Ngr. n. Schott, Mainz, 2 Hefte, à 15 Ngr. Schreiber, Wien, 2 Hefte, à 25 Ngr. Senff, Leipzig, Heft 1. 2 cplt. 1 Thlr., einzeln: No. 1. 3. 4 à 10 Ngr., No. 2 5 Ngr. Simrock, Berlin, 2 Hefte, à 10 Ngr.

Uebertragung.

Für Pianoforte zu 4 Händen von *J. F. K. Dietrich.* Präger u. Meier, Bremen, 2 Hefte, à 1 Thlr. 15 Ngr.

Op. 143. Sonate (A moll)

für Pianoforte.

Wien, bei Schreiber. 25 Ngr.

Anmerkung. Componirt im Februar 1823. Erschienen 1839 bei A. Diabelli u. Comp. in Wien unter dem Titel: »Grande Sonate pour le Piano par Fr. Schubert. Oeuv. 143. Dédié à Monsieur Felix Mendelssohn Bartholdy par les Editeurs« u. s. w.

Ausgaben. Breitkopf u. Härtel, Leipzig, 12 Ngr. n. Holle, Wolfenbüttel, 4 Ngr. n. Litolff, Braunschweig, 4 Ngr. n. Peters, Leipzig, 5 Ngr. n. Schott, Mainz, 12 Ngr. Schreiber, Wien, 25 Ngr.

Op. 144. Lebensstürme.

Charakteristisches Allegro A moll
für Pianoforte zu 4 Händen.

Wien, bei Schreiber. 1 Thlr. 10 Ngr.

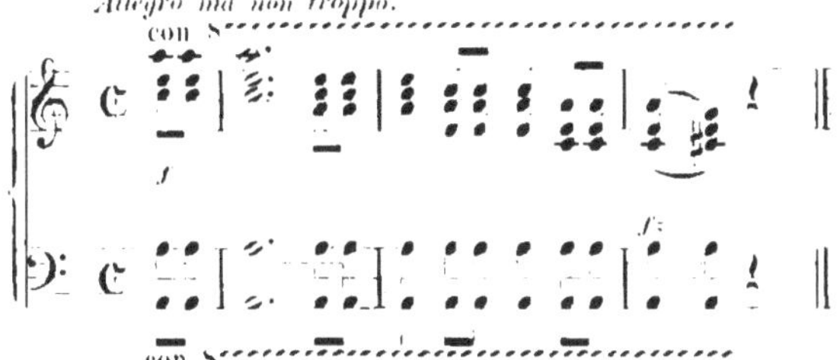

Anmerkung. Componirt im Mai 1828. Erschienen um 1840 bei A. Diabelli u. Comp. in Wien unter dem Titel: »Lebensstürme. Characteristisches Allegro für das Piano-Forte zu 4 Händen componirt von Franz Schubert. Op. 144« u. s. w.

Ausgaben. Breitkopf u. Härtel, Leipzig, 24 Ngr. n. Holle, Wolfenbüttel, 6 Ngr. n. Litolff, Braunschweig, 6 Ngr. n. Schott, Mainz, 27 Ngr. Schreiber, Wien, 1 Thlr. 10 Ngr.

Op. 145. Adagio und Rondo (E dur)

für Pianoforte.

Wien, bei Schreiber. 15 Ngr.

Anmerkung. Beide Stücke wurden wahrscheinlich im Jahre 1817 componirt, scheinen aber nicht zusammen zu gehören. Das Allegretto oder Rondo steht in einer alten, vom Autograph genommenen Abschrift, ohne einen vorhergehenden Satz, mit der Ueberschrift »Sonate«. Es scheint also zu einer nicht vollendeten Sonate zu gehören. Die Stücke erschienen um 1843 bei A. Diabelli u. Comp. in Wien unter dem Titel: »Adagio und Rondo (E dur) für das Pianoforte componirt von Franz Schubert. Op. 145« u. s. w.

Ausgaben. Holle, Wolfenbüttel, 3 Ngr. n. Schreiber, Wien, 15 Ngr.

Uebertragung.

Für Pianoforte zu 4 Händen von *J. F. K. Dietrich*. Präger u. Meier, Bremen, 20 Ngr.

Op. 146. Des Tages Weihe.

Hymne zu einer Namens- oder Geburtsfeier
für 4 Singstimmen mit Pianoforte-Begleitung und mit willkürlicher Begleitung der Violine und des Violoncells.

Wien, bei Schreiber. Partitur u. Stimmen: 25 Ngr.

Anmerkung. Componirt am 22. November 1822. Erschienen um 1843 bei A. Diabelli u. Comp. in Wien unter dem Titel: »Des Tages Weihe. Hymne zur Namens- oder Geburtsfeier« u. s. w. Das Stück ist eine Gelegenheits-Cantate, und haben die Herausgeber den Text geändert. Der ursprüngliche Text der Composition, von Schubert nur »Quartett« überschrieben, lautet: »Schicksalslenker, blicke nieder auf ein Dank-erfülltes Herz! Uns belebt die Freude wieder, fern entflohn ist jeder Schmerz. Und das Leid, es ist vergessen; durch die Nebel strahlt der Glanz deiner Grösse, unermessen, wie aus hellem Sternenkranz. Liebevoll nahmst du der Leiden herben Kelch von Vaters Mund; darum werd' in Fern' und Weiten deine höchste Milde kund«. Die Violin- und Violoncell-Stimme sind von den Herausgebern hinzugefügt worden.

Op. 147. Sonate (H dur)

für Pianoforte.

Wien, bei Schreiber. 25 Ngr.

Anmerkung. Das Autograph im Besitz von Johannes Brahms hat das Datum: August 1817. Erschienen um 1843 bei A. Diabelli u. Comp. in Wien unter dem Titel: »Grande Sonate (en Si) pour le Piano composée par François Schubert. Oeuvre 147. Dediée à Monsieur S. Thalberg . . . . par les Editeurs« u. s. w.

Ausgaben. Breitkopf u. Härtel, Leipzig, 12 Ngr. n. Holle, Wolfenbüttel, 5 Ngr. n. Litolff, Braunschweig, 5 Ngr. n. Peters, Leipzig, 5 Ngr. n. Schreiber, Wien, 25 Ngr.

Op. 148. Nocturne (Es dur)

für Pianoforte, Violine und Violoncell.

Wien, bei Schreiber. 25 Ngr.

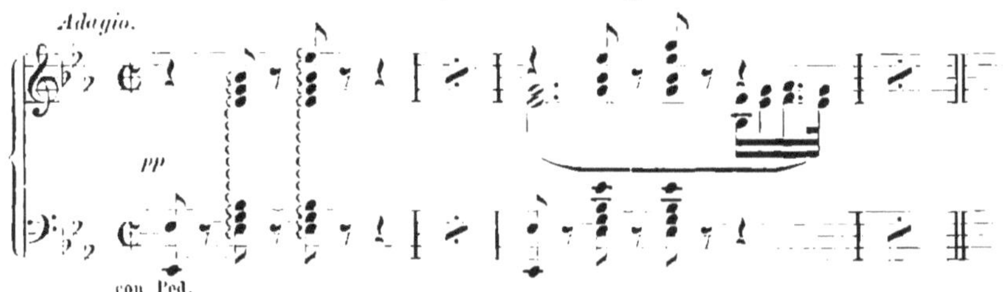

Anmerkung. Erschienen um 1844 bei A. Diabelli u. Comp. in Wien unter dem Titel: »Nocturne pour Piano Violon et Violoncelle composé par François Schubert. Oeuvre 148« u. s. w.

Ausgaben. Breitkopf u. Härtel, Leipzig, 15 Ngr. n. Peters, Leipzig, 10 Ngr. Schreiber, Wien, 25 Ngr.

Uebertragung.

Für Pianoforte zu 4 Händen von *H. John.* Leuckart, Leipzig, 10 Ngr.

Op. 149. Salve regina (Cdur)

für 4 Männerstimmen mit willkürlicher Begleitung der Orgel.

Wien, bei Schreiber. 22½ Ngr.

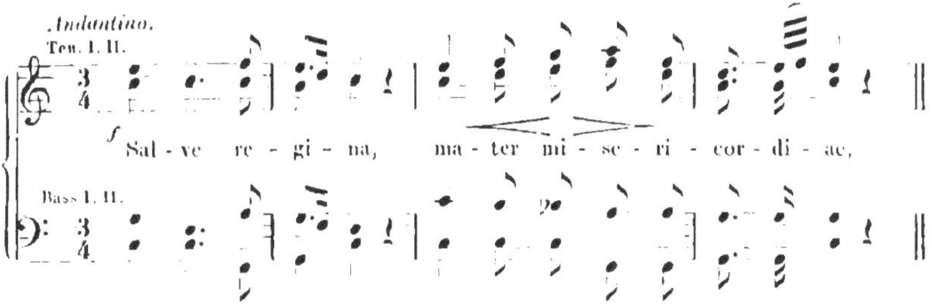

Anmerkung. Das Autograph (ohne Orgel-Begleitung) im Besitz von J. R. Zäch in Wien ist überschrieben: »Quartetto. Aprill 1824«. Erschienen um 1843 bei A. Diabelli u. Comp. in Wien unter dem Titel: »Salve Regina. (Quartett für 4 Männerstimmen mit willkührlicher Begleitung der Orgel componirt von Franz Schubert. Op. 149« u. s. w. Die Orgelbegleitung ist von den Herausgebern hinzugefügt worden.

Op. 150. Graduale (Cdur)

für 4 Singstimmen, Orchester und Orgel.

Wien, bei Schreiber. 1 Thlr. 10 Ngr.

Anmerkung. Componirt im Jahre 1815. Erschienen um 1843 bei A. Diabelli u. Comp. in Wien unter dem Titel: »Graduale. (Benedictus es Domine Für 4 Singstimmen, 2 Violinen, Viola, 2 Oboen (oder Clarinetten) 2 Trompeten u. Pauken, Baſs-Posaune, Violoncell, Contrabaſs, u. Orgel, componirt von Franz Schubert. 150tes Werk« u. s. w.

Op. 151. Schlachtlied

(Gedicht von Klopstock)

für 2 vierstimmige Männerchöre mit willkürlicher Begleitung des Pianoforte.

Wien, bei Schreiber. 1 Thlr. 5 Ngr.

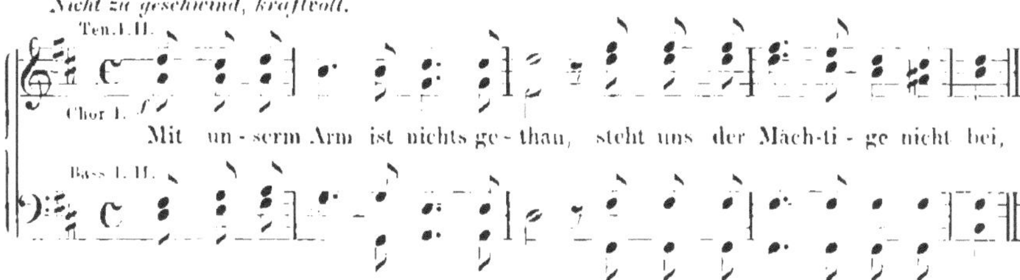

Anmerkung. Componirt am 28. Februar 1827. Aufgeführt in Schubert's Concert am 26. März 1828. Erschienen um 1843 bei A. Diabelli u. Comp. in Wien. Die Pianoforte-Begleitung ist von den Herausgebern hinzugefügt worden.

Op. 152. Fuge (Emoll)

für Pianoforte zu 4 Händen.

Wien, bei Schreiber. 10 Ngr.

Anmerkung. Eine alte, vom Autograph genommene Abschrift ist überschrieben: »Fuge zu 4 Händen. Baden am 3 Juni 1828«. Erschienen um 1843 bei A. Diabelli u. Comp. in Wien unter dem Titel: »Fuge E moll für die Orgel oder Piano zu 4 Händen. Componirt von Franz Schubert. Op. 152« u. s. w.

Ausgaben. Breitkopf u. Härtel, Leipzig, 6 Ngr. n. Holle, Wolfenbüttel, 3 Ngr. n. Schreiber, Wien. 10 Ngr.

Uebertragung.

Für Pianoforte zu 2 Händen von *J. F. K. Dietrich.* Präger u. Meier, Bremen. 7 1/2 Ngr.

Op. 153. Drittes Offertorium (A dur)

für eine Sopranstimme mit Begleitung von Streichinstrumenten.

Wien, bei Schreiber. 25 Ngr.

Andante con moto.

Sal-ve re - gi - na, ma - ter mi - se - ri - cor - di - ae,

Anmerkung. Componirt im November 1819. Erschienen um 1843 bei Diabelli u. Comp. in Wien unter dem Titel: »Drittes Offertorium Salve regina, mater misericordiae. Solo für Sopran, oder Tenor mit Begleitung von 2 Violinen, Viola, Violoncell u. Contrabafs« u. s. w. Die Singstimme ist von Schubert im Sopranschlüssel geschrieben.

Op. 154. Hymne (an den heiligen Geist)

Text von A. Schmidl,

für 8 Männerstimmen (Solo und Chor) mit Begleitung von Blasinstrumenten.

Wien, bei Schreiber. 1 Thlr. 15 Ngr. Mit Begleitung des Pianoforte 25 Ngr. Neue Ausgabe (mit Partitur) 1 Thlr.

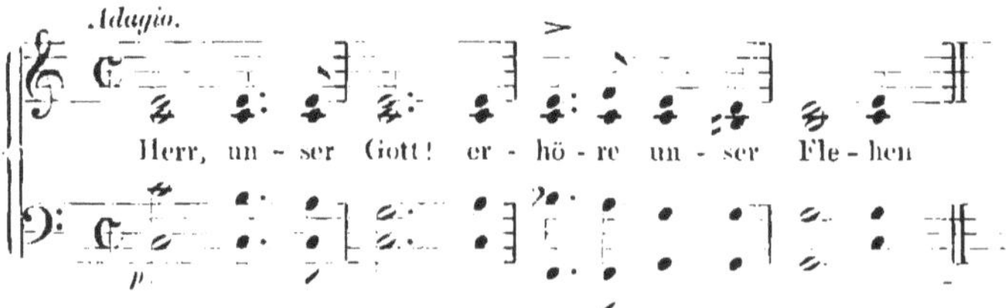

Anmerkung. Ursprünglich componirt für 4 Solo-Männerstimmen und vierstimmigen Männerchor ohne Begleitung. Das Autograph dieser Bearbeitung, in der königl. Bibliothek zu Berlin befindlich, ist überschrieben: »Chor« und zeigt das Datum: »May 1828«. Im October 1828 wurde die Instrumental-Begleitung hinzugefügt. In dieser Form wurde das Stück aufgeführt am 5. März 1829 in einem Concert spirituel. Auf dem Programm stand: »Neue Hymne von Franz Schubert, eigends für diese Concerte componirt«. In den Berichten der Leipziger und der Berliner allg. musik. Zeitung wird das aufgeführte Stück »Hymnus. Veni sancte spiritus« genannt. Die Hymne erschien um 1847 bei Diabelli u. Comp. in Wien unter dem Titel »Hymne (Herr, unser Gott! erhöre unser Flehen) Chor für 8 Männerstimmen mit Begleitung von 2 Oboen, 2 Clarinetten, 2 Fagotte, 2 Hörner, 2 Trompeten und 3 Posaunen« u. s. w. In genanntem Autograph und in einer früheren Abschrift lautet der Text, etwas abweichend vom gedruckten, wie folgt: »Komm, heil'ger Geist! Erhöre unser Flehen, die sehnend auf zu dir, Verheiss'ner, sehen. Herab auf uns komm. Tröster du! In unser Herz leg Himmelsruh. O komm zu stärken unsern Glaubensmuth; verlass auf unserm Pfad uns nicht, du Bote aus des Himmels Licht, und leite uns zu dem, was recht und gut. O komm, heil'ger Geist!« u. s. w.

Ausgaben. Heuser, Neuwied, mit Pianoforte ad lib. Partitur: 5 Ngr. n. Schreiber, Wien, 1 Thlr. 15 Ngr., mit Begleitung des Pianoforte: 25 Ngr.

Op. 155. Trinklied aus dem 14. Jahrhundert

für 4 Männerstimmen mit willkürlicher Begleitung des Pianoforte.

Wien, bei Schreiber. Partitur u. Stimmen 20 Ngr. Neue Ausgabe revid. von J. Herbeck. Partitur u. Stimmen 20 Ngr.

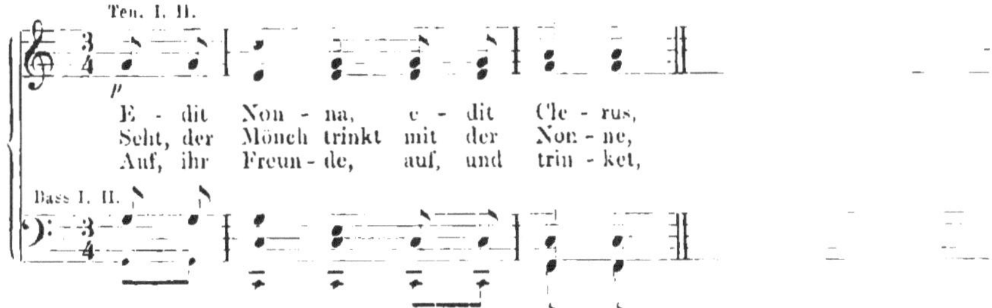

Anmerkung. Erschien im Jahre 1848 bei Diabelli u. Comp. in Wien unter dem Titel: »Trinklied aus dem 14ten Jahrhundert aus dem Werke: Hiftorifche Antiquitäten von Rittgräff« u. s. w. Der lateinische Text des Liedes findet sich mit anderer deutscher Uebersetzung (»Nonnen schmausen, Pfaffen zechen« u. s. w. im 2. Theil S. 89) des Werkes: »Historische Antiquitäten . . . . herausgegeben von Rittgräff«. (Wien, 1815, Gerold.)

Op. 156. Nachtmusik

(Gedicht von Seckendorf)

für 4 Männerstimmen mit willkürlicher Begleitung des Pianoforte.

Wien, bei Schreiber. 20 Ngr.

Anmerkung. Erschien 1848 bei A. Diabelli u. Comp. in Wien unter dem Titel: »Nachtmusik. Gedicht von Seckendorf. In Musik gesetzt für 4 Männerstimmen« u. s. w. (Verlagsnummer: 8850.)

Op. 157. Constitutionslied

Gedicht von J. L. Deinhardstein

für 4 Singstimmen mit Begleitung des Orchesters.

Wien, bei Schreiber. Partitur 10 Ngr. Clavier-Auszug 10 Ngr.

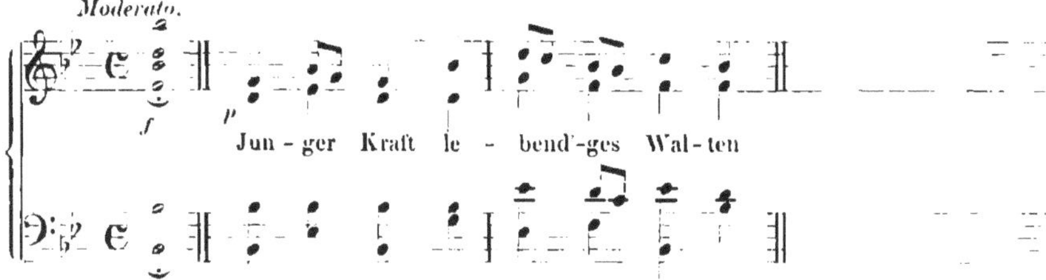

Anmerkung. Erschien im Jahre 1848 bei Diabelli u. Comp. in Wien unter dem Titel: »Constitutionslied. Gedichtet von Deinhardstein. In Musik gesetzt von Franz Schubert. 157tes Werk. Früher vom Tonsetzer zu einem andern Gedichte desselben Verfassers geschrieben« u. s. w. Der ursprüngliche Text, von Deinhardstein zum Geburtstag des Kaisers Franz gedichtet, war überschrieben »Volkslied« und begann mit den Worten: »Steig empor, umblüht von Segen, schöner goldgekrönter Tag«. Schubert's Composition dieses Liedes befindet sich autograph im Archiv der Gesellschaft der Musikfreunde in Wien und ist überschrieben: »Am Geburtstag des Kaisers. Jänner 1822«. Aufgeführt wurde das Volkslied am 11. Februar 1822 in einer von den Zöglingen der Theresianischen Ritter-Akademie zur Feier des Geburtstages des Kaisers gegebenen musikalischen Akademie.

Op. 158. Der Frühlingsmorgen.

Cantate für Sopran, Tenor und Bass mit Begleitung des Pianoforte.

Wien, bei Schreiber. Partitur u. Stimmen 25 Ngr.

Anmerkung. Schubert componirte diese Cantate mit anderm Text im August 1819 in Steyer zum Geburtstag des Sängers Michael Vogl. Der ursprüngliche Text, angeblich von A. Stadler verfasst, lautet: »Sänger, der vom Herzen singet und das Wort zum Herzen bringet, bei den Tönen deiner Lieder fällts wie sanfter Regen nieder, den der Herr vom Himmel schickt, und die dürre Flur erquickt. (Sopran:) Diese Berge sahn dich blühen, hier begann dein Herz zu glühen, für die Künstlerhöhn zu schlagen, die der Wahrheit Krone tragen. Der Natur hast du entwandt, was die Kunst noch nicht verstand. (Tenor:) Da saht ihr Oresten scheiden, Jakob mit der Last der Leiden, saht des Arztes Hoffnung tagen, Menschlichkeit am Wasserwagen, saht, wie man sich Linen sucht, Bräute holt aus Bergesschlucht. (Sopran:) In der Weihe deiner Würde stehst du, aller Sänger Zierde, auf Thaliens Tempelstufen, hörst um dich des Beifalls Rufen; doch ein Kranz, ein Sinngedicht ist der Lohn des Künstlers nicht. (Tenor:) Wenn dich einst in greisen Tagen deines Lebens Mühen plagen, willst du nicht zur Heimath wandern? Lass die Helden einem Andern, nur von Agamemnons Sohn trag die treue Brust davon. (Kanon.) Gott bewahr dein theures Leben heiter, spiegelklar und eben wie das Tönen deiner Kehle tief herauf aus voller Seele. Schweigt denn einst des Sängers Wort, tönet doch die Seele fort«. Mit dem von unbekannter Hand veränderten Text erschien die Cantate im Jahre 1849 bei Diabelli u. Comp. in Wien unter dem Titel: »Der Frühlingsmorgen. Cantate für Sopran, Tenor und Bass« u. s. w.

Op. 159. Phantasie (C dur)

für Pianoforte und Violine.

Wien, bei Schreiber. 2 Thlr. 5 Ngr.

Andante molto. *Allegretto.* Viol.

Andantino. *Allegro.*

Anmerkung. Oeffentlich gespielt am 20. Januar 1828 von Bocklet und Slawik in einem Concert des Letzteren. Erschienen 1850 bei A. Diabelli u. Comp. in Wien unter dem Titel: »Fantaisie pour Piano et Violon composée par François Schubert. Oeuvre 159« u. s. w.

Ausgaben. Breitkopf u. Härtel. Leipzig. 21 Ngr. u. Schreiber. Wien. 2 Thlr. 5 Ngr.

Op. 160. Introduction und Variationen (E moll)

über ein Thema (»Ihr Blümlein alle«) aus den Müllerliedern (Op. 25) für Pianoforte und Flöte.

Wien, bei Schreiber. 1 Thlr. 15 Ngr.

Anmerkung. Componirt im Januar 1824. Erschienen 1850 bei A. Diabelli u. Comp. in Wien unter dem Titel: »Introduction et Variations sur un thème original pour Piano et Flûte par François Schubert Oeuvre 160« u. s. w.

Op. 161. Quartett (G dur)

für 2 Violinen, Viola und Violoncell.

Wien, bei Schreiber. Partitur 2 Thlr. 10 Ngr. Stimmen 3 Thlr. 15 Ngr.

Anmerkung. Componirt (nach dem Autograph im Besitz von C. A. Spina in Wien) in der Zeit vom 20. bis zum 30. Juni 1826. Erschienen um 1852 bei Spina in Wien.

Ausgaben. Breitkopf u. Härtel, Leipzig, 1 Thlr. 21 Ngr. n. Schreiber, Wien, Partitur 2 Thlr. 10 Ngr., Stimmen 3 Thlr. 15 Ngr.

Uebertragung.

Für Pianoforte zu 4 Händen von *C. Hübschmann*. Leuckart, Leipzig, 1 Thlr. 20 Ngr.

Op. 162. Sonate (A dur)

»Duo«

für Pianoforte und Violine.

Wien, bei Schreiber. 1 Thlr. 15 Ngr.

Allegro moderato. *Scherzo. Presto.*

Andantino. *Allegro vivace.*

Anmerkung. Eine alte, vom Autograph genommene Abschrift ist überschrieben: »Sonate für Pfte u. Violine, componirt August 1817«. Auch Ferd. Schubert führt (Neue Zeitschrift für Musik, April 1839) das Werk als »Sonate« für Clavier und Violine an. Es erschien um 1852 bei (A. Diabelli u. Comp. in Wien unter dem Titel: »Duo (en La) pour Piano et Violon composé par François Schubert. Oeuvre 162« u. s. w.

Ausgaben. Breitkopf u. Härtel, Leipzig, 21 Ngr. n. Schreiber, Wien, 1 Thlr. 15 Ngr.

Uebertragungen.

Für Pianoforte zu 4 Händen von *Ch. Geissler*. Schreiber, Wien. 1 Thlr. 17½ Ngr. Ebenso von *H. John*. Leuckart, Leipzig, 25 Ngr.

Op. 163. Quintett (C dur)

für 2 Violinen, Viola und 2 Violoncelle.

Wien, bei Schreiber. 3 Thlr. 15 Ngr.

Allegro ma non troppo. *Adagio.*

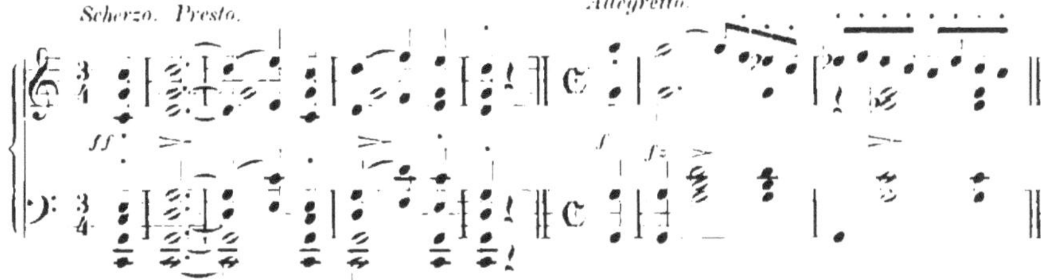

Anmerkung. Componirt im Jahre 1828. Erschienen um 1854 bei Spina in Wien.

Ausgaben. Breitkopf u. Härtel, Leipzig. 1 Thlr. 21 Ngr. n. Peters, Leipzig. Partitur 15 Ngr. n., Stimmen 20 Ngr. n. Schreiber, Wien. 3 Thlr. 15 Ngr.

Uebertragungen.

Für Pianoforte zu 4 Händen von *K. Hübschmann.* Leuckart, Leipzig, 1 Thlr. 10 Ngr. Ebenso von *A. Röse.* Schreiber, Wien. 3 Thlr. 5 Ngr.

Adagio daraus:

Für Violoncell u. Pianoforte von *W. Müller.* Transcript. No. 12 Bote u. Bock, Berlin. 25 Ngr.

Für Physharmonika u. Pianoforte von *C. G. Lickl.* (Op. 51, Heft 18) Schreiber, Wien. 1 Thlr. 15 Ngr.

Scherzo daraus:

Für Violine u. Pianoforte von *A. Röse.* Schreiber, Wien. 12½ Ngr.

Für Violoncell u. Pianoforte von *W. Müller.* Transcript. No. 11. Bote u. Bock, Berlin. 22½ Ngr.

Finale daraus:

Für Violine u. Pianoforte von *A. Röse.* Schreiber, Wien. 22½ Ngr.

Op. 164. Sonate (A moll)

für Pianoforte.

Wien, bei Schreiber. 1 Thlr.

Anmerkung. Componirt im Jahre 1817. Erschienen um 1854 bei C. A. Spina in Wien unter dem Titel: »Siebente Sonate für Piano componirt von Franz Schubert. Op. 164« u. s. w.

Ausgaben. Breitkopf u. Härtel, Leipzig. 12 Ngr. n. Holle, Wolfenbüttel. 5 Ngr. n. Litolff, Braunschweig, 5 Ngr. n. Peters, Leipzig, 5 Ngr. n. Schott, Mainz, 12 Ngr. Schreiber, Wien. 1 Thlr.

Op. 165. Liederkranz.

Fünf Lieder

für eine Singstimme mit Begleitung des Pianoforte.

Wien, bei Schreiber. No. 1 10 Ngr. No. 2. 3 à 7½ Ngr. No. 4. 5 à 5 Ngr. Für Alt (od. Bariton): No. 1 10 Ngr.

№ 1. Die Liebende schreibt. Gedicht von Goethe.

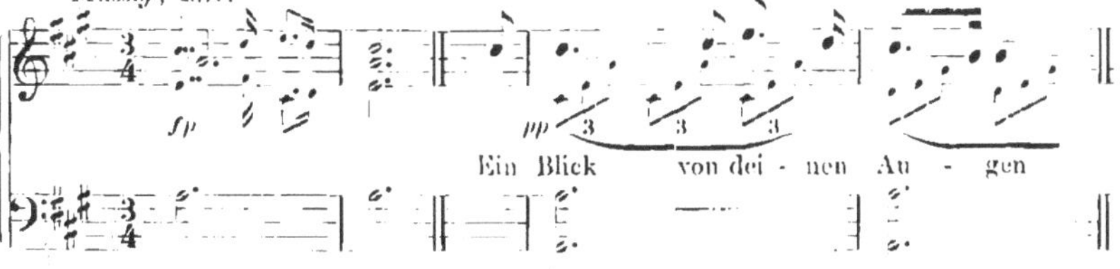

№ 2. Die Sternennächte. (Gedicht von Mayrhofer.)

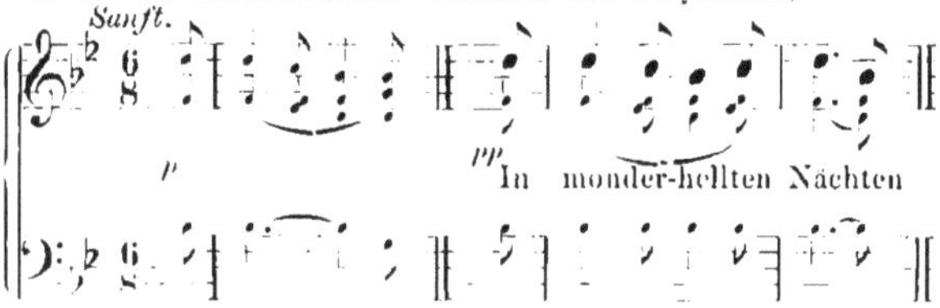

Sanft.

p *pp* In monder-hellten Nächten

№ 3. Das Bild.

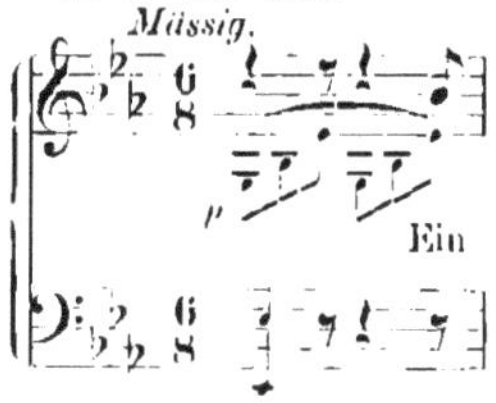

Mässig.

p Ein Mädchen ist's, das früh und spät mir

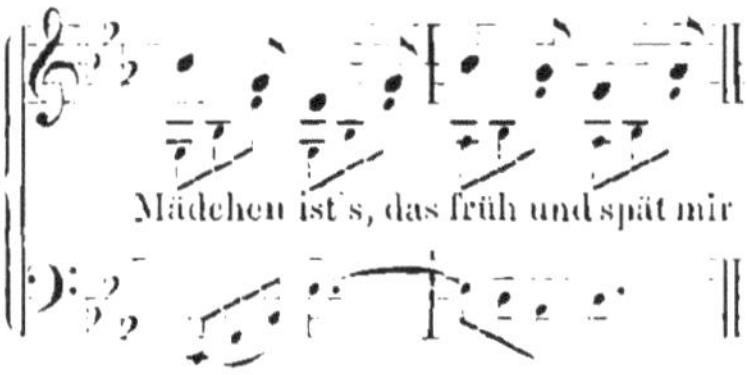

№ 4. Die Täuschung. Gedicht von Kosegarten.

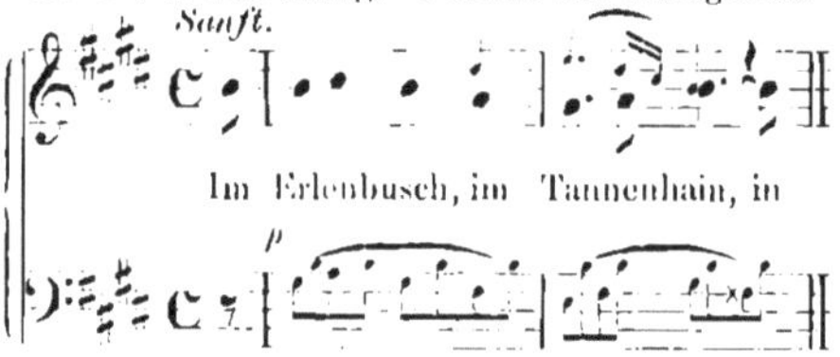

Sanft.

Im Erlenbusch, im Tannenhain, in

p

№ 5. Altschottische Ballade. (Aus Herder's »Stimmen der Völker«.)

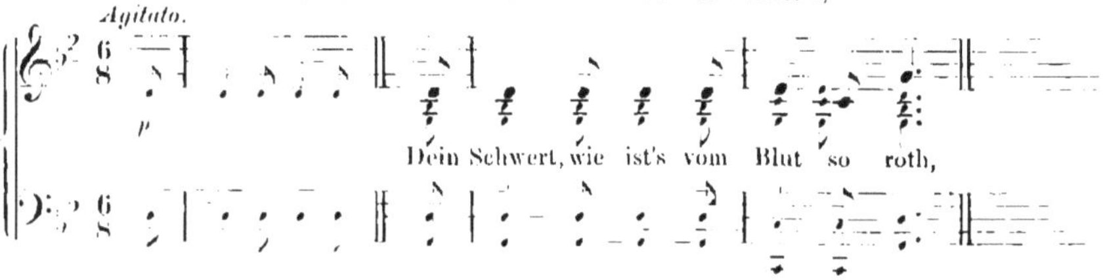

Agitato.

p

Dein Schwert, wie ist's vom Blut so roth,

Anmerkung. Nr. 1 und 2 componirt im October 1819, Nr. 3 am 11. Februar 1815, Nr. 4 am 7. Juli 1815, Nr. 5 in Graz im November 1827. Nr. 1 erschien am 26. Juni 1832 als Beilage zur Wiener Zeitschrift für Kunst, Nr. 5 im Jahr 1855 als Beilage zu Zellner's Blättern für Musik. Sämmtliche Lieder erschienen um 1864 bei C. A. Spina in Wien unter dem Titel: »Liederkranz Sammlung von Liedern aus dem Nachlasse« u. s. w.

Op. 166. Octett (Fdur)

für 2 Violinen, Viola, Violoncell, Contrabass, Clarinette, Horn und Fagott.

Wien, bei Schreiber. 4 Thlr. 10 Ngr.

Anmerkung. Nach dem Autograph im Besitz von C. A. Spina in Wien wurde die Composition im Februar 1824 begonnen und am 1. März 1824 beendigt. Oeffentlich aufgeführt wurde das Octett im April 1827 in einer Quartett-Unterhaltung Schuppanzigh's. Es erschien um 1854 bei Spina in Wien.

Ausgaben. Breitkopf u. Härtel, Leipzig, 2 Thlr. 3 Ngr. n. Peters, Leipzig, Partitur u. Stimmen à 1 Thlr. n. Schreiber, Wien, 4 Thlr. 10 Ngr.

Uebertragungen.

Für 2 Violinen, 2 Bratschen u. Violoncell von *M. Durst*. Schreiber, Wien, 2 Thlr. 12½ Ngr.

Für Pianoforte zu 4 Händen. Peters, Leipzig, 15 Ngr. n. Ebenso von *S. Leithner*. Schreiber, Wien, 3 Thlr. 15 Ngr. Ebenso von *H. Ulrich*. Leuckart, Leipzig. 1 Thlr. 20 Ngr.

Andante daraus für Violine u. Pianoforte, Violoncell u. Pianoforte. Heinze, Leipzig. (Sammlung class. Stücke. No. 12) à 7½ Ngr.

Menuett daraus für Pianoforte zu 2 Händen von *S. Blumner*. Breitkopf u. Härtel, Leipzig, 15 Ngr.

Op. 167. Gesang der Geister über den Wassern

(Gedicht von Goethe)

für 4 Tenor- und 4 Bass-Stimmen mit Begleitung von 2 Violen, 2 Violoncellen und Contrabass.

Wien, bei Schreiber. Partitur 25 Ngr. Stimmen 1 Thlr. 25 Ngr. Mit vierhändiger Pianoforte-Begleitung 2 Thlr.

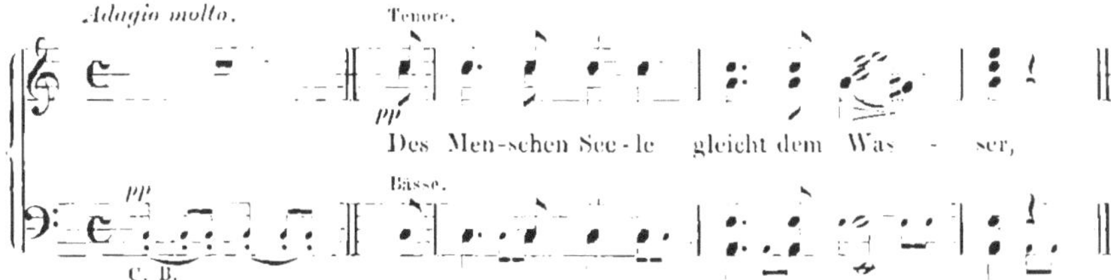

Anmerkung. In dieser Bearbeitung componirt im Februar 1821. Autograph im Besitz von C. A. Spina in Wien. Eine andere Bearbeitung für 4 Männerstimmen ohne Begleitung fällt in das Jahr 1817. Eine der gedruckten Form nahe kommende, ebenfalls für 4 Tenor- und 4 Bass-Stimmen mit Begleitung von 2 Violen, 2 Violoncellen und Contrabass geschriebene, aber nicht ganz ausgeführte Bearbeitung befindet sich autograph in der königl. Bibliothek zu Berlin. Sie trägt das Datum: »Dec. 1820«. Oeffentlich aufgeführt wurde das Stück zum ersten Mal am 7. März 1821 in einem Concert im Kärnthnerthor-Theater. Es erschien um 1858 bei Spina in Wien.

Op. 168. Quartett (B dur)

für 2 Violinen, Viola und Violoncell.

Wien, bei Schreiber. 2 Thlr. $2^1/_2$ Ngr.

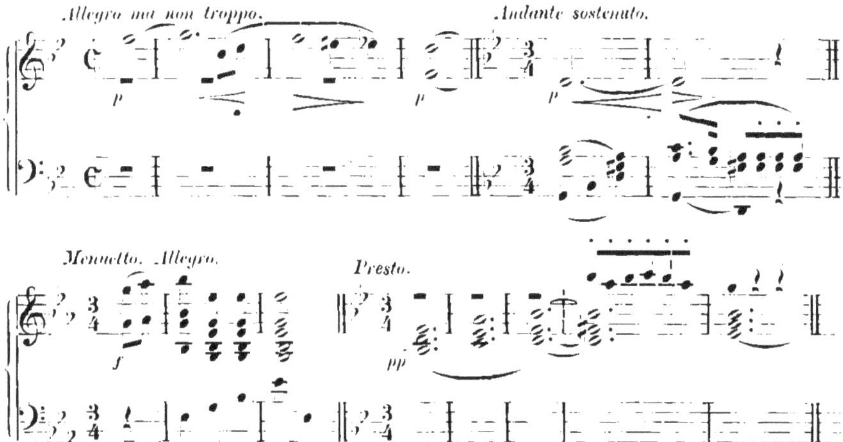

Anmerkung. Das Autograph im Besitz von C. A. Spina in Wien hat zu Anfang das Datum: »5. Septbr. 1814«. Am Schluss des ersten Satzes bemerkt Schubert: »In $4^1/_2$ Stunden verfertigt«. Das Andante hat zu Anfang das Datum: »den 6. Septbr. 1814«, und am Schluss: »den 10. Septbr. 1814«. Am Schluss des Menuets steht: »den 11. Septbr. 1814«, und am Schluss des letzten Satzes: »den 13. Septbr. 1814«. Das Quartett erschien 1865 bei Spina in Wien.

Uebertragung.

Für Pianoforte zu 4 Händen von *K. Hübschmann*. Leuckart, Leipzig. 25 Ngr.

Op. 169. Der Wintertag (Geburtstagslied)

für 4 Männerstimmen mit Begleitung des Pianoforte.

Wien, bei Schreiber. Partitur u. Stimmen $17^1/_2$ Ngr.

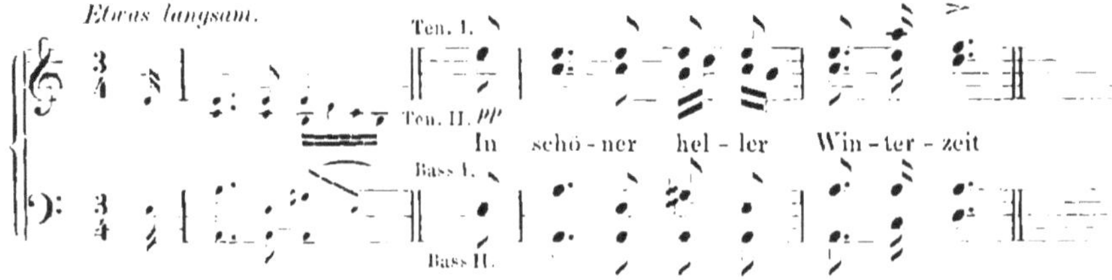

Anmerkung. Die autographen 4 Singstimmen sind im Besitz von C. A. Spina in Wien. Die Begleitung ist verloren gegangen und ist von J. P. Gotthard hinzugefügt worden.

Op. 170. Ouverture im italienischen Styl (Cdur)
für Orchester.

Wien, bei Schreiber. Partitur 1 Thlr. 15 Ngr., Stimmen 2 Thlr.

Adagio.
Fl.
Allegro.
V. 1.

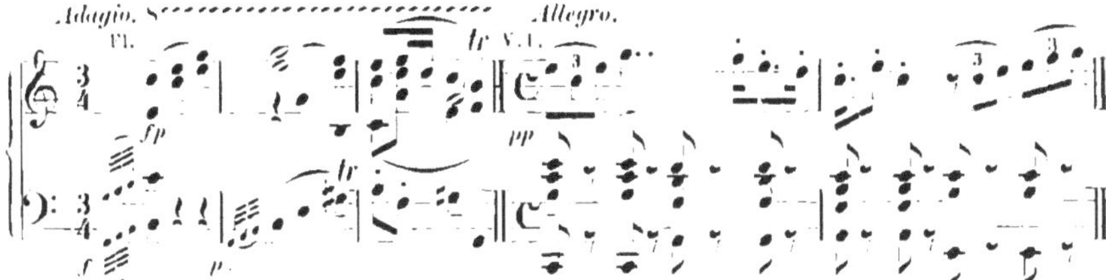

Anmerkung. Componirt im November 1817. Autograph im Besitz von C. A. Spina in Wien. Erschien 1866 in Partitur bei Spina. Schubert selbst hat die Ouverture im Jahr 1817 vierhändig gesetzt. Diese Bearbeitung erschien 1872 bei J. P. Gotthard in Wien.

Uebertragungen.

Für Pianoforte zu 4 Händen. Peters, Leipzig, 5 Ngr. n. Ebenso von *Carl Reinecke*. Schreiber, Wien, 25 Ngr.

Für Pianoforte zu 2 Händen. Peters, Leipzig, 2½ Ngr. n.

Unter dem Titel: Ouverture in Cdur für Pianoforte zu 4 Händen. Gotthard, Wien, 20 Ngr.

Op. 171. 12 Ländler
für Pianoforte.

Wien, bei Schreiber. 20 Ngr.

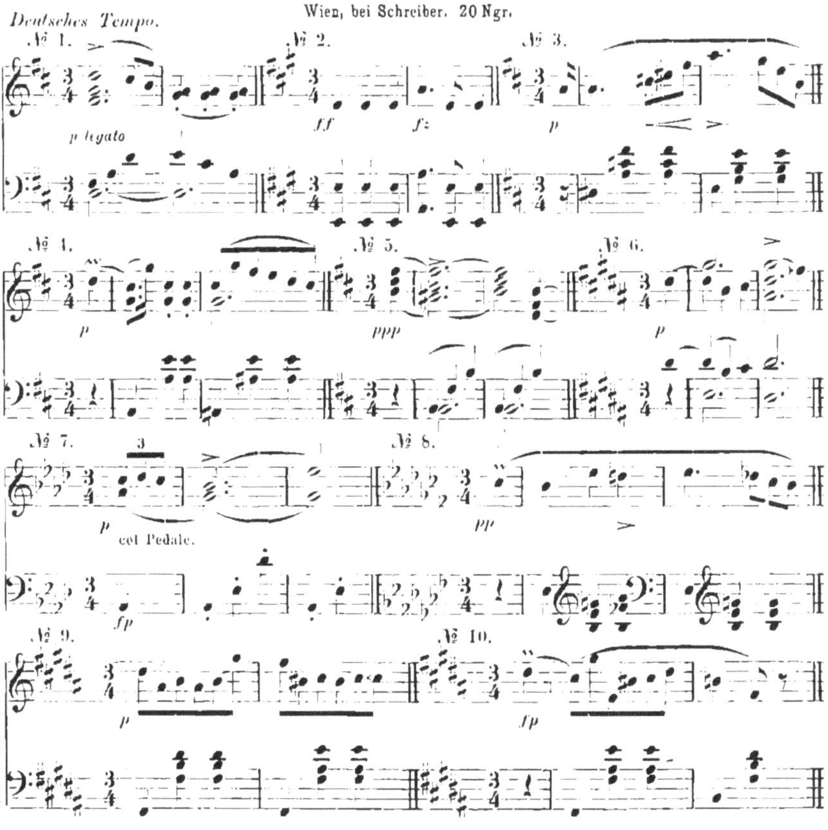
Deutsches Tempo.
№ 1.
p legato
№ 2.
№ 3.
№ 4.
№ 5.
№ 6.
№ 7.
col Pedale.
№ 8.
№ 9.
№ 10.

Anmerkung. Ueberschrift des Autographs im Besitz von Johannes Brahms: »Deutsches Tempo. May 1823. Frz. Schubert«. Nr. 2 = Op. 33 Nr. 1. Der 2. Theil von Nr 8 ist, abgesehen von der Tonart, gleich dem 2. Theil von Nr. 10 in Op. 33. Erschienen 1864 bei C. A. Spina in Wien unter dem Titel: »12 Ländler für Pianoforte« u. s. w.

Ausgaben. Breitkopf u. Härtel, Leipzig, 6 Ngr. n. Schreiber, Wien, 20 Ngr.

Uebertragung.

Für Pianoforte zu 4 Händen von *Jul. Epstein.* Schreiber, Wien, 20 Ngr.

Op. 172. Sechs Lieder

für eine Singstimme mit Begleitung des Pianoforte.

Wien, bei Schreiber, 15 Ngr., einzeln à 5 Ngr.

№ 1. Der Traum. (Gedicht von Hölty.)

Tändelnd.

№ 2. Die Laube. (Gedicht von Hölty.)

Mit Wehmuth, langsam.

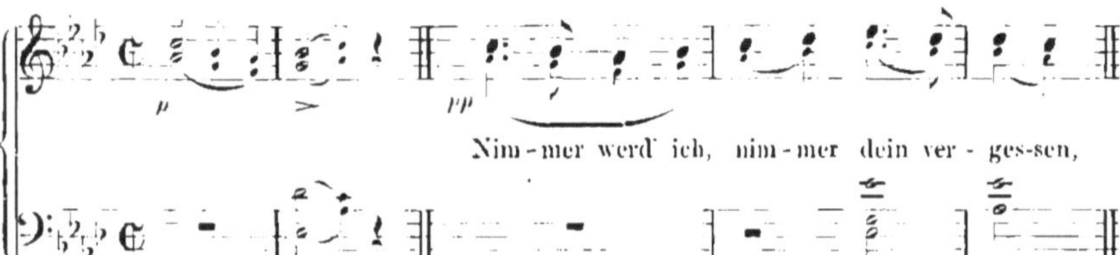

№ 3. An die Nachtigall. (Gedicht von Hölty.)

Unruhig, klagend.

№ 4. Das Sehnen. (Ged. v. Kosegarten.) № 5. An den Frühling. (Gedicht von Schiller.

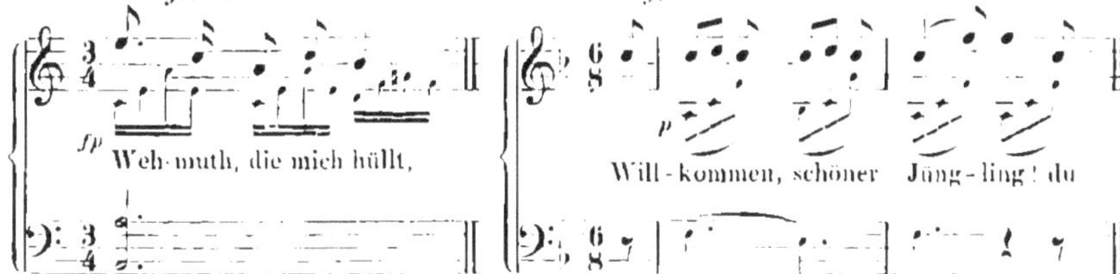

№ 6. Die Vogel. Gedicht von Fr. Schlegel.

Anmerkung. Nr. 1 und 2 componirt am 17. Juni 1815, Nr. 3 am 22. Mai 1815, Nr. 4 am 8. Juli 1815, Nr. 5 im September 1815, Nr. 6 im März 1820. Erschienen 1866 bei C. A. Spina in Wien.

Uebertragungen.

No. 2. Für Sopran, Alt, Tenor und Bass von *G. W. Teschner.* (36 Lieder. Heft 7.) Siegel, Leipzig. Partitur u. Stimmen: 25 Ngr.

No. 4. Für Sopran, Alt, Tenor und Bass von *G. W. Teschner.* (36 Lieder. Heft 8.) Siegel, Leipzig. Partitur u. Stimmen: 25 Ngr.

Op. 173. Sechs Lieder

für eine Singstimme (No. 6 für Bass) mit Begleitung des Pianoforte.

Wien, bei Schreiber.

Complet in einem Heft 1 Thlr. 5 Ngr. Einzeln: Nr. 1. 4. 5 à 7½ Ngr., Nr. 2. 6 à 10 Ngr., Nr. 3 5 Ngr.

№ 1. Amalia. (Gedicht von Schiller.)

№ 2. Das Geheimniss. (Gedicht von Schiller.)

№ 3. Vergebliche Liebe. (Gedicht von Bernard.

№ 4. Der Blumen Schmerz. Gedicht von Graf Maylath.

№ 5. Die Blumensprache.

№ 6. Das Abendroth. Gedicht von Al. Schreiber.)

Anmerkung. Nr. 1 componirt am 19. Mai 1815, Nr. 2 im März 1823 eine andere Bearbeitung fällt ins Jahr 1815 , Nr. 3 am 6. April 1815, Nr. 4 im Jahre 1821, Nr. 6 im November 1818 in Zelesz. Nr. 2, 5 und 6 sind autograph bei Gräfin Almásy in Wien. Nr. 4 erschien als Beilage zur Wiener Zeitschrift für Kunst vom Jahre 1821 (Nr. 147 und wurde am 2. December 1824 von Gross in einer Abendunterhaltung der Gesellschaft der Musikfreunde gesungen. Die Lieder erschienen zusammen im Jahre 1867 bei C. A. Spina in Wien.

II.

„Nachgelassene musikalische Dichtungen

für Gesang und Pianoforte“.

50 Lieferungen.

Die Sammlung, für welche diese Abtheilung bestimmt ist, ist in Querformat und hat den Titel:

Franz Schubert's

nachgelassene

musikalische Dichtungen

für Gesang und Pianoforte.

te Lieferung.

Eigenthum der Verleger.

Wien,

bey Ant. Diabelli & Comp. Graben № 1133.

Ausser diesem Titel hat jede Lieferung auf der 3. Seite ihren besondern Titel, der ihren Inhalt angiebt. Die 1. Lieferung erschien am 10. Juli 1830, die 50. oder letzte spätestens 1850.

Lief. 1. Ossian's Gesänge. Heft I:

Die Nacht

für eine Singstimme mit Begleitung des Pianoforte.

Wien, bei Schreiber. 25 Ngr.

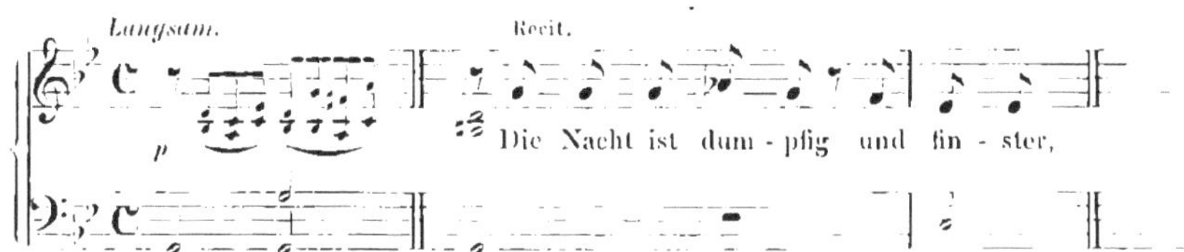

Anmerkung. Componirt im Februar 1817. Die Herausgeber (Diabelli u. Comp.) haben Schubert's Composition geändert; der Schluss (die letzten 64 Takte) des Stückes, wie es gedruckt ist, ist von ihnen nach einem von Schubert im Januar 1817 componirten mehrstimmigen Jagdlied hinzugefügt worden, dessen Text von Zacharias Werner ist und lautet: »Trarah! Trarah! Wir kehren daheim; wir bringen die Beute der Jagd. Es sinket die Nacht, drum halten wir Wacht. Das Licht hat über das Dunkel Macht. Trarah! Trarah! Auf, auf, auf! Das Feuer angefacht!« Die von Schubert bei Ossian's Gesängen benutzte Uebersetzung war die von Harold.

Ausgaben. Holle, Wolfenbüttel, (Mit Lief. 2.) 5 Ngr. n. Schreiber, Wien, 25 Ngr. Senff, Leipzig, 1 Ngr.

Jagdlied daraus:

Für eine Bassstimme: Schreiber, Wien, 10 Ngr.

Uebertragung.

Jagdlied daraus für 4 Männerstimmen von *J. Herbeck.* Schreiber, Wien, Partitur u. Stimmen: 17 1/2 Ngr.

Lief. 2. Ossian's Gesänge. Heft II:

Cronnan, Kolma's Klage

für eine Singstimme mit Begleitung des Pianoforte.

Wien, bei Schreiber. 25 Ngr.

№ 1. Cronnan.

Langsam, schauerlich.

p

Ich sitz' bei der moo-si-gen Quel-le,

№ 2. Kolma's Klage.

Anmerkung. Nr. 1 componirt im Jahr 1816, Nr. 2 am 22. Juni 1815.

Ausgaben. Holle, Wolfenbüttel. No. 1. 2 cplt. (Mit Lief. 1.) 5 Ngr. n. Schreiber. Wien. 25 Ngr. Senff, Leipzig. No. 1. 2 à 4 Ngr.

Lief. 3. Ossian's Gesänge. Heft III:

Loda's Gespenst

für eine Singstimme mit Begleitung des Pianoforte.

Wien, bei Schreiber. 25 Ngr.

Anmerkung. Componirt im Februar 1815. Die Herausgeber haben der Composition Schubert's einen Anhang von 46 Takten folgen lassen, zu dem eine andere Composition Schubert's, das im Jahre 1815 für 3 Singstimmen und Pianoforte componirte Punschlied von Schiller »Vier Elemente, innig gesellt« verwendet wurde, welchem Liede Leopold von Sonnleithner einen andern Text unterlegte. Siehe Leipziger Allg. Musik. Zeitung vom 30. Januar 1867. Loda's Gespenst, wie es Schubert componirt hat, schliesst mit einem Recitativ und mit den Worten: »Heldengesänge erfreuten den Kreis«.

Ausgaben. Holle, Wolfenbüttel, (Mit Lief. 4.) 6 Ngr. n. Schreiber, Wien, 25 Ngr. Senff, Leipzig, 4 Ngr.

Lief. 4. Ossian's Gesänge. Heft IV:

Shilric und Vinvela, Ossian's Lied nach dem Falle Nathos', Das Mädchen von Inistore

für eine Singstimme mit Begleitung des Pianoforte.

Wien, bei Schreiber. 25 Ngr.

№ 1. Shilric und Vinvela.

№ 2. Ossian's Lied nach dem Falle Nathos'.

№ 3. Das Mädchen von Inistore.

Anmerkung. Das Autograph von Nr. 1 im Besitz von J. S. Tauber in Wien ist überschrieben: »Shilric und Vinvela. Ein Gesang Ossians. Den 20. Septbr. 1815«. Nr. 2 componirt 1815, Nr. 3 im September 1815.

Ausgaben. Holle, Wolfenbüttel, No. 1—3 cplt. (Mit Lief. 3.) 6 Ngr. n. Schreiber, Wien, 25 Ngr. Senff, Leipzig, No. 1—3 à 4 Ngr.

Einzeln:

No. 2. Für eine Bassstimme: Schreiber, Wien, 7½ Ngr.

Uebertragung.

No. 2. Für Sopran, Alt, Tenor u. Bass von *G. W. Teschner*. (36 Lieder. Heft 5.) Siegel, Leipzig, Partitur u. Stimmen: 25 Ngr.

Lief. 5. Ossian's Gesänge. Heft V:

Der Tod Oscar's

für eine Singstimme mit Begleitung des Pianoforte.

Wien, bei Schreiber. 25 Ngr.

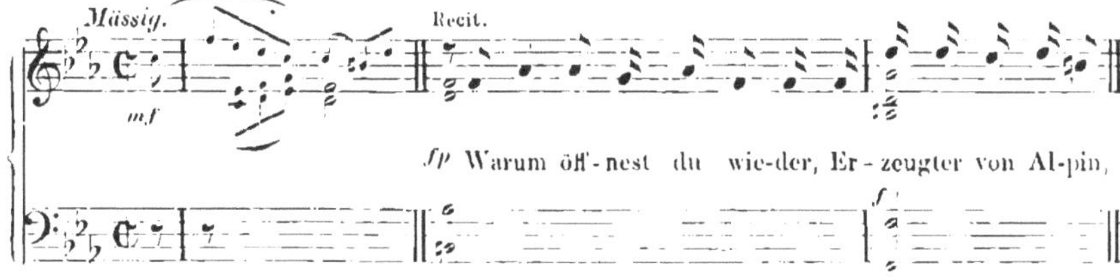

Anmerkung. Componirt im Februar 1816.

Ausgaben. Holle, Wolfenbüttel, 4 Ngr. n. Schreiber, Wien, 25 Ngr. Senff, Leipzig, 4 Ngr.

Lief. 6. Elysium

(Gedicht von Schiller)

für eine Singstimme mit Begleitung des Pianoforte.

Wien, bei Schreiber. 20 Ngr.

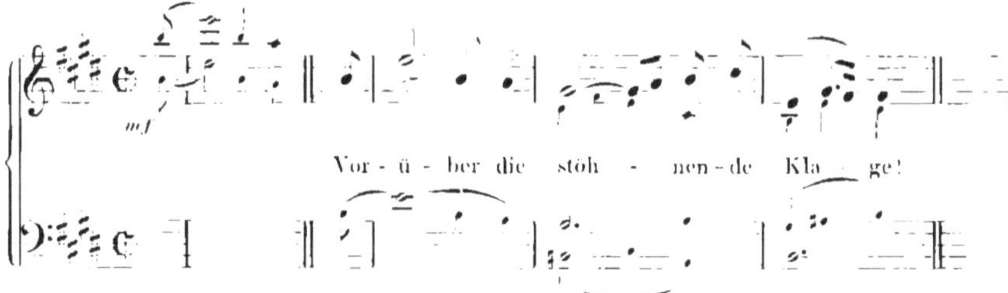

Anmerkung. Componirt um 1815. Eine andere Composition des Anfangs desselben Gedichtes für 3 Singstimmen entstand am 18. April 1813.

Ausgaben. Holle. Wolfenbüttel, (Mit Lief. 7. 8. 8 Ngr. n. Schreiber, Wien, 20 Ngr. Senff. Leipzig, 5 Ngr.

Lief. 7. Des Sängers Habe, Hippolit's Lied,

(Gedicht von Fr. von Schlechta) (aus »Gabriele« von Johanna Schopenhauer)

Abendröthe, Ständchen (Morgenständchen

(Gedicht von Friedrich Schlegel) (aus »Cymbelin« von Shakspeare)

für eine Singstimme mit Begleitung des Pianoforte.

Wien, bei Schreiber. 20 Ngr.

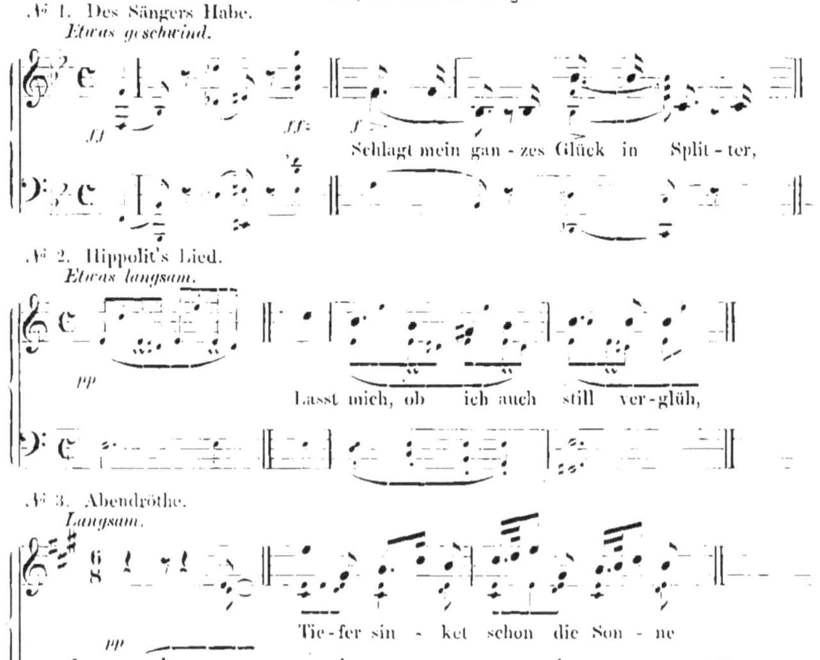

№ 4. Ständchen.

Allegretto.

Anmerkung. Nr. 1 componirt im Februar 1825, Nr. 2 im Juli 1826, Nr. 3 im März 1820, Nr. 4 in Währing im Juli 1826. Die Worte der in einigen Ausgaben von Nr. 4 hinzugefügten 2. und 3. Strophe sind von Fr. Reil. Schubert hat bei der Composition der Shakspeare'schen Lieder (Op. 106 Nr. 4, Lief. 48 Nr. 4 u. s. w.) überall die 1825 bei J. P. Sollinger in Wien erschienene Uebersetzung von Shakspeare's dramatischen Werken benutzt. In dieser Ausgabe ist die Uebersetzung des »Cymbelin« von A. W. Schlegel.

Ausgaben. Holle, Wolfenbüttel, No. 1—4 cplt. (Mit Lief. 6. 8.) 8 Ngr. n. Schreiber, Wien, 20 Ngr. Senff, Leipzig, No. 1—4 à 2 Ngr.

Einzeln:

No. 1. Für eine Bassstimme: Schreiber, Wien, 10 Ngr.

No. 2. Breitkopf u. Härtel, Leipzig, $1\frac{1}{2}$ Ngr. n.

No. 4. Breitkopf u. Härtel, Leipzig, $1\frac{1}{2}$ Ngr. n. Siegel, Leipzig, 5 Ngr. — Für Sopran (od. Tenor): Schlesinger, Berlin, (Mit: Der Leiermann und Lebewohl.) $2\frac{1}{2}$ Ngr. n. Schreiber, Wien, 5 Ngr. Stempelmann, Berlin, 5 Ngr. — Für Mezzosopran. W. Müller, Berlin, 1 Ngr. n. Schreiber, Wien, 5 Ngr. — Für Alt (od. Bariton): Schlesinger, Berlin, (Mit: Der Leiermann u. Lebewohl.) $2\frac{1}{2}$ Ngr. n. Schreiber, Wien, 5 Ngr. — Für Contra-Alt (od. Bass): Holle, Wolfenbüttel, (Mit Op. 110. 115, No. 1 und Im Abendroth.) 4 Ngr. n. Schreiber, Wien, 5 Ngr.

Uebertragungen.

No. 4.

Für eine Singstimme mit Guitarre. Schreiber, Wien, 7 Ngr.

Für Orchester (2 Violinen, Viola, Violoncell, Contrabass, Flöte, 2 Clarinetten, 2 Hörner u. 1 Fagott [ad lib. 2 Trompeten, Posaune u. Pauken]). André, Offenbach, (Polyhymnia. Heft 3.) 3 Thlr. 10 Ngr.

Für Violine und Pianoforte von *A. Diabelli.* (Concordance. Heft 15.) Schreiber, Wien, 25 Ngr. Ebenso von *M. Hauser.* (Melod. No. 21.) Siegel, Leipzig, 10 Ngr.

Für Violoncell und Pianoforte von *R. E. Bockmühl.* (Immortellen. No. 11.) André, Offenbach, $12\frac{1}{2}$ Ngr.

Für Flöte u. Pianoforte von *A. Diabelli.* (Productionen. Heft 56.) Schreiber, Wien, 25 Ngr. Ebenso von *A. Terschak.* (12 Lieder. No. 10.) Kohlke, Danzig, 20 Ngr.

Für Zither von *P. Renk.* (8 Lieder.) Schlesinger, Berlin, 15 Ngr.

Für Pianoforte zu 2 Händen. Haslinger, Wien, (Schubert. Lieder. Heft 5.) 15 Ngr. Schreiber, Wien, (Euterpe. No. 286.) 8 Ngr. Ebenso von *C. d'Avenel.* Peters, Leipzig, 5 Ngr. n. Ebenso von *F. X. Chwatal.* (Op. 196. No. 1.) Kistner, Leipzig, 10 Ngr. Ebenso von *B. Damcke.* (Op. 14. No. 3.) Päz, Berlin, 15 Ngr. Ebenso von *V. Felix.* Peters, Leipzig, 5 Ngr. n. Ebenso von *W. Kuhe.* (Op. 139. No. 9.) Siegel, Leipzig, $12\frac{1}{2}$ Ngr. Ebenso von *G. Lange.* (Op. 90. No. 11.) Challier u. Comp., Berlin, 15 Ngr. Ebenso von *F. Liszt.* (Lieder. No. 9.) Schreiber, Wien, 15 Ngr. Ebenso von *Ch. Miller.* (Lieder. No. 13.) Schuberth, Hamburg, 10 Ngr. Ebenso von *Th. Oesten.* (Op. 369. No. 8.) Siegel, Leipzig, 15 Ngr. Ebenso von *J. Schulz-Weida.* (Op. 134. No. 1.) Präger u. Meier, Bremen, $12\frac{1}{2}$ Ngr. Ebenso von *F. Spindler.* (Op. 183. No. 8.) Siegel, Leipzig, 15 Ngr. Ebenso von *E. D. Wagner.* (Op. 40. No. 1. [in leichtem Styl.]) Schlesinger, Berlin, $7\frac{1}{2}$ Ngr.

Für Physharmonika und Pianoforte (od. 2 Pianoforte) von *C. G. Lickl.* (Op. 51. Heft 3.) Schreiber, Wien, 1 Thlr. 10 Ngr.

Für Sopran, Alt, Tenor u. Bass von *Fr. Abt.* (12 Gesänge. Heft 1.) André, Offenbach, Partitur u. Stimmen: 25 Ngr. Ebenso von *G. W. Teschner.* (12 Lieder. Heft 2.) Breitkopf u. Härtel, Leipzig, 1 Thlr.

Lief. 8. Die Bürgschaft

(Ballade von Schiller)

für eine Singstimme mit Begleitung des Pianoforte.

Wien, bei Schreiber. 1 Thlr. –

Schnell.
Recit.
p
fp
Zu Di-onys, dem Ty-rannen, schlich Möros,

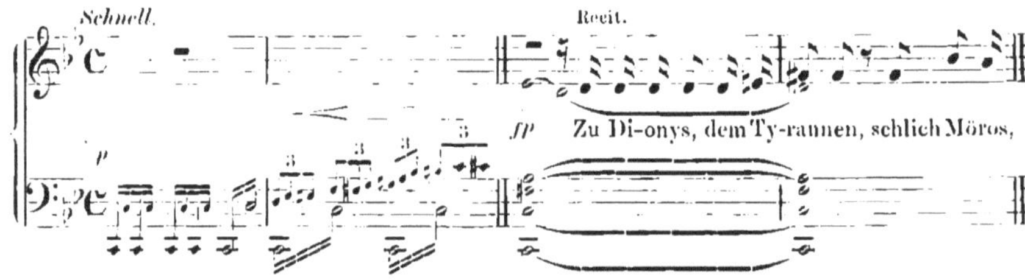

Anmerkung. Componirt im August 1815.

Ausgaben. Holle, Wolfenbüttel, (Mit Lief. 6. 7.) 8 Ngr. n. Schreiber, Wien, 1 Thlr. Senff, Leipzig, 5 Ngr.

Lief. 9. Der zürnende Barde, Am See, Abendbilder

(Gedichte von Franz Bruchmann) (Gedicht von ?)

für eine Singstimme (Nr. 1 für Bass) mit Begleitung des Pianoforte.

Wien, bei Schreiber. 20 Ngr.

№ 1. Der zürnende Barde.

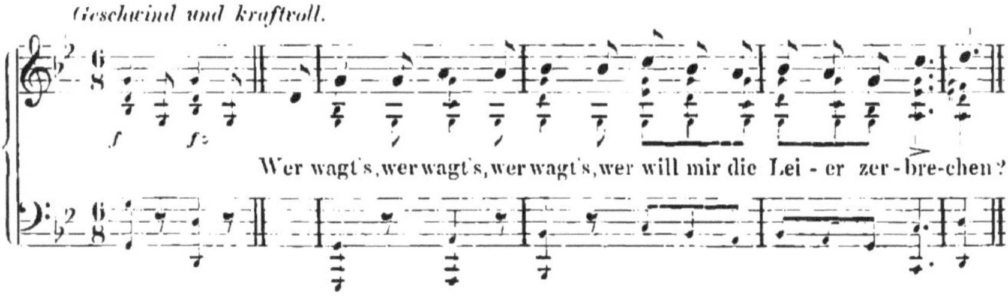
Geschwind und kraftvoll.
f
fz
Wer wagt's, wer wagt's, wer wagt's, wer will mir die Lei - er zer - bre - chen?

№ 2. Am See.

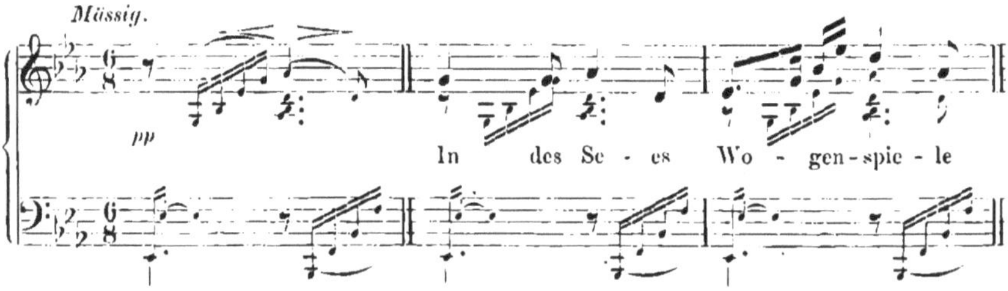
Mässig.
pp
In des Se - es Wo - gen - spie - le

№ 3. Abendbilder.

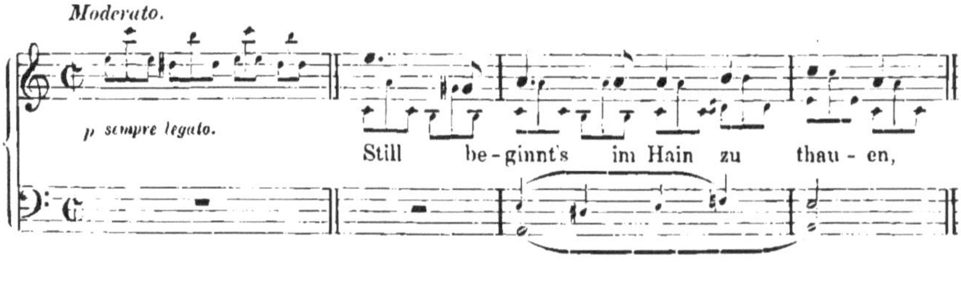
Moderato.
p sempre legato.
Still be - ginnt's im Hain zu thau - en,

Anmerkung. Das Autograph von Nr. 1 im Besitz von Prof. Carl Halm in München zeigt das Datum: Febr. 1823. Nr. 2 componirt angeblich im März 1817 (?), Nr. 3 im Februar 1819. Die Singstimme von Nr. 1 ist von Schubert eine Octave tiefer im Bassschlüssel geschrieben, und wurde bei der Herausgabe der Schlüssel geändert.

Ausgaben. Holle, Wolfenbüttel, No. 1—3 cplt. (Mit Lief. 10. 6 Ngr. n. Schreiber, Wien. 20 Ngr. Senff, Leipzig, No. 1—3 à 2 Ngr.

Einzeln:

No. 1. Für Mezzosopran od. Bariton: Schreiber, Wien, à 7½ Ngr. — Für Alt (oder Bass: Schreiber, Wien, à 7½ Ngr.

Uebertragung.

No. 2. Für Violoncell u. Pianoforte von *G. Paque.* (12 Mélod. Suite 4) Schott, Mainz, 20 Ngr.

Lief. 10. Acht geistliche Lieder

für eine Singstimme mit Begleitung des Pianoforte.

Wien, bei Schreiber. 25 Ngr.

№ 1. Dem Unendlichen. Ode von Klopstock.

№ 2. Die Gestirne. Ode von Klopstock.

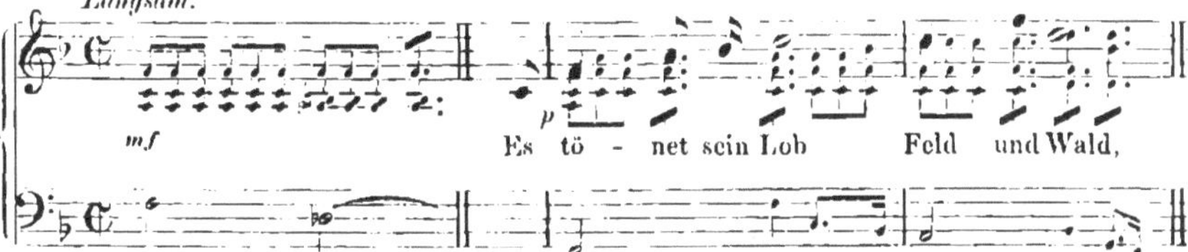

№ 3. Das Marienbild. (Gedicht von Aloys Schreiber.)

№ 4. Vom Mitleiden Mariä. Gedicht von Schlegel?)

№ 5. Litanei auf das Fest aller Seelen. (Gedicht von J. G. Jacobi.)

№ 6. Pax vobiscum. (Gedicht v. Fr. Schober.)

№ 7. Gebet während der Schlacht. (Gedicht von Th. Körner.)

№ 8. Himmelsfunken. (Gedicht von P. Silbert.)

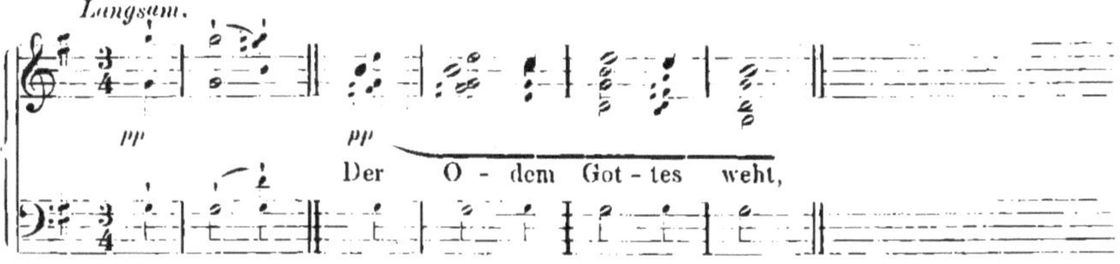

Anmerkung. Nr. 1 componirt (nach dem Autograph bei J. S. Tauber in Wien) am 15. September 1815, Nr. 2 (nach dem Autograph bei Prof. Wagener in Marburg) im Juni 1816, Nr. 3 und 5 im August 1818, Nr. 4 im December 1818, Nr. 6 im April 1817, Nr. 7 im Jahre 1815, Nr. 8 im Februar 1819. Nr. 1 befindet sich auch autograph, in D-dur stehend und ohne Datum, in der königl. Bibliothek zu Berlin.

Ausgaben. Holle, Wolfenbüttel, No. 1—8 cplt. Mit Lief. 9. 6 Ngr. n. Schreiber, Wien, No. 1—8 cplt. 25 Ngr., einzeln à 5 Ngr. Senff, Leipzig, No. 1—8 à 2 Ngr. — Für Alt (od. Bass): Schuberth u. Comp., Leipzig, No. 2. 5. 8 cplt. 7½ Ngr. — Für Bass: Schreiber, Wien, No. 2 5 Ngr., No. 6 7½ Ngr.

Uebertragungen.

No. 1.

Für Violine u. Pianoforte von *M. Hauser.* (Melod. No. 48.) Siegel, Leipzig, 12½ Ngr.

No. 2.

Für Pianoforte zu 2 Händen von *St. Heller.* (30 Lieder. No. 2.) Schloss, Cöln. 12½ Ngr. Ebenso von *Fr. Liszt.* (Geistl. Lieder. Cah. 3.) Schuberth u. Comp., Leipzig, 20 Ngr. Ebenso von *F. v. Osten.* (Lieder. Cah. 3.) Schuberth, Hamburg, 10 Ngr.

No. 3.

Für Orgel von *A. W. Gottschalg.* (Repert. Heft 11.) Schuberth u. Comp., Leipzig, 7½ Ngr.

No. 4.

Für Orgel von *A. W. Gottschalg.* (Repert. Heft 11.) Schuberth u. Comp., Leipzig, 7½ Ngr.
Für gemischten Chor von *J. Herbeck.* (3 geistl. Lieder.) Schreiber, Wien, Partitur u. Stimmen 20 Ngr.

No. 5.

Für Violine u. Pianoforte von *M. Hauser.* (Melod. No. 16.) Siegel, Leipzig, 10 Ngr.
Für Violoncell u. Pianoforte von *R. E. Bockmühl.* (Immortellen. No. 2.) André, Offenbach, 12½ Ngr.

Für Violoncell od. Violine mit Pianoforte u. Physharmonika ad lib. von *H. Rover.* Op. 3. Haslinger, Wien, 15 Ngr.

Für Pianoforte zu 2 Händen von *F. Liszt.* (Geistl. Lieder. Cah. 1.) Schuberth u. Comp., Leipzig, 10 Ngr.

Für Harmonium von *Bial.* (Samml. beliebt. Gesänge. Heft 3.) Bote u. Bock, Berlin 17½ Ngr.

Für Orgel von *A. W. Gottschalg.* (Repert. Heft 11. Schuberth u. Comp., Leipzig, 7½ Ngr.

Für gemischten Chor von *Fr. Abt.* (12 Gesänge. Heft 2.) André, Offenbach, Partitur u. Stimmen 25 Ngr. Ebenso von *J. Herbeck.* 3 geistl. Lieder. Schreiber, Wien. Partitur u. Stimmen 20 Ngr. Ebenso von *Mestenhauer.* (9 Gesänge. Heft 2. Buchholz u. Diebel, Troppau. Partitur u. Stimmen 15 Ngr. Ebenso von *Herm. Stange.* Mit zeitgemässem Text.) Bote u. Bock, Berlin, 7½ Ngr. Ebenso von *G. W. Teschner.* (12 Lieder. Heft 2. Breitkopf u. Härtel, Leipzig, 1 Thlr.

Für 3 Frauenstimmen mit Pianoforte von *Fr. Abt.* (Op. 186. Heft 3.) André, Offenbach. Klavier-Auszug u. Stimmen 1 Thlr. 10 Ngr.

No. 6.

Für Harmonium von *Bial.* Samml. beliebt. Gesänge. Heft 3. Bote u. Bock, Berlin. 17½ Ngr.

Für gemischten Chor von *Fr. Abt.* (12 Gesänge. Heft 1.) André, Offenbach. Partitur u. Stimmen 25 Ngr. Ebenso von *J. Herbeck.* (3 geistl. Lieder.) Schreiber, Wien. Partitur u. Stimmen 20 Ngr. Ebenso von *Mestenhauer.* (9 Gesänge. Heft 1. Buchholz u. Diebel, Troppau, Partitur u. Stimmen 17½ Ngr. Ebenso von *G. W. Teschner.* 36 Lieder. Heft 5. Siegel, Leipzig, Partitur u. Stimmen 25 Ngr.

Für 3 Frauenstimmen mit Pianoforte von *Fr. Abt.* Op. 186. Heft 3. André, Offenbach. Klavier-Auszug und Stimmen 1 Thlr. 10 Ngr.

No. 8.

Für Pianoforte zu 2 Händen von *F. Liszt.* (Geistl. Lieder. Cah. 2. Schuberth u. Comp., Leipzig, 10 Ngr. Ebenso von *Fr. v. Osten.* Lieder. Cah. 3. Schuberth, Hamburg, 10 Ngr.

Für gemischten Chor von *Mestenhauer.* 9 Gesänge. Heft 2.) Buchholz u. Diebel, Wien. Partitur u. Stimmen 15 Ngr.

Lief. II. Vier Lieder von Joh. Mayrhofer

für eine Singstimme mit Begleitung des Pianoforte.

Wien, bei Schreiber. 20 Ngr.

№ 4. Freiwilliges Versinken.

Anmerkung. Nr. 1, 2 und 4 componirt im September 1820, Nr. 3 im März 1817. Die Herausgeber (Diabelli u. Comp.) haben später in Nr. 3 einige und in Nr. 4 mehrere Stellen (darunter den Anfang) geändert, so dass spätere Drucke von den zuerst ausgegebenen abweichen.

Ausgaben. Holle, Wolfenbüttel. No. 1—4 cplt. (Mit Lief. 12.) 7 Ngr. n. Schreiber, Wien, 20 Ngr. Senff. Leipzig. No. 1—4 à 2 Ngr.

Lief. 12. Der Taucher

(Ballade von Schiller)

für eine Singstimme mit Begleitung des Pianoforte.

Wien, bei Schreiber. 1 Thlr. 10 Ngr.

Anmerkung. Die Composition wurde angefangen im September 1813 und vollendet im August 1814.

Ausgaben. Hollé. Wolfenbüttel. (Mit Lief. 11) 7 Ngr. n. Schreiber, Wien. 1 Thlr. 10 Ngr. Senff. Leipzig. 5 Ngr.

Lief. 13. Zwei Lieder von Ernst Schulze

(aus dessen poetischem Tagebuche)

für eine Singstimme mit Begleitung des Pianoforte.

Wien, bei Schreiber. 15 Ngr.

№ 1. An mein Herz.

№ 2. Der liebliche Stern.

Etwas langsam.

Anmerkung. Nr. 1 und 2 componirt im December 1825.

Ausgaben. Breitkopf u. Härtel, Leipzig. No. 2 3 Ngr. n. Holle, Wolfenbüttel, No. 1. 2 cplt. (Mit Lief. 11.) 4 Ngr. n. Schreiber, Wien, 15 Ngr. Senff, Leipzig. No. 1. 2 à 2 Ngr.

Lief. 14. Grenzen der Menschheit,

(Gedicht von Goethe)

Fragment aus dem Aeschylus

deutsch von Mayrhofer,

für eine Singstimme (No. 1 für Bass) mit Begleitung des Pianoforte.

Wien, bei Schreiber. 15 Ngr.

№ 1. Grenzen der Menschheit.

Nicht zu langsam.

№ 2. Fragment aus dem Aeschylus.

Mässig geschwind.

Anmerkung. Nr. 1 componirt im März 1821, Nr. 2 im Juni 1816. Nr. 2 wurde am 26. März 1828 von Michael Vogl in Schubert's Concert gesungen.

Ausgaben. Holle, Wolfenbüttel, No. 1. 2 cplt. (Mit Lief. 13.) 4 Ngr. n. Schreiber, Wien, 15 Ngr. Senff, Leipzig, No. 1. 2 à 2 Ngr. — No. 1. Für eine Bassstimme: Schreiber, Wien, 10 Ngr.

Lief. 15. Drei Lieder von Franz von Schlechta

für eine Singstimme mit Begleitung des Pianoforte.

Wien, bei Schreiber. 20 Ngr.

№ 1. Widerschein.

№ 2. Liebeslauschen. (Romanze.

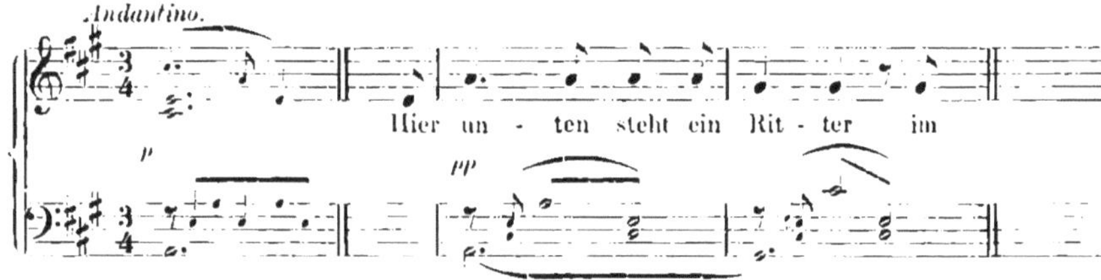

№ 3. Todtengräber-Weise.

Anmerkung. Nr. 1 (ursprünglich mit dem Text: Fischer harrt am Brückenbogen u. s. w.) componirt im Mai 1828, Nr. 2 im September 1820, Nr. 3 im Jahr 1826.

Ausgaben. Breitkopf u. Härtel, Leipzig, No. 1. 2 à 3 Ngr. n. Holle, Wolfenbüttel, No. 1—3 cplt. (Mit Lief. 16.) 6 Ngr. n. Schreiber, Wien, 20 Ngr. Senff, Leipzig, No. 1—3 à 2 Ngr.

Lief. 16. Waldesnacht (Im Walde)

(Gedicht von Friedr. Schlegel)

für eine Singstimme mit Begleitung des Pianoforte.

Wien, bei Schreiber. 20 Ngr.

Anmerkung. Das in E dur stehende Autograph im Archiv der Gesellschaft der Musikfreunde in Wien ist überschrieben: »Im Walde. Friedr. Schlegel. Decbr. 1820«.

Ausgaben. Holle, Wolfenbüttel, (Mit Lief. 15.) 6 Ngr. n. Schreiber, Wien, 20 Ngr. Senff, Leipzig, 3 Ngr.

Lief. 17. Lebensmuth, Der Vater mit dem Kind,

(Gedicht von Ernst Schulze) (Gedicht von Bauernfeld)

An den Tod, Verklärung

(Gedicht von Schubart) (Gedicht von Pope, übersetzt von Herder)

für eine Singstimme (No. 3 für Bass) mit Begleitung des Pianoforte.

Wien, bei Schreiber. 20 Ngr.

№ 1. Lebensmuth.

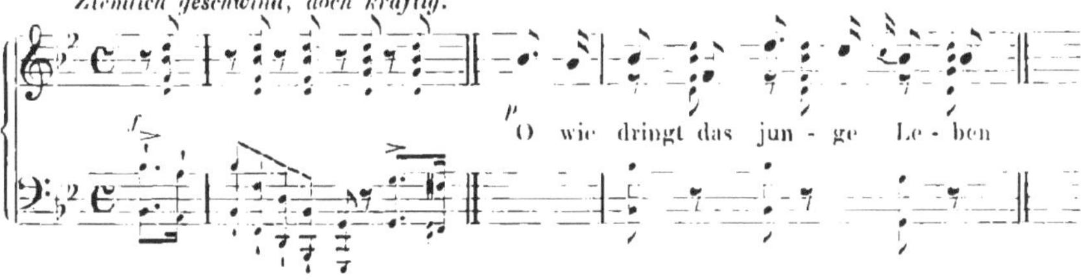

№ 2. Der Vater mit dem Kind.

№ 3. An den Tod.

Anmerkung. Nr. 1 componirt im März 1826, Nr. 2 im Januar 1827, Nr. 4 am 4. Mai 1813. Nr. 3 erschien am 26. Juni 1821 als Beilage zur Wiener allg. musik. Zeitung.

Ausgaben. Holle, Wolfenbüttel, No. 1—4 cplt. (Mit Lief. 18.) 7 Ngr. n. Schreiber, Wien, 20 Ngr. Senff, Leipzig, No. 1—4 à 3 Ngr. — Für eine Bassstimme: Schreiber, Wien, No. 2 $7\frac{1}{2}$ Ngr., No. 3 5 Ngr.

Lief. 18. Pilgerweise,
(Gedicht von Schober)

An den Mond in einer Herbstnacht, Fahrt zum Hades
(Gedicht von Al. Schreiber) (Gedicht von Joh. Mayrhofer)

für eine Singstimme mit Begleitung des Pianoforte.

№ 1. Pilgerweise. Wien, bei Schreiber. 25 Ngr.

№ 2. An den Mond in einer Herbstnacht.

№ 3. Fahrt zum Hades.

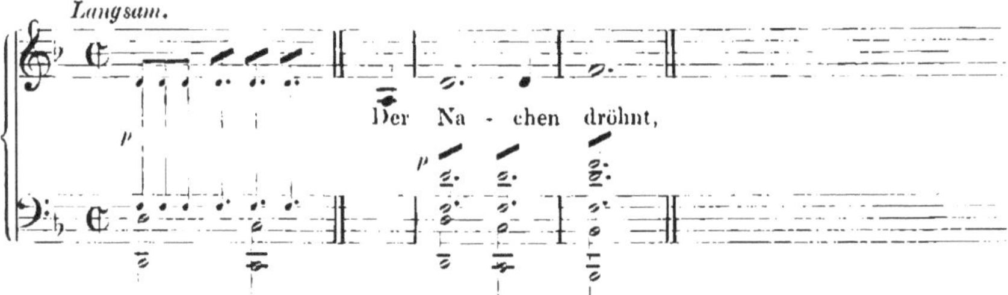

Anmerkung. Nr. 1 componirt im April 1823, Nr. 2 im April 1818, Nr. 3 im Januar 1817.

Ausgaben. Holle, Wolfenbüttel, No. 1—3 cplt. Mit Lief. 17.) 7 Ngr. n. Schreiber, Wien, 25 Ngr. Senff, Leipzig, No. 1—3 à 3 Ngr. — No. 3. Für eine Bassstimme: Schreiber, Wien, 10 Ngr. — Für Alt: Schreiber, Wien, 7½ Ngr.

Lief. 19. Orpheus (Lied des Orpheus), Ritter Toggenburg
(Gedicht von J. G. Jacobi) (Ballade von Schiller)

für eine Singstimme mit Begleitung des Pianoforte.

Wien, bei Schreiber. 20 Ngr.

№ 1. Orpheus. № 2. Ritter Toggenburg.

Anmerkung. Nr. 1 componirt im September 1816, Nr. 2 am 13. März 1816.

Ausgaben. Holle, Wolfenbüttel, No. 1. 2 cplt. (Mit Lief. 20.) 5 Ngr. n. Schreiber, Wien, 20 Ngr. Senff, Leipzig, No. 1 3 Ngr., No. 2 5 Ngr.

Lief. 20. Im Abendroth, Scene aus Faust,

(Gedicht von C. Lappe) (von Goethe)

Mignon's Gesang

(aus Goethe's »Wilhelm Meister«)

für eine Singstimme mit Begleitung des Pianoforte.

Wien, bei Schreiber. 20 Ngr.

№ 1. Im Abendroth.

№ 2. Scene aus Faust. (Gretchen im Dom.) Sehr langsam. Recit. Wie an-ders, Gretchen, war dir's, pp

№ 3. Mignon's Gesang.

Anmerkung. Nr. 1 componirt im Jahr 1824, Nr. 2 am 12. December 1814, Nr. 3 im Mai 1816. Eine andere Bearbeitung von Nr. 2 fällt ins Jahr 1813.

Ausgaben. Holle, Wolfenbüttel, No. 1—3 cplt. (Mit Lief. 19.) 5 Ngr. n. Schreiber, Wien, 20 Ngr. Senff, Leipzig, No. 1 3 Ngr., No. 2. 3 à 2 Ngr.

Einzeln:

No. 1. Für Contra-Alt (od. Bass): Holle, Wolfenbüttel, (Mit Op. 110. 115, No. 1 u. Morgenständchen.) 4 Ngr. n. Schreiber, Wien, 7½ Ngr. — Für Bass: Schreiber, Wien, 7½ Ngr.

No. 3. Für eine Bassstimme: Schreiber, Wien, 10 Ngr.

Uebertragungen.

No. 1.

Für 3 Frauenstimmen mit Pianoforte von *Fr. Abt.* (Op. 186. Heft 3.) André, Offenbach, Klavier-Auszug u. Stimmen: 1 Thlr. 10 Ngr.

Für Violoncell u. Pianoforte von *C. Grimm.* (Op. 55. No. 5.) Präger u. Meier, Bremen, 10 Ngr.

No. 3.

Für Pianoforte zu 2 Händen von *J. O'Kelly.* (12 Mélod. Suite 3.) Schott, Mainz, 20 Ngr.

Lief. 21. Der Blumenbrief, Vergissmeinnicht

(Gedicht von Aloys Schreiber) (Gedicht von Fr. von Schober)

für eine Singstimme mit Begleitung des Pianoforte.

Wien, bei Schreiber. 25 Ngr.

№ 1. Der Blumenbrief.

№ 2. Vergissmeinnicht.

Anmerkung. Nr. 1 componirt im August 1818, Nr. 2 im Mai 1823.

Ausgaben. Holle, Wolfenbüttel, No. 1. 2 cplt. (Mit Lief. 22.) 6 Ngr. n. Schreiber, Wien, 25 Ngr. Senff, Leipzig, No. 1. 2 à 3 Ngr.

Einzeln:

No. 1. Für Contra-Alt (od. Bass): Holle, Wolfenbüttel, (Mit: Beim Winde; Fülle der Liebe; Trost in Thränen.) 4 Ngr. n. Schreiber, Wien, 7 1/2 Ngr.

Uebertragungen.

No. 1.

Für Violoncell u. Pianoforte von *C. Grimm.* (Op. 55. No. 6.) Präger u. Meier, Bremen, 10 Ngr. Ebenso von *G. Paque.* (12 Mélod. Suite 3. Schott, Mainz, 20 Ngr. Ebenso von *J. Stransky.* Op. 26. No. 5.) Schreiber, Wien, 10 Ngr.

Für Pianoforte zu 2 Händen von *A. Jungmann.* Op. 200. No. 2.) André, Offenbach, 10 Ngr.

Für gemischten Chor von *G. W. Teschner.* (12 Lieder. Heft 2.) Breitkopf u. Härtel, Leipzig, 1 Thlr.

Lief. 22. Vier Lieder von Joh. Mayrhofer

für eine Singstimme mit Begleitung des Pianoforte.

Wien, bei Schreiber. 25 Ngr.

№ 1. Der Sieg.

Anmerkung. Nr. 1 und 4 componirt (nach den bei J. S. Tauber in Wien befindlichen Autographen) im März 1824, Nr. 3 (nach dem in der königl. Bibliothek zu Berlin befindlichen Autograph) im October 1819. Die Singstimme von Nr. 1 ist in erwähntem Autograph eine Octave tiefer im Bassschlüssel geschrieben.

Ausgaben. Holle, Wolfenbüttel. Nr. 1—4 cplt. (Mit Lief. 21.) 6 Ngr. n. Schreiber, Wien. 25 Ngr. Senff, Leipzig, No. 1—4 à 3 Ngr.

Einzeln:

No. 3. Für Contra-Alt (od. Bass): Holle, Wolfenbüttel, (Mit: Der Blumenbrief; Fülle der Liebe; Trost in Thränen.) 4 Ngr. n. Schreiber, Wien, 15 Ngr.

Für eine Bassstimme: Schreiber, Wien, No. 1 $7^1/_2$ Ngr., No. 3 10 Ngr., No. 4 5 Ngr.

Uebertragungen.

No. 4. Für gemischten Chor von *Mestenhauer*. (9 Gesänge. Heft 3.) Buchholz u. Diebel, Wien. Partitur u. Stimmen: $22^1/_2$ Ngr. Ebenso von *G. W. Teschner*. (36 Lieder. Heft 4.) Siegel, Leipzig. Partitur u. Stimmen: 25 Ngr.

Lief. 23. Schwestergruss, Liedesend

(Gedicht von Franz Bruchmann) (Ballade von Joh. Mayrhofer)

für eine Singstimme mit Begleitung des Pianoforte.

№ 1. Schwestergruss. **Wien, bei Schreiber. 20 Ngr.**

№ 2. Liedesend.
Majestätisch.

Anmerkung. Nr. 1 componirt im November 1822 (nach dem Tode der Schwester des Dichters), Nr. 2 im September 1816.

Ausgaben. Holle, Wolfenbüttel, No. 1. 2 cplt. (Mit Lief. 24.) 6 Ngr. n. Schreiber, Wien, 20 Ngr. Senff, Leipzig, No. 1. 2 à 3 Ngr.

Lief. 24. Schiffers Scheidelied, Todtengräbers Heimweh

(Gedicht von Fr. von Schober) (Gedicht von N. Craigher)

für eine Singstimme mit Begleitung des Pianoforte.

Wien, bei Schreiber. 1 Thlr.

№ 1. Schiffers Scheidelied.
Geschwind.

№ 2. Todtengräbers Heimweh.
Unruhige Bewegung, doch nicht schnell.

O Menschheit, o Le-ben, was

Anmerkung. Nr. 1 componirt im Februar 1827, Nr. 2 im April 1825.

Ausgaben. Holle, Wolfenbüttel, Nr. 1. 2 cplt. (Mit Lief. 23.) 6 Ngr. n. Schreiber, Wien, 1 Thlr. Senff, Leipzig, No. 1. 2 à 3 Ngr. — No. 2. Für eine Bassstimme: Schreiber, Wien, 10 Ngr.

Lief. 25. Fülle der Liebe, Im Frühling,

(Gedicht von Friedr. Schlegel) (Gedicht von Ernst Schulze)

Trost in Thränen

(Gedicht von Goethe)

für eine Singstimme mit Begleitung des Pianoforte.

Wien, bei Schreiber. 20 Ngr.

№ 1. Fülle der Liebe.
Nicht zu langsam.

№ 2. Im Frühling.
Andante.

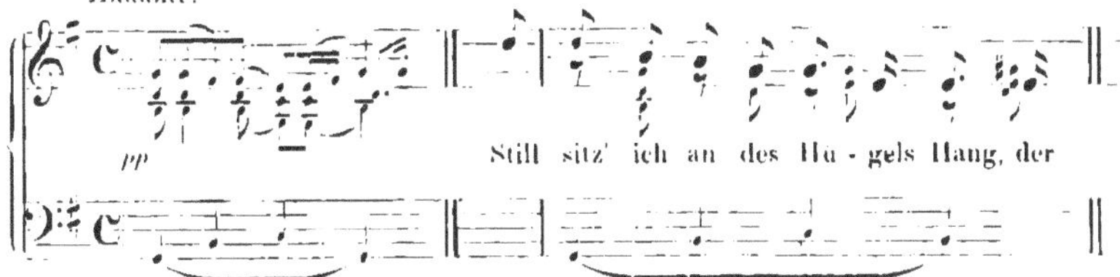

№ 3. Trost in Thränen.
Mässig.

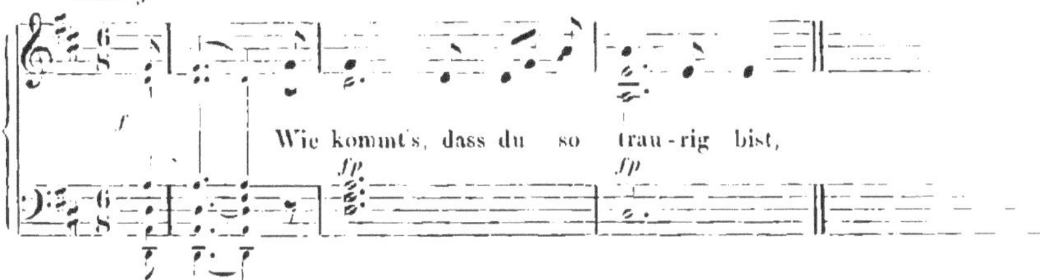

Anmerkung. Nr. 1 componirt (nach dem unvollständigen Autograph in der königl. Bibliothek zu Berlin) im August 1825, Nr. 2 im März 1826, Nr. 3 nach dem in F dur stehenden Autograph beim Leitmeritzer Gesangverein) am 30. November 1814. Nr. 1 erschien am 25 September 1830 und Nr. 2 am 16. September 1828 als Beilage zur Wiener Zeitschrift für Kunst.

Ausgaben. Holle. Wolfenbüttel, Nr. 1—3 cplt. (Mit Lief. 26.) 4 Ngr. n. Schreiber, Wien, 20 Ngr. Senff, Leipzig, No. 1. 2 à 3 Ngr., No. 3 2 Ngr.

Einzeln:

No. 1. 3. Für Alt (od. Bariton): Schreiber, Wien, à 10 Ngr.

No. 1. 3. Für eine Bassstimme: Schreiber, Wien, 10 Ngr., 7½ Ngr.

No. 1. 3. Für Contra-Alt (od. Bass): Holle, Wolfenbüttel, (cplt. mit: Der Blumenbrief; Beim Winde.) 4 Ngr. n.

No. 2. Kistner, Leipzig, (4 Lieder cplt.) 12½ Ngr.

Uebertragungen.

No. 1.

Für Pianoforte zu 4 Händen von *A. Diabelli.* (Lieder im leichten Styl. No. 13. Schreiber, Wien, 10 Ngr. Ebenso von *A. Diabelli.* (Wiener Lieblingsstücke. No. 17· [auch 2hdg.]) Schreiber, Wien, 15 Ngr.

Für Pianoforte zu 2 Händen von *A. Diabelli.* (Lieder im leichten Styl. No. 13.) Schreiber, Wien, 7½ Ngr. Ebenso von *A. Diabelli.* (Wiener Lieblingsstücke. No. 17. [auch 4hdg.]) Schreiber. Wien. 15 Ngr.

Für Physharmonika u. Pianoforte von *C. G. Lickl.* Op. 51. Heft 3.) Schreiber. Wien. 1 Thlr. 10 Ngr.

Lief. 26. Der Winterabend

(Gedicht von Carl Gottfr. von Leitner)

für eine Singstimme mit Begleitung des Pianoforte.

Wien, bei Schreiber. 15 Ngr.

Nicht zu langsam.

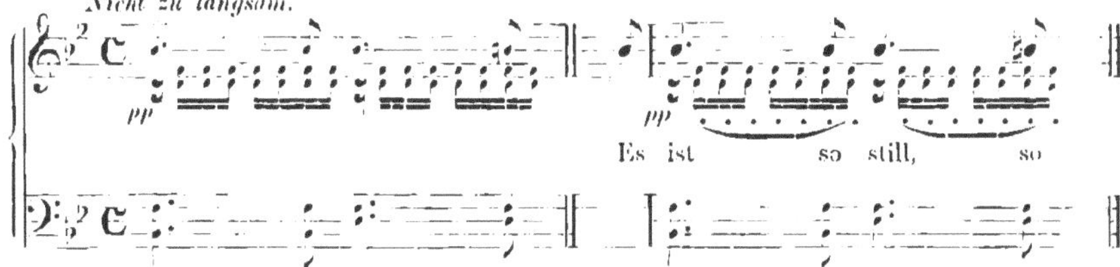

Anmerkung. Componirt im Januar 1828.

Ausgaben. Holle, Wolfenbüttel, (Mit Lief. 25.) 4 Ngr. n. Schreiber, Wien, 15 Ngr. Senff, Leipzig, 3 Ngr. — Für eine Bassstimme: Schreiber, Wien, 7½ Ngr.

Lief. 27. **Drei Lieder** von Carl Gottfr. von Leitner

für eine Singstimme mit Begleitung des Pianoforte.

Wien, bei Schreiber. 15 Ngr.

№ 1. Der Wallensteiner Lanzknecht beim Trunk.

Mässig.

№ 2. Der Kreuzzug.

Ruhig und fromm.

№ 3. Des Fischers Liebesglück.

Ziemlich langsam.

Anmerkung. Nr. 1, 2 und 3 componirt im November 1827. Nr. 2 wurde am 26. März 1828 von Michael Vogl in Schubert's Concert gesungen und erschien am 5. Januar 1832 als Beilage zum Wiener allg. musik. Anzeiger.

Ausgaben. Holle, Wolfenbüttel. No. 1—3 cplt. (Mit Lief. 28.) 5 Ngr. n. Schreiber, Wien, 15 Ngr. Senff, Leipzig, No. 1—3 à 2 Ngr.

Einzeln:

No. 1. 2. Für eine Bassstimme: Schreiber, Wien, 10 Ngr., 5 Ngr.

No. 2. Für Alt (od. Bariton): Schreiber, Wien, 5 Ngr.

Uebertragungen.

No. 2. Für Sopran, Alt, Tenor u. Bass von *Fr. Abt.* (12 Gesänge. Heft 2.) André, Offenbach. Partitur und Stimmen 25 Ngr.

No. 3. Für gemischten Chor von *G. W. Teschner.* (12 Lieder. Heft 1.) Breitkopf u. Härtel, Leipzig, 1 Thlr.

Lief. 28. **Fünf Oden** von Klopstock

für eine Singstimme mit Begleitung des Pianoforte.

Wien, bei Schreiber. 25 Ngr.

№ 1. Hermann und Thusnelda.

Froh, doch mit Majestät. Recitativ.

Anmerkung. Nr. 1 componirt im Jahre 1815, Nr. 2 und 3 im September oder October 1815, Nr. 4 im Juni 1816, Nr. 5 (nach dem in A-moll stehenden Autograph bei J. S. Tauber in Wien) am 14. September 1815. Nr. 4 befindet sich autograph in Es-dur und ohne Datum bei Tauber.

Ausgaben. Holle, Wolfenbüttel, No. 1—5 cplt. Mit Lief. 27.) 5 Ngr. n. Schreiber, Wien, 25 Ngr. Senff, Leipzig, No. 1—5 à 2 Ngr. — Für eine Bassstimme. Schreiber, Wien, No. 4 5 Ngr. No. 5 $7\frac{1}{2}$ Ngr.

Uebertragung.

No. 3. Für Sopran, Alt, Tenor u. Bass von *G. W. Teschner.* (36 Lieder. Heft 6.) Siegel, Leipzig, Partitur u. Stimmen 25 Ngr.

Lief. 29. Stimme der Liebe, Die Mutter Erde,

(Gedichte von F. L. Graf zu Stolberg)

Gretchen's Bitte (Fragment), Abschied von einem Freunde

(aus Goethe's Faust) (Worte von Franz Schubert)

für eine Singstimme mit Begleitung des Pianoforte.

Wien, bei Schreiber. 15 Ngr.

№ 1. Stimme der Liebe.

№ 2. Die Mutter Erde.

Sehr langsam.

№ 3. Gretchen's Bitte. (Gretchen im Zwinger.)

Sehr langsam.

№ 4. Abschied von einem Freunde. (In das Stammbuch eines Freundes.)

Mässig.

Anmerkung. Nr. 1 componirt im April 1816, Nr. 2 (ursprünglich in A-moll geschrieben) im August 1815, Nr. 3 im Mai 1817, Nr. 4 am 24. August 1817 für das Stammbuch eines Freundes. Nr. 3 ist Fragment; das Autograph ist im Besitz von J. S. Tauber in Wien.

Ausgaben. Holle, Wolfenbüttel, No. 1—4 cplt. (Mit Lief. 30.) 4 Ngr. n. Schreiber, Wien, 15 Ngr. Senff, Leipzig, No. 1—4 à 2 Ngr. — No. 4. Für eine Bassstimme. Schreiber, Wien, 7½ Ngr.

Uebertragung.

No. 1. Für Sopran, Alt, Tenor u. Bass von *G. W. Teschner*. (36 Lieder. Heft 8.) Siegel, Leipzig. Partitur und Stimmen 25 Ngr.

Lief. 30. Tiefes Leid, Clärchen's Lied,

(Gedicht von Ernst Schulze) (aus Goethe's Egmont)

Grablied für die Mutter

(Gedicht von ?)

für eine Singstimme mit Begleitung des Pianoforte.

Wien, bei Schreiber. 15 Ngr.

№ 1. Tiefes Leid.

Mässig, unruhig.

№ 2. Clärchens Lied.
Sehr langsam.

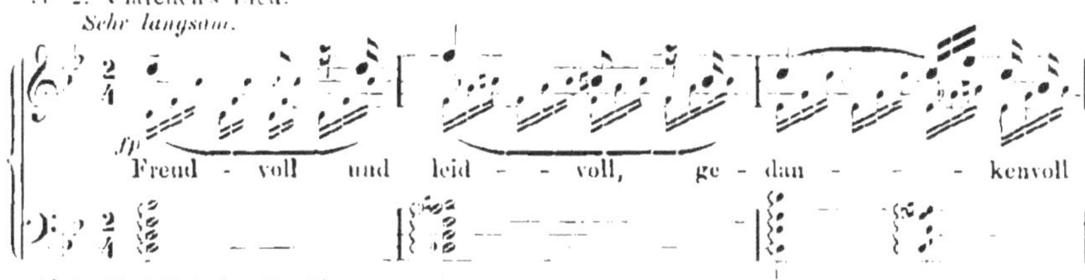

№ 3. Grablied für die Mutter.
Trauernd.

Anmerkung. Nr. 1 componirt im Januar 1826 Nr. 2 am 3. Juni 1815, Nr. 3 im Juni 1818.

Ausgaben. Holle, Wolfenbüttel, No. 1—3 cplt. (Mit Lief. 29.) 4 Ngr. n. Schreiber, Wien, 15 Ngr. Senff, Leipzig, No. 1—3 à 2 Ngr. — No. 1. Für eine Bassstimme, Schreiber, Wien, 10 Ngr.

Uebertragung.

No. 3. Für Sopran, Alt, Tenor u. Bass von *G. W. Teschner.* (36 Lieder. Heft 3.) Siegel, Leipzig, Partitur u. Stimmen 25 Ngr.

Lief. 31. Drei Lieder von Matthisson

für eine Singstimme mit Begleitung des Pianoforte.

Wien, bei Schreiber. 15 Ngr.

№ 1. Die Betende. *Adagio.* — № 2. Der Geistertanz. *Etwas geschwind.*

№ 3. An Laura. (Als sie Klopstock's Auferstehungslied sang.)
Sehr langsam.

Anmerkung. Nr. 1 componirt im April 1814, Nr. 2 am 14. October 1814, Nr. 3 am 7. October 1814.

Ausgaben. Holle, Wolfenbüttel, No. 1—3 cplt. (Mit Lief. 32.) 5 Ngr. n. Schreiber, Wien, 15 Ngr. Senff, Leipzig, No. 1—3 à 2 Ngr. — No. 1. 2. Für eine Bassstimme. Schreiber, Wien, à $7\frac{1}{2}$ Ngr.

Uebertragung.

No. 1. Für Sopran, Alt, Tenor u. Bass von *G. W. Teschner.* (36 Lieder. Heft 6.) Siegel, Leipzig, Partitur u. Stimmen 25 Ngr.

Lief. 32. Einsamkeit (Der Einsame)

(Gedicht von Joh. Mayrhofer)

für eine Singstimme mit Begleitung des Pianoforte.

Wien, bei Schreiber. 1 Thlr.

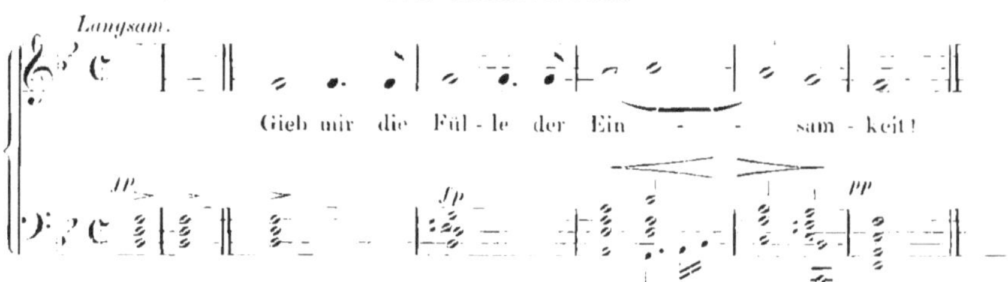

Anmerkung. Angeblich componirt im Juni 1822 (? 1818).

Ausgaben. Holle, Wolfenbüttel. (Mit Lief. 31.) 5 Ngr. n. Schreiber, Wien, 1 Thlr. Senff, Leipzig, 2 Ngr.

Lief. 33. Der Schiffer, Die gefangenen Sänger

(Gedicht von Friedr. Schlegel) (Gedicht von A. W. Schlegel)

für eine Singstimme mit Begleitung des Pianoforte.

Wien, bei Schreiber. 15 Ngr.

№ 1. Der Schiffer.

Ziemlich langsam.

pp

Fried - lich lieg ich hin - ge - gos - sen,

№ 2. Die gefangenen Sänger.

Mässig.

p pp

Hörst du von den Nach-ti - gal - len

Anmerkung. Nr. 1 componirt im März 1820, Nr. 2 im Januar 1821.

Ausgaben. Holle, Wolfenbüttel, No. 1. 2 cplt. (Mit Lief. 31.) 1 Ngr. n. Schreiber, Wien, 15 Ngr. Senff, Leipzig, No. 1. 2 à 2 Ngr.

Lief. 34. Auflösung, Blondel zu Marien

(Gedicht von Joh. Mayrhofer) (Gedicht von Grillparzer)

für eine Singstimme mit Begleitung des Pianoforte.

Wien, bei Schreiber. 15 Ngr.

№ 1. Auflösung.

Nicht zu geschwind.

№ 2. Blondel zu Marien.

Sehr langsam.

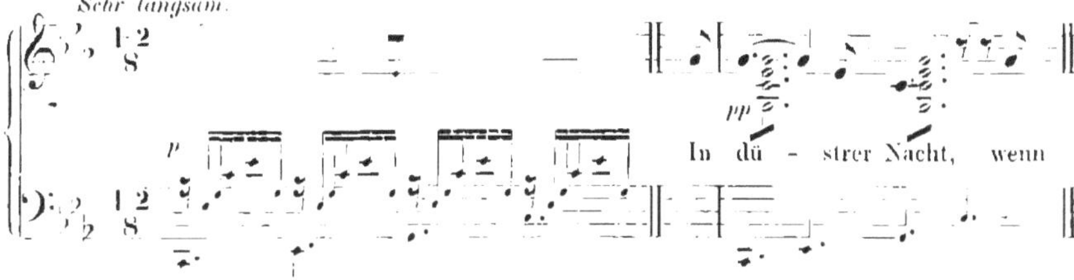

Anmerkung. Nr. 1 componirt im März 1824, Nr. 2 im September 1818.

Ausgaben. Holle, Wolfenbüttel, No. 1. 2 cplt. (Mit Lief. 33.) 4 Ngr. n. Schreiber, Wien. 15 Ngr. Senff, Leipzig, No. 1. 2 à 2 Ngr.

Lief. 35. Die erste Liebe, Lied eines Kriegers

(Gedicht von J. G. Fellinger) (Gedicht von ?)

für eine Singstimme (Nr. 2 für eine Bassstimme und einstimmigen Chor) mit Begleitung des Pianoforte.

Wien, bei Schreiber. 15 Ngr.

№ 1. Die erste Liebe.

Mässig, mit Ausdruck.

№ 2. Lied eines Kriegers.

Lebhaft.

Anmerkung. Nr. 1 (ursprünglich in C dur) componirt am 12. April 1815. Das früher bei G. Petter in Wien befindliche Autograph von Nr. 2 zeigt das Datum: 31. Dec. 1824, und ist die Singstimme im Bassschlüssel geschrieben.

Ausgaben. Holle, Wolfenbüttel, No. 1. 2 cplt. (Mit Lief. 36.) 1 Ngr. n. Schreiber, Wien, 15 Ngr. Senff, Leipzig, No. 1. 2. à 2 Ngr. — Für eine Bassstimme: Schreiber, Wien, No. 1 $7\frac{1}{2}$ Ngr., No. 2 10 Ngr.

Lief. 36. Der Jüngling an der Quelle, Lambertine, Ihr Grab

(Gedicht von L. Stoll)

für eine Singstimme mit Begleitung des Pianoforte.

Wien, bei Schreiber. 15 Ngr.

№ 1. Der Jüngling an der Quelle.

№ 2. Lambertine.

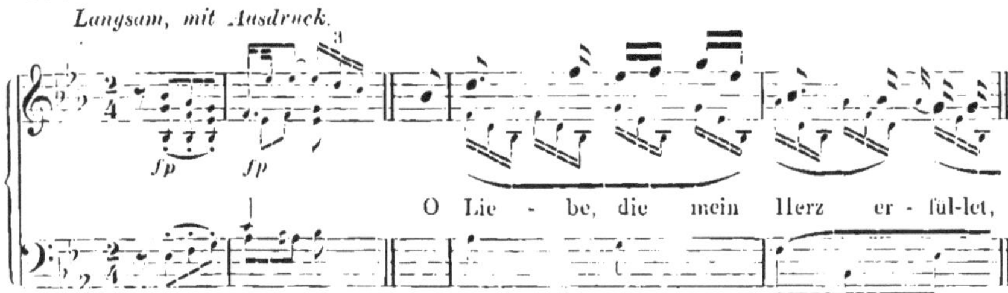

№ 3. Ihr Grab.

Anmerkung. Nr. 1 componirt im Jahr 1821, Nr. 2 am 12. October 1815.

Ausgaben. Holle, Wolfenbüttel, No. 1—3 cplt. (Mit Lief. 35.) 1 Ngr. n. Schreiber, Wien, 15 Ngr. Senff, Leipzig, No. 1—3 à 2 Ngr. — No. 1. Für eine Bassstimme: Schreiber, Wien, 5 Ngr.

Lief. 37. Heliopolis (Im Hochgebirge), Sehnsucht

Gedicht von Joh. Mayrhofer — Gedicht von Goethe,

für eine Singstimme mit Begleitung des Pianoforte.

Wien, bei Schreiber. 15 Ngr.

Anmerkung. Nr. 1 componirt im April 1822, Nr. 2 im Jahr 1815. In dem in der königl. Bibliothek zu Berlin befindlichen Autograph von Nr. 1 ist die Singstimme eine Octave tiefer im Bassschlüssel geschrieben. Erwähntes Autograph ist ohne Datum und hat die Ueberschrift: »Heliopolis Nr 12.« In den 1824 erschienenen Gedichten Mayrhofer's findet sich das Gedicht (S. 178) unter der Ueberschrift: »Im Hochgebirge«, in den 1843 erschienenen S. 44 mit zwei andern Gedichten unter der Ueberschrift: »An Franz«.

Ausgaben. Holle, Wolfenbüttel, No. 1. 2 cplt. Mit Lief. 38. 4 Ngr. n. Schreiber, Wien, 15 Ngr. Senff, Leipzig. No. 1. 2 à 2 Ngr.

Lief. 38. Die Einsiedelei, Lebenslied, Versunken

Gedicht von Salis — Gedicht von Matthisson — (Gedicht von Goethe)

für eine Singstimme mit Begleitung des Pianoforte.

Wien, bei Schreiber. 15 Ngr.

№ 1. Die Einsiedelei.
Mässig.

Es rie - selt, klar und we - hend, ein

№ 2. Lebenslied.
Mässig geschwind.

Kommen und Schei-den,

№ 3. Versunken.
Geschwind.

Anmerkung. Nr. 1 componirt im März 1817; eine andere Composition des Textes fällt in den Mai 1817. Das Autograph von Nr. 2 im Archiv der Gesellschaft der Musikfreunde in Wien ist überschrieben: »Decbr. 1816. In der Wohnung des Herrn v. Schober«. Nr. 3 componirt im Februar 1821.

Ausgaben. Holle, Wolfenbüttel. No. 1—3 cplt. (Mit Lief. 37. 1 Ngr. n. Schreiber, Wien. 15 Ngr. Senff, Leipzig, No. 1—3 à 2 Ngr. — No. 2. Für eine Bassstimme: Schreiber, Wien, $7\frac{1}{2}$ Ngr.

Lief. 39. Als ich sie erröthen sah, Das war ich,

(Gedicht von Ehrlich (Gedicht von Th. Körner)

Ins stille Land (Lied)

(Gedicht von Salis)

für eine Singstimme mit Begleitung des Pianoforte.

Wien, bei Schreiber. 15 Ngr.

№ 1. Als ich sie erröthen sah.
Mit Liebesaffekt.

All mein Wir - ken,

№ 2. Das war ich.
Erzählend.

Jüngst träum-te mir, ich sah auf lich - ten Hö-hen

№ 3. Ins stille Land.
Mässig.

Ins stil - le Land! Wer lei-tet uns hin-

Anmerkung. Nr. 1 componirt am 10. Februar 1815, Nr. 2 am 26. März 1815. Das Autograph von Nr. 3 im Besitz von Prof. Wagener ist überschrieben »Lied von Salis. 27. März 1816«; ein früher bei Ferd. Schubert befindliches Autograph, in A-moll stehend, zeigt das Datum: April 1816.

Ausgaben. Holle, Wolfenbüttel, No. 1—3 cplt. (Mit Lief. 40.) 4 Ngr. n. Schreiber, Wien, 15 Ngr. Senff, Leipzig, No. 1—3 à 2 Ngr. — Für eine Bassstimme: Schreiber, Wien, No. 1 10 Ngr. No. 3 $7\frac{1}{2}$ Ngr.

Uebertragungen.

No. 3. Für Sopran, Alt, Tenor u. Bass von *Fr. Abt.* (12 Gesänge. Heft 1. André, Offenbach, Partitur u. Stimmen 25 Ngr. Ebenso von *G. W. Teschner.* (36 Lieder. Heft 6. Siegel, Leipzig. Partitur u. Stimmen 25 Ngr.

Lief. 40. Das Mädchen, Bertha's Lied in der Nacht,

(Gedicht von Friedr. Schlegel) (Gedicht zu Grillparzer's »Ahnfrau«)

An die Freunde

(Gedicht von Joh. Mayrhofer)

für eine Singstimme mit Begleitung des Pianoforte.

Wien, bei Schreiber. 15 Ngr.

Anmerkung. Die Autographe von den drei Liedern befinden sich in derselben Folge im Archiv der Gesellschaft der Musikfreunde in Wien. Nr. 1 steht in A-dur und zeigt das Datum: »Febr. 1819«; Nr. 2 steht in Es-moll und zeigt das Datum: »Febr. 1819«; Nr. 3 steht in A-moll und zeigt das Datum: »März 1819«.

Ausgaben. Holle, Wolfenbüttel, No. 1—3 cplt. (Mit Lief. 39.) 4 Ngr. n. Schreiber, Wien, 15 Ngr. Senff, Leipzig, No. 1—3 à 2 Ngr.

Lief. 41. Licht und Liebe (Nachtgesang), Das grosse Halleluja

(Gedicht von Matth. von Collin) (Ode von Klopstock)

No. 1 für Sopran und Tenor
No. 2 für 3 Frauenstimmen } mit Begleitung des Pianoforte.

Wien, bei Schreiber. 15 Ngr.

№ 1. Licht und Liebe.

№ 2. Das grosse Halleluja.

Anmerkung. Nr. 2 componirt im Juni 1816.

Ausgaben. Holle, Wolfenbüttel, No. 2. (Mit Lief. 42. 5 Ngr. n. Schreiber, Wien, 15 Ngr. Senff, Leipzig, No. 1, 2 à 2 Ngr.

Lief. 42. Fragment aus „Die Götter Griechenlands“,

(Gedicht von Schiller)

Das Finden, (Gedicht von Kosegarten)

Cora an die Sonne, (Gedicht von Gabriele von Baumberg)

Grablied, (Gedicht von J. Kenner)

Adelaide (Gedicht von Matthisson)

für eine Singstimme mit Begleitung des Pianoforte.

Wien, bei Schreiber. 15 Ngr.

№ 1. Fragment aus „Die Götter Griechenlands“.

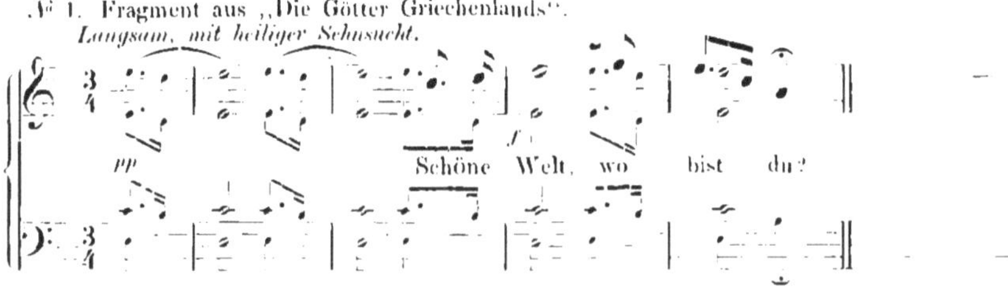

№ 2. Das Finden.

№ 3. Cora an die Sonne.
Langsam mit Ausdruck.

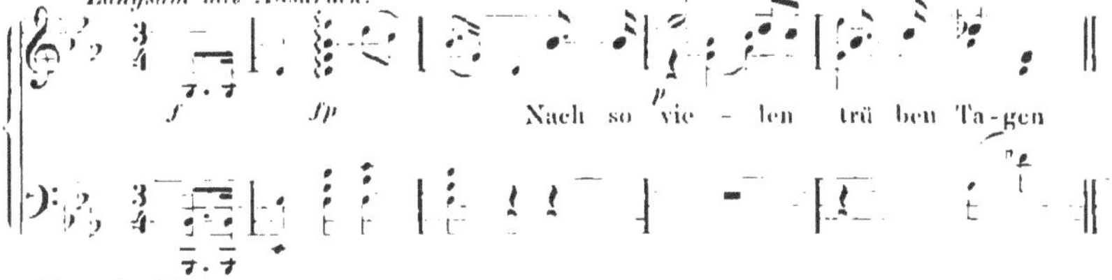
Nach so vie - len trü ben Ta-gen

№ 4. Grablied.
Langsam.

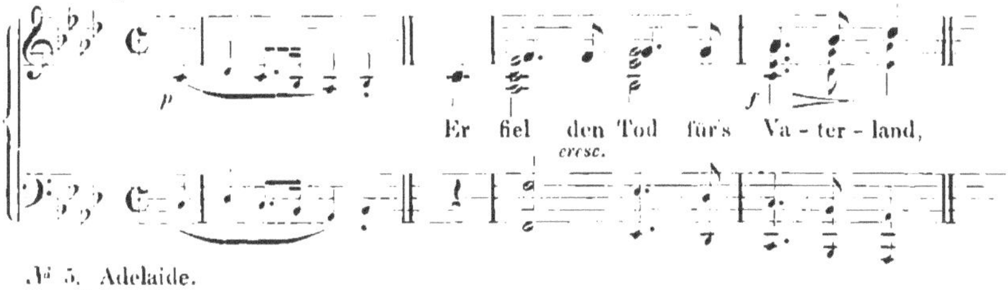
Er fiel den Tod für's Va - ter - land,
cresc.

№ 5. Adelaide.
Sehr mässig.

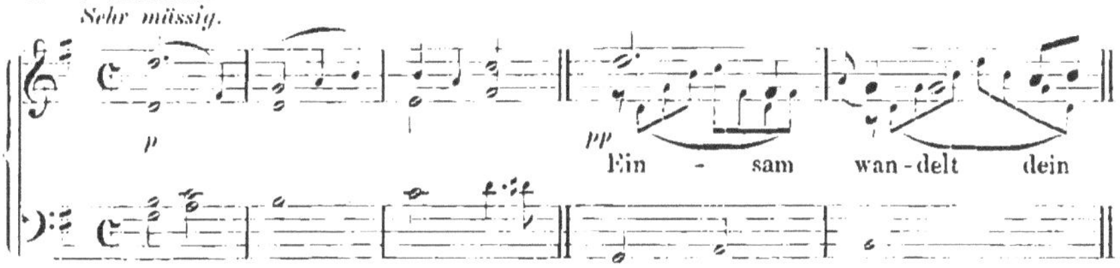
Ein - sam wan-delt dein

Anmerkung. Nr. 2 componirt am 25. Juni 1815, Nr. 3 am 22. August 1815, Nr. 4 am 24. Juni 1815, Nr. 5 im Jahr 1815.

Ausgaben. Holle, Wolfenbüttel, No. 1—5 cplt. (Mit Lief. 41.) 5 Ngr. n. Schreiber, Wien, 15 Ngr. Senff, Leipzig, No. 1 5 Ngr., No. 2—5 à 2 Ngr. — No. 1. 5. Für eine Bassstimme: Schreiber, Wien, à 7½ Ngr.

Uebertragungen.

No. 2. Für Sopran, Alt, Tenor u. Bass von *G. W. Teschner.* (36 Lieder. Heft 4.) Siegel, Leipzig, Partitur u. Stimmen 25 Ngr.

No. 3. Für Sopran, Alt, Tenor u. Bass von *G. W. Teschner.* (36 Lieder. Heft 7.) Siegel, Leipzig, Partitur u. Stimmen 25 Ngr.

No. 4. Für Sopran, Alt, Tenor u. Bass von *Fr. Abt.* (12 Gesänge. Heft 2.) André, Offenbach, Partitur u. Stimmen 25 Ngr.

Lief. 43. Im Gegenwärtigen Vergangenes

(Gedicht von Goethe)

für 4 Männerstimmen (Solo und Chor) mit Begleitung des Pianoforte.

Wien, bei Schreiber. 20 Ngr.

Andante con moto.

Tenor Solo.
Ros' und Li - lie mor - gen-thau - lich

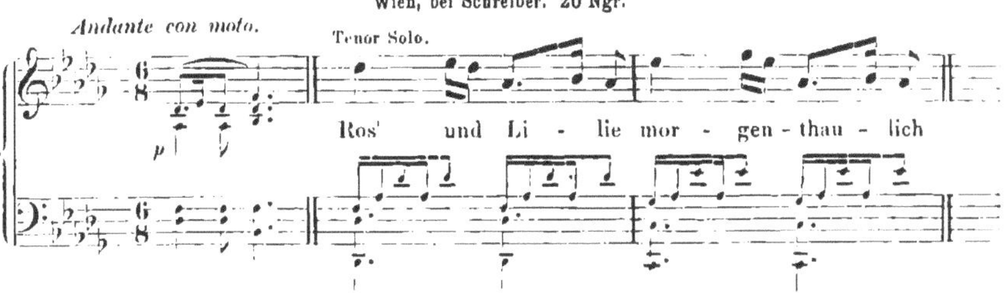

Ausgaben. Schreiber, Wien, 20 Ngr. Senff, Leipzig, 2 Ngr.

Lief. 44. Trost, Die Nacht, Zum Punsche,

(Gedicht von Mayrhofer) (Gedicht von Uz) (Gedicht von Mayrhofer)

Das Leben

(Gedicht von J. C. Wannovius)

No. 1, 2, 3 für eine Singstimme, No. 4 für 3 Frauenstimmen mit Begleitung des Pianoforte.

Wien, bei Schreiber. 15 Ngr.

Anmerkung. Das früher bei G. Petter in Wien befindliche Autograph von Nr. 1 zeigt das Datum: »Oct 1819«. Nr. 2 wurde wahrscheinlich im Jahr 1816 componirt. Nr. 3 wurde componirt im October 1816. Das früher bei Ferd. Schubert befindliche Autograph von Nr. 4 zeigt das Datum: »25. August 1815«.

Ausgaben. Holle, Wolfenbüttel, No. 1—4 cplt. (Mit Lief. 15.) 4 Ngr. n. Schreiber, Wien, 15 Ngr. Senff, Leipzig, No. 1—4 à 2 Ngr. — No. 1. 2. Für eine Bassstimme: Schreiber, Wien, à $7\frac{1}{2}$ Ngr.

Uebertragungen.

No. 1. Für Sopran, Alt, Tenor u. Bass von *G. W. Teschner.* (36 Lieder. Heft 2.) Siegel, Leipzig, Partitur u. Stimmen 25 Ngr.

No. 2. Für Sopran, Alt, Tenor u. Bass von *G. W. Teschner.* (36 Lieder. Heft 7.) Siegel, Leipzig, Partitur u. Stimmen 25 Ngr.

Lief. 45. Frohsinn, Trinklied, Klage um Aly Bey,

(Gedicht von ?) (Gedicht von ?) (Gedicht von Claudius)

Der Morgenkuss (nach einem Ball)

(Gedicht von Gabriele von Baumberg)

No. 1, 4 für eine Singstimme
No. 2 für eine Singstimme und Männerchor } mit Begleitung des Pianoforte.
No. 3 für 3 Frauenstimmen

Wien, bei Schreiber. 15 Ngr.

№ 1. Frohsinn.

№ 2. Trinklied.

№ 3. Klage um Aly Bey.

№ 4. Der Morgenkuss.

Anmerkung. Nr. 1 componirt im Januar 1817, Nr. 2 am 29. August 1813, Nr. 3 im Jahre 1815, Nr. 4 am 22. August 1815.

Ausgaben. Holle, Wolfenbüttel, No. 1—4 cplt. (Mit Lief. 44.) 4 Ngr. n. Schreiber, Wien, 15 Ngr. Senff, Leipzig, No. 1—4 à 2 Ngr. — No. 1. 4. Für eine Bassstimme: Schreiber, Wien, à 7½ Ngr.

Lief. 46. Epistel von Matth. von Collin an den Assessor Joseph von Spaun in Linz.

Musikalischer Schwank

für eine Singstimme mit Begleitung des Pianoforte.

Wien, bei Schreiber. 15 Ngr.

Allegro furioso.
Recit.
p
fz
Und nimmer schreibst du?

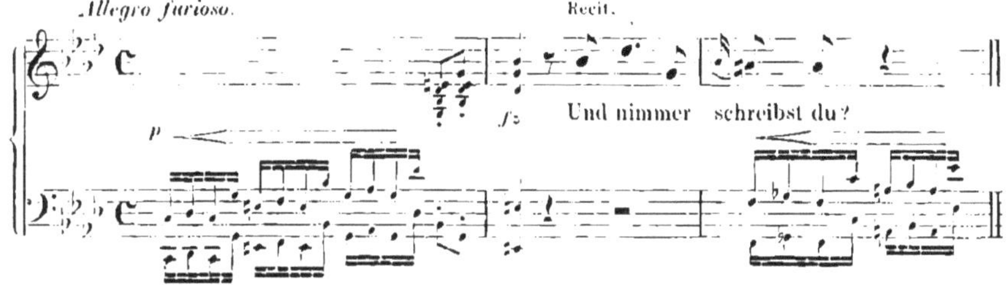

Anmerkung. Componirt im Januar 1822.

Ausgaben. Holle, Wolfenbüttel, No. 1—4. Mit Lief. 47. 4½ Ngr. n. Schreiber, Wien, 15 Ngr. Senff, Leipzig, 2 Ngr.

Lief. 47. Fünf Lieder von Goethe

für eine Singstimme mit Begleitung des Pianoforte.

Wien, bei Schreiber. 20 Ngr.

№ 1. Prometheus.

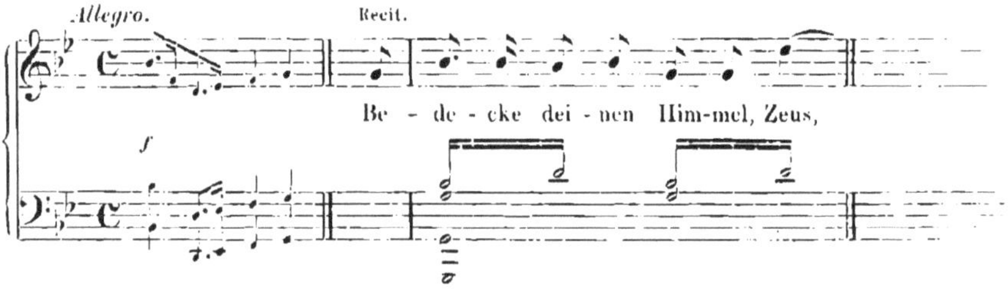
Allegro.
Recit.
f
Be - de - cke dei - nen Him-mel, Zeus,

№ 2. Wer kauft Liebesgötter?

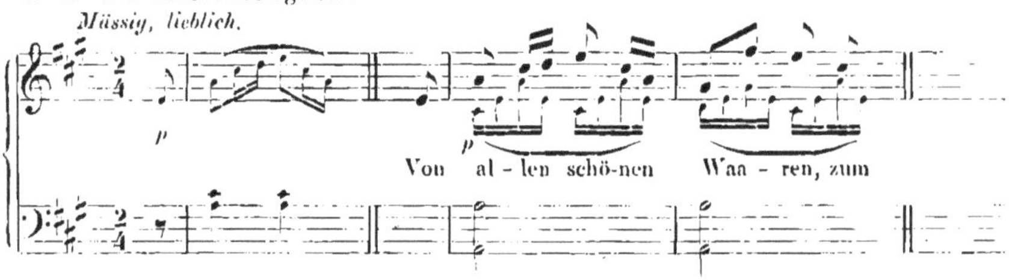
Mässig, lieblich.
p
p
Von al - len schö-nen Waa - ren, zum

№ 3. Der Rattenfänger.

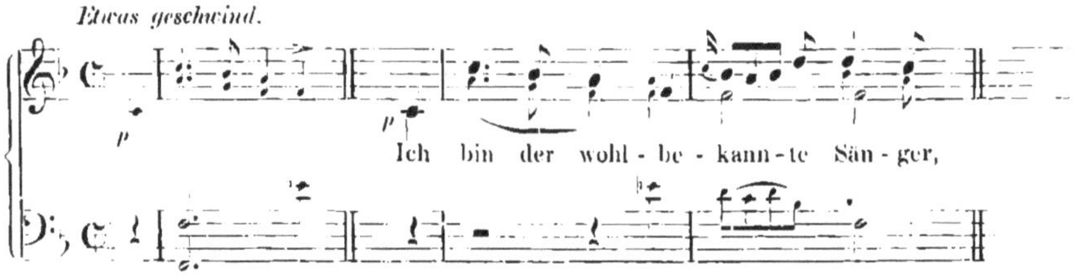
Etwas geschwind.
p
p
Ich bin der wohl - be - kann - te Sän - ger,

№ 4. Nachtgesang.

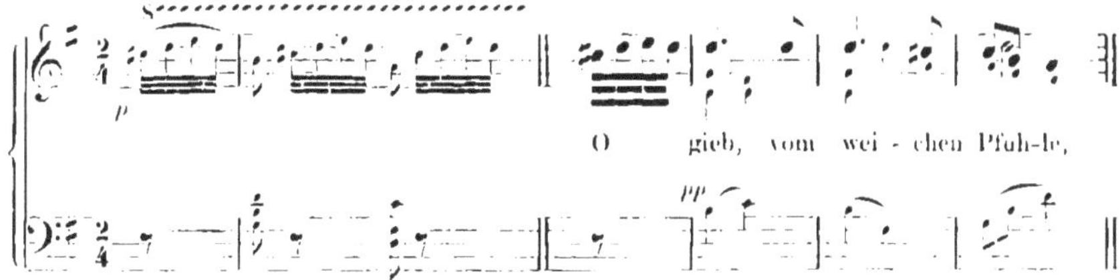

№ 5. An den Mond.

Anmerkung. Nr. 1 componirt im October 1819, Nr. 2 (nach dem in C dur stehenden Autograph bei J. S. Tauber in Wien am 21. August 1815, Nr. 3 (ursprünglich in G dur geschrieben, am 4. August 1815, Nr. 4 (nach dem in As dur stehenden Autograph beim Leitmeritzer Gesangverein, am 30. November 1814, Nr. 5 spätestens im Jahr 1815.

Ausgaben. Holle, Wolfenbüttel. No. 1—4 cplt. (Mit Lief. 46.) $4^1/_2$ Ngr. n. Schreiber, Wien, 20 Ngr. Senff, Leipzig, No. 1—5 à 2 Ngr.

Uebertragungen.

No. 2. 5. Für Sopran, Alt, Tenor u. Bass von *G. W. Teschner*. (36 Lieder. Heft 8. 7.) Siegel, Leipzig. Partitur u. Stimmen: à 25 Ngr.

Lief. 48. Die Sterne, Erntelied, Klage an den Mond,

(Gedicht von Friedr. Schlegel) (Gedichte von Hölty)

Trinklied,

(aus »Antonius und Cleopatra« von Shakspeare in der Uebersetzung von Ferd. Mayerhofer und Bauernfeld)

Mignon, Der Goldschmiedsgesell, Tischlerlied

(Gedichte von Goethe) (Gedicht von ?)

für eine Singstimme mit Begleitung des Pianoforte.

Wien, bei Schreiber. 15 Ngr.

№ 1. Die Sterne.

№ 2. Erntelied.
Mässig.
p
Si - cheln schal - len, Äh - ren fal - len
№ 3. Klage an den Mond.
Mässig.
fp
f
p
Dein Sil - ber schien durch Ei - chen-grün,
№ 4. Trinklied.
Lebhaft.
f
Bac - chus! fei - ster Fürst des Weins,
№ 5. Mignon.
Langsam.
pp
So lasst mich schei - nen, bis ich
№ 6. Der Goldschmiedsgesell.
Mässig.
p
f
p
Es ist doch mei - ne Nach - ba - rin
№ 7. Tischlerlied.
Mässig.
ff
p
Mein Hand-werk geht durch al - le Welt

Anmerkung. Nr. 1 componirt im Jahre 1820, Nr. 2 im Mai 1816, Nr. 3 am 12. Mai 1816, Nr. 4 in Währing im Juli 1826, Nr. 5 (nach dem früher bei G. Petter in Wien befindlichen Autograph im April 1821, Nr. 7 am 25. August 1815. Die zweite Strophe bei Nr. 4 ist wahrscheinlich von Fr. Reil hinzugefügt worden. Vergl. Anm. zu Lief. 7. Andere Bearbeitung von Nr. 5: Op. 62 Nr. 3.

Ausgaben. Holle, Wolfenbüttel, No. 1—7 cplt. (Mit Lief. 49 u. 50, No. 1. 2.) 6 Ngr. n. Schreiber, Wien, 15 Ngr. Senff, Leipzig, No. 1—7 à 2 Ngr. — No. 1. Für eine Bassstimme: Schreiber, Wien, 7½ Ngr.

Uebertragung.

No. 3. Für Sopran, Alt, Tenor u. Bass von *G. W. Teschner*. 36 Lieder. Heft 2. Siegel, Leipzig, Partitur u. Stimmen: 25 Ngr.

Lief. 49. Auf der Riesenkoppe, Auf einem Kirchhof

(Gedicht von Th. Körner) (Gedicht von Franz v. Schlechta

für eine Singstimme mit Begleitung des Pianoforte.

Wien, bei Schreiber. 15 Ngr.

№ 1. Auf der Riesenkoppe.

№ 2. Auf einem Kirchhof.

Anmerkung. Nr. 1 componirt im März 1818, Nr. 2 im Jahre 1815.

Ausgaben. Holle, Wolfenbüttel, No. 1. 2. cplt. (Mit Lief. 48 u. 50, No. 1. 2.) 6 Ngr. n. Schreiber, Wien, 15 Ngr. Senff, Leipzig, No. 1. 2 à 2 Ngr.

Lief. 50. An die Apfelbäume, wo ich Julien erblickte,

(Gedicht von Hölty)

Der Leidende, Augenlied

(Gedicht von ?) (Gedicht von Joh. Mayrhofer)

für eine Singstimme mit Begleitung des Pianoforte.

Wien, bei Schreiber. 15 Ngr.

№ 1. An die Apfelbäume, wo ich Julien erblickte.

Anmerkung. Nr. 1 componirt am 22. Mai 1815, Nr. 2 im Mai 1816.

Ausgaben. Holle, Wolfenbüttel, No. 1. 2 cplt. (Mit Lief. 48. 49.) 6 Ngr. u. Schreiber, Wien, 15 Ngr. Senff, Leipzig, No. 1—3 à 2 Ngr. — No. 3. Für eine Bassstimme: Schreiber, Wien, 10 Ngr.

III.

Werke ohne Opuszahl

und nicht begriffen in den „Nachgelassenen musikalischen Dichtungen".

A. Werke für Orchester.
B. Werke für Streichinstrumente.
C. Werke für Pianoforte mit Begleitung.
D. Werke für Pianoforte zu 4 Händen.
E. Werke für Pianoforte allein.
F. Messen, Cantaten, Opern, überhaupt mehrstimmige Gesänge mit und ohne Begleitung.
G. Lieder für eine Singstimme mit Begleitung des Pianoforte.

A. Werke für Orchester.

Symphonie (Cdur)

für Orchester.

Leipzig, bei Breitkopf u. Härtel. Partitur 10 Thlr. Stimmen 8 Thlr.

Anmerkung. Ueberschrift des Autographs im Archiv der Gesellschaft der Musikfreunde in Wien: »März 1828. Frz. Schubert«. Die Symphonie wurde zum erstenmal aufgeführt in Leipzig im Gewandhaus am 21. März 1839 und erschien 1840 in Stimmen und später in Partitur bei Breitkopf u. Härtel in Leipzig.

Ausgaben. Breitkopf u. Härtel, Leipzig. Partitur: 10 Thlr. Stimmen: 8 Thlr. Peters, Leipzig. Partitur: 4 Thlr. n.

Uebertragungen.

Für Pianoforte zu 4 Händen, Violine u. Violoncell von *Fr. Hermann*. Breitkopf u. Härtel, Leipzig. 4 Thlr. 15 Ngr.

Für Pianoforte u. Violine von *Fr. Hermann*. Breitkopf u. Härtel, Leipzig. 3 Thlr. 20 Ngr.

Für 2 Pianoforte zu 8 Händen. Breitkopf u. Härtel, Leipzig 6 Thlr.

Für 2 Pianoforte zu 4 Händen von *C. Klindworth*. Breitkopf u. Härtel, Leipzig. Partitur: 3 Thlr. 15 Ngr.

Für Pianoforte zu 4 Händen. Breitkopf u. Härtel, Leipzig. 3 Thlr. 10 Ngr., neue Ausgabe 1 Thlr. 10 Ngr. n. Ebenso von *Fr. Brissler*. Simrock, Berlin. 4 Thlr. 16 Ngr. Ebenso von *H. Ulrich*. Peters, Leipzig, 15 Ngr. n.

Für Pianoforte zu 2 Händen von *Carl Reinecke*. Breitkopf u. Härtel, Leipzig. 2 Thlr., neue Ausgabe 25 Ngr. n. Ebenso von *H. Ulrich*. Peters, Leipzig. 10 Ngr. n.

Andante con moto daraus:

Für Pianoforte zu 4 Händen, Violine u. Violoncell von *R. Wittmann*. Hofmeister, Leipzig. 1 Thlr. 10 Ngr.

Für Pianoforte zu 4 Händen. Breitkopf u. Härtel, Leipzig, 20 Ngr.

Für Pianoforte zu 2 Händen von *C. Reinecke*. Breitkopf u. Härtel, Leipzig, 15 Ngr.

Scherzo daraus:

Für Pianoforte zu 4 Händen, Violine u. Violoncell von *R. Wittmann*. Hofmeister, Leipzig. 1 Thlr. 5 Ngr.

Für Pianoforte zu 4 Händen. Breitkopf u. Härtel, Leipzig, 15 Ngr.

Für Pianoforte zu 2 Händen. Breitkopf u. Härtel, Leipzig, 10 Ngr.

Zwei Sätze einer unvollendeten Symphonie (H moll

für Orchester.

Wien, bei Schreiber. Partitur 3 Thlr. Stimmen 3 Thlr. 20 Ngr.

Anmerkung. Componirt im October 1822. Autograph im Besitz von Joh. Herbeck in Wien. Aufgeführt zum erstenmal in Wien in einem Gesellschafts-Concert am 17. December 1865. Erschienen 1867 bei C. A. Spina in Wien.

Ausgaben. Peters, Leipzig, Partitur: 15 Ngr. n. Schreiber, Wien, Partitur: 3 Thlr. Stimmen: 3 Thlr. 20 Ngr.

Uebertragungen.

Für Pianoforte zu 4 Händen von *K. Hübschmann*. Leuckart, Leipzig. No. 1. 15 Ngr. No. 2. 12½ Ngr. Ebenso von *Carl Reinecke*. Schreiber, Wien. No. 1. 2 cplt. 1 Thlr. 10 Ngr. Ebenso von *H. Ulrich*. Peters, Leipzig. 10 Ngr. n.

Für Pianoforte zu 2 Händen von *Th. Herbert*. Leuckart, Leipzig. No. 1 15 Ngr. No. 2 10 Ngr. cplt. 22½ Ngr. Ebenso von *Carl Reinecke*. Schreiber, Wien, No. 1. 2 cplt. 1 Thlr.

Für Pianoforte u. Harmonium od. Physharmonika od. 2 Pianoforte) von *L. A. Zellner*. Schreiber, Wien, No. 1. 2 cplt. 1 Thlr. 10 Ngr.

Andante As dur

aus der tragischen Symphonie

für Orchester.

Leipzig, bei Peters. Partitur 15 Ngr. n.

Anmerkung. Die autographe Partitur der tragischen Symphonie im Besitz von C. F. Peters in Leipzig hat zu Anfang das Datum: »April 1816«. Das Andante, welches den zweiten Satz darin bildet, erschien in Partitur, die ganze Symphonie in vierhändiger Uebertragung um 1870 bei C. F. Peters in Leipzig. Siehe Seite 208.

Uebertragung.

Siehe S. 208: Tragische Symphonie für Pianoforte zu 4 Händen.

B. Werke für Streichinstrumente.

Quartett (D moll)

für 2 Violinen, Viola und Violoncell.

Wien, bei Witzendorf. 2 Thlr. 10 Ngr.

Anmerkung. Spätestens componirt im Januar 1826. Erschienen im Juli 1831 unter dem Titel: »Grand Quatuor pour deux Violons, Alto et Violoncelle; composé par Franç. Schubert. Oeuvre posthume. Propriété de l'Editeur. Enregistré dans l'archive de l'union. Vienne, chez Joseph Czerný«. (Stimmen in Hochformat. Verlagsnummer: 2686.) Das Thema zu den Variationen des zweiten Satzes ist dem Liede »Der Tod und das Mädchen« Op. 7 entnommen.

Ausgaben. Breitkopf u. Härtel, Leipzig, 1 Thlr. 12 Ngr. n. Litolff, Braunschweig, 15 Ngr. Senff, Leipzig, Revid. von *F. David*. Partitur: 2 Thlr., Stimmen: 2 Thlr. Witzendorf, Wien, 2 Thlr. 10 Ngr.

Andante mit Variationen daraus: Leuckart, Leipzig, 15 Ngr.

Uebertragungen.

Für Pianoforte zu 4 Händen von *H. Erler*. Bote u. Bock, Berlin, 16 1/2 Ngr. n. Ebenso von *R. Franz*. Witzendorf, Wien, 2 Thlr. 20 Ngr. Ebenso von *K. Hübschmann*. Leuckart, Leipzig, 1 Thlr. 10 Ngr. Ebenso von *R. Kleinmichel*. Senff, Leipzig, 1 Thlr. 10 Ngr.

Andante mit Variationen daraus:

Für Pianoforte, Violine u. Violoncell. Leuckart, Leipzig, 20 Ngr.

Für Pianoforte u. Violine. Leuckart, Leipzig, 15 Ngr. Ebenso erleichtert 15 Ngr.

Für Pianoforte zu 4 Händen. Leuckart, Leipzig, 15 Ngr.

Für Pianoforte zu 2 Händen. Bote u. Bock, Berlin, 4 1/2 Ngr. Leuckart, Leipzig, 10 Ngr. Ebenso von *L. Studemund*. Wessel, Rostock, 15 Ngr.

Für Harmonium u. Pianoforte von *J. Schöffl*. Wetzler, Prag, 22 1/2 Ngr.

Quartett (G moll)

für 2 Violinen, Viola und Violoncell.

Leipzig, bei Peters. Partitur (sämmtliche Quartette) 2 Thlr. n. Stimmen (5 Quartette) 1 Thlr. 15 Ngr. n.

Anmerkung. Componirt in der Zeit vom 25. März bis zum 1. April 1815. Autographe Stimmen im Besitz von Friedrich Schreiber in Wien. Erschienen um 1871 bei C. F. Peters in Leipzig.

Quartett (D dur)

für 2 Violinen, Viola und Violoncell.

Leipzig, bei Peters. Partitur (sämmtliche Quartette) 2 Thlr. n. Stimmen (5 Quartette) 1 Thlr. 15 Ngr. n.

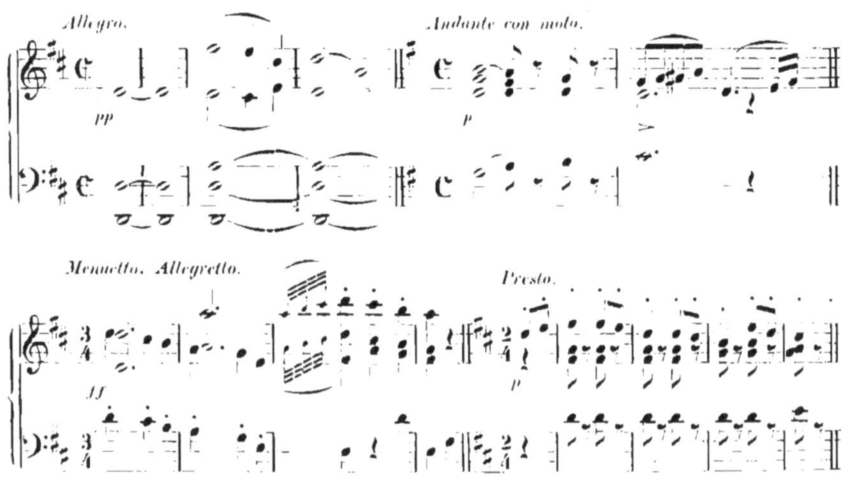

Anmerkung. Spätestens componirt im Jahre 1814. Autographe Stimmen im Besitz von Prof. Wagener in Marburg. Erschienen um 1871 bei C. F. Peters in Leipzig.

Quartett-Satz (C moll)

für 2 Violinen, Viola und Violoncell.

Leipzig, bei B. Senff. Partitur u. Stimmen 20 Ngr.

Anmerkung. Componirt (nach dem Autograph im Besitz von Johannes Brahms) im December 1820. Erschien um 1868 bei B. Senff in Leipzig. Das Stück bildet den ersten Satz eines angefangenen Quartetts. Der zweite Satz (Andante, As dur) ist nicht vollendet.

Uebertragung.
Für Pianoforte zu 4 Händen von *R. Kleinmichel.* Senff, Leipzig, 25 Ngr.

C. Werke für Pianoforte mit Begleitung.

Adagio und Rondo concertant (F dur)

für Pianoforte mit Begleitung von Violine, Viola und Violoncell.

Wien, bei Witzendorf. 1 Thlr. 10 Ngr.

Anmerkung. Componirt im October 1816. Erschienen im Jahre 1866 bei Witzendorf in Wien.

Ausgaben. Peters, Leipzig, 15 Ngr. n. Witzendorf, Wien, 1 Thlr. 10 Ngr.

Sonate (A moll)

für Pianoforte und Arpeggione (oder Violoncell, oder Violine).

Wien, bei Gotthard. 2 Thlr. Violinstimme 15 Ngr.

Allegretto.
Arpeggione.
p

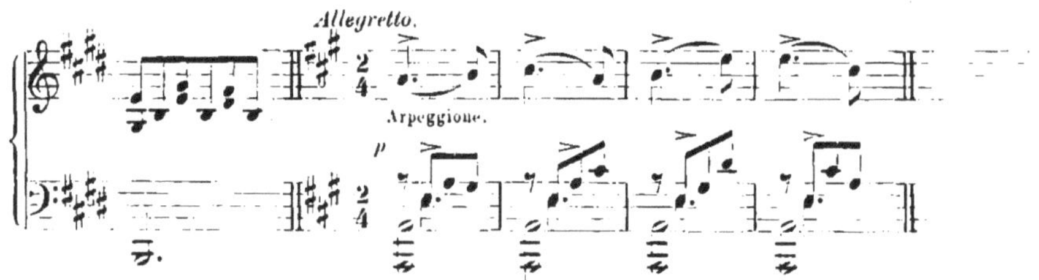

Anmerkung. Componirt im November 1824 und bald darauf durch Vincenz Schuster öffentlich zur Aufführung gebracht. Erschien 1871 bei J. P. Gotthard in Wien.

Uebertragung.

Für Pianoforte zu 4 Händen von *J. P. Gotthard.* Wien. Gotthard. 1 Thlr. 17½ Ngr.

D. Werke für Pianoforte zu 4 Händen.

Tragische Symphonie (Cmoll)

für Pianoforte zu 4 Händen eingerichtet von H. Ulrich.

Leipzig, bei Peters. 15 Ngr. n.

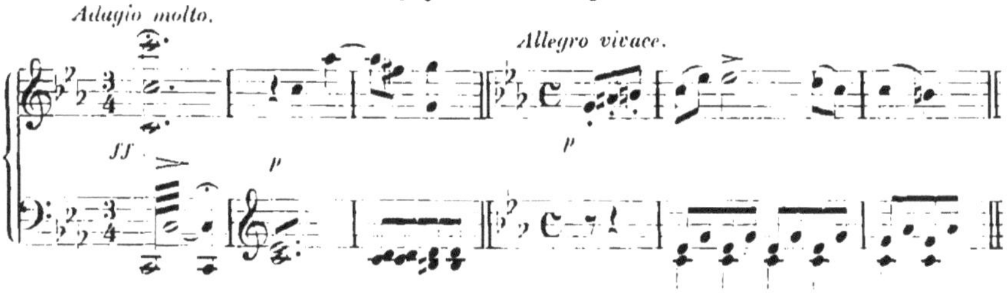
Adagio molto.
ff
p
Allegro vivace.
p

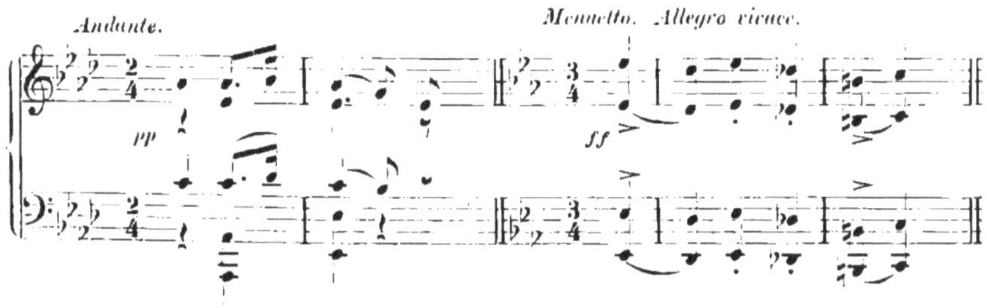
Andante.
pp
Menuetto. Allegro vivace.
ff

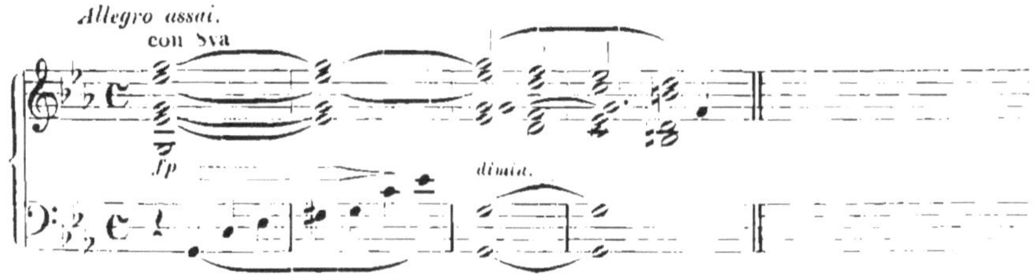
Allegro assai.
con 8va
fp
dimin.

Anmerkung. Siehe S. 204: Andante aus der tragischen Symphonie für Orchester.

Symphonie (B dur)

ohne Trompeten und Pauken;

für Pianoforte zu 4 Händen eingerichtet von H. Ulrich.

Leipzig, bei Peters. 15 Ngr.

Anmerkung. Die autographe Partitur im Besitz von C. F. Peters in Leipzig hat zu Anfang das Datum: »Sept. 1816«. Die Uebertragung erschien um 1870 bei C. F. Peters in Leipzig.

Ouverture (D dur)

für Pianoforte zu 4 Händen.

Wien, bei Gotthard. 25 Ngr.

Anmerkung. Componirt für Orchester im November 1817 und von Schubert selbst vierhändig gesetzt im December 1817. Erschienen 1872 bei J. P. Gotthard in Wien.

Uebertragung.
Für Pianoforte zu 2 Händen von *Aug. Horn.* Gotthard, Wien. 17½ Ngr.

Kindermarsch (G dur)

für Pianoforte zu 4 Händen.

Wien, bei Gotthard. 15 Ngr.

Anmerkung. Componirt am 12. October 1827 für Faust Pachler, der auch das Autograph besitzt. Erschien 1870 bei J. P. Gotthard in Wien.

4 Ländler

für Pianoforte zu 4 Händen.

Siehe Seite 214: 20 Ländler für Pianoforte No. 17 bis 20.

E. Werke für Pianoforte allein.

Drei Sonaten (Cmoll, Adur, Bdur)

(»Allerletzte Composition«)

für Pianoforte.

Wien, bei Schreiber. No. 1 1 Thlr. 10 Ngr., No. 2 u. 3 à 1 Thlr. 15 Ngr.

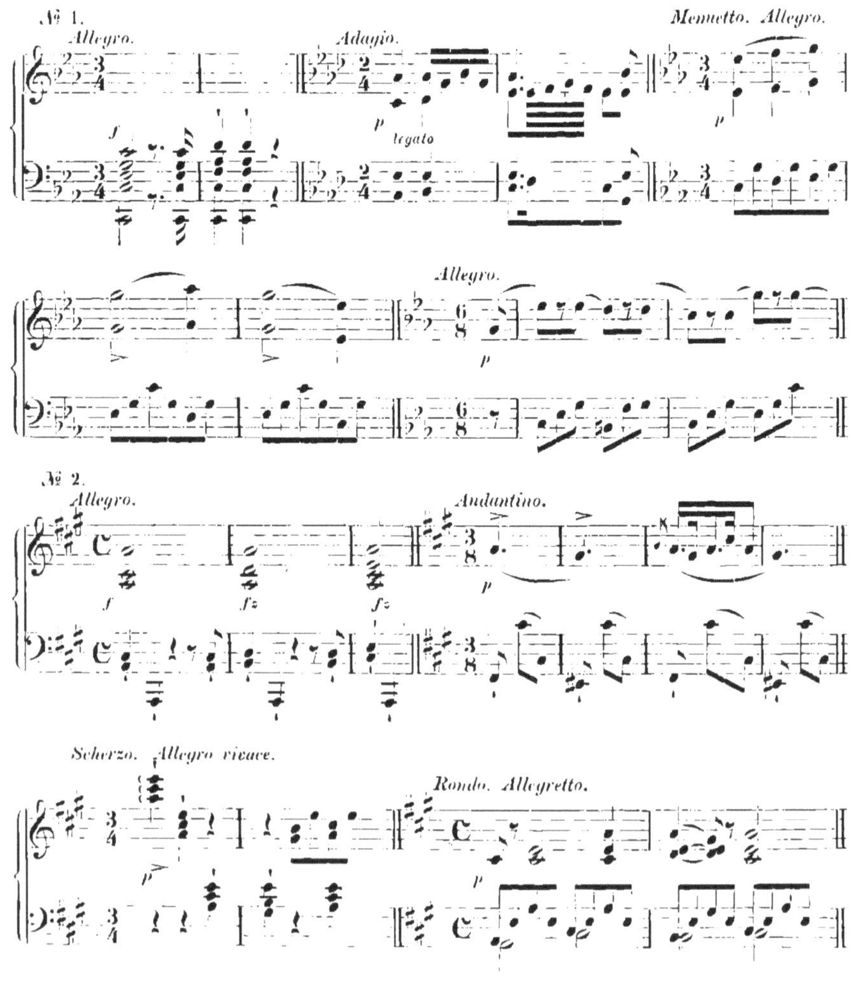

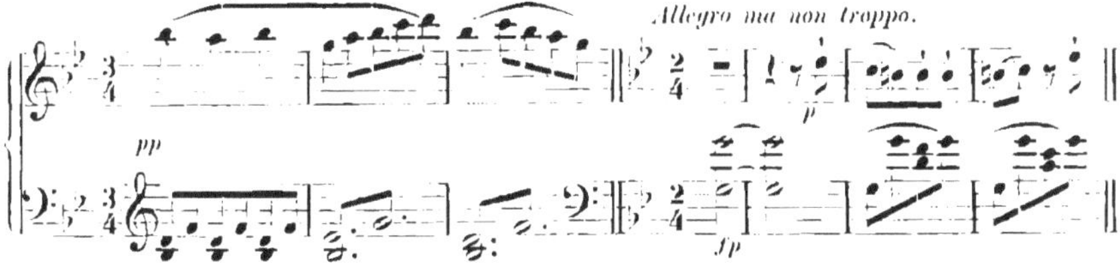

Anmerkung. Alle 3 Sonaten componirt im September 1828; Nr. 3 hat das Datum: 26. Sept. 1828. Erschienen im Jahre 1838 bei A. Diabelli u. Comp. in Wien unter dem Titel: »Franz Schubert's Allerletzte Composition. Drei grosse Sonaten für das Piano-Forte. Herrn Robert Schumann in Leipzig gewidmet von den Verlegern« u. s. w. (Hochformat.)

Ausgaben. Breitkopf u. Härtel, Leipzig, No. 1 21 Ngr. n., No. 2 u. 3 à 24 Ngr. n. Holle, Wolfenbüttel, No. 1—3 cplt. 22½ Ngr. n. Litolff, Braunschweig, No. 1 u. 2 à 9 Ngr. n., No. 3 10 Ngr. n. Peters, Leipzig, à 5 Ngr. n. Schott, Mainz, No. 2 23½ Ngr., No. 3 25 Ngr. Schreiber, Wien, No. 1 1 Thlr. 10 Ngr., No. 2 und 3 à 1½ Thlr.

Uebertragungen.

No. 2. Andantino: Für Violoncell u. Pianoforte von *K. Richter.* (Klavierstücke. No. 2.) Weinholtz, Braunschweig, 15 Ngr.

No. 3. Andante sostenuto: Für Violoncell u. Pianoforte von *K. Richter.* (Klavierstücke. No. 4.) Weinholtz, Braunschweig, 15 Ngr.

Reliquie. Unvollendete Sonate (Cdur) für Pianoforte.

Leipzig, bei F. Whistling. 1 Thlr. 5 Ngr.

Anmerkung. Componirt im April 1825. Die zwei letzten Sätze sind unvollständig. Der 2. Satz erschien im December 1839 als Beilage zur Neuen Zeitschrift für Musik. Die Sätze erschienen zusammen im Jahr 1861 bei F. Whistling in Leipzig unter dem Titel »Reliquie. Letzte Sonate (unvollendet) für das Pianoforte« u. s. w.

Fünf Clavierstücke.

Leipzig, bei C. A. Klemm. Compl. 1 Thlr. 15 Ngr. Einzeln: No. 1, 2, 4 à 10 Ngr., No. 3 7½ Ngr., No. 5 15 Ngr.

№ 1. *Allegro moderato.*

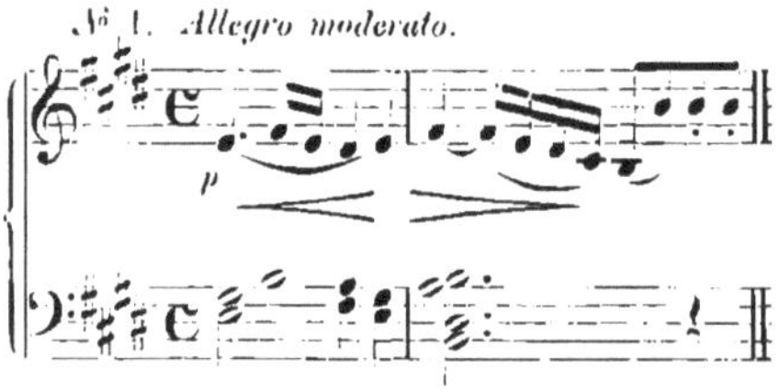

№ 2. *Scherzo. Allegro.*

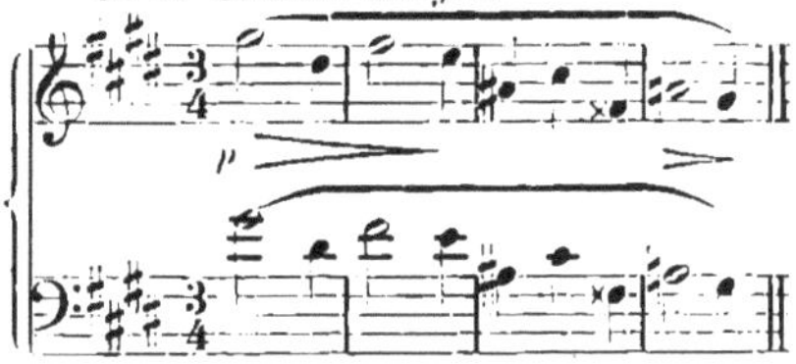

№ 3. *Adagio.*

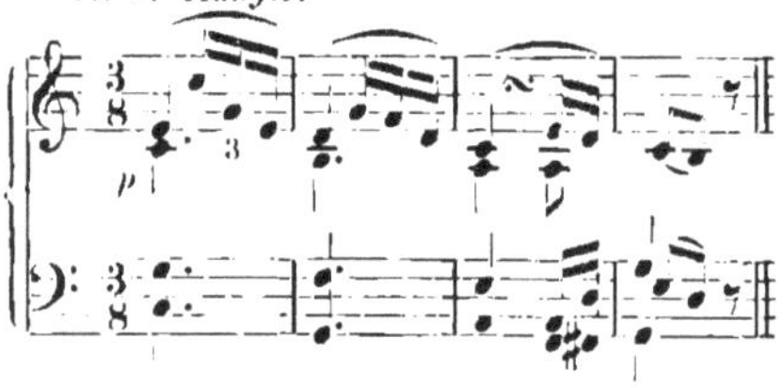

№ 4. *Scherzo con Trio. Allegro.*

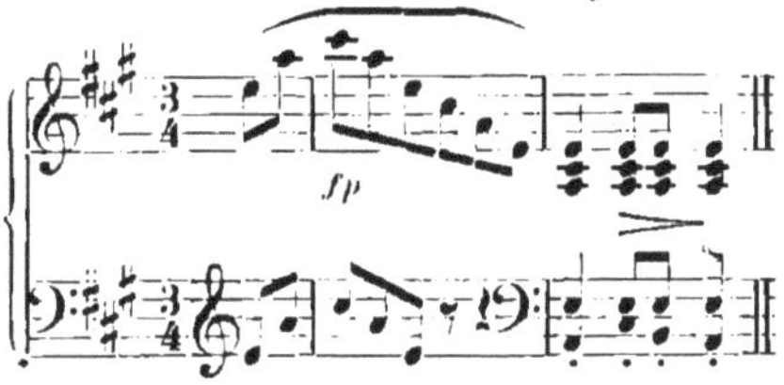

№ 5. *Allegro patetico.*

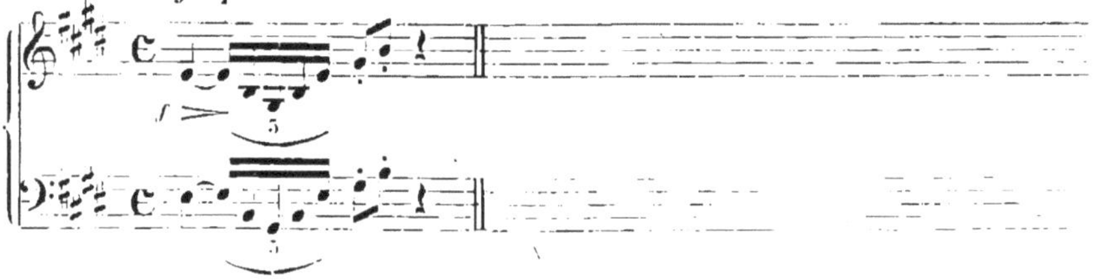

Anmerkung. Erschienen um 1843 bei C. A. Klemm in Leipzig.

Ausgaben. Holle, Wolfenbüttel, 5 Ngr. n. Klemm, Leipzig, cplt. 1 Thlr. 15 Ngr., einzeln: No. 1, 2, 4 à 10 Ngr., No. 3 7½ Ngr., No. 5 15 Ngr.

Uebertragung.
Für Pianoforte zu 4 Händen von *Carl Geissler.* Klemm, Leipzig, 1 Thlr. 15 Ngr.

Drei Clavierstücke.

Leipzig, bei Rieter-Biedermann. No. 1, 2, 3 à 20 Ngr.

№ 1. *Allegro assai.*

№ 2. *Allegretto.*

№ 3. *Allegro.*

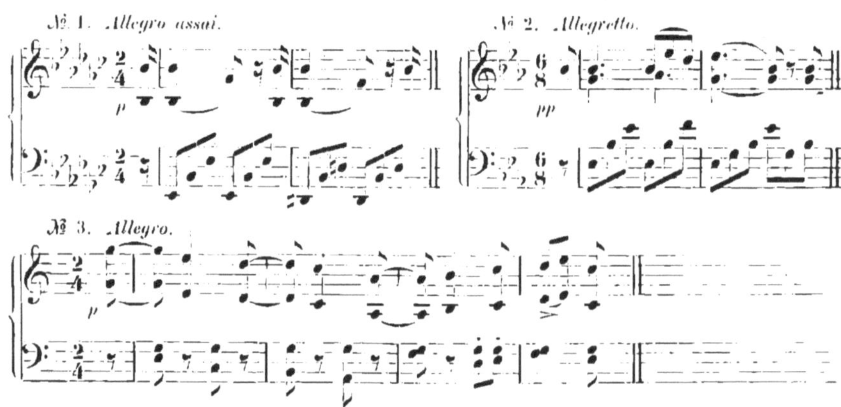

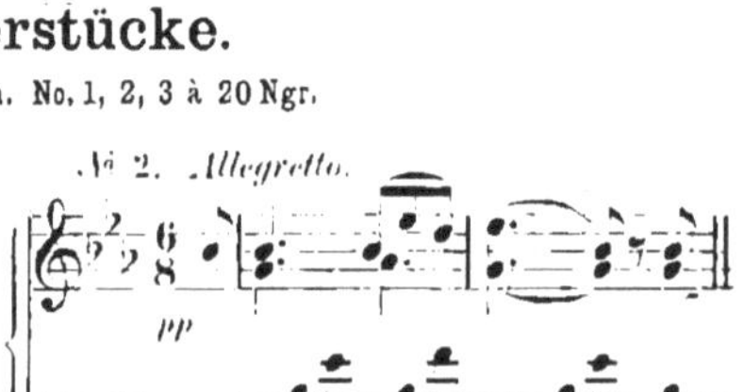

Anmorkung. Nr. 1 und 2 componirt im Mai 1828, Nr. 3 etwas früher. Autograph im Besitz von Dr. Schneider in Wien. Erschienen im Jahr 1868 bei J. Rieter-Biedermann in Leipzig.

Ausgaben. Breitkopf u. Härtel, Leipzig, No. 1—3 cplt. 6 Ngr. n. Rieter-Biedermann, No. 1, 2, 3 à 20 Ngr.

Adagio (E dur)

für Pianoforte.

Leipzig, bei Rieter-Biedermann. 12½ Ngr.

Anmerkung. Componirt (nach dem Autograph bei Dr. Schneider in Wien) im April 1818. Erschienen im Jahre 1869 bei J. Rieter-Biedermann in Leipzig.

Zwei Scherzi

für Pianoforte.

Wien, bei Gotthard. 15 Ngr.

Anmerkung. Componirt im November 1817. Erschienen 1871 bei J. P. Gotthard in Wien.

Ausgaben. Breitkopf u. Härtel, Leipzig, 6 Ngr. n. Gotthard, Wien, 15 Ngr.

Allegretto (C moll)

für Pianoforte.

Wien, bei Gotthard. 10 Ngr.

Anmerkung. Ueberschrift des Autographs im Besitz von Fräulein Magnus in Wien: »Meinem lieben Freunde Walcher zur Erinnerung am 26. April 1827«. Erschienen 1870 bei J. P. Gotthard in Wien.

Marsch (Edur)

für Pianoforte.

Wien, bei Artaria u. Comp. 5 Ngr.

Anmerkung. Erschien um 1840 bei Artaria u. Comp. in Wien mit der Bezeichnung: »Marsch sammt Trio, für das Piano-Forte allein, von Franz Schubert. Aus dessen Nachlasse«.

Ausgaben. Artaria u. Comp., Wien, 5 Ngr. Holle, Wolfenbüttel, 1½ Ngr. n. Kistner, Leipzig, 10 Ngr.

Uebertragung.

Für Pianoforte zu 4 Händen von *J. F. C. Dietrich*. Präger u. Meier, Bremen, 15 Ngr. Ebenso von *C. Geissler*. Kistner, Leipzig, 10 Ngr.

Grazer Galopp

für Pianoforte.

Wien, bei Haslinger. 3½ Ngr.

Anmerkung. Wahrscheinlich componirt im Herbst 1827. Vgl. Op. 91. Erschienen 1828 unter dem Titel: »Grätzer Galoppe für das Pianoforte allein von Franz Schubert. No 10. der favorit Galoppen. Wien, bei Tobias Haslinger«. (Querformat. Verlagsnummer: 5152.)

Ausgaben. Haslinger, Wien, 3½ Ngr. Präger u. Meier, Bremen, 5 Ngr.

Uebertragung.

Für Pianoforte zu 4 Händen. Haslinger, Wien, 7 Ngr. Holle, Wolfenbüttel, 2 Ngr. n.

20 Ländler

für Pianoforte.

(Nr. 17 bis 20 ursprünglich für Pianoforte zu 4 Händen und zu 2 Händen eingerichtet von J. P. Gotthard.)

Wien, bei Gotthard. 2händig 17½ Ngr. 4händig 27½ Ngr.

Anmerkung. Nr. 2 bis 5, 8, 12 und 17 bis 20 wurden im Juli 1824 zu Zelesz in Ungarn geschrieben. Vgl. Op. 33. Sämmtliche Tänze sind autograph im Besitz von Johannes Brahms. Sie erschienen 1869 bei J. P. Gotthard in Wien.

12 Deutsche Tänze und 5 Ecossaisen

für Pianoforte.

Wien, bei Gotthard. 20 Ngr.

Anmerkung. Nach Angabe einer »Abschrift« componirt im Jahre 1817. Erschienen 1871 bei J. P. Gotthard in Wien.

Uebertragung.

Für Pianoforte zu 4 Händen. Gotthard, Wien. 1 Thlr.

13 Variationen (A moll)

über ein Thema von Anselm Hüttenbrenner

für Pianoforte.

Wien, bei Schreiber. 15 Ngr.

Thema. *Andantino.*

Anmerkung. Componirt im August 1817. Autograph bei Joh. Herbeck in Wien. Erschienen 1867 bei C. A. Spina in Wien unter dem Titel: »13 Variationen über ein Thema aus dem Violinquartett Nr. 1 von Anselm Hüttenbrenner (bei Steiner & Comp. in Wien). Componirt und seinem Freunde und Mitschüler Herrn Anselm Hüttenbrenner gewidmet von Franz Schubert. Nachgelassenes Werk« u. s. w.

Variation

über einen Walzer von A. Diabelli

für Pianoforte.

Wien, bei Schreiber. (Vaterländischer Künstlerverein, 2. Abth.) 3 1/3 Thlr.

Anmerkung. Das Autograph in der Hofbibliothek zu Wien zeigt das Datum: März 1821. Die Variation findet sich als die 38. in der im Jahr 1823 bei Cappi u. Diabelli in Wien erschienenen Sammlung: »50 Veränderungen über einen Walzer für das Piano-Forte componirt von« (folgen die Namen von 50 oesterreichischen Componisten). Das Thema ist dasselbe, welches Beethoven in seinem 120. Werk variirt hat.

F. Messen, Cantaten, Opern, überhaupt mehrstimmige Gesänge mit und ohne Begleitung.

Messe (F dur)

für 4 Singstimmen und Orchester.

Wien, bei Schreiber. Stimmen 3 Thlr.

Kyrie. *Larghetto.* — Gloria. *Allegro vivace.*

Credo.
Andantino.

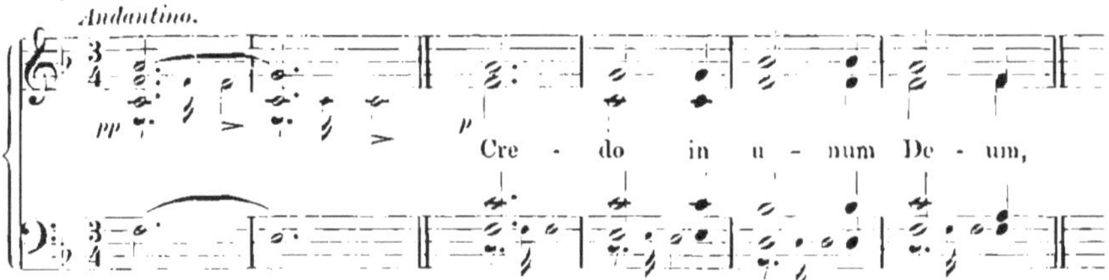

p Cre - do in u - num De - um,

Sanctus.
Adagio maestoso.

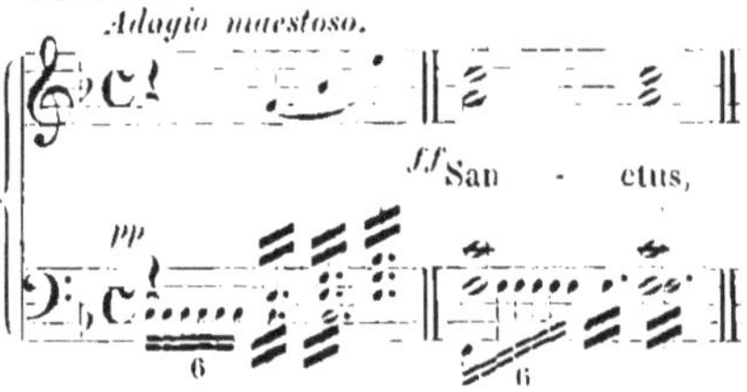

ff San - ctus,

Benedictus.
Andante con moto.
Ob. Solo.

pp Be - ne - di - ctus qui

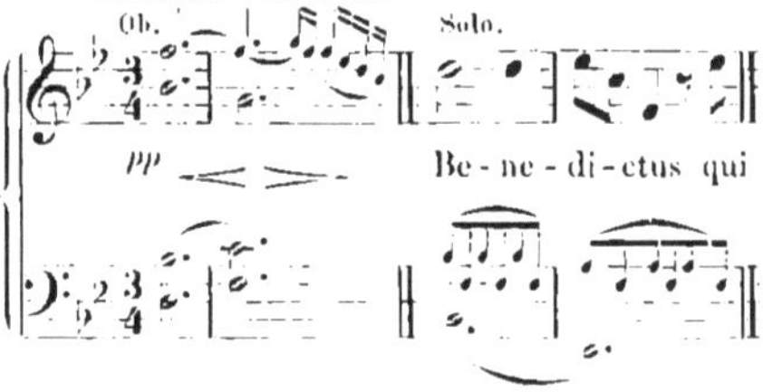

Agnus Dei. Ob. Solo.

pp A - - gnus De - i

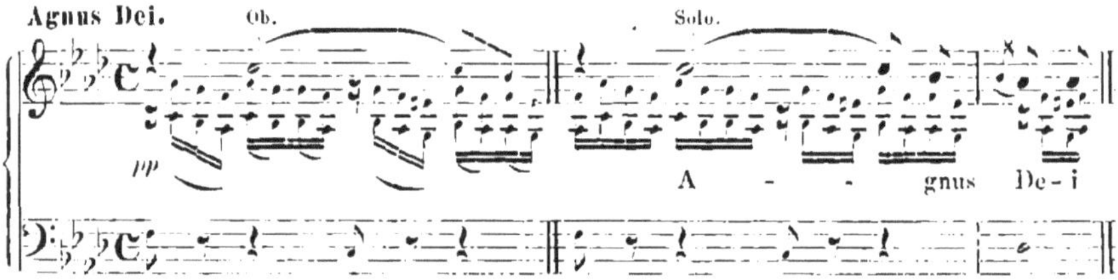

Anmerkung. Schubert begann die Composition am 17. Mai 1814 und beendigte sie am 22. Juli 1814. Autograph im Besitz von Dr. Schneider in Wien. Die Messe erschien mit einer Widmung von Ferd. Schubert im Jahre 1856 bei F. Glöggl u. Sohn in Wien.

Ausgaben. Peters, Leipzig. Messen im Clavierauszug. No. 4.) 15 Ngr. n. Schreiber. Wien, Stimmen: 3 Thlr.

Messe (G dur)

für 4 Singstimmen, kleines Orchester und Orgel.

Prag, bei M. Berra. (Messe von R. Führer.) Stimmen 2 Thlr.

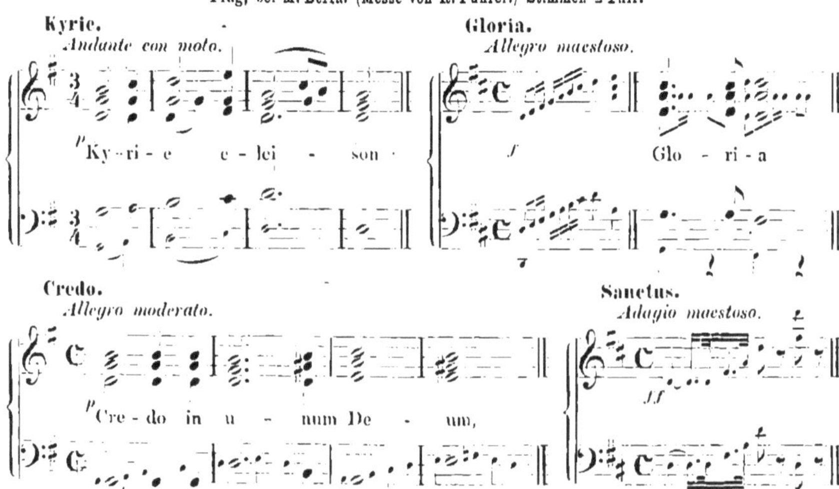

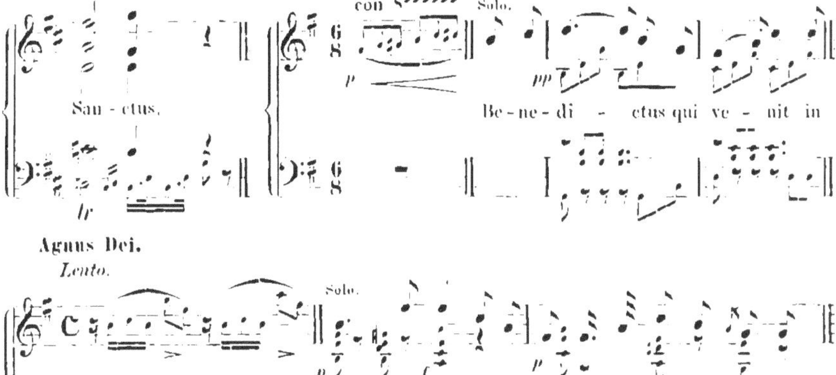

Anmerkung. Componirt in der Zeit vom 2. bis zum 7. März 1815. Autograph im Besitz der Gesellschaft der Musikfreunde in Wien. Erschienen um 1816 unter falschem Componisten-Namen bei Marco Berra in Prag unter dem Titel: »Messe in G für 4 Singstimmen, 2 Violinen, Viola, 2 Trompeten, Pauken, Orgel mit Contrabass und Violonzell componirt zur Installation Ihrer Kaiserlichen Hoheit der durchlauchtigsten Frau Erzherzogin Marie Karoline als Aebtissin . . . . von Robert Führer, Capellmeister an der Domkirche zu St. Veit in Prag«. Zu verweisen ist auf die Erklärung Ferdinand Schubert's in der Allg. Wiener Musik-Zeitung vom 14. December 1847.

Ausgaben. Berra, Prag (Messe von *R. Führer*), Stimmen: 2 Thlr. Peters, Leipzig, (Messen im Clavierauszug. No. 2.) 15 Ngr. n.

Messe (Es dur)

für 4 Singstimmen und Orchester.

Leipzig, bei Rieter-Biedermann. Partitur 7 Thlr. 20 Ngr., Orchesterstimmen 6 Thlr. 10 Ngr., Singstimmen 2 Thlr.

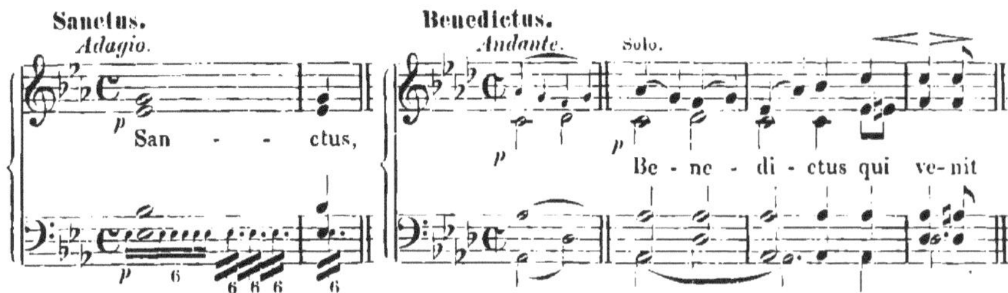

Anmerkung. Das Autograph in der königl. Bibliothek zu Berlin ist überschrieben: »Juny 1828. Frz. Schubert«. Die Messe wurde aufgeführt am 15. November 1829 in der Pfarrkirche zu Maria Trost in Wien und erschien im Jahre 1865 bei Rieter-Biedermann in Leipzig.

Ausgaben. Peters, Leipzig, (Messen im Clavierauszug. No. 5.) 15 Ngr. n. Rieter-Biedermann, Leipzig, Partitur: 7 Thlr. 20 Ngr., Orchesterstimmen: 6 Thlr. 10 Ngr., Singstimmen: 2 Thlr., Clavierauszug: 5 Thlr.

Uebertragung.

Für Pianoforte zu 4 Händen. Rieter-Biedermann, Leipzig, 3 Thlr. 15 Ngr.

Messe (As dur)

für 4 Singstimmen, Orchester und Orgel.

Wien, bei Schreiber.

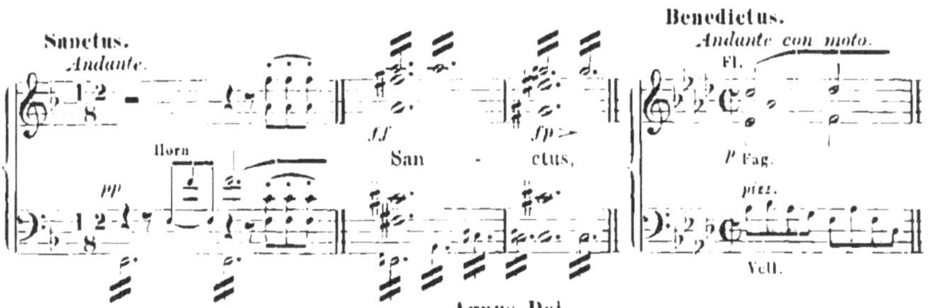
Sanctus.
Andante.
Horn
pp
ff
fp
San - ctus,
Benedictus.
Andante con moto.
Fl.
p Fag.
pizz.
Vcll.

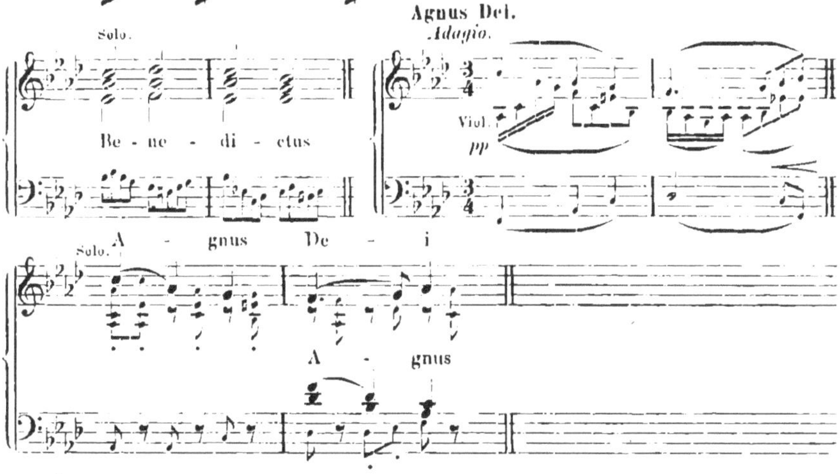
Solo.
Be - ne - di - ctus
Agnus Dei.
Adagio.
Viol.
pp
A - gnus De - i
Solo.
A - gnus

Anmerkung. Das Autograph im Besitz der Gesellschaft der Musikfreunde in Wien zeigt zu Anfang das Datum: »Nov. 1819«; am Schluss steht: »im 7b 1822 beendet«; auf dem Umschlag steht: »Missa solemnis in As von Franz Schubert 1822«. Schubert hat im Manuscript nachträglich viele Aenderungen vorgenommen. Das Erscheinen des Werkes steht bevor.

Lazarus, oder: Die Feier der Auferstehung,

Oster-Cantate in 3 Handlungen von A. H. Niemeyer.

Fragment.

Clavierauszug von Joh. Herbeck.

Wien, bei Schreiber. 3 Thlr. 20 Ngr.

Erste Handlung.

Andante.
pp
(Lazarus.)
Hier lasst mich ruh'n die letz - te Stun-de,

Arie. (Maria.)
Andantino sostenuto.
Steh' im letz - ten Kampf dem Mü-den,
pp
Arie. (Nathanael.)
Allegro moderato.
Wenn ich ihm nach - ge-
p

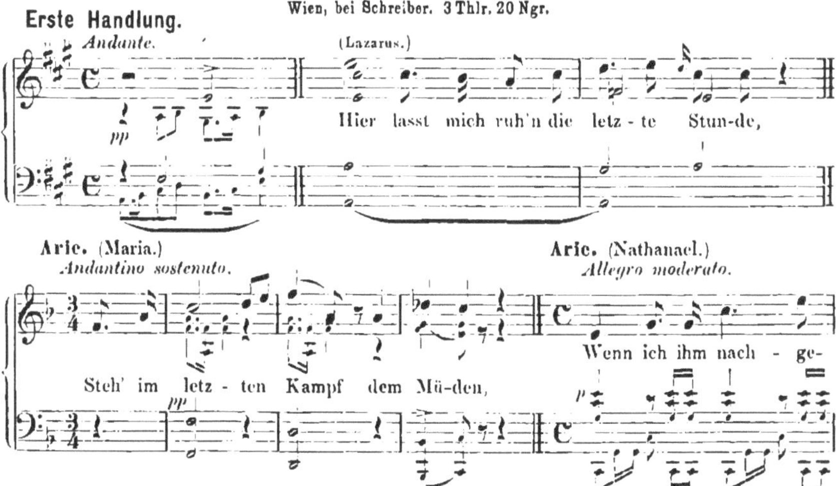

Anmerkung. Componirt im Februar 1820. Autograph grösstentheils im Besitz von C. A. Spina in Wien. Der 1. Theil (Handlung) ist vollständig, der 2. unvollständig, vom 3. ist nichts vorhanden. Das Bruchstück erschien 1866 bei C. A. Spina in Wien.

Die Verschworenen, oder: Der häusliche Krieg,

Operette in einem Akte von J. F. Castelli.

Clavierauszug von E. Schneider.

Wien, bei Schreiber. 5 Thlr. 10 Ngr.

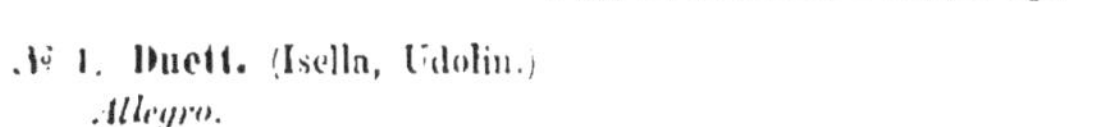

№ 1. **Duett.** (Isella, Udolin.)

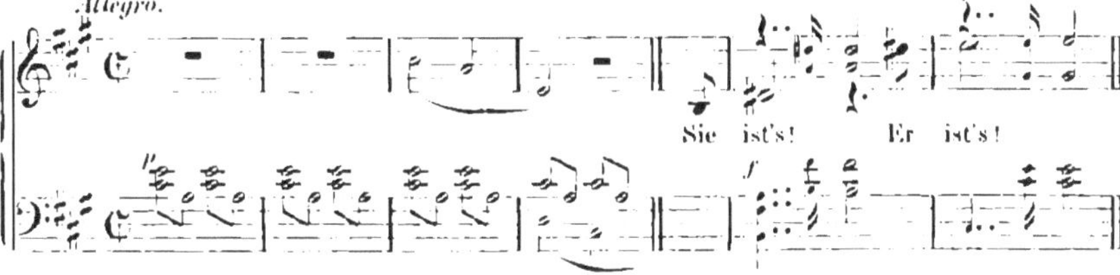

№ 2. **Romanze.** (Helene.)

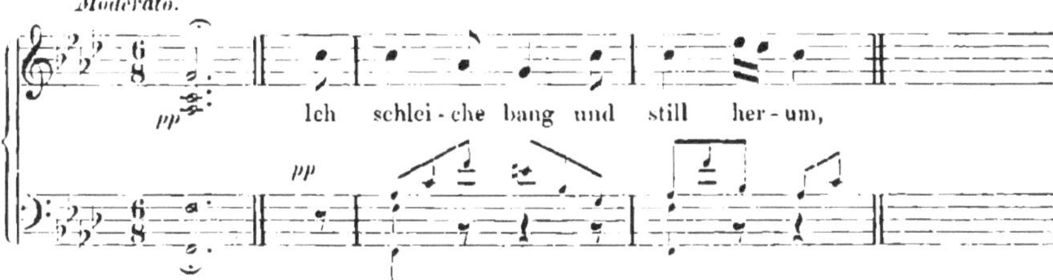

№ 3. **Chor der Frauen.**

№ 4. **Verschwörungschor** der Frauen.

№ 5. **Marsch und Chor** der Ritter.

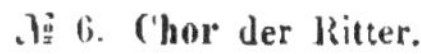

№ 6. **Chor der Ritter.**

Anmerkung. Das im Besitz von J. Kafka in Wien befindliche Autograph zeigt am Schluss das Datum: April 1823. Im Anfang steht kein Datum. Aufgeführt wurde die Operette zum ersten Mal im Jahre 1861 im Stadttheater zu Frankfurt a. M. Erschienen 1862 bei C. A. Spina in Wien.

Ausgaben. Klavier-Auszug mit Text: Peters, Leipzig. 15 Ngr. n. Schreiber, Wien, 5 Thlr. 10 Ngr. Textbuch: Wallishauser, Wien, $7\frac{1}{2}$ Ngr. n.

Einzeln:

Schreiber, Wien, No. 1 15 Ngr., No. 3 20 Ngr., No. 4 15 Ngr., No. 6 $17\frac{1}{2}$ Ngr., No. 7 $22\frac{1}{2}$ Ngr., No. 8 15 Ngr., No. 9. 10 à $7\frac{1}{2}$ Ngr., No. 11 1 Thlr. 5 Ngr. — No. 2. Für Alt: Schreiber, Wien, $7\frac{1}{2}$ Ngr. — No. 5. Schreiber, Wien, Partitur u. Stimmen: 10 Ngr., mit Pianoforte: $7\frac{1}{2}$ Ngr. — Für den Umfang jeder Stimme: Schreiber, Wien, aus No. 1. Es ist nun schon 5 Ngr., No. 2 5 Ngr., aus No. 3. Wir weinen 5 Ngr., No. 5 $7\frac{1}{2}$ Ngr., No. 8 5 Ngr., No. 9 5 Ngr., aus No. 11. Wenn Muth 5 Ngr., Suchet keine stärkern 5 Ngr.

Uebertragungen.

Für Flöte allein von *J. Fahrbach.* Schreiber, Wien, 20 Ngr.

Für Pianoforte u. Violine von *A. Diabelli.* (Concordance. No. 105. 106.) Schreiber, Wien, 1 Thlr. $12\frac{1}{2}$ Ngr. 2 Thlr.

Für Pianoforte u. Flöte von *A. Diabelli.* Productionen. No. 108. 109.) Schreiber, Wien, 1 Thlr. 5 Ngr. 1 Thlr. $17\frac{1}{2}$ Ngr.

Für Pianoforte zu 4 Händen. Schreiber, Wien, 4 Thlr. 17½ Ngr. Ebenso von *A. Diabelli.* (Euterpe No. 526. 527.) Schreiber, Wien, à 1 Thlr.

Für Pianoforte zu 2 Händen. Schreiber, Wien, 3 Thlr. 5 Ngr. Potpourris. Schreiber, Wien, (Anthologie No. 73.) 27½ Ngr. Ebenso von *E. Schneider.* No. 1. 2. 4. 5 à 15 Ngr. No. 3 10 Ngr.

No. 2. Romanze. (Ich schleiche still.)

Für Pianoforte zu 2 Händen von *A. Dreyschock.* (Op. 133.) Schreiber, Wien, 15 Ngr. Ebenso von *J. P. Gotthard.* (Transcrpt. No. 1.) Schreiber, Wien, 7½ Ngr. Ebenso von *A. Jungmann.* (Op. 143. No. 5.) Schreiber, Wien, 12½ Ngr.

Aus No. 3. Chor. (Eifrig wollen wir.)

Für Pianoforte zu 2 Händen von *J. P. Gotthard.* (Transcrpt. No. 2.) Schreiber, Wien, 7½ Ngr.

No. 5. Marsch u. Chor.

Für Pianoforte zu 2 Händen von *F. Lanner.* (Op. 33.) Leuckart, Leipzig, 12½ Ngr. Ebenso von *A. Prossnitz.* Schreiber, Wien, 10 Ngr.

No. 8. Duett. (Ich muss sie finden.)

Für Pianoforte zu 2 Händen von *J. P. Gotthard.* (Transcrpt. No. 3.) Schreiber, Wien, 10 Ngr.

Die Zwillingsbrüder,

Singspiel in einem Akte nach dem Französischen von Hofmann.

Clavierauszug.

Leipzig, bei Peters. 15 Ngr. n.

№ 6. **Arie.** (Friedrich.)
Larghetto.
pp
Lie-be, theure Mut - ter - er - de,
pp
Nur dir will ich ge - hö - ren,
p

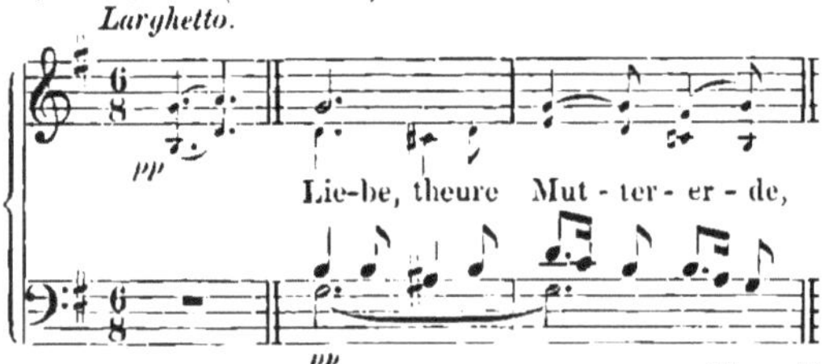

№ 7. **Duett.** (Lieschen, Anton.)
Allegretto.
con 8va
p

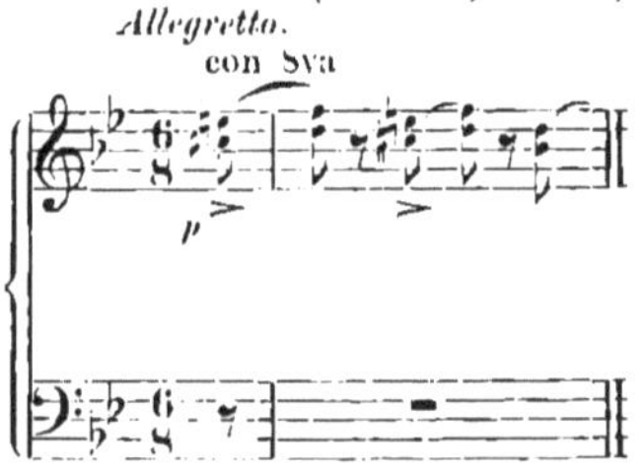

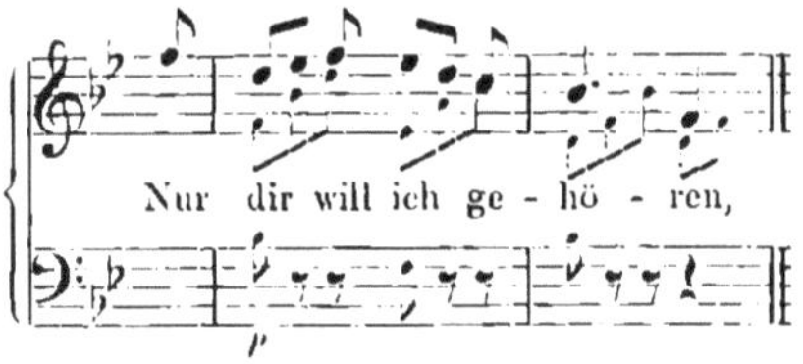

№ 8. **Terzett.** (Lieschen, Anton, Franz.)
Allegro.
Wa - gen
fp
fp
Sie Ihr Wort zu brechen?
fp

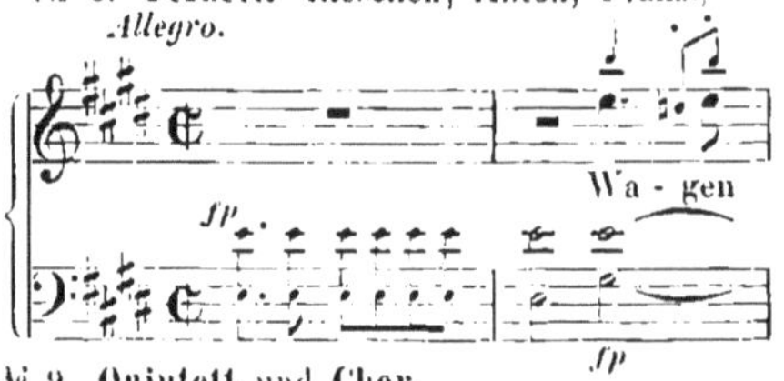

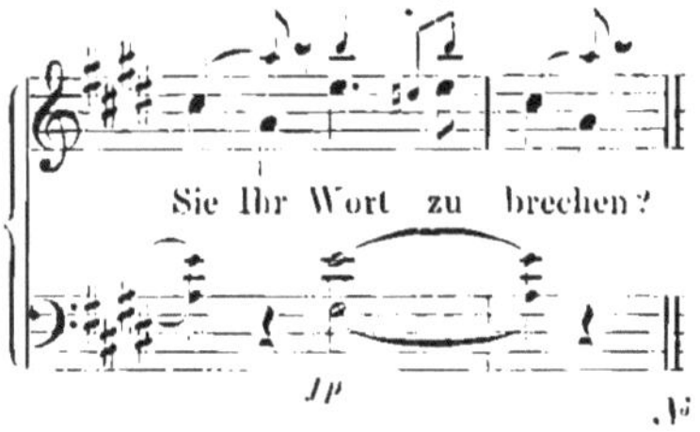

№ 9. **Quintett und Chor.**
Allegro vivace.
(Amtmann.)
p
Packt ihn,
f
führt ihn vor Ge - richt,

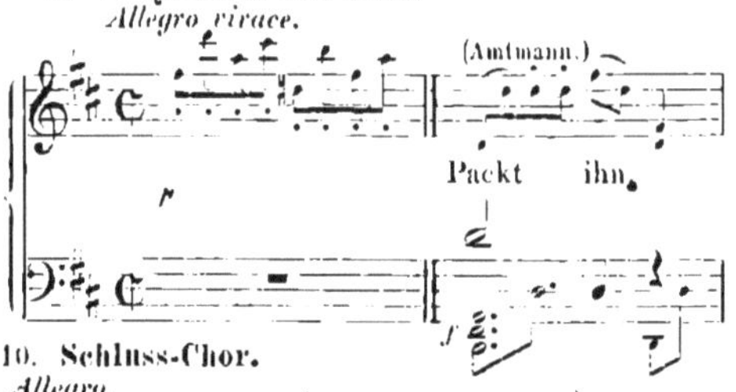

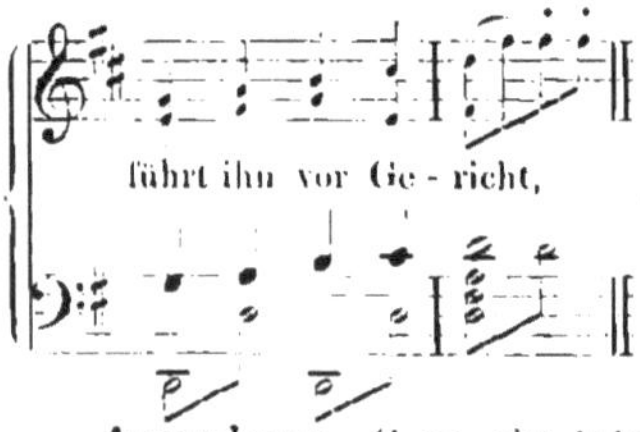

№ 10. **Schluss-Chor.**
Allegro.
ff fz fz Die Brü-der haben sich ge-funden,
f

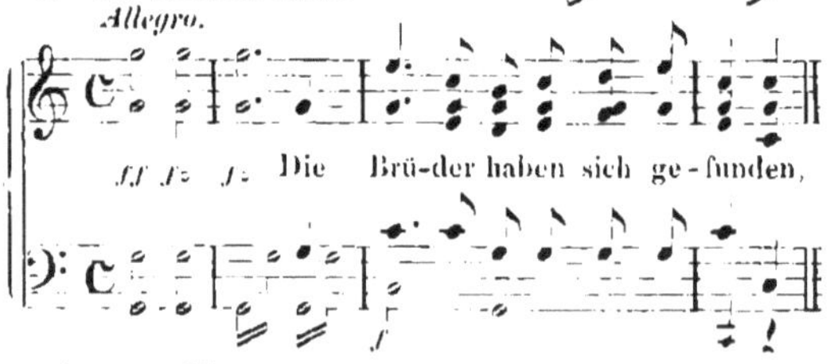

Anmerkung. Componirt 1818 und 1819. Die autographe Partitur im Besitz der Gesellschaft der Musikfreunde in Wien zeigt bei der Ouverture das Datum: 19. Jänner 1819. Aufgeführt wurde das Singspiel zum erstenmal am 14. Juni 1820 im Kärnthnerthor-Theater. Es erschien um 1872 bei C. F. Peters in Leipzig.

Salve Regina

(Hymne an die heilige Mutter Gottes)

für 4 Singstimmen mit Begleitung der Orgel.

Wien, bei Haslinger. Partitur u. Stimmen 20 Ngr.

Anmerkung. Ueberschrift des früher bei Joseph Hüttinger in Wien befindlichen Autographs: »Salve Regina. 21. Februar 1816. Franz Schubert«. Der Text ist eine ältere freie Uebersetzung des Salve Regina. Erschienen mit einer Widmung von Ferd. Schubert im April 1859 bei C. Haslinger in Wien.

Deutsche Messe (Hochamt).

Gesänge zur Feier des heil. Opfers der Messe.

Text von Joh. Philipp Neumann.

Erste Bearbeitung

mit einem Anhang, das Gebet des Herrn,

für 4 Singstimmen mit Begleitung von Blasinstrumenten oder der Orgel.

Wien, bei Gotthard. Partitur 1 Thlr. 7½ Ngr. Orchesterstimmen 1 Thlr. 17½ Ngr. Singstimmen 1 Thlr.

Anmerkung. Componirt im Jahre 1826 für die Hörer des polytechnischen Institutes in Wien. Autograph im Besitz von J. P. Gotthard in Wien. Erschienen bei Gotthard im Jahre 1870.

Deutsche Messe (Hochamt).

Gesänge zur Feier des heil. Opfers der Messe.

Text von Joh. Philipp Neumann.

Zweite Bearbeitung für 4 Männerstimmen.

Wien, bei Schreiber. Partitur u. Stimmen 1 Thlr.

Anmerkung. Diese Bearbeitung des auf der vorigen Seite angeführten Werkes fällt ins Jahr 1827 und erschien im Jahre 1866 bei C. A. Spina in Wien.

Uebertragung.

Für 4 Singstimmen von *L. Bödecker*. Simrock, Berlin, Partitur: 15 Ngr., Singstimmen: 20 Ngr.

Der 92. Psalm (Lied für den Sabbath)

in der Uebersetzung von Moses Mendelssohn

für 4 Singstimmen und Bariton-Solo.

Wien, bei Gotthard. Partitur u. Stimmen 25 Ngr.

Anmerkung. Componirt im Juli 1828 für die israelitische Cultus-Gemeinde in Wien, welche auch das Autograph besitzt. Erschien zuerst mit hebräischem Text in J. Sulzer's Sammlung »Schir Zion« und im Jahre 1870 mit deutschem Text bei J. P. Gotthard in Wien.

Chor der Engel

(aus Goethe's Faust)

für 4 Singstimmen.

Leipzig, bei R. Friese. (Mit andern Stücken) 1 Thlr.

Anmerkung. Componirt im Juni 1816. Erschienen im Juni 1839 als Beilage zur Neuen Zeitschrift für Musik.

Rüdiger's Heimkehr

für Tenor-Solo, Männerchor und Orchester.

Wien, bei Schreiber. Partitur u. Stimmen 2 Thlr. 2½ Ngr.

Anmerkung. Erschien um 1868 bei C. A. Spina in Wien mit der Ueberschrift: »Rüdigers Heimkehr nach einer Partitur-Skizze von Franz Schubert (aus dem Jahre 1823 May) ausgeführt von Johann Herbeck«. Die Skizze ist im Besitz von Joh. Herbeck.

Morgengesang im Walde

für Männerchor und Orchester.

Wien, bei Schreiber. Partitur u. Stimmen 1 Thlr. 17½ Ngr.

Anmerkung. Erschien um 1868 bei C. A. Spina in Wien mit der Ueberschrift: »Morgengesang im Walde von Franz Schubert. Orchestrirung, Clavierbegleitung und Text von Johann Herbeck«.

Trinklied

für eine Singstimme (Tenor) und Männerchor mit Begleitung des Pianoforte.

Wien, bei Schreiber. 5 Ngr.

Anmerkung. Componirt im Jahre 1816. Erschien am 1. Juni 1844 als Beilage zur Allg. Wiener Musikzeitung und dann im Verlage von P. Mechetti in Wien.

Sehnsucht

(Gedicht von Goethe)

für 2 Tenor- und 3 Bassstimmen.

Wien, bei Schreiber. Partitur u. Stimmen 10 Ngr.

Anmerkung. Das Autograph im Besitz von J. P. Gotthard in Wien zeigt das Datum: »April 1819«. Erschienen um 1867 bei C. A. Spina in Wien.

Neun Gesänge.

No. 1 für 4 Männerstimmen mit vierhändiger Pianoforte-Begleitung,
No. 2, 4 für 4 Männerstimmen mit Begleitung des Pianoforte,
No. 3, 5 für 4 Männerstimmen,
No. 6 bis 9 für 4 Singstimmen mit Begleitung des Pianoforte.

Wien, bei Gotthard. Partitur u. Stimmen: No. 2, 4, 5, 9 à 10 Ngr.; No. 3 1 Thlr.; No. 6 27½ Ngr.; No. 7, 8 à 17½ Ngr.

№ 9. Osterlied (von Klopstock).

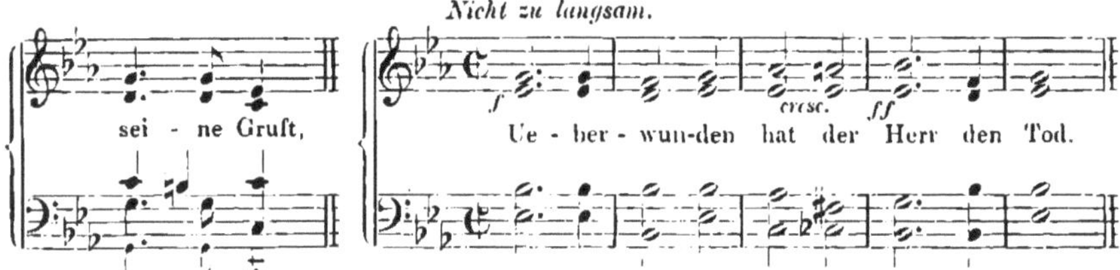

Anmerkung. Nr. 2 und 4 componirt am 25. August 1815, Nr. 3 im Juli 1817, Nr. 5 am 11. Februar 1816, Nr. 6 im Juni 1816, Nr. 7 im Januar 1818. Der Text zu Nr. 8 ist eine Umdichtung des alten Kirchenliedes »Nun lasset uns den Leib begraben«, der zu Nr 9 des Liedes »Jesus Christus unser Heiland, der den Tod überwand«. Die Sammlung erschien 1872 bei J. P. Gotthard in Wien unter dem Titel: »Neueste Folge nachgelassener mehrstimmiger Gesänge« u. s. w.

Grab und Mond, Wein und Liebe

(Gedicht von J. G. Seidl) (Gedicht von Friedr. Haug)

für 4 Männerstimmen.

Wien, bei Haslinger. No. 1 5 Ngr., No. 2 10 Ngr.

№ 1. Grab und Mond. № 2. Wein und Liebe.

Anmerkung. Nr. 1 componirt (nach dem Autograph in der königl. Bibliothek zu Berlin) im September 1826. Nr. 2 befindet sich autograph ohne Compositions-Datum, aber mit dem Datum der Censur-Behörde: 2 Juny 1827, bei Prof. Wagener in Marburg. Beide Lieder erschienen im Jahre 1828 bei Tob. Haslinger in Wien in der Sammlung: »Die deutschen Minnesänger«, Nr. 1 und 4. (Stimmen in Hochoctav. Verlagsnummern: 3551, 3554.)

Der Entfernten

(Gedicht von Salis)

für 4 Männerstimmen.

Wien, bei Schreiber. Partitur u. Stimmen 10 Ngr.

Anmerkung. Erschien 1867 bei C. A. Spina in Wien.

Lob der Einsamkeit (Die Einsiedelei)

(Gedicht von Salis)

für 4 Männerstimmen.

Wien, bei Schreiber. Partitur u. Stimmen 10 Ngr.

Anmerkung. Erschien um 1868 bei C. A. Spina in Wien.

Der Geistertanz

(Gedicht von Matthisson)

für 4 Männerstimmen.

Wien, bei Gotthard. Partitur u. Stimmen 17½ Ngr.

Anmerkung. Componirt im November 1816. Autograph im Besitz von A. Stadler in Wien. Erschienen 1871 bei J. P. Gotthard in Wien.

Ruhe, schönstes Glück der Erde

für 4 Männerstimmen.

Wien, bei Gotthard. Partitur u. Stimmen 15 Ngr.

Anmerkung. Componirt im April 1819. Erschienen 1871 bei J. P. Gotthard in Wien.

G. Lieder für eine Singstimme mit Begleitung des Pianoforte.

Schwanengesang.

14 Lieder
für eine Singstimme mit Begleitung des Pianoforte.
(In 2 Abtheilungen.)

Wien, bei Haslinger. (Deutsch u. franz.) Abth. 1 u. 2 à 1 Thlr. 20 Ngr.

I. Abtheilung.

№ 1. Liebesbotschaft. Gedicht von L. Rellstab.

Ziemlich langsam.

№ 2. Kriegers Ahnung. Gedicht von L. Rellstab.

Nicht zu langsam.

№ 3. Frühlingssehnsucht. (Gedicht von L. Rellstab.)

Geschwind.

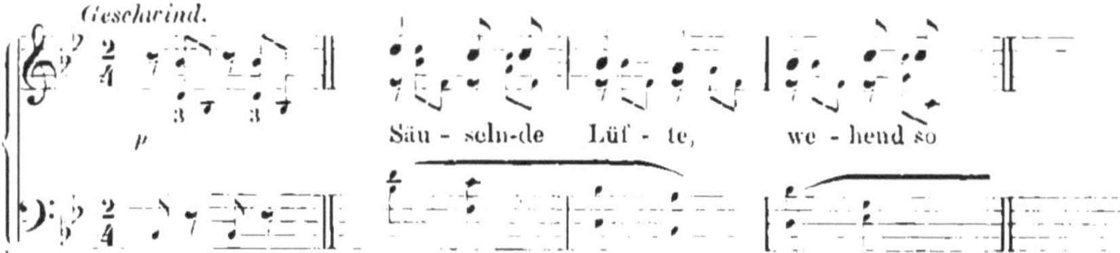

№ 4. Ständchen. (Gedicht von L. Rellstab.)

Mässig.

№ 5. Aufenthalt. (Gedicht von L. Rellstab.)

Nicht zu geschwind, doch kräftig.

№ 6. In der Ferne. (Gedicht von L. Rellstab.)

Ziemlich langsam.

II. Abtheilung.

№ 7. **Abschied.** (Gedicht von L. Rellstab.)

Mässig geschwind.

№ 8. Der Atlas. (Gedicht von H. Heine.)

Etwas geschwind.

№ 9. Ihr Bild. (Gedicht von H. Heine.)

Langsam.

№ 10. Das Fischermädchen. Gedicht von H. Heine.

№ 11. Die Stadt. Gedicht von H. Heine.

№ 12. Am Meer (Gedicht von H. Heine.)

№ 13. Der Doppelgänger. (Gedicht von H. Heine.)

№ 14. Die Taubenpost. (Gedicht von J. G. Seidl.)

Anmerkung. Das Original-Manuscript, früher im Besitz der Wittwe Haslinger in Wien, ist von des Verlegers Hand überschrieben »Schwanen-Gesang. Ueberreicht den 13. Jenner 1829«. Nr. 1 bis 13 wurden componirt im August 1828. Nr. 14, angeblich Schubert's letztes Lied, trägt das Datum: October 1828. Das Werk wurde auf Pränumeration herausgegeben und erschien im Mai 1829 in 2 Abtheilungen unter dem Titel: »Schwanengesang. In Mufik gefetzt für eine Singftimme mit Begleitung des Pianoforte von Franz Schubert. Letztes Werk. I[te] Abtheilung. Eigenthum des Verlegers. Wien, bey Tobias Haslinger«. (Querformat. Verlagsnummern: 5371 bis 5384.

Ausgaben. Breitkopf u. Härtel, Leipzig, 20 Ngr. n., geb. 1 Thlr. 2 Ngr. n. Haslinger, Wien, (deutsch u. franz.) Abth. 1 u. 2 à 1 Thlr. 20 Ngr. Holle, Wolfenbüttel, (deutsch u. franz.) 15 Ngr. n. Litolff, Braunschweig, 10 Ngr. n. Peters, Leipzig, 10 Ngr. n. Senff, Leipzig, 20 Ngr., Pracht-Ausgabe 2 Thlr. Für eine tiefe Stimme: Arnold, Elberfeld, 2 Abth. à 1 Thlr. 20 Ngr. n. Litolff, Braunschweig, 10 Ngr. n. Peters, Leipzig, 10 Ngr. n. Schuberth, Hamburg, 1 Thlr. n.

Einzeln:

No. 1. Breitkopf u. Härtel, Leipzig, 3 Ngr. n. Forberg, Leipzig, (deutsch u. franz.) 5 Ngr. Haslinger, Wien, 11 Ngr. Senff, Leipzig, 2 Ngr. Siegel, Leipzig, 10 Ngr. — Für Alt (od. Bass): Arnold, Elberfeld, (deutsch u. franz.) $12\frac{1}{2}$ Ngr.

No. 2. Breitkopf u. Härtel, Leipzig, 3 Ngr. n. Forberg, Leipzig, (deutsch u. franz.) 5 Ngr. Haslinger, Wien, 11 Ngr. Senff, Leipzig, 2 Ngr. — Für Alt (od. Bass): Arnold, Elberfeld, (deutsch u. franz.) $12\frac{1}{2}$ Ngr.

No. 3. Breitkopf u. Härtel, Leipzig, 3 Ngr. n. Forberg, Leipzig, (deutsch u. franz.) 5 Ngr. Haslinger, Wien, 10 Ngr. Senff, Leipzig, 2 Ngr. Siegel, Leipzig, 10 Ngr. — Für Alt (od. Bass): Arnold, Elberfeld, (deutsch u. franz.) 10 Ngr.

No. 4. Breitkopf u. Härtel, Leipzig, 3 Ngr. n. Forberg, Leipzig, (deutsch u. franz.) 4 Ngr. Fürstner, Berlin, 3 Ngr. Haslinger, Wien, 10 Ngr. Holle, Wolfenbüttel, 2 Ngr. n. Schott, Mainz, (deutsch, franz. u. ital.) 7 Ngr. Senff, Leipzig, 2 Ngr. Siegel, Leipzig, $7\frac{1}{2}$ Ngr. Stempelmann, Berlin, 10 Ngr. Táborszky u. Parsch, Pest, (deutsch u. ungar.) 10 Ngr. — Für Sopran (od. Tenor): W. Müller, Berlin, 1 Ngr. n. Schloss, Cöln, $7\frac{1}{2}$ Ngr. Weinholtz, Berlin, $7\frac{1}{2}$ Ngr. — Für Mezzosopran: W. Müller, Berlin, 1 Ngr. n. — Für Alt (od. Bass): Arnold, Elberfeld, (deutsch u. franz.) 10 Ngr. W. Müller, Berlin, 1 Ngr. n. Schloss, Cöln, $7\frac{1}{2}$ Ngr.

No. 5. Breitkopf u. Härtel, Leipzig, 3 Ngr. n. Forberg, Leipzig, (deutsch u. franz.) 4 Ngr. Haslinger, Wien, 10 Ngr. Senff, Leipzig, 2 Ngr. Siegel, Leipzig, 10 Ngr. Stempelmann, Berlin, 10 Ngr. Táborszky u. Parsch, Pest, (deutsch u. ungar.) 10 Ngr. — Für Alt (od. Bass): Arnold, Elberfeld, (deutsch u. franz.) 10 Ngr.

No. 6. Breitkopf u. Härtel, Leipzig, 3 Ngr. n. Forberg, Leipzig, (deutsch u. franz.) 5 Ngr. Haslinger, Wien, 10 Ngr. Senff, Leipzig, 2 Ngr. — Für Alt (od. Bass): Arnold, Elberfeld, (deutsch u. franz.) 10 Ngr.

No. 7. Breitkopf u. Härtel, Leipzig, $1\frac{1}{2}$ Ngr. n. Forberg, Leipzig, (deutsch u. franz.) 5 Ngr. Haslinger, Wien, 11 Ngr. Senff, Leipzig, 2 Ngr. Siegel, Leipzig, $12\frac{1}{2}$ Ngr. — Für Alt (od. Bass): Arnold, Elberfeld, (deutsch u. franz.) $12\frac{1}{2}$ Ngr.

No. 8. Breitkopf u. Härtel, Leipzig, 3 Ngr. n. Forberg, Leipzig, (deutsch u. franz.) 4 Ngr. Haslinger, Wien, 7 Ngr. Senff, Leipzig, 2 Ngr. — Für Alt (od. Bass): Arnold, Elberfeld, (deutsch u. franz.) $7\frac{1}{2}$ Ngr.

No. 9. Breitkopf u. Härtel, Leipzig, $1\frac{1}{2}$ Ngr. n. Forberg, Leipzig, (deutsch u. franz.) $2\frac{1}{2}$ Ngr. Haslinger, Wien, $3\frac{1}{2}$ Ngr. Senff, Leipzig, 2 Ngr. Stempelmann, Berlin, 5 Ngr. — Für Alt (od. Bass): Arnold, Elberfeld, (deutsch u. franz.) 5 Ngr.

No. 10. Breitkopf u. Härtel, Leipzig, 3 Ngr. n. Forberg, Leipzig, (deutsch u. franz.) 4 Ngr. Haslinger, Wien, 10 Ngr. W. Müller, Berlin, 1 Ngr. n. Senff, Leipzig, 2 Ngr. Siegel, Leipzig, $7\frac{1}{2}$ Ngr. Stempelmann, Berlin, 10 Ngr. — Für Mezzosopran: W. Müller, Berlin, 1 Ngr. n. — Für Alt (od. Bass): Arnold, Elberfeld, (deutsch u. franz.) 10 Ngr. W. Müller, Berlin, 1 Ngr. n.

No 11. Breitkopf u. Härtel, Leipzig, 3 Ngr. n. Forberg, Leipzig, (deutsch u. franz.) 4 Ngr. Haslinger, Wien, 7 Ngr. Senff, Leipzig, 2 Ngr. — Für Alt (od. Bass): Arnold, Elberfeld, (deutsch u. franz.) $7\frac{1}{2}$ Ngr.

No. 12. Breitkopf u. Härtel, Leipzig, $1^1/_2$ Ngr. n. Forberg, Leipzig, (deutsch u. franz.) $2^1/_2$ Ngr. Haslinger, Wien, 7 Ngr. W. Müller, Berlin, 1 Ngr. n. Senff, Leipzig, 2 Ngr. Siegel, Leipzig, $7^1/_2$ Ngr. Stempelmann, Berlin, $7^1/_2$ Ngr. Weinholtz, Berlin, 5 Ngr. — Für Mezzosopran: W. Müller, Berlin, 1 Ngr. n. — Für Alt (od. Bass): Arnold, Elberfeld, (deutsch u. franz.) $7^1/_2$ Ngr. W. Müller, Berlin, 1 Ngr. n.

No. 13. Breitkopf u. Härtel, Leipzig, $1^1/_2$ Ngr. n. Forberg, Leipzig, $2^1/_2$ Ngr. Haslinger, Wien, 7 Ngr. Senff, Leipzig, 2 Ngr. — Für Alt (od. Bass): Arnold, Elberfeld, (deutsch u. franz.) $7^1/_2$ Ngr.

No. 14. Breitkopf u. Härtel, Leipzig, 3 Ngr. n. Forberg, Leipzig, (deutsch u. franz.) 5 Ngr. Haslinger, Wien, 14 Ngr. Senff, Leipzig, 2 Ngr. — Für Alt (od. Bass): Arnold, Elberfeld, (deutsch u. franz.) $12^1/_2$ Ngr.

Uebertragungen.

Schwanengesang complet.

Für Violine u. Pianoforte von *Hermann*. Peters, Leipzig, 16 Ngr. n. Ebenso von *Jansa*. (Op. 63.) Haslinger, Wien, 2 Thlr.

Für Violoncell u. Pianoforte von *Hermann*. Peters, Leipzig, 16 Ngr. n. Ebenso von *Jansa*. (Op. 63.) Haslinger, Wien, 2 Thlr.

Für Flöte und Pianoforte von *Jansa*. (Op. 63.) Haslinger, Wien, 2 Thlr.

Für Pianoforte zu 2 Händen von *Wittmann*. Peters, Leipzig, 10 Ngr. n.

No. 1.

Für eine Singstimme mit Guitarre. Haslinger, Wien, 10 Ngr.

Für Violine u. Pianoforte von *M. Hauser*. (Melod. No. 5.) Siegel, Leipzig, 10 Ngr. Ebenso von *L. Jansa*. (Op. 63. No. 4.) Haslinger, Wien, 10 Ngr.

Für Violoncell u. Pianoforte von *L. Jansa*. (Op. 63. No. 1.) Haslinger, Wien, 10 Ngr. Ebenso von *F. A. Kummer*. (Op. 117. No. 13.) Cranz, Hamburg, $17^1/_2$ Ngr.

Für Flöte u. Pianoforte von *L. Jansa*. (Op. 63. No. 1.) Haslinger, Wien, 10 Ngr. Ebenso von *F. A. Kummer*. (Op. 117b. No. 13.) Cranz, Hamburg, $17^1/_2$ Ngr.

Für Guitarre von *J. K. Mertz*. (6 Lieder. No. 2.) Haslinger, Wien, 20 Ngr.

Für Pianoforte zu 2 Händen von *Fr. Liszt*. (Schwanenges. No. 10.) Haslinger, Wien, 20 Ngr. Ebenso von *F. Spindler*. (Op. 183. No. 30.) Siegel, Leipzig, 16 Ngr.

Für Physharmonika von *C. G. Lickl*. (Den Manen. Heft 9.) Haslinger, Wien, 20 Ngr.

No. 2.

Für Pianoforte zu 2 Händen. Haslinger, Wien, (Schubert, Lieder. Heft 2.) 20 Ngr. Ebenso von *Fr. Liszt*. (Schwanenges. No. 11.) Haslinger, Wien, 25 Ngr. Ebenso von *F. Spindler*. (Op. 183. No. 14.) Siegel, Leipzig, 16 Ngr.

No. 3.

Für Violine u. Pianoforte von *M. Hauser*. (Melod. No. 38.) Siegel, Leipzig, 10 Ngr.

Für Pianoforte zu 2 Händen von *Fr. Liszt*. (Schwanenges. No. 9.) Haslinger, Wien, 20 Ngr. Ebenso von *F. Spindler*. (Op. 183. No. 13.) Siegel, Leipzig, 16 Ngr.

Für Harmonium (od. Pianoforte) von *K. Hennig*. (Lieder u. Gesänge. Heft 4.) Stoll, Leipzig, 15 Ngr.

No. 4.

Für eine Singstimme mit Guitarre. Haslinger, Wien, 10 Ngr.

Für eine Singstimme mit Pianoforte u. Violoncell von *M. Braunstein*. André, Offenbach, $12^1/_2$ Ngr.

Für Sopran u. Bass (od. Sopran u. Alt) mit Pianoforte von *L. Hoffmann*. Hampe, Bremen, 10 Ngr. Hainauer, Breslau, 10 Ngr.

Für Tenor u. Bass. Leuckart, Leipzig, 10 Ngr.

Für 4 Männerstimmen von *K. Kuntze*. Siegel, Leipzig, Partitur u. Stimmen: $12^1/_2$ Ngr. Ebenso von *W. Tschirch*. (Der deutsche Sänger. Lief. 3.) Weinholtz, Braunschweig, 1 Thlr. 5 Ngr.

Für Violine u. Pianoforte von *M. Hauser*. (Melod. No. 1.) Siegel, Leipzig, $7^1/_2$ Ngr. Ebenso von *L. Jansa*. (Op. 62. No. 3.) Haslinger, Wien, 10 Ngr. Ebenso von *G. Scheller*. (Op. 41. No. 1.) Cranz, Hamburg, 10 Ngr.

Für Violoncell u. Pianoforte von *A. Batta*. (6 Lieder. No. 1.) Schreiber, Wien, $7^1/_2$ Ngr. Ebenso von *L. Jansa*. (Op. 63. No. 3.) Haslinger, Wien, 10 Ngr. Ebenso von

F. A. Kummer. (Op. 117. No. 6.) Cranz, Hamburg, $12^1/_2$ Ngr. Ebenso von *A. Piatti.* Rózsavölgyi u. Comp., Pest, 15 Ngr.

Für Flöte u. Pianoforte von *T. Böhm.* Aibl, München, $12^1/_2$ Ngr. Ebenso von *L. Jansa.* (Op. 63. No. 3.) Haslinger, Wien, 10 Ngr. Ebenso von *F. A. Kummer.* (Op. 117[b]. No. 6.) Cranz, Hamburg, $12^1/_2$ Ngr. Ebenso von *A. Terschak.* (12 Lieder. No. 2.) Kohlke, Danzig, $22^1/_2$ Ngr.

Für Guitarre von *J. K. Mertz.* (6 Lieder. No. 4.) Haslinger, Wien, 20 Ngr.

Für Zither von *E. Hermann.* (Op. 9.) Bote u. Bock, Berlin, $12^1/_2$ Ngr. Ebenso von *W. Holler.* (Comp. u. Transcr. No. 38.) Haslinger, Wien, 10 Ngr. Ebenso von *Fr. Kropf.* (Comp. Heft 51.) Fr. Kropf, Wien, 10 Ngr. n. Ebenso von *P. Renk.* (8 Lieder.) Schlesinger, Berlin, 15 Ngr. Ebenso von *J. Schnitzer.* (Comp. No. 3.) Haslinger, Wien, 10 Ngr. Ebenso von *K. J. Umlauf.* (Op. 98.) K. J. Umlauf, Wien, 15 Ngr.

Für Pianoforte, Violoncell (od. Violine) und Harmonium von *L. Köhler.* (Lieder-Cyclus. No. 1.) Herf u. Wolf, Mainz, $17^1/_2$ Ngr.

Für Pianoforte, Violoncell u. Orgue-Melodium von *F. Lux.* (Melod. No. 3.) Schott, Mainz, 17 Ngr.

Für Pianoforte zu 4 Händen von *Friedrich.* (Op. 180. No. 21 [in leichtem Styl.)] Berens, Hamburg, $7^1/_2$ Ngr. Ebenso von *K. Klage.* Bote u. Bock, Berlin, 10 Ngr. Ebenso von *L. Winkler.* (Chansons. No. 5.) Cranz, Hamburg, 10 Ngr.

Für Pianoforte zu 2 Händen. Haslinger, Wien, (Schubert, Lieder. Heft 1.) 20 Ngr. Ebenso von *H. Burgmüller.* Lehmann, Hamburg, 5 Ngr. Ebenso von *F. X. Chwatal.* (Op. 221. Heft 2.) Merseburger, Leipzig, 15 Ngr. Ebenso von *C. Czerny.* (Jugendschatz. No. 21.) Haslinger, Wien, 5 Ngr. Ebenso von *B. Damcke.* (Op. 14. No. 1.) Päz, Berlin, 15 Ngr. Ebenso von *J. H. Doppler.* (Op. 309. No. 1.) Cranz, Hamburg, $7^1/_2$ Ngr. Ebenso von *G. W. Ellissen.* Bachmann, Hannover, $2^1/_2$ Ngr. Ebenso von *W. Graf.* (Lieder. No. 1.) Wetzler, Prag, 10 Ngr. Ebenso von *St. Heller.* (30 Lieder. No. 7.) Schloss, Cöln, $12^1/_2$ Ngr. Ebenso von *F. Hünten.* (Op. 179. N. 1.) Schott, Mainz, 10 Ngr. Ebenso von *A. Jungmann.* (Lieder. No. 1.) Schreiber, Wien, $7^1/_2$ Ngr. Ebenso von *L. Köhler.* (Lieder. No. 3.) Bote u. Bock, Berlin, 10 Ngr. Ebenso von *W. Kuhe.* (Op. 139. No. 3.) Siegel, Leipzig, 15 Ngr. Ebenso von *G. Lange.* (Op. 90. No. 3.) Challier u. Comp., Berlin, 15 Ngr. Ebenso von *W. Lege.* (Op. 9. No. 2.) Kühn, Berlin, $7^1/_2$ Ngr. Ebenso von *J. Löw.* (Op. 111. No. 12.) Hientzsch, Breslau, 10 Ngr. Ebenso von *Fr. Liszt.* (Schwanengesang. No. 7.) Haslinger, Wien, 20 Ngr. Ebenso von *Ch. Miller.* (Lieder. No. 7.) Schuberth, Hamburg, 10 Ngr. Ebenso von *Th. Oesten.* (Op. 369. No. 7.) Siegel, Leipzig, 15 Ngr. Ebenso von *G. Poor.* (Op. 12. No. 54.) Rózsavölgyi u. Comp., Pest, 6 Ngr. Ebenso von *E. Prudent.* (Op. 14.) Schott, Mainz, 1 Thlr. $3^1/_2$ Ngr. Ebenso von *J. Schad.* (Op. 23.) Schott, Mainz, 15 Ngr. Ebenso von *S. Smith.* Táborszky u. Parsch, Pest, 12 Ngr. Ebenso von *F. Spindler.* (Op. 183. No. 2.) Siegel, Leipzig, 15 Ngr. Ebenso von *Trehde.* (Op. 248.) Challier u. Comp., Berlin, 15 Ngr. Ebenso von *E. D. Wagner.* (Op. 40. No. 2 [in leichtem Styl.)] Schlesinger, Berlin, $7^1/_2$ Ngr.

Für Harmonium von *Bial.* (Sammlung bel. Gesänge. Heft 1.) Bote u. Bock, Berlin, 20 Ngr.

Für Harmonium (od. Pianoforte) von *K. Hennig.* (Lieder u. Gesänge. Heft 2.) Stoll, Leipzig, 15 Ngr.

Für Physharmonika u. Pianoforte von *C. G. Lickl.* (Den Manen. No. 1.) Haslinger, Wien, 1 Thlr.

No. 5.

Für eine Singstimme mit Guitarre. Haslinger, Wien, 10 Ngr.

Für Violine u. Pianoforte von *M. Hauser.* (Melod. No. 3.) Siegel, Leipzig, 10 Ngr. Ebenso von *L. Jansa.* (Op. 63. No. 1.) Haslinger, Wien, 10 Ngr. Ebenso von *G. Scheller.* (Op. 41. No. 3.) Cranz, Hamburg, 10 Ngr.

Für Violoncell u. Pianoforte von *L. Jansa.* (Op. 63. No. 1.) Haslinger, Wien, 10 Ngr.

Für Flöte u. Pianoforte von *L. Jansa.* (Op. 63. No. 1.) Haslinger, Wien, 10 Ngr.

Für Guitarre von *J. K. Mertz.* (6 Lieder. No. 3.) Haslinger, Wien, 20 Ngr.

Für Pianoforte zu 4 Händen von *L. Winkler.* (Chansons. No. 14.) Cranz, Hamburg, $17^1/_2$ Ngr.
Für Pianoforte zu 2 Händen. Haslinger, Wien, (Schubert, Lieder. Heft 1.) 20 Ngr. Ebenso von *H. Cramer.* (Lieder. No. 16.) André, Offenbach, 10 Ngr. Ebenso von *A. Jungmann.* (Lieder. No. 4.) Schreiber, Wien, 5 Ngr. Ebenso von *L. Köhler.* (Lieder. No. 10.) Bote u. Bock, Berlin, 15 Ngr. Ebenso von *G. Lange.* Op. 90. No. 14. Challier u. Comp., Berlin, 15 Ngr. Ebenso von *Fr. Liszt.* (Schwanengesang. No. 3.) Haslinger, Wien, 25 Ngr. Ebenso von *Ch. Miller.* (Lieder. No. 14.) Schuberth, Hamburg, 10 Ngr. Ebenso von *F. Spindler.* (Op. 183. No. 18. Siegel, Leipzig, $17^1/_2$ Ngr.
Für Physharmonika u. Pianoforte von *C. G. Lickl.* Helikon. Heft 2.) Haslinger, Wien. 25 Ngr.
Für Physharmonika allein von *C. G. Lickl.* (Helikon. Heft 2. Haslinger, Wien. 15 Ngr.

No. 6.

Für Violine u. Pianoforte von *L. Jansa.* Op. 63. No. 7. Haslinger, Wien, 10 Ngr.
Für Violoncell u. Pianoforte von *L. Jansa.* (Op. 63. No. 7.) Haslinger, Wien, 10 Ngr.
Für Flöte u. Pianoforte von *L. Jansa.* (Op. 63. No. 7.) Haslinger, Wien, 10 Ngr.
Für Pianoforte zu 2 Händen. Haslinger, Wien, (Schubert, Lieder. Heft 3.) 20 Ngr. Ebenso von *Fr. Liszt.* Schwanengesang. No. 6. Haslinger, Wien. 1 Thlr.

No. 7.

Für Violine u. Pianoforte von *L. Jansa.* (Op. 63. No. 5.) Haslinger, Wien. 10 Ngr.
Für Violoncell u. Pianoforte von *L. Jansa.* (Op. 63. No. 5.) Haslinger, Wien, 10 Ngr.
Für Flöte u. Pianoforte von *L. Jansa.* (Op. 63. No. 5.) Haslinger, Wien, 10 Ngr.
Für Pianoforte zu 2 Händen von *H. Cramer.* Lieder. No. 18. André, Offenbach, 10 Ngr. Ebenso von *St. Heller.* (30 Lieder. No. 22.) Schloss, Cöln, $12^1/_2$ Ngr. Ebenso von *W. Krüger.* (Op. 6. No. 1.) Hofmeister, Leipzig, 10 Ngr. Ebenso von *F. Liszt.* (Schwanengesang. No. 5. Haslinger, Wien, 25 Ngr.

No. 8.

Für Violine u. Pianoforte von *M. Hauser.* (Melod. No. 11.) Siegel, Leipzig, $7^1/_2$ Ngr. Ebenso von *L. Jansa.* (Op. 63. No. 10. Haslinger, Wien, 8 Ngr.
Für Violoncell u. Pianoforte von *L. Jansa.* (Op. 63. No. 10.) Haslinger, Wien, 8 Ngr.
Für Flöte u. Pianoforte von *L. Jansa.* (Op. 63. No. 10.) Haslinger, Wien, 8 Ngr.
Für Pianoforte zu 2 Händen von *F. Liszt.* (Schwanengesang. No. 11.) Haslinger, Wien, 20 Ngr.

No. 9.

Für Pianoforte zu 2 Händen von *L. Köhler.* (Lieder. No. 2.) Bote u. Bock, Berlin, 5 Ngr. Ebenso von *F. Liszt.* (Schwanengesang. No. 8.) Haslinger, Wien, 20 Ngr.
Für Harmonium von *Bial.* (Sammlung bel. Gesänge. Heft 1.) Bote u. Bock, Berlin, 20 Ngr.
Für Harmonium (od. Pianoforte) von *K. Hennig.* (Lieder u. Gesänge. Heft 2.) Stoll, Leipzig, 15 Ngr.
Für Physharmonika u. Pianoforte von *C. G. Lickl.* (Den Manen. Heft 9.) Haslinger, Wien, 20 Ngr.

No. 10.

Für eine Singstimme mit Guitarre. Haslinger, Wien, 10 Ngr. Schloss, Cöln, 5 Ngr.
Für Violine u. Pianoforte von *M. Hauser.* Melod. No. 9.) Siegel, Leipzig, $7^1/_2$ Ngr. Ebenso von *L. Jansa.* (Op. 63. No. 2.) Haslinger, Wien, 10 Ngr.
Für Violoncell u. Pianoforte von *R. E. Bockmühl.* (Immortellen. No. 6.) André, Offenbach, $12^1/_2$ Ngr. Ebenso von *L. Jansa.* (Op. 62. No. 2.) Haslinger, Wien, 10 Ngr.
Für Flöte u. Pianoforte von *T. Böhm.* Aibl, München, $12^1/_2$ Ngr. Ebenso von *L. Jansa.* (Op. 63. No. 2.) Haslinger, Wien, 10 Ngr.
Für Guitarre von *J. K. Mertz.* (6 Lieder. No. 6.) Haslinger, Wien, 20 Ngr.
Für Pianoforte zu 2 Händen. Haslinger, Wien, (Schubert, Lieder. Heft 3.) 20 Ngr. Ebenso von *C. Czerny.* (Jugendschatz 1847.) Haslinger, Wien, 5 Ngr. Ebenso von *A. Jungmann.* (Lieder. No. 3.) Schreiber, Wien, 5 Ngr. Ebenso von *L. Köhler.* Lieder. No. 5. Bote u. Bock, Berlin, 10 Ngr. Ebenso von *F. Liszt.* Schwanengesang. No. 2.) Haslinger, Wien, 15 Ngr. Ebenso von *Th. Oesten.* (Op. 369.

No. 12.) Siegel, Leipzig, 15 Ngr. Ebenso von *F. Spindler.* (Op. 183. No. 16.) Siegel, Leipzig, 15 Ngr.

Für Harmonium od. Pianoforte) von *K. Hennig.* 6 Lieder) Stoll, Leipzig, 15 Ngr.

Für Physharmonika u. Pianoforte von *C. G. Lickl.* (Den Manen. No. 4.) Haslinger, Wien, 25 Ngr.

Für Sopran, Alt, Tenor u. Bass von *G. W. Teschner.* 36 Lieder. Heft 1.) Siegel, Leipzig, Partitur u. Stimmen 25 Ngr.

No. 11.

Für Violine u. Pianoforte von *L. Jansa.* (Op. 63. No. 8.) Haslinger, Wien, 8 Ngr.

Für Violoncell u. Pianoforte von *L. Jansa.* (Op. 63. No. 8. Haslinger, Wien, 8 Ngr.

Für Flöte u. Pianoforte von *L. Jansa.* (Op. 63. No. 8.) Haslinger, Wien, 8 Ngr.

Für Pianoforte zu 2 Händen von *F. Liszt.* (Schwanengesang. No. 1.) Haslinger, Wien, 15 Ngr.

No. 12.

Für Orchester (2 Violinen, Viola, Violoncell, Contrabass, Flöte, 2 Clarinetten, 2 Hörner u. 1 Fagott [ad lib. 2 Trompeten, Posaune u. Pauken.] André, Offenbach, (Polyhymnia. Heft 6.) 3 Thlr. 20 Ngr. Ebenso von *E. Neumann.* (Grosses od. kleines Orchester.) [Zusammen mit: Ständchen.] Schott, Mainz, 1 Thlr. 15 Ngr.

Für Militair- (Harmonie-)Musik. Bellmann u. Comp., Potschappel, (Hefte für Militair-Musik. No. 18, [für Posaune]) 20 Ngr.

Für Violine u. Pianoforte von *M. Hauser.* (Melod. No. 6. Siegel, Leipzig, 7½ Ngr. Ebenso von *L. Jansa.* (Op. 63. No. 6.) Haslinger, Wien, 8 Ngr. Ebenso von *S. Roberti.* (Soirées. No. 13.) Forberg, Leipzig, 7½ Ngr.

Für Violoncell u. Pianoforte von *R. E. Bockmühl.* (Immortellen. No. 9.) André, Offenbach, 12½ Ngr. Ebenso von *L. Jansa.* (Op. 63. No. 6.) Haslinger, Wien, 8 Ngr. Ebenso von *F. A. Kummer.* (Op. 117. No. 7. Cranz, Hamburg, 7½ Ngr.

Für Flöte u. Pianoforte von *L. Jansa.* (Op. 63. No. 6. Haslinger, Wien, 8 Ngr. Ebenso von *F. A. Kummer.* (Op. 117ᵇ. No. 7.) Cranz, Hamburg, 7½ Ngr.

Für Pianoforte zu 4 Händen von *K. Burchard.* (Lieder. Heft 4.) Heinrichshofen, Magdeburg, 20 Ngr. Ebenso von *E. Richard.* (Op. 32. No. 1.) André, Offenbach, 12½ Ngr.

Für Pianoforte zu 2 Händen. Haslinger, Wien, (Schubert, Lieder. Heft 3. 20 Ngr. Ebenso von *H. Cramer.* Lieder. No. 17.) André, Offenbach, 7½ Ngr. Ebenso von *A. Jungmann.* (Lieder. No. 2.) Schreiber, Wien, 5 Ngr. Ebenso von *L. Köhler.* (Lieder. No. 1. Bote u. Bock, Berlin, 10 Ngr. Ebenso von *G. Lange.* Op. 90. No. 8. Challier u. Comp., Berlin, 15 Ngr. Ebenso von *F. Liszt.* (Schwanengesang. No. 4. Haslinger, Wien, 15 Ngr. Ebenso von *Ch. Miller.* Lieder. No. 11.) Schuberth, Hamburg, 10 Ngr. Ebenso von *Th. Oesten.* (Op. 369. No. 4.) Siegel, Leipzig, 15 Ngr. Ebenso von *C. Prinz.* (Op. 23.) Kaeschner, Potsdam, 10 Ngr. Ebenso von *E. Richard.* (Op. 32. No. 1.) André, Offenbach, 10 Ngr. Ebenso von *F. Spindler.* Op. 183. No. 7.) Siegel, Leipzig, 14 Ngr. Ebenso von *B. Sulze.* (Op. 43.) Kühn, Weimar, 5 Ngr. Ebenso von *E. D. Wagner.* (Op. 40. No. 12. [in leichtem Styl.]) Schlesinger, Berlin, 7½ Ngr.

Für Pianoforte, Violoncell (od. Violine) u. Harmonium von *L. Köhler.* (Lieder-Cyclus. No. 3.) Herf u. Wolf, Mainz, 10 Ngr.

Für Pianoforte, Violoncell u. Orgue-Melodium von *F. Lux.* (Melod. No. 1.) Schott, Mainz, 17 Ngr.

Für Harmonium (od. Pianoforte) von *K. Hennig.* 6 Lieder.) Stoll, Leipzig, 15 Ngr.

Für Männerstimmen mit kl. Orchester von *W. Tschirch.* Haslinger, Wien, Partitur, Klavier-Auszug à 12½ Ngr.

No. 13.

Für Pianoforte zu 2 Händen von *L. Köhler.* (Lieder. No. 6.) Bote u. Bock, Berlin, 5 Ngr. Ebenso von *F. Liszt.* (Schwanengesang. No. 12.) Haslinger, Wien, 10 Ngr.

Für Harmonium (od. Pianoforte) von *K. Hennig.* (Lieder u. Gesänge. Heft 4.) Stoll, Leipzig, 15 Ngr.

No. 14.

Für eine Singstimme mit Guitarre. Haslinger, Wien, 10 Ngr.

Für Violine u. Pianoforte von *L. Jansa*. (Op. 63. No. 9.) Haslinger. Wien. 10 Ngr.
Für Violoncell u. Pianoforte von *L. Jansa*. (Op. 63. No. 9.) Haslinger. Wien. 10 Ngr.
Für Flöte u. Pianoforte von *L. Jansa*. (Op. 63. No. 9.) Haslinger. Wien. 10 Ngr. Ebenso von *A. Terschak*. (12 Lieder. No. 9.) Kohlke, Danzig, 20 Ngr.
Für Pianoforte zu 2 Händen. Haslinger. Wien, (Schubert. Lieder. Heft 4.) 20 Ngr. Ebenso von *F. Liszt*. Schwanengesang. No. 13.) Haslinger, Wien, 25 Ngr. Ebenso von *Ch. Miller*. Lieder. No. 16.) Schuberth, Hamburg. 10 Ngr.
Für Physharmonika u. Pianoforte von *C. G. Lickl*. Den Manen. No. 9. Haslinger. Wien, 20 Ngr.

4 Lieder

für eine Singstimme mit Begleitung des Pianoforte.

Leipzig, bei Kistner. $12\frac{1}{2}$ Ngr.

№ 1. Im Frühling. Siehe Nachl. Lief. 25 Nr. 2. (Seite 180.)
№ 2. Der blinde Knabe. Siehe Op. 101. (Seite 118.)
№ 3. Trost im Liede. (Gedicht von Fr. v. Schober.)

№ 4. Wanderers Nachtlied. Siehe Op. 96 Nr. 3. (Seite 113.)

Anmerkung. Nr. 3 wurde componirt im Jahre 1817 und erschien am 23. Juni 1827 als Beilage zur Wiener Zeitschrift für Kunst. Die 4 Lieder erschienen am 12. December 1828 unter dem Titel: »Vier Lieder Im Frühling v. E. Schulze, Trost im Liede v. Schober, Der blinde Knabe v. Craigher, Wanderers Nachtlied: „Ueber allen Gipfeln ist Ruh", v. Göthe, mit Begleitung des Pianoforte in Musik gesetzt von Franz Schubert. Op. . . . Leipzig bei H. A. Probst«. (Querformat. Verlagsnummer: 431.)

6 Lieder

für eine Singstimme (No. 1 für Bass) mit Begleitung des Pianoforte.

Berlin, bei Wilhelm Müller. Complet 20 Ngr., einzeln à 5 Ngr.

№ 1. Sehnsucht. (Gedicht von Schiller.)

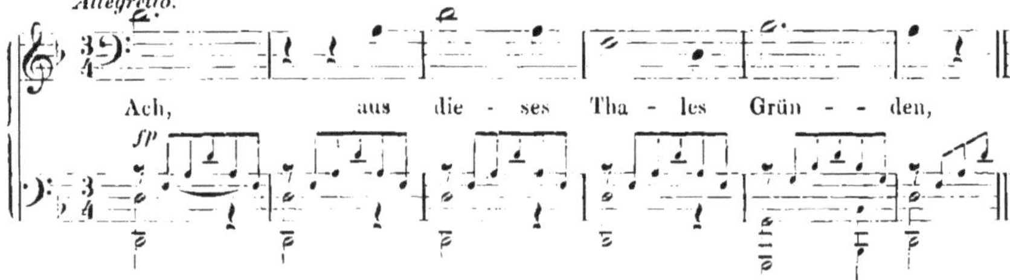

№ 2. Thekla. Eine Geisterstimme. (Gedicht von Schiller.)

№ 3. An den Mond. (Gedicht von Goethe.)

№ 4. An die Entfernte. (Gedicht von Goethe.)

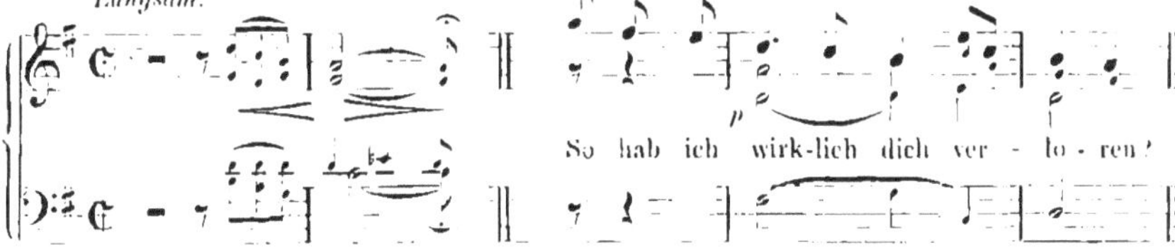

№ 5. Romanze. Rosalia von Mortimer. (Gedicht von Matthisson.)

№ 6. Abendlied der Fürstin. Gedicht von J. Mayrhofer.

Anmerkung. Die autographen Vorlagen der 6 Lieder befinden sich in der königl. Bibliothek zu Berlin. Nr. 1 hat zu Anfang das Datum: »den 15. Aprill 1813«, am Schluss: »den 17. Aprill 1813«. Nr. 2 hat zu Anfang das Datum: »den 22. August 1813«, am Schluss: »den 23. August 1813«. Nr. 5 hat zu Anfang und am Schluss das Datum: »den 29. September 1814«. Nr. 3 wurde componirt im Jahre 1815, Nr. 4 im December 1822, Nr. 6 im November 1816. Die Lieder erschienen 1868 bei Wilh. Müller in Berlin. Andere Bearbeitung von Nr. 1: Op. 39; von Nr. 2: Op. 88 Nr. 2; von Nr. 3: Nachl. Lief. 47 Nr. 5.

Uebertragung.

No. 3—6. Für Pianoforte zu 2 Händen von *R. Schaab.* Müller, Berlin, 15 Ngr.

Mignon (Lied der Mignon)

(Gedicht aus Goethe's Wilhelm Meister)

für eine Singstimme mit Begleitung des Pianoforte.

Wien, bei Gotthard. $7\frac{1}{2}$ Ngr. (Für Alt $7\frac{1}{2}$ Ngr.)

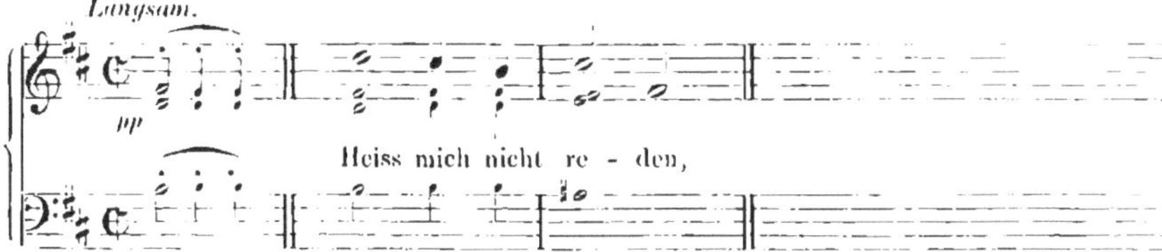

Anmerkung. Das früher bei G. Petter in Wien befindliche Autograph zeigt das Datum: April 1821. Erschienen 1870 bei J. P. Gotthard in Wien. Andere Bearbeitung: Op. 62 Nr. 2.

40 Lieder

für eine Singstimme mit Begleitung des Pianoforte.

Wien, bei J. P. Gotthard. Complet 2 Thlr. Einzeln: No. 1 - 3, 5, 6, 8 — 12, 14, 15, 17, 19, 21, 23 — 26, 28 — 35 à 3 Ngr. n.; No. 4, 7, 16 à 6 Ngr. n.; No. 13, 18, 20, 22, 27 à 5 Ngr. n.; No. 36 7½ Ngr. n.; No. 37 — 40 13½ Ngr. n.

№ 1. Wiedersehn. (Gedicht von A. W. Schlegel.)

№ 2. Gondelfahrer. (Gedicht von Joh. Mayrhofer.)

№ 3. Am Flusse. (Gedicht von Goethe.)

№ 4. Nachthymne. (Gedicht von Novalis.)

№ 5. Nach einem Gewitter. (Gedicht von Joh. Mayrhofer.)

№ 6. Grablied auf einen Soldaten. (Gedicht von Schubart.)
Ernst.
Zieh hin, du bra-ver Krie-ger du
№ 7. Der gute Hirt. (Gedicht von Uz.)
Vertrauensvoll.
Was sor - gest du?
№ 8. Das gestörte Glück. (Gedicht von Th. Körner.)
Lustig.
Ich hab ein heis-ses jun-ges Blut,
№ 9. An die Sonne. (Gedicht von ?)
Mit Majestät.
Kö - nig - li - che Mor - gen - son - ne,
№ 10. Abends unter der Linde. (Gedicht von Kosegarten.)
Langsam.
Wo - her, o na - men - lo - ses Seh - nen,
№ 11. Liebeständelei. (Ged. von Th. Körner.)
Etwas geschwind.
Süs-ses Liebchen, komm zu mir!
№ 12. Ammenlied. (Ged. v. Marianne Lubi.)
Mässig.
Am ho-hen, ho-hen Thurm,
№ 13. Sehnsucht. (Gedicht von Goethe.)
Etwas geschwind.
Nur wer die Sehn - sucht kennt,

№ 14. Hoffnung. (Gedicht von Goethe.)
Mässig langsam.
pp
Schaff', das Tag - werk mei - ner Hän - de,
№ 15. Rückweg. (Gedicht von Joh. Mayrhofer.)
Etwas geschwind.
p
Zum Do - nau-strom, zur Kai - ser-stadt,
№ 16. Der Knabe in der Wiege. (Gedicht von Ottenwaldt.)
Etwas lebhaft.
p
Er schläft so süss, der
№ 17. Lebensmuth. (Gedicht von L. Rellstab.) Fragment.
Geschwind.
f p f
pp
Fröh - li - cher Le - bens-muth
№ 18. Der Jüngling und der Tod. (Gedicht von Spaun.)
Sehr langsam.
p
sp
Die Son - ne sinkt, o könnt' ich
№ 19. La Pastorella. (Gedicht von Goldoni.)
Larghetto.
pp
La pa - sto-rel-la al pra - to
№ 20. Nachtviolenlied. (Ged. v. Joh. Mayrhofer.)
Langsam.
p
Nacht-vi - o - len,

№ 21. Klage. Gedicht von ?
Langsam.
mf
Trau-er um - fliesst mein Le - ben,
№ 22. Der Knabe. (Gedicht von Friedr. Schlegel.)
Heiter.
p
Wenn ich nur ein Vög - lein wä - re,
№ 23. Hoffnung. (Gedicht von Schiller.)
Etwas geschwind.
Es
re - den und träumen die Menschen viel
№ 24. Herbstlied. Gedicht von Salis.
Mässig.
p
Bunt sind schon die Wälder,
№ 25. Aus »Diego Manzanares« (von Fr. v. Schlechta.)
Etwas bewegt.
p
Wo irrst du durch ein - sa - me
№ 26. Die verfehlte Stunde. (Gedicht von A. W. Schlegel.)
Unruhig.
mf
Quä - lend un - ge - still - tes Seh - nen
№ 27. Der Fluss. (Gedicht von Friedr. Schlegel.)
Langsam.
p
pp
Wie rein Ge - sang sich win - det

№ 28. Das Geheimniss. (Gedicht von Schiller.)
Sehr langsam.
Sie konn-te mir kein Wört-chen sa-gen, zu
Mäd-chen, schlägt mit lei-sem Beben mein
№ 29. Liebesrausch. (Ged. von Th. Körner.)
Langsam.
Dir,
№ 30. Die Sterne. (Gedicht von Fellinger.
Lieblich, ziemlich langsam.
Was fun-kelt ihr so mild mich an,
№ 31. Die Perle. (Gedicht von J. G. Jacobi.)
Mässig bewegt.
Es ging ein Mann zur Früh-lings-zeit
№ 32. Leiden der Trennung. Gedicht nach Metastasio von Heinr. v. Collin.)
Etwas langsam.
Vom Mee-re trennt sich die Wel-le
№ 33. Der Morgenkuss (nach einem Ball). (Gedicht von Gabriele v. Baumberg.)
Langsam.
Durch ei-ne gan-ze Nacht sich nah zu sein,
№ 34. Clärchen's Lied (aus Goethe's Egmont). Siehe Nachl. Lief. 30 No. 2. Seite 184.)
№ 35 Sängers Morgenlied. (Gedicht von Th. Körner.)
Langsam.
Süs-ses Licht, aus gold-nen Pfor-ten

№ 36. Der Flüchtling. (Gedicht von Schiller.)

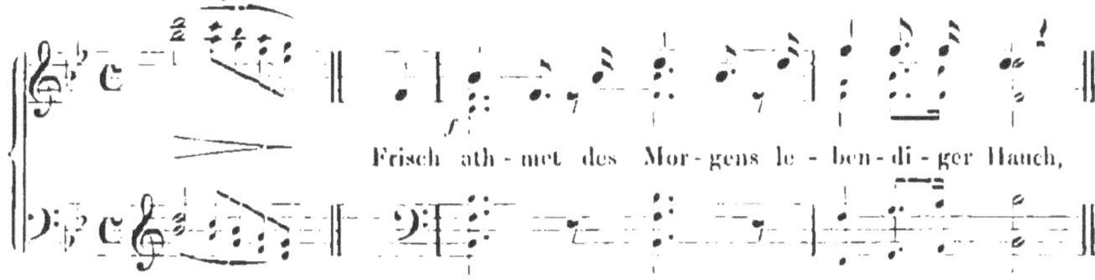

№ 37. Hymne I (von Novalis).

№ 38. Hymne II (von Novalis).

№ 39. Hymne III (von Novalis).

№ 40. Hymne IV (von Novalis).

Anmerkung. Nr. 1 componirt (nach dem Autograph in der königl. Bibliothek zu Berlin) im September 1825, Nr. 2 im März 1824, Nr. 3 (Autograph in der königl. Bibliothek zu Berlin) im December 1822, Nr. 4 (nach dem in Ddur stehenden Autograph im Archiv der Gesellschaft der Musikfreunde in Wien) im Januar 1820, Nr. 5 im Mai 1817, Nr. 6 im Juli 1816, Nr. 7 im Juni 1816, Nr. 8 am 15. October 1815, Nr. 9 am 25. August 1815, Nr. 10 am 25. Juli 1815, Nr. 11 am 26. Mai 1815, Nr. 12 im December 1814, Nr. 13 im Jahr 1816, Nr. 14 (Autographe in der königl. Bibliothek zu Berlin und bei Dr. Schneider in Wien) wahrscheinlich im Jahr 1815, Nr. 15 wahrscheinlich im Jahr 1816, Nr. 16 um 1822, Nr. 17 (unvollständiges Autograph im Archiv der Gesellschaft der Musikfreunde in Wien) wahrscheinlich im Jahr 1828 (gleichzeitig mit »Liebesbotschaft« im »Schwanengesang«), Nr. 18 im März 1817, Nr. 19 (nach dem Autograph in der königl. Bibliothek zu Berlin) im Januar 1817, Nr. 20 im April 1822, Nr. 21 im Januar 1816 (? 1817), Nr. 22 im März 1820, Nr. 23 im Jahr 1815, Nr. 24 im November 1816, Nr. 25 am 30. Juli 1816, Nr. 26 im April 1816, Nr. 27 im März 1820, Nr. 28 am 7. August 1815, Nr. 29 am 8. April 1815, Nr. 30 am 6. April 1815, Nr. 31 im August 1816, Nr. 32 (nach dem im Archiv der Gesellschaft der Musikfreunde in Wien befindlichen Autograph) im December 1816, Nr. 33 am 22. August 1815, Nr. 34 am 3. Juni 1815, Nr. 35 (nach dem Autograph bei Prof. Wagener in Marburg) am 1. März 1815, Nr. 36 im März 1816, Nr. 37 bis 40 im Mai 1819. Die Lieder erschienen 1872 bei J. P. Gotthard in Wien.

5 Canti (Arietten, Canzonen)

für eine Singstimme (No. 5 für Bass) mit Begleitung des Pianoforte.

Wien, bei J. P. Gotthard. $17\frac{1}{2}$ Ngr.

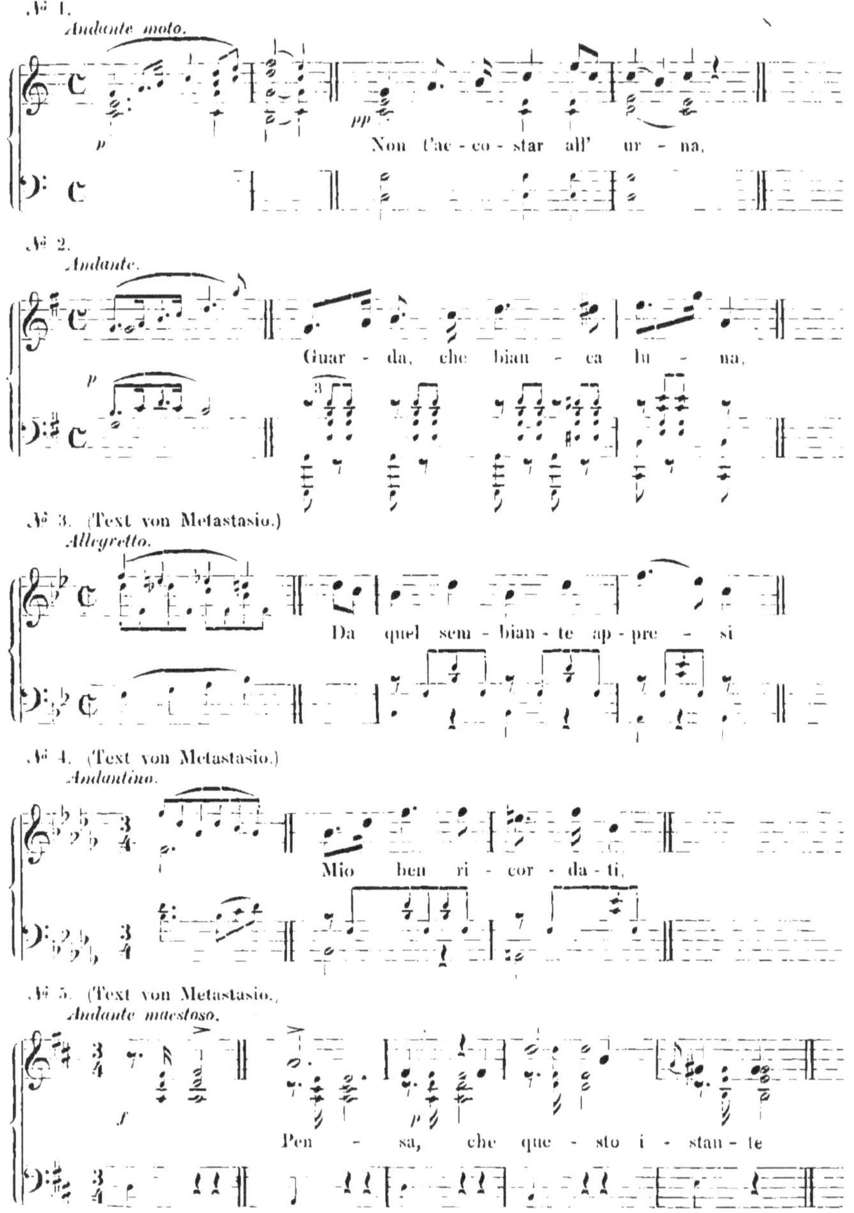

Anmerkung. Nr. 1 bis 4 componirt für Fräulein Romer, spätere Frau von Spaun, im Januar 1820. Autograph im Besitz der Frau von Spaun. Nr. 5 angeblich bei Salieri componirt im Jahr 1813. Die Gesänge erschienen 1871 bei J. P. Gotthard in Wien.

IV.

Anhang.

A. Untergeschobene und zweifelhafte Compositionen.

B. Sammlungen von Compositionen Fr. Schubert's bei verschiedenen Verlegern.

C. Unveröffentlichte Compositionen.

D. Bücher und Schriften.

E. Bildnisse, Büsten und andere Darstellungen.

F. Zusätze und Berichtigungen.

A. Untergeschobene und zweifelhafte Compositionen.

(Op. 82 No. 2.) Introduction und Variationen (Bdur)

über ein Original-Thema

für Pianoforte zu 4 Händen.

Anmerkung. Erschienen mit der Bezeichnung »Op. 82 Nr. 2« im Jahre 1860 bei Jul. Schuberth u. Comp. in Hamburg und Leipzig. Was Kreissle (Biogr. S. 612) sagt, die Firma Schuberth u. Comp. habe das Eigenthumsrecht dazu von dem Verleger Haslinger in Wien erworben, ist unrichtig und bezieht sich nur auf die Variationen (Op. 82) über ein Thema aus Herold's »Marie«.

Ausgaben. Breitkopf u. Härtel, Leipzig, 12 Ngr. n. Holle, Wolfenbüttel, (Mit Op. 82.) 9 Ngr. n. Litolff, Braunschweig, 4 Ngr. n. J. Schuberth u. Comp., Leipzig, 1 Thlr.

Grosse Sonate (Cmoll)

für Pianoforte zu 4 Händen.

Fragment.

Anmerkung. Angeblich componirt im Jahre 1814. Erschienen 1871 bei J. P. Gotthard in Wien.

Ausgabe. Gotthard, Wien, 1 Thlr. 5 Ngr.

Lebe wohl! (Adieu!)

für eine Singstimme mit Begleitung des Pianoforte.

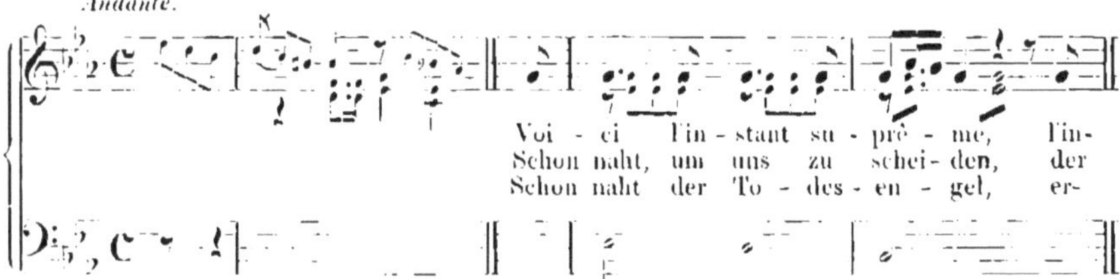

Anmerkung. Das Lied ist, mit anderm Text, componirt von August Heinrich von Weyrauch. Es erschien im Jahre 1821 mit andern Liedern im Selbstverlage des Componisten unter der Ueberschrift: »Nach Osten!« und mit dem von K. F. G. Wetzel gedichteten Text: »Nach Osten geht, nach Osten der Erde stiller Flug« u. s. w. Im Jahre 1846 gab es der Componist einzeln bei C. A. Challier u. Comp. in Berlin heraus. Vgl. Berliner musikalische Zeitung vom 25. April 1846. Als eine Composition von Franz Schubert erschien es zuerst gegen 1840 in Paris mit der Ueberschrift: »Adieu! Paroles françaises de Mr Bélanger« u. s. w. In Deutschland wurde es als eine Composition Schubert's zuerst im Jahre 1843 durch eine Transcription von Th. Döhler (Op. 45 Nr. 3) eingeführt. Bald darauf erschien es als Lied mit übersetztem deutschen Text bei Schlesinger in Berlin.

Ausgaben. Challier u. Comp., Berlin, Nach Osten! comp. von A. H. v. Weyrauch. 5 Ngr. Schlesinger, Berlin. (Mit: Der Leiermann u. Morgenständchen.) 2½ Ngr. n. Schott, Mainz, deutsch, franz. u. ital. 7 Ngr. Schreiber, Wien, 5 Ngr. — Für Alt (od. Bariton): Bote u. Bock, Berlin, 5 Ngr. Schlesinger, Berlin. (Mit: Der Leiermann u. Morgenständchen. 2½ Ngr. n.

Uebertragungen.

Für Violoncell u. Pianoforte von *A. Batta.* (6 Lieder. No. 6.) Schreiber, Wien, 10 Ngr. Ebenso von *G. Paque.* (12 Mélodies. Suite 2.) Schott, Mainz, 20 Ngr.

Für Pianoforte zu 2 Händen. Haslinger, Wien. (Schubert, Lieder, Heft 6.) 15 Ngr. Ebenso von *Th. Döhler.* (Op. 45. No. 3.) Schlesinger, Berlin, 15 Ngr. Ebenso von *St. Heller.* (30 Lieder. No. 1.) Schloss, Cöln, 12½ Ngr. Ebenso von *W. Kuhe.* (Op. 139. No. 2.) Siegel, Leipzig, 12½ Ngr. Ebenso von *F. Liszt.* (6 Melodien. No. 1.) Schlesinger, Berlin, 17½ Ngr. Ebenso von *Th. Oesten.* (Op. 369. No. 19.) Siegel, Leipzig, 15 Ngr. Ebenso von *F. v. Osten.* (Lieder, Heft 2. Schuberth, Hamburg, 10 Ngr. Ebenso von *Fr. Spindler.* (Op. 183. No. 22.) Siegel, Leipzig, 14 Ngr.

B. Sammlungen von Compositionen Fr. Schubert's bei verschiedenen Verlegern.

Bei Breitkopf u. Härtel in Leipzig:

Lieder für eine Singstimme mit Pianofortebegleitung. 8. 8 Bände.

- 1. Band. 30 Lieder von Goethe . 1 Thlr. n.
- 2. — Die schöne Müllerin. Op. 25. . . . . . . 20 Ngr. n.
- 3. — Die Winterreise. Op. 89. 25 Ngr. n.
- 4. — 30 Lieder verschiedener Dichter . . . . . . $1\frac{1}{3}$ Thlr. n.
- 5. — Schwanengesang . . . 20 Ngr. n.
- 6. — 25 Lieder verschiedener Dichter . . . . . . 1 Thlr. n.
- 7. Band. 25 Lieder verschiedener Dichter . . . . . . 1 Thlr. n.
- 8. — 25 Lieder verschiedener Dichter . . . . . . 1 Thlr. n.

Lieder für eine Singstimme mit Pianofortebegleitung. Ausgabe für eine tiefere Stimme. 8. 8 Bände zu den gleichen Preisen.

Pianoforte-Werke zu 2 Händen . 3 Thlr. n.

Pianoforte-Werke zu 4 Hdn. 2 Bde. à $2\frac{1}{2}$ Thlr. n.

Sonaten für Pianoforte. 8. . . . 2 Thlr. n.

In der J. G. Cotta'schen Buchhandlung in Stuttgart:

Ausgewählte Sonaten und Solostücke für Pianoforte. Bearbeitet von *Franz Liszt*. (Instructive Ausgabe klassischer Klavierwerke, Abth. VI.) 2 Bände à 2 Thlr. n. (1. Band: Phantasien und Sonaten. 2. Band: Kleinere Stücke.)

Bei Friedr. Hofmeister in Leipzig:

Original-Compositionen für Pianoforte allein.

- Band 1. Sonaten. 1. Abth. . . $4\frac{1}{2}$ Thlr. n.
- — 2. Sonaten. 2. Abth. . . $4\frac{1}{2}$ Thlr. n.
- Band 3. Phantasien etc. 1. Abth. 3 Thlr. n.
- — 4. Phantasien etc. 2. Abth. $2\frac{1}{2}$ Thlr. n.
- — 5. Tänze . . . . $3\frac{1}{2}$ Thlr. n.

Bei L. Holle in Wolfenbüttel:

Sämmtliche Compositionen. 10 Bände à $1\frac{2}{3}$ Thlr.

Band 1—5. Lieder für eine (höhere) Singstimme mit Pianofortebegleitung. (1. Band: Op. 1—37; 2. Band: Op. 38—89; 3. Band: Op. 92—131; 4. Band: Nachl. Lief. 1—24; 5. Band: Nachl. Lief. 25—50, Trost im Liede, Schwanengesang.)

Band. 6. 87 Lieder für eine Contra-Alt- oder Bass-Stimme mit Pianofortebegleitung. Revidirt von *H. Sattler*.

Band 7 u. 8. Compositionen für Pianoforte solo. Revidirt und theilweise mit Fingersatz versehen von *F. W. Markull*. (7. Band: Op. 9—91; 8. Band: Op. 94—164, 3 Sonaten [Allerletzte Compositionen], Marsch u. Trio, 5 Clavierstücke.)

Band 9 u. 10. Compositionen für Pianoforte zu 4 Händen. Revidirt von *F. W. Markull*. (9. Band: Op. 10—66; 10. Band: Op. 69—152, Fuge, Grazer Galopp, Trauerwalzer aus Op. 9.)

Bei H. Litolff in Braunschweig:

Lieder u. Gesänge. (Revidirt von *Franz Abt*.)

Band		Netto.
304	Schubert-Album. Schöne Müllerin, Winterreise, Schwanengesang u. 22 berühmte Lieder für Sopran oder Tenor . . .	25 Ngr.
603	Dasselbe	20 »
305	do. f. Mezzo-Sopr. od. Bariton	25 »
601	Dasselbe	20 »
306	do. für Bass oder Alt . . .	25 »
334	Schubert-Album No. 2. (75 Lieder) für Sopran oder Tenor. . . .	25 »
335	do. für Mezzo-Sopran od. Bariton	25 »
336	do. für Bass od. Alt.	25 »
304d	22 berühmte Lieder für Sopran od. Tenor	10 »
305d	do. für Mezzo-Sopran od. Bariton	10 »
306d	do. für Bass od. Alt	10 »

Für Pianoforte zu 2 Händen.

Band		Netto.
303	Sämmtliche Sonaten	25 Ngr.
602	Dieselben	20 »
350	Stücke (*Winkler*) Bd. 1. Op. 90, 94 u. 142 . . .	10 »
351	Bd. 2. Op. 15, 78, 145 u. 5 nachgelassene Clavierstücke . .	10 »
314	Sämmtliche Tänze	10 »
140	50 berühmte Lieder	10 »
236	22 ausgew. Lieder (*Metzdorff*) .	10 »

Für Pianoforte zu 4 Händen.

Band		Netto.
329	Sämmtliche 16 Märsche	15 »
356	Sämmtliche Polonaisen Op. 61, 75 u. Phantasie Op. 103 . . .	10 »
357	Sonate Op. 30 u. Allegro Op. 144	10 »
358	Sämmtliche Divertissements, Op. 54, 63	10 »

Band		Netto.
359	Sämmtliche Rondos	10 Ngr.
360	Sämmtliche Variationen	10 »
240	22 ausgew. Lieder (*Brähmig*)	15 »
186	Sämmtliche Sonaten für Pfte. u. Violine u. Rondo Op. 70	17½ »
188	Trios Op. 99 u. 100 (*Leibrock*)	1 Thlr.
211	4 berühmte Streich-Quartette	1⅙ »
	Prachtausgaben.	
44	Sämmtliche Sonaten für Pfte.	2 Thlr.
45	Sämmtliche Stücke u. Ouvert. f. Pianoforte	1½ Thlr.
160	Sämmtliche Tänze für Pfte.	20 Ngr.
148	Sämmtl. Compositionen f. Pfte. zu 4 Händen. Bd. 1. (No. 1—12.)	1⅚ Thlr.
149	Bd. 2. (No. 13—22.)	1⅚ »
22—31	Sämmtl. Lieder u. Gesänge für 1 Singst. mit Pfte. 10 Bände à	15 Ngr.
138	30 berühmte Lieder (*Rongé*)	20 »
139	Dieselben für eine tiefe Stimme	20 »

Bei C. F. Peters in Leipzig:

№	**Gesänge.**	Netto.
20 a b c	Album I. (Müllerin, Winterreise, Schwanengesang u. 22 ausgew. Lieder. No. 1—80.) hoch, mittel, tief	à 1 Thlr.
492 a b c	Dasselbe (Volksausgabe)	à 20 Ngr.
178 a b c	Album II. (75 Lieder. No. 81—155.) hoch, mittel, tief	à 1 Thlr.
790 a b c	Album III. (No. 156—200. hoch, mittel, tief	à 1 »
791	Album IV. (No. 201—262.)	1 »
792	Album V. (No. 263—314.)	1 »
793	Album VI. (No. 315—383.)	1 »
176 177	22 Lieder, hoch u. tief	à 10 Ngr.
1055	Terzette, Op. 74 u. 104	10 »
	Chorgesänge, siehe: Partituren.	
	Für Clavier zu 2 Händen.	
487	Sämmtliche Sonaten. 8°.	20 »
488	Dieselben (*Köhler*) 4°.	1 Thlr.
7	Sämmtl. Stücke. 8°. Op. 15, 78, 90, 94 u. 142.)	15 Ngr.
716	Dieselben (*Köhler*) 4°	17½ »
718	Compositionen. Supplement (Sonate Edur, unvollendete Sonate, Adagio etc.)	15 »
150	Sämmtl. Tänze	10 »
151—54	Müllerin (Op. 25), Winterreise (Op. 89), Schwanengesang, Lieder (*Wittmann*) 4 Bde.	à 10 »
1309	Streichquartette (*Jadassohn*)	15 »
726	Sämmtl. Märsche (*Jadassohn*)	15 »
	Für Clavier zu 4 Händen.	
	Sämmtl. Original-Compositionen.	
155a	Band I. (Op. 10—54.)	à 25 »
155b	Band II. (Op. 55—84.)	à 25 »
155c	Band III. (Op. 103—152.)	à 25 »
155d	Supplement. (Op. 34, 82 No. 2, Sonate C moll, 4 Ländler, Kindermarsch)	12 Ngr.
749	Sämmtl. 16 Märsche	15 »
787	Sämmtl. Polonaisen	10 »
719	Sämmtliche Tänze	20 »
720—23	Müllerin, Winterreise, Schwanengesang, Lieder. 4 Bde.	à 15 »
752	5 Sonaten. 2 Bde.	à 20 »
724a	Stücke: Op. 15, 78, 94	20 »
724b	Stücke: Op. 90, 142	20 »
769	Duos: Op. 70, 137, 162	20 »
770	Trios: Op. 99, 100	20 »
	Quartette.	
771a	Band I. (Op. 29, 125, 161)	20 »
771b	Band II. (Op. 168, D moll, Quartettsatz C moll)	20 »
772	Quintette. Op. 114, 163	20 »
156b	Duos für Clavier u. Violine: Op. 70, 159, 160, 162 (*David*)	22½ »
157—60	Müllerin, Winterreise, Schwanengesang, Lieder für Clavier u. Violine (*Hermann*) 4 Bde.	à 16 »
161—64	Dieselben für Clavier u. Violoncell (*Hermann*) 4 Bde.	à 16 »
167	Trios für Clavier, Violine u. Violoncell: Op. 99, 100 (*David*)	1 Thlr
168a	4 Streichquartette in Stimmen: Op. 29, 125, D moll (*David*)	1½ »
168b	5 Streichquartette in Stimmen: Op. 161, 168, G moll, D dur, Quartettsatz in C moll (*David*)	1½ »
	Partituren.	
796	Sämmtl. 9 Streichquartette	2 »
1045	Sämmtl. Gesänge für gemischten Chor	1½ »
1046	Sämmtl. Gesänge f. Männer-Chor	2 »
1047	Sämmtl. Gesänge f. Frauen-Chor	1½ »

Bei Friedr. Schreiber in Wien:

40 ausgewählte Gesänge für Sopran oder Tenor mit Begleitung des Pianoforte. (Op. 1, 2, 3 No. 2, Op. 4 No. 1 u. 3 u. s. w.) 2 Thlr. n.

Bei Bartholf Senff in Leipzig:

Sämmtliche Gesänge für eine Singstimme mit Begleitung des Pianoforte. Neue Ausgabe. Redigirt von *Julius Rietz*. 20 Bände à 20 Ngr. Prachtausgabe, Band 1—20 à 2 Thlr. Bei Abnahme aller 20 Bände der Prachtausgabe: 30 Thlr.

C. Unveröffentlichte Compositionen.

(Mit Berücksichtigung der vergriffenen Ausgaben, welche Stücke enthalten, die im thematischen Verzeichniss übergangen sind.)

Für Orchester.

Symphonie in Ddur. (No. 1. Vollendet am 28. October 1813. — Symphonie in Bdur. (No. 2. Componirt in der Zeit vom 10. December 1814 bis zum 24. März 1815. — Symphonie in Ddur. (No. 3. Mit einer Einleitung, Adagio maestoso.) Componirt in der Zeit vom 24. Mai bis zum 19. Juli 1815. — Symphonie in Cdur. No. 6.) Begonnen im October 1817, beendigt im Februar 1818. — Skizze zu einer Symphonie in Edur, angeblich aus dem Jahre 1821.

Ouverture in Ddur. Beendigt am 26. Juni 1812. — Ouverture in Bdur. Componirt im September 1816. — Ouverture in Ddur. Componirt im Mai 1817. — Ouverture in Ddur im italienischen Styl. Componirt im September 1817. — Ouverture in Emoll. Componirt im Februar 1819.

Violinconcert in Ddur. Componirt 1816 für Bruder Ferdinand.

3 Menuetten und Trios. Componirt 1813.

Für verschiedene Orchesterinstrumente.

Octett für Blasinstrumente. Componirt 1813.

5 Menuette und 6 Deutsche für 4 Streichinstrumente und 2 Waldhörner. Componirt 1814.

Für Streichinstrumente.

3 Quartette in unbestimmten, wechselnden Tonarten, componirt 1811 und 1812. — 7 Quartette in C-, B- und Esdur (comp. 1813), in Ddur (comp. 1813 oder 1814), in Cmoll und Bdur (comp. 1814), in Fdur (comp. 1816).

Quartett-Ouverture, componirt 1812.

Quintett-Ouverture, componirt im Juni und Juli 1811 für Bruder Ferdinand.

Rondo in Adur für Violine mit Begleitung von 2 Violinen, Viola u. Bass, comp. im Juni 1816.

2 Trios für Violine, Viola u. Violoncell, componirt 1816 und 1817.

Polonaise für Violine, componirt 1817.

Von vergriffenen gedruckten Werken ist zu erwähnen:

»Payer, Czapek, Schubert und Leidesdorf, nationale oesterreichische Ländler für 2 Violinen u. Bass. Wien, bei Sauer & Leidesdorf«. Erschienen zwischen 1823 und 1827.

Für Pianoforte mit Begleitung.

Sonate für Pianoforte, Violine u. Viola, componirt 1812.

Für Pianoforte zu 4 Händen.

3 Phantasien, componirt 1810, 1811 und 1813. — Sonate in Esmoll, componirt 1828.

Von vergriffenen Ausgaben ist zu erwähnen:

»Payer, Czapek, Schubert und Leidesdorf, Halts enk zsamm, Sammlung original-oesterreichischer Ländler. Wien, bei Sauer & Leidesdorf«. Erschienen zwischen 1823 u. 1827.

Für Pianoforte allein.

10 Sonaten (zum Theil unvollendet oder fragmentarisch) in F- und Cdur (comp. 1815), in Edur (comp. am 11. Februar 1815), in Edur (comp. am 18. Februar 1815), in Fdur (comp. 1816), in Fmoll und Asdur (comp. 1817), in Emoll (comp. im Juni 1817), in C- und Fdur (comp. 1818).

Adagio in Gdur, componirt am 8. April 1815. — Allegro in Fismoll, Bruchstück. — Andante, componirt 1812.

Variationen in Esdur, componirt 1812. — 7 Variationen in Fdur, frühe Composition. — 10 Variationen, componirt 1815.

30 Menuetten, componirt 1813 für Bruder Ignaz. — 4 Menuetten, componirt am 22. November 1813. — Menuet, componirt 1816.

12 Wiener Deutsche, componirt 1815. — Viele Deutsche oder Walzer, componirt 1819, 1824 und zu anderer Zeit.

7 Ecossaisen, componirt (mit der Ecossaise No. 1 in der 1. Abth. von Op. 18) am 3. October 1815. — 5 Ecossaisen, componirt (mit der Ecossaise No. 5 in der 1. Abth. von Op. 18) im Mai 1816 mit der Bemerkung am Schluss: »Gott sey Lob und Dank«. — Viele Ecossaisen, componirt 1819, 1820, 1823 und zu anderer Zeit.

Vergriffene Ausgaben:

»Carneval 1823. Sammlung originaler deutscher Tänze von C. Czerny, Leidesdorf, Payer, Pixis, Schubert etc. 2 Hefte. Wien, bei Sauer & Leidesdorf«.

»Musikalisches Angebinde zum neuen Jahre. Eine Sammlung 40 neuer Walzer für das Pianoforte von Beethoven, ... F. Schubert, ... Wien, bei Cappi u. Czerny«. Erschienen im December 1824.

»Nouvelles Galoppes favorites et Ecossaises pour le Pianoforte seul par Fr. Schubert et M. J. Leidesdorf. Vienne chez Sauer et Leidesdorf«. Das Heft erschien 1824 und enthält 3 Galoppe v. Fr. Schubert, von denen 2 (in Gdur und Emoll im Januar 1823 componirt sind.

»La Guirlande«, eine Sammlung von Original-Compositionen von Graf Gallenberg, Fr. Schubert u. s. w., aus 3 Heften bestehend; 1. Heft: Compositionen für Pianoforte, 2. Heft: Gesänge mit Begleitung des Pianoforte, 3. Heft: Tänze. Erschienen im December 1825 bei Sauer u. Leidesdorf in Wien.

»Ernst und Tändeley. Eine Sammlung verschiedener Gesellschaftstänze für den Carneval .... herausgegeben von C. F. Müller. Wien, Eigenthum des Herausgebers«. Die Sammlung erschien im Januar 1826 und enthält u. a. einen Walzer in Esdur »Cotillons« überschrieben) von Franz Schubert.

Kirchenmusik.

Duett für Sopran und Alt: Auguste jam coelestium. Mit Begleitung von Streich- und Blasinstrumenten. Componirt im October 1816.

3 Kyrie, componirt 1813. — Kyrie, unvollendet, geschrieben im Mai 1822.

Magnificat in Cdur für 4 Singstimmen und kleines Orchester. Componirt im September 1816.

Offertorium für Chor und Orchester: Tres sunt. — Offertorium für Tenorsolo, Chor und Orchester: Intende voci. Componirt 1828 (?).

Requiem, unvollendet. Componirt im Juli 1816.

Salve Regina in Bdur für Tenorsolo und Orchester. Componirt im Juni und Juli 1814.

Stabat mater in Gmoll für 4 Singstimmen und Orchester. Lateinischer Text. Componirt am 4. April 1815. — Stabat mater in Fmoll für 4 Singstimmen und kleines Orchester. Deutscher Text von Klopstock: Jesus Christus schwebt am Kreuze. Componirt am 28. Februar 1816.

Tantum ergo in Cdur (C-Takt, Andante con moto) für 4 Singstimmen, 2 Violinen, 2 Oboen, 2 Trompeten, Pauken, Orgel u. Bass. Componirt im August 1816. — Tantum ergo in Es. Componirt 1828.

Dramatische Musik.

Des Teufels Lustschloss, Operette in 3 Acten. Text von Kotzebue. Der 1. Act wurde beendet am 3. September 1814, der 3. am 22. October 1814.

Der vierjährige Posten, Operette in 1 Act. Text v. Th. Körner. Beendigt am 16. Mai 1815.

Fernando. Singspiel in 1 Act. Text angeblich v. Alb. Stadler. Beendigt im Anfang Juli 1815.

Claudine von Villa Bella, Singspiel. Text von Goethe. Unvollständig: nur die Ouverture und der 1. Act ist vorhanden. Die Ouverture componirt am 26. Juli 1815.

Der Spiegelritter, Operette. Text von Kotzebue. Wahrscheinlich 1815 componirt.

Adrast, Oper. Text von Joh. Mayrhofer. Fragment. Wahrscheinlich 1815 componirt. Vorhanden: Introduction und Duett: Erheit're dich, der Lenz entbreitet.

Die Freunde von Salamanka, komisches Singspiel in 2 Acten. Text von Joh. Mayrhofer. Beendigt am 31. December 1815.

Die Bürgschaft, Oper in 3 Acten. Unvollendet. Componirt im Mai 1816.

Die Zauberharfe, Melodram in 3 Acten von Hofmann. Aufgeführt am 19. August 1820. Die Ouverture ist gedruckt. Vgl. Anm. zu Op. 26, Seite 46.

Sakontala, Oper in 3 Acten. Text von Joh. Ph. Neumann. Unvollendet. Componirt im October 1820.

Alfonso und Estrella. Theilweise erschienen. Siehe Op. 69, Seite 83.

Fierabras. Theilweise erschienen. Siehe Op. 76, Seite 87.

Rosamunde. Siehe Op. 26, Seite 45. Ein Entr'act scheint verloren gegangen zu sein. (Das Drama besteht aus 4 Acten und nur 2 Entr'acte sind vorhanden.) In Whistling's Verzeichniss vom Jahr 1828 sind (S. 574) angeführt: »Entre-Actes zum Drama Rosamunde (für Pianoforte zu 4 Händen). Op. 26 No. 2, Wien, Leidesdorf«. Ein Exemplar dieser Ausgabe war nicht zu erlangen und ist wahrscheinlich auch keines erschienen.

Zwei Einlagen zu Herold's Oper »Das Zauberglöckchen«: 1) Duett für Tenor u. Bass (Nein, das ist zu viel), 2) Arie für Tenor (Der Tag entflieht; beide componirt 1821 und zum ersten Mal gesungen am 20. Juni 1821 im Kärnthnerthortheater.

Der Minnesänger, Singspiel. Verschollen.

Der Graf von Gleichen, Oper. Angeblich 1827 oder 1828 begonnen.

Cantaten, Chöre und andere mehrstimmige Gesänge.

An den Frühling, für 4 Männerstimmen, Gedicht von Schiller: Willkommen, schöner Frühling.

Bardengesang für 3 Männerstimmen, Worte aus »Comala« von Ossian in Harold's Uebersetzung: Rolle, du strömigter Carun. Componirt am 20. Januar 1815.

Beitrag zur 50jährigen Jubelfeier Salieri's, Cantate für 4 Männerstimmen: Gütigster, Bester, Weisester . . . . So Güt' als Weisheit . . . . Unser aller Grosspapa. Text von Franz Schubert. Componirt im Juni 1816.
Cantate zum Geburtstag M. Vogl's. Siehe Anmerkung zu Op. 158, Seite 150.
Cantate zur Namensfeier des Vaters, für 3 Männerstimmen mit Begleitung der Guitarre, Text von Franz Schubert: Ertöne, Leier. Componirt am 27. September 1813.
Cantate zur Namensfeier des Vaters, für 4 Singstimmen mit Begleitung von 2 Violinen, Viola, Violoncell, 2 Oboen und 2 Hörnern: Erhabner, verehrter Freund der Jugend. Componirt am 27. September 1815.
Cantate zur Namensfeier des Professors Watteroth. Text von Ph. Dräxler. Componirt am 16. Juni 1816. Verloren gegangen. Scheint identisch zu sein mit der Cantate »Prometheus«.
Cantate (alla bella Irene) zur Feier der Genesung der Irene Kiesewetter: Al par del ruscelletto. Componirt am 26. December 1827. Wurde aufgeführt 1871 mit andern Text unter der Ueberschrift: Die Erde und der Frühling.
Das Abendroth, Terzett: Der Abend blüht. Gedicht v. Kosegarten. Comp. am 20. Juli 1815.
Das Grab, Gedicht von Salis: Das Grab ist tief und stille. Zwei Bearbeitungen: 1) für 4 Singstimmen, componirt am 28. December 1815; 2) für 4 Männerstimmen und Pianoforte, Cis moll, componirt im Juni 1817. Andere Bearbeitung: 9 Gesänge No. 5.
Der Tanz, für 4 Singstimmen mit Begleitung des Pianoforte, Gedicht von Schnitzer: Es redet und träumet die Jugend so viel. Componirt 1825.
Die zwei Tugendwege, für 3 Männerstimmen, Gedicht von Schiller: Zwei sind der Wege. Componirt am 15. Juli 1813.
Duett für Mezzosopran und Tenor mit Begleitung des Pianoforte: Linde Lüfte wehen. Componirt im April 1821.
5 Duette für 2 Singstimmen oder auch 2 Waldhörner, componirt am 26. Mai 1815: 1) Frühlingslied von Hölty: Grüner wird die Au; 2) Mailied von Hölty: Der Schnee zerrinnt; 3) Der Morgenstern, Gedicht von Th. Körner: Stern der Liebe, Glanzgebilde; 4) Jägerlied von Th. Körner: Frisch auf, ihr Jäger; 5) Lützow's wilde Jagd, Gedicht von Th. Körner: Was glänzt dort im Walde.
Fischerlied für 4 Männerstimmen, Gedicht von Salis: Das Fischergewerbe giebt rüstigen Muth. Componirt im Mai 1817.
Freundschaft und Wein, Rundgesang für 1 Singstimme, Chor und Pianoforte, Gedicht von Zettler: Ihr Freunde und du goldner Wein. Componirt am 12. April 1815.
Frühlingslied für 3 Singstimmen, Gedicht von Hölty: Die Luft ist blau. Cdur, C-Takt.
Frühlingslied für 3 Singstimmen, Gedicht von Hölty: Grüner wird die Au.
Frühlingslied für 4 Männerstimmen, Gedicht von A. Pollak: Geöffnet sind des Winters Riegel. Componirt im April 1827.
Glaube, Hoffnung und Liebe, Chor mit Begleitung von Blasinstrumenten oder des Pianoforte, Gedicht von Friedr. Reil: Gott! lass die Glocke glücklich steigen. Titel der vergriffenen Ausgabe: »Glaube, Hoffnung und Liebe. Zur Weihe der neuen Glocke an der Kirche zur Allerheiligsten Dreyfaltigkeit in der Alservorstadt den 2ten Sept. 1828. gedichtet von Fried. Reil, und als Chor mit Begleitung des Pianoforte oder der Harmonie in Musik gesetzt von Franz Schubert. Zu einem wohlthätigen Zweck. Wien, zu haben bey der Pfarre der P. P. Minoriten und : . . . bey Tranquillo Mollo«.
Gratulations-Cantate, für Bruder Ferdinand geschrieben.
Gretchen im Dom, Scene aus Goethe's »Faust«: Wie anders, Gretchen, war dir's. Skizzirt im Jahre 1813. Erschien als Beilage zu Reissmann's »Franz Schubert«. Andere Bearbeitung: Nachl., Lief. 20 No. 2.
Jagdlied von Zach. Werner. Siehe Anmerkung zu Nachl. Lief. 1, Seite 163.
3 Kanons für 3 Singstimmen, componirt im Jahre 1813: 1) Worte aus Schiller's Gedicht »Elysium«: Unendliche Freude (19. April); 2) Sprüche des Confucius, Gedicht von Schiller: Dreifach ist der Schritt der Zeit (8. Juli); 3) Abendlandschaft, Gedicht von Matthisson: Goldner Schein deckt den Hain.
4 Kanons für 3 Singstimmen zu Worten aus Gedichten von Hölty: 1) Mailied: Der Schnee zerrinnt; 2) Maigesang. Liebe säuseln die Blätter; 3) und 4) Mailied: Willkommen, lieber schöner Mai. Wahrscheinlich sämmtlich 1813 componirt.
Kanon für 3 Singstimmen: Lacrimosa son io.
Kanon für 3 Tenorstimmen, Worte aus Schiller's Gedicht »Der Triumph der Liebe«: Ein jugendlicher Maienschwung. Componirt am 8. Mai 1813.
2 Kanons für 2 Singstimmen: 1) Selig alle, die im Herrn entschliefen (Worte aus Hölty's »Elegie beim Grabe meines Vaters«); 2) Lass immer in der Jugend Glanz.
Prometheus, Cantate. Text von Ph. Dräxler. Componirt 1816. Verloren gegangen. Vgl.: Cantate zur Namensfeier des Prof. Watteroth.
Punschlied von Schiller. Siehe Anmerkung zu Nachl. Lief. 3, Seite 164.
Quartett für Singstimmen: Im traulichen Kreise. Componirt 1819.
Quartett für Singstimmen: Viel tausend Sterne prangen.
Schlachtlied von Klopstock für 3 Männerstimmen mit Begleitung des Pianoforte (Edur): Mit unserm Arm ist nichts gethan. Componirt im Juni 1816.
Schwertlied von Th. Körner für eine Singstimme und Chor mit Begleitung des Pianoforte: Du Schwert an meiner Linken. Componirt 1815.
Sprüche des Confucius für 3 Männerstimmen, Gedicht von Schiller: Dreifach ist der Schritt der Zeit. Wahrscheinlich 1813 componirt. Derselbe Text als Kanon, siehe: 3 Kanons.

5 Terzette für 3 Männerstimmen, componirt im Jahre 1813 zu Worten aus Schiller's Gedicht »Elysium«: 1) Vorüber die stöhnende Klage (18. April); 2) Unendliche Freude (15. April); 3) Hier strecket der wallende Pilger (29. April); 4) Dessen Fahne Donnerstürme (im Mai); 5) Hier umarmen sich getreue Gatten (8. Mai).

2 Terzette für 3 Männerstimmen, componirt im Mai 1813 zu Worten aus Schiller's Gedicht »Der Triumph der Liebe«: 1) Thronend auf erhabnem Sitz (9. Mai); 2) Majestät'sche Sonnenrosse (10. Mai).

Terzett für 3 Männerstimmen, componirt am 15. Mai 1813 zu Worten aus Schiller's Gedicht »Der Flüchtling«: Frisch athmet des Morgens.

2 Terzette, componirt im Mai 1816, Gedichte von Matthisson: 1) Erinnerungen: Am Seegestad'; 2) Andenken: Ich denke dein.

Todtengräberlied von Hölty für 3 Stimmen: Grabe, Spaten, grabe. Andere Bearbeitung: für eine Bassstimme und Pianoforte.

Trinklied im Mai für 3 Männerstimmen. Gedicht von Hölty: Bekränzet die Tonnen. Componirt im Mai 1816.

Trinklied im Winter für 3 Männerstimmen, Gedicht von Hölty: Das Glas gefüllt! Der Nordwind brüllt.

Trinklied vor der Schlacht, Chor, Gedicht von Th. Körner: Schlacht, du brichst an. Componirt 1815.

Lieder für eine Singstimme mit Begleitung des Pianoforte.

Abendlied von Claudius: Der Mond ist aufgegangen. Componirt im November 1816.

Abendlied: Gross und roth entflammt. Componirt am 28. August 1815.

Abendständchen. An Lina. Gedicht nach dem Französischen von Gabr. von Baumberg: Sei sanft wie ihre Seele. Componirt am 23. August 1815.

Abends unter der Linde, Gedicht von Kosegarten: Woher, o namenloses Sehnen. Componirt am 24. Juli 1815. F dur, $^{3}/_{4}$-Takt. (Andere Bearbeitung: 40 Lieder No. 10.)

Abschied von der Erde. Melodram. Worte aus dem Gedicht »Der Falke« von Adolf v. Pratobevera: Leb wohl, du schöne Erde.

Abschied von der Harfe. Gedicht v. Salis: Noch einmal tön', o Harfe. Comp. im April 1816.

Adelwold und Emma, Ballade von Bertrand: Hoch und ehern. Componirt am 5. Juni 1815.

Alles um Liebe, Gedicht von Kosegarten: Was ist es, das die Seele füllt. Componirt am 27. Juli 1815.

Alte Liebe, Gedicht von J. Mayrhofer: Alte Liebe rostet nicht. Componirt im September 1816.

Am Flusse. Gedicht von Goethe: Verfliesset, vielgeliebte Lieder. Componirt am 27. Februar 1815. D moll, $^{3}/_{8}$-Takt. (Andere Bearbeitung: 40 Lieder No. 3.)

Am See, Gedicht von Joh. Mayrhofer: Sitz ich im Gras. Componirt am 7. December 1814.

Amphiaraos, Ballade von Th. Körner: Vor Thebens siebenfach gähnenden Thoren. Componirt am 1. März 1815.

An Chloen, Gedicht von J. G. Jacobi. Bei der Liebe reinsten Flammen. Comp. im August 1816.

An den Frühling, Gedicht von Schiller: Willkommen, schöner Jüngling. Componirt im August 1815. (A dur, $^{6}/_{8}$-Takt. Andere Bearbeitung: Op. 172 No. 5.)

An den Schlaf: Komm und senke die umflorten Schwingen. Componirt im Juni 1816.

An die Geliebte, Gedicht von L. Stoll: O dass ich dir vom stillen Auge. Componirt am 15. October 1815.

An die Natur, Gedicht von Fr. Leop. Graf zu Stolberg: Süsse, heilige Natur. Componirt am 15. Februar 1816.

An Rosa, Gedicht von Kosegarten: Warum bist du nicht hier. Componirt am 19. October 1815.

An Rosa. Gedicht von Kosegarten: Rosa, denkst du an mich. Componirt am 19. October 1815.

An Sie, Ode von Klopstock: Zeit, Verkündigerin. Componirt am 14. September 1815.

Andenken, Gedicht von Matthisson: Ich denke dein. Componirt im April 1814.

Arie: Vedi, quanto adoro.

Auf den Sieg der Deutschen: Verschwunden sind die Schmerzen. Componirt 1813. Mit Begleitung von 2 Violinen und Violoncell, ohne Pianoforte.

Bei dem Grabe meines Vaters, Gedicht von Claudius: Friede sei um diesen Grabstein. Componirt im November 1816.

Blumenlied von Hölty: Es ist ein halbes Himmelreich. Componirt im Mai 1816.

Bundeslied von Goethe: In allen guten Stunden. Componirt am 4. August 1815.

Daphne am Bache: Ich hab ein Bächlein funden. Componirt im April 1816.

Das Heimweh, Gedicht von Hell: Oft in einsam stillen Stunden. Componirt im Juli 1816.

Das Lied vom Reifen, Gedicht von Claudius: Seht meine lieben Bäume an. Fragment.

Das Mädchen (Blanka), Gedicht von Fr. Schlegel: Wenn mich einsam Lüfte fächeln. Componirt im December 1818.

Das Mädchen aus der Fremde. Gedicht von Schiller: In einem Thal bei armen Hirten. Zwei Bearbeitungen: 1) A dur, $^{6}/_{8}$-Takt, componirt am 16. October 1814; 2) F dur, $^{2}/_{4}$-Takt, componirt am 12. August 1815.

Der Abend, Gedicht von Matthisson: Purpur malt die Tannenhügel. Componirt im Juli 1814.

Der Entfernten, Gedicht von Salis: Wohl denk ich allenthalben.

Der Gott und die Bajadere, Ballade von Goethe: Mahadöh, der Herr der Erde. Componirt am 18. August 1815.

Der Herbstabend, Gedicht von Salis: Abendglockenhalle zittern. Comp. am 24. März 1816.
Der Hirt, Gedicht von J. Mayrhofer: Du Thurm! zu meinem Leide. Comp. am 8. Octbr. 1816.
Der Jüngling am Bache, Gedicht von Schiller: An der Quelle sass der Knabe. Componirt im April 1819. ¢-Takt. Andere Bearbeitung: Op. 87 No. 3.
Der Liebende, Gedicht von Hölty: Beglückt, beglückt, wer dich erblickt. Componirt am 29. Mai 1815.
Der Mohrenkönig (? Mohrenkrieg): Nächtend klang die süsse Laute. Fragment.
Der Sänger auf dem Felsen, Gedicht von Caroline Pichler: Klage, meine Flöte, klage. Componirt im September 1816.
Der Schatzgräber, Gedicht von Goethe: Arm am Beutel. Componirt am 19. August 1815.
Der Strom: Mein Leben wälzt sich murrend fort. Fragment. Componirt 1817.
Der Vatermörder: Ein Vater starb von des Sohnes Hand. Componirt am 26. December 1811.
Der Weiberfreund: Noch fand von Evens Töchterschaaren. Componirt am 25. August 1815.
Der Zufriedene, Gedicht von C. L. Reissig: Zwar schuf das Glück hienieden. Componirt am 23. October 1815.
Des Mädchens Klage, Gedicht von Schiller: Der Eichwald braust. Componirt im März 1816. Andere Bearbeitung: Op. 58 No. 3.
Die Befreier Europas in Paris (für eine Bassstimme): Sie sind in Paris. Componirt am 16. Mai 1814.
Die Einsiedelei, Gedicht von Salis: Es rieselt klar und wehend. Componirt im Mai 1817. (Cdur, $^{2}/_{4}$-Takt.)
Die Entzückung (An Laura), Gedicht von Schiller: Laura, über diese Welt zu flüchten. Zwei Bearbeitungen: 1) Gdur, $^{3}/_{4}$-Takt, componirt im März 1816; 2) Adur, ¢-Takt, Fragment, componirt im August 1817.
Die Erde: Wenn sanft entzückt mein Auge sieht.
Die Fröhlichkeit: Wess Adern leichtes Blut durchspringt. Componirt im August 1815.
Die frühe Liebe, Gedicht von Hölty: Schon im bunten Knabenkleide. Comp. im Mai 1816.
Die Gebüsche, Gedicht von Friedr. Schlegel: Es wehet kühl und leise. Comp. im Jan. 1819.
Die Herbstnacht. Siehe: Die Wehmuth.
Die Liebe, Gedicht von Gottlieb Leon: Wo weht der Liebe hoher Geist? Comp. im Jan. 1817.
Die Liebesgötter, Gedicht von Uz: Cypris, meiner Phyllis gleich. Componirt im Juni 1816.
Die Macht der Liebe, Gedicht von Joh. von Kalchberg: Ueberall, wohin mein Auge blicket. Componirt am 15. October 1815.
Die Mondnacht, Gedicht v. Kosegarten: Siehe, wie die Mondesstrahlen. Comp. am 25. Juli 1815.
Die Nonne, Ballade von Hölty: Es liebt' in Welschland irgendwo. Comp. am 16. Juni 1815.
Die Schatten, Gedicht von Matthisson: Freunde, deren Grüfte. Comp. am 12. April 1813.
Die Schlacht, Gedicht von Schiller: Schwer und dumpfig. Fragment. Componirt am 1. August 1815 und im März 1816. Siehe Anmerkung zu Op. 27, Seite 48.
Die Sommernacht, Ode von Klopstock: Wenn der Schimmer von dem Monde. Componirt am 14. September 1815.
Die Sterbende, Gedicht v. Matthisson: Heil! dies ist die letzte Zähre. Comp. im April 1816.
Die Sterne, Gedicht v. Kosegarten: Wie wohl ist mir im Dunkeln. Comp. am 19. Octbr. 1815.
Die Sternenwelten, Gedicht v. J. G. Fellinger: Oben drehen sich. Comp. am 15. Octbr. 1815.
Die Vollendung, Gedicht von Matthisson: Wenn ich einst das Ziel errungen habe.
Die Wehmuth (Die Herbstnacht?), Gedicht von Salis: Mit leisen Harfentönen. Componirt im April 1816.
Die Zufriedenheit, Gedicht von Claudius: Ich bin vergnügt. Componirt im November 1816.
Eine Leichenphantasie, Gedicht von Schiller: Mit erstorbnem Scheinen. Comp. um 1811.
Entzückung: Tag voll Himmel, da aus Lauras Blicken. Componirt im April 1816.
Erinnerung. Siehe: Todtenopfer.
Erinnerungen, Gedicht von Matthisson: Am Seegestad'. Componirt angeblich 1811.
Fischerlied von Salis: Das Fischergewerbe giebt rüstigen Muth. Componirt im Mai 1817.
Freude der Kinderjahre: Freude, die im frühen Lenze. Componirt im Juli 1816.
Frühlingslied von Hölty: Die Luft ist blau. Componirt am 13. Mai 1816. Gdur. $^{6}/_{8}$-Takt.
Furcht der Geliebten, Ode von Klopstock: Cidli, du weinest. Componirt im Juli 1817.
Geheimniss. An Franz Schubert. Gedicht von Joh. Mayrhofer: Sag an, wer lehrt dich Lieder. Componirt im October 1816.
Geist der Liebe, Gedicht von Matthisson: Der Abend schleiert Flur und Hain. Componirt 1817. Gdur. $^{2}/_{4}$-Takt.
Geisternähe, Gedicht von Matthisson: Der Dämmrung Schein. Componirt im April 1814.
Geistesgruss, Gedicht von Goethe: Hoch auf dem alten Thurme. Wahrscheinlich 1815 componirt. Esdur. Andere Bearbeitung: Op. 92 No. 3.
Gesang an die Harmonie, Gedicht v. Salis: Schöpferin beseelter Töne. Comp. im März 1816.
Gott im Frühlinge, Gedicht v. Uz: In seinem schimmernden Gewand. Comp. im Juni 1816.
Gruss an den Mai, Gedicht von Ermin: Sei mir gegrüsst. Componirt am 15. October 1815.
Hagar's Klage: Hier am Hügel heissen Sandes. Componirt am 30. März 1811.
Herbst, Gedicht von Rellstab: Es rauschen die Winde. Componirt am 28. April 1828.
Hochzeitlied von J. G. Jacobi: Will singen euch im alten Ton. Comp. im August 1816.
Huldigung, Gedicht von Kosegarten: Ganz verloren. Componirt am 27. Juli 1815.
Idens Nachtgesang, Gedicht von Kosegarten: Vernimm es, Nacht. Comp. am 7. Juli 1815.
Idens Schwanenlied, Gedicht von Kosegarten: Wie schaust du aus dem Nebelflor. Componirt am 19. October 1815.

In der Mitternacht, Gedicht von J. G. Jacobi: Todesstille deckt das Thal. Componirt im August 1816.
Johanna Sebus, Ballade von Goethe: Der Damm zerreisst. Fragment. Comp. im April 1821.
Julius an Theone: Nimmer, nimmer darf ich dir gestehen. Componirt am 30. April 1816.
Klage der Ceres, Gedicht von Schiller: Ist der holde Lenz erschienen? Componirt am 9. November 1815.
Labetrank der Liebe, Gedicht von Stoll: Wenn im Spiele leiser Töne. Componirt am 15. October 1815.
Laura am Clavier, Gedicht von Schiller: Wenn dein Finger. Componirt im März 1816.
Liane, Gedicht von Joh. Mayrhofer: Hast du Lianen nicht gesehn? Comp. im October 1815.
Lieb Minna, Romanze von Alb. Stadler: Schwüler Hauch weht mir herüber. Componirt am 2. Juli 1815.
Lied von Caroline Pichler: Ferne von der grossen Stadt. Componirt im September 1816.
Lied: Brüder, schrecklich brennt die Thräne. Componirt 1817.
Lied: Sie hüpfte mit mir auf grünem Plan. Fragment.
Lied, angeblich von Schiller aus dem Stegreif gedichtet: Es ist so angenehm, so süss. Componirt am 6. September 1815.
Lied aus der Ferne, Gedicht von Matthisson: Wenn in des Abends letztem Scheine. Componirt am 4. April 1814.
Lied der Liebe, Gedicht von Matthisson: Durch Fichten am Hügel. Comp. im Juli 1814.
Lied der Mignon, Gedicht von Goethe: Nur wer die Sehnsucht kennt. Zwei Bearbeitungen: 1) As- oder F dur, C-Takt, componirt am 18. October 1815; 2) A- oder G moll, $^2/_4$-Takt, componirt im September 1816. Andere Bearbeitungen: Op. 62 No. 1 u. 4, 40 Lieder No. 13.
Lied eines Kindes: Lauter Freude fühl ich. Fragment. Componirt im November 1817.
Lilla an die Morgenröthe: Wie schön bist du, du güldne Morgenröthe. Componirt am 25. August 1815.
Luisens Antwort, Ged. v. Kosegarten: Wohl weinen Gottes Engel. Comp. am 19. Octbr. 1815.
Lunz. (Abschied.) Gedicht von Joh. Mayrhofer: Ueber die Berge zieht ihr fort. Nach einer Wallfahrtsmelodie bearbeitet im September 1816.
Mahomet's Gesang, Gedicht v. Goethe: Seht den Felsenquell. Fragment. Comp. im März 1821.
Marie, Gedicht von Novalis: Ich sehe dich in tausend Bildern.
Minnelied von Hölty: Holder klingt der Vogelsang. Componirt am 12. Mai 1816.
Minona, Ballade von Bertrand: Wie treiben die Wolken. Componirt am 8. Februar 1815.
Morgenlied: Willkommen, rothes Morgenlicht. Componirt am 24. August 1815.
Nachtgesang, Gedicht von Kosegarten: Tiefe Feier schauert um die Welt. Componirt am 19. October 1815.
Naturgenuss, Gedicht von Matthisson: Im Abendschimmer wallt der Quell. B dur, $^6/_8$-Takt. Angeblich componirt im Mai 1816.
Pflügerlied von Salis: Arbeitsam und wacker. Componirt im März 1816.
Phidile, Gedicht von Claudius: Ich war erst sechzehn Sommer alt. Comp. im November 1816.
Punschlied im Norden zu singen, Gedicht von Schiller: Auf der Berge freien Höhen. Componirt am 18. August 1815.
Sängers Morgenlied von Th. Körner: Süsses Licht, aus goldenen Pforten. G dur, $^6/_8$-Takt. Componirt am 27. Februar 1815. Andere Bearbeitung: 40 Lieder No. 35.
Schwangesang, Gedicht von Kosegarten: Endlich stehn die Pforten offen. Componirt am 19. October 1815.
Sehnsucht der Liebe, Gedicht von Th. Körner: Wie die Nacht mit heil'gem Beben. Componirt im Juli 1815.
Seligkeit, Gedicht von Hölty: Freuden sonder Zahl. Componirt im Mai 1816.
Seufzer, Gedicht von Hölty: Die Nachtigall singt überall. Componirt am 22. Mai 1815.
Skolie von Deinhardstein: Lasst im Morgenstrahl des Mai'n. Componirt am 15. October 1815.
Skolie von Matthisson: Mädchen entsiegelten. Componirt im December 1816.
3 Sonette nach Dante von A. W. Schlegel: 1) Apollo lebet noch; 2) Allein, nachdenklich (beide componirt im November 1818); 3) Nunmehr, da Himmel, Erde schweigt (componirt im December 1818).
Stimme der Liebe: Abendgewölke schweben hell. Zwei Bearbeitungen: 1) G dur, $^{12}/_8$-Takt, componirt am 29. April 1816; 2) Es dur, $^6/_8$-Takt, componirt im Mai 1816.
Täglich zu singen, Gedicht von Claudius: Ich danke Gott und freue mich.
Todtengräberlied von Hölty: Grabe, Spaten, grabe. Für eine Bassstimme. Componirt am 19. Januar 1813.
Todtenkranz für ein Kind, Gedicht von Matthisson: Sanft wehn im Hauch der Abendluft. Componirt am 25. August 1815.
Todtenopfer. (Erinnerung.) Gedicht von Matthisson: Kein Rosenschimmer leuchtet. Componirt im April 1814.
Trauer der Liebe, Gedicht von J. G. Jacobi: Wo die Taub' in stillen Buchen. Componirt im August 1816.
Trost: Nimmer lange weil' ich hier. Componirt im Januar 1817.
Trost an Elisa, Gedicht von Matthisson: Lehnst du deine bleichgehärmte Wange. Componirt im April 1814.
Uraniens Flucht, Gedicht von Joh. Mayrhofer: Lasst uns, ihr Himmlischen, ein Fest begehen. Componirt im April 1817.
Vaterlandslied von Klopstock: Ich bin ein deutsches Mädchen. Comp. am 14. Sept. 1815.

Von Ida, Gedicht von Kosegarten: Der Morgen blüht. Componirt am 7. Juli 1815.
Wiegenlied von Th. Körner: Schlummre sanft. Componirt am 15. October 1815.
Winterlied von Hölty: Keine Blumen blühn. Componirt am 13. Mai 1816.

Vergriffene Ausgaben:

»Album musical. Recueil de compositions originales de Rossini, Fr. Schubert, Gallenberg etc. pour Pianoforte et Chant. Vienne chez Sauer et Leidesdorf«. Zwei Hefte. Erschienen zwischen 1823 und 1827.

»La Guirlande«. Siehe Seite 258.

D. Bücher und Schriften.

Biographie von Fr. Schubert. Kl. 8. E. W. Fritzsch, Leipzig, 4 Ngr.

Catalog der sämmtlichen Gesänge für eine Singstimme mit Begleitung des Pianoforte von Fr. Schubert. Senff, Leipzig. 2 Ngr.

Kreissle, H. v., Franz Schubert. Eine biographische Skizze. 8. Typograph.-liter.-artist. Anstalt (Zamarski u. Dittmarsch), Wien 1861. 20 Ngr.

——, Franz Schubert. 8. (Mit einem Portrait nach Kupelwieser's Zeichnung.) Gerold's Sohn, Wien 1865. $3^2/_3$ Thlr.

Neumann, W., Franz Schubert. (Die Componisten der neuern Zeit. In Biographien geschildert. Mit Portraits. Heft 15.) Verlag der modernen Klassiker, Leipzig. 4 Ngr.

Ottfried, Schubert-Novellen. 6 Blätter aus dem Liederkranze des unsterblichen Meistersängers. 8. Wagner, Innsbruck, 12 Ngr.

Reissmann, Aug., Franz Schubert. Sein Leben und seine Werke dargestellt. 8. (Mit Notenbeilagen u. s. w.) J. Guttentag (D. Collin), Berlin 1873, 2 Thlr., eleg. geb. $2^1/_3$ Thlr.

Rissé, Jos., Franz Schubert und seine Lieder. Studien. I. Müllerlieder. 8. Rümpler, Hannover, 10 Ngr.

——, Franz Schubert und seine Lieder. Studien. II. Goethe-Lieder. 8. Rümpler, Hannover 1872, 15 Ngr.

Systematisch-alphabetisches Verzeichniss der in Deutschland im Druck erschienenen Compositionen von Fr. Schubert. 4. E. W. Fritzsch, Leipzig. $7^1/_2$ Ngr.

Thematisches Verzeichniss im Druck erschienener Compositionen von Franz Schubert. Schreiber, Wien, 2 Thlr. (Erschien um 1852 bei A. Diabelli u. Comp. in Wien.)

E. Bildnisse, Büsten und andere Darstellungen.

Fr. Schubert nach einer Original-Zeichnung von *Wilh. Rieder*, gest. von *Passini*. Gr. Fol. Witzendorf, Wien, 20 Ngr. (Das Bild erschien im December 1825 bei Cappi u. Comp. in Wien.)

—— photogr. nach einer Original-Zeichnung von *L. Kupelwieser* vom 10. Juli 1821. Kl. Fol. Familie Kupelwieser, Wien, 20 Ngr. (1 Fl.)

—— Seitenstück zu Beethoven, lith. von *Kriehuber*. Schreiber, Wien, 1 Thlr.; chin. Pap. 1 Thlr. 10 Ngr.

—— Gürtelbild, lith. von *R. Hoffmann*. Fol. Paterno, Wien, 10 Ngr.; chin. Pap. 14 Ngr.

—— Brustbild, mit Benutzung einer Büste gez. u. lith. von *P. Rohrbach*. Fol. (31, $24^1/_2$ Cm. Chin. Pap. E. H. Schröder, Berlin, $1^1/_2$ Thlr.

Fr. Schubert, Brustbild, nach dem Gemälde von Prof. *K. Jäger* photographirt. Gr. I 5 Thlr.; Gr. II 3 Thlr.; Gr. V (Cabinetform.) 10 Ngr. Bruckmann, Berlin und München, 1872.

— Photographie. Gr. 8. Paterno, Wien, 10 Ngr.

—— —— Cabinetform. E. H. Schröder, Berlin 1872. 10 Ngr.

—— Büste, in Gyps modellirt von *H. Knaur.* 1 Elle hoch. Klemm, Leipzig. 4 Thlr.

—— Büste in Elfenbeinmasse. 5" hoch. Riese, Berlin. 20 Ngr.

—— Büste aus Marmorporzellan. 4½" hoch. Kahnt. Leipzig. 15 Ngr.

—— Büste aus Bisquitporzellan. 12¼" hoch. München. (R. Hoffmann, Leipzig.) 7½ Ngr.

Fr. Schubert's Todtenkopf, Naturabguss in Gyps von *A. Wittmann.* Octbr. 1863. (C. Vanni, Wien. 6⅔ Thlr. 10 Fl.)

Fr. Schubert's Todtenschädel, nach der Natur photographirt auf dem Währinger Friedhofe im October 1863 von *J. Rottmayer.* Joseph Bermann. Wien. 12 Ngr.

F. Zusätze und Berichtigungen.

Seite 3, Op. 3. Anmerkung. Das Autograph von No. 2 mit dem angegebenen Datum befindet sich bei Graf Wimpfen in Wien. Ebenda befinden sich die Autographe von Nachl. Lief. 30 No. 2 und Lief. 45 No. 1 mit den angegebenen Daten.

» 10. Ausgaben von Op. 6. Das »netto« bei der zweiten Ausgabe gehört zur ersten.

» 16. Ausgaben von No. 2. Bei der ersten von den zwei Schreiber'schen Ausgaben fehlt der Preis: 20 Ngr.

» 23, Op. 18, Anmerkung. Die Ecossaise No. 1 in der 1. Abth. componirt mit 7 andern, ungedruckten Ecossaisen am 3. October 1815. Das Autograph ist im Besitz von Graf Wimpfen in Wien.

» 33. Op. 25 No. 4. Die letzte Note in der Singstimme muss eine punktirte Achtelnote sein.

» 45. Zeile 2. Statt »No. 2« ist zu lesen: No. 20.

» 48. Op. 27. Bei den Ausgaben ist hinzuzusetzen: Schreiber. Wien, 1 Thlr.

» 51. Op. 32. Ausgaben. Die Forelle, nach dem Autograph photographirt von *Fr. Wendling.* Photograph Wendling. Wien, 10 Ngr. n.

» 58. Op. 41. Anmerkung. Erschien als Beilage zur Wiener Zeitschrift für Kunst vom 12. März 1825.

» 66, Uebertragungen. Nach »Für 2 Pianoforte« ist hinzuzusetzen: zu 8 Händen.

» 74. Op. 58. Anmerkung. Die Form, in der No. 2 in der Wiener Zeitschrift erschien, weicht von der der gedruckten Ausgabe ab.

» 160. Op. 173. Anmerkung. No. 1 erschien am 8. December 1821 in der Wiener Zeitschrift.

» 163. Lief. 2. Anmerkung. Das Autograph von No. 2 im Besitz von Graf Wimpfen in Wien ist überschrieben: Lieder nach Ossian. Kolma's Klage I. Den 22. Juni 1815.

» 191. Lief. 10 No. 2. Das Gedicht, ursprünglich zur »Ahnfrau« bestimmt, findet sich etwas verändert in Grillparzer's Gedichten unter der Ueberschrift: Lied.

» 196. Lief. 47 No. 1. In dem bei Graf Wimpfen in Wien befindlichen, mit dem angegebenen Datum versehenen Autograph ist die Singstimme eine Octave tiefer im Bassschlüssel geschrieben. Die Herausgeber haben den Schlüssel geändert.

V.

Register und Verzeichnisse.

A. Systematisch geordnetes Verzeichniss der gedruckten Compositionen Franz Schubert's.

B. Register der Instrumentalcompositionen.

C. Register der Gesangcompositionen, nach den Ueberschriften geordnet.

D. Register der Gesangcompositionen, nach den Textanfängen geordnet.

A.

Systematisch geordnetes Verzeichniss

der

gedruckten Compositionen Franz Schubert's.

Instrumentalmusik.

[Die in Klammern eingefassten Werke sind nicht in ihrer ursprünglichen Form, sondern in einer Uebertragung erschienen.]

A. Für Orchester.

B. Für Streich- und Blasinstrumente.

C. Für Streichinstrumente.

D. Für Pianoforte mit Begleitung.

1. Für Pianoforte, Violine, Viola, Violoncell und Contrabass.

2. Für Pianoforte, Violine, Viola und Violoncell.

3. Für Pianoforte, Violine und Violoncell.

4. Für Pianoforte und Violine.

5. Für Pianoforte und Flöte.

6. Für Pianoforte und Arpeggione.

E. Für Pianoforte zu 4 Händen.

F. Für Pianoforte zu 2 Händen.

Gesangmusik.

G. Messen, Offertorien u. dergl.

H. Dramatische Musik.

I. Cantaten, Hymnen, Psalmen und andere Gesänge und Lieder.

(Mit Ausschluss der in den vorigen zwei Klassen angeführten Gesänge.)

1. Für 4 und mehr Singstimmen (gemischten Chor), meistens mit Begleitung des Pianoforte.

(Die hier anzuführenden Lieder sind im zweitnächsten Verzeichniss aufgenommen.)

B.

Register der Instrumentalcompositionen.

C.

Register der Gesangcompositionen, nach den Ueberschriften geordnet.

Seite

Seite

D.

Register der Gesangcompositionen,
nach den Textanfängen geordnet.

Seite

Druck von Breitkopf und Härtel in Leipzig.